BÜCHNER-KOMMENTAR

ZUM DICHTERISCHEN WERK

VON WALTER HINDERER

WINKLER VERLAG MÜNCHEN

Register: Irene Matthes

Alle Rechte, einschließlich derjenigen des auszugsweisen Abdrucks
und der photomechanischen Wiedergabe, vorbehalten
© 1977 by Winkler Verlag, München
Druck C. Brügel & Sohn, Ansbach
Printed in Germany
ISBN 3 538 07023 7

INHALT

VORBEMERKUNG

Da die vorliegenden Erläuterungen zu Büchners dichterischem Werk sich nicht in erster Linie an den Fachmann wenden, setzen sie zwar so gut wie keine Kenntnisse voraus, aber sie beschränken sich aus Gründen der Übersichtlichkeit bei den mitzuteilenden Informationen auf das Wesentliche. Der Kommentar besteht aus drei Teilen, die aufeinander bezogen sind und sich gegenseitig ergänzen sollen: der *Einleitung* (mit Zeittafel), den *Erläuterungen* und den *Bibliographischen Hinweisen*. Die *Einleitung* umreißt das Leben Georg Büchners und stellt die wichtigsten Aspekte seiner Ideologie und Grundzüge seines Werkes vor. Den *Erläuterungen* zu dem dichterischen Gesamtwerk gehen jeweils voraus: ein Bericht über die Entstehung, Angaben über die Erstdrucke, die von Büchner benutzten historischen, literarischen und ideengeschichtlichen Quellen, eine konzise Darstellung der Überlieferung, ein Verzeichnis der Literatur zur Text- und Quellengeschichte und ein Vorspann, der den Inhalt und die Stoffvorlagen des jeweiligen Werkes skizziert. Bei Büchners Dramen kommen noch weitere Angaben über Uraufführungen, einige sich anschließende Inszenierungen und über die Literatur zur Theaterrezeption hinzu.

Im Hinblick auf *Woyzeck* mußte der Teil *Überlieferung* insofern erweitert werden, als hier nicht nur in die komplizierte Handschriften- und Editionsproblematik einzuführen, sondern auch mit Hilfe von Tabellen, Synopsen und Konkordanzen ein vergleichender Überblick über die jeweiligen Szenenanordnungen der verschiedenen Ausgaben zu verschaffen war. Denn es existiert weder eine einheitliche Szenenfolge in den Lese- und Bühnenfassungen des *Woyzeck* noch eine einheitliche Textgestalt der handschriftlichen Entwürfe, auf die man die Stichworte der *Erläuterungen* hätte beziehen können. Selbst in der Anordnung der *Woyzeck*-Entwürfe weichen Editionen wie die von Lehmann und Krause auf der einen Seite und Bornscheuer auf der anderen beträchtlich voneinander ab, weil sie die Textgenese und Arbeitsweise Büchners unterschiedlich interpretieren (vgl. dazu Lehmann, Noten, S. 38 ff.; Buch, S. 12 f.; Bornscheuer, S. 114 ff.; Kanzog, S. 426 ff.). Angesichts dieser mißlichen Situation habe ich mich aus praktischen und sachlichen Gründen entschieden, die *Erläuterungen* auf die Anordnung der handschriftlichen Entwürfe bei Lehmann und Krause zu beziehen und sie als eine Art Grundmodell zu verwenden. Um die wenig übersichtliche Anordnung Bornscheuers, für die jedoch andererseits manches psychologische Argument spricht, nicht auszuschließen, wurde sie wie auch die Szenenfolgen aller Lese- und Bühnenausgaben von Bergemann bis Meinerts, Müller-Seidel und Lehmann in dieses Grundmodell gewissermaßen zurückübersetzt. Es müßte auf diese Weise (mit Hilfe der beigegebenen Synopsen und des *Woyzeck*-Registers) möglich sein, die entsprechenden Stichworte in den *Erläuterungen* ohne allzu große Mühe auf jede der im Augenblick erhältlichen Editionen anzuwenden. In diesem Zusammenhang wäre anzumerken, daß die ebenso verbreitete wie verbesserungsbedürftige Ausgabe von Bergemann, auf der zahlreiche andere Editionen fußen, seit dem Erscheinen der ersten beiden Bände der textkritischen Hamburger Ausgabe von Werner R. Lehmann (1967, 1971) in vielem überholt ist; in den *Erläuterungen* wird deshalb in signifikanten Fällen auch auf obsolete und fehlerhafte Lesarten verwiesen.

Der Verfasser des vorliegenden Kommentars ist sich bewußt, daß er seine Arbeit als vorläufig betrachten muß, bis die beiden restlichen Bände der Hamburger Ausgabe vorliegen. Wie Lehmann in seinen *Textkritischen Noten (S. 9)* 1967 ankündigte, soll der dritte Band neben Mitteilungen über die Entstehungs- und Druckgeschichte, ausführlichen Darstellungen der Überlieferung und der Lesarten vor allem Erläuterungen mit Einzelkommentaren enthalten, die unter anderem die dringend benötigten »Realien der Form-, Motiv- und Wirkungsgeschichte« notieren. Ohne diese wichtige Basisarbeit wurden für den vorliegenden Kommentar zum ersten Mal alle verfügbaren Informationen zur Quellengeschichte der einzelnen Werke zusammengetragen und zum Teil Ergebnisse eigener Nachforschungen (vor allem im Hinblick auf die literarischen und ideengeschichtlichen Zitatadaptionen) verwertet.

Das Material – ob es sich um Quellennachweise für *Dantons Tod* oder um literarische Anspielungen in *Leonce und Lena* handelt – führe ich oft ohne kritische Stellungnahme vor, um dem Leser bei der Entscheidung über die Stichhaltigkeit der Parallelstellen nicht vorzugreifen. Der vorliegende Kommentar möchte mit den Zitatnachweisen nicht zuletzt auch Büchners Stilprinzip der Zitatmontage induktiv belegen. Aus Gründen der Übersichtlichkeit und des Umfangs war es mir freilich nicht möglich, alle Quellenverweise vollständig im Wortlaut zu zitieren; es wurden aber in solchen Fällen die Fundstellen notiert, so daß sich der Benutzer des Kommentars leicht die gewünschte Information beschaffen kann. Bei den Quellenverweisen hat sich das von Richard Thieberger für *Dantons Tod* benutzte System der Repliken (Redeteile der *dramatis personae*) als dergestalt vorteilhaft erwiesen, daß man es auch für die anderen Dramen Büchners einführen sollte. Was die *Erläuterungen* betrifft, so konnte ich mich zuweilen dankbar auf die Vorarbeiten von Fritz Bergemann, Margaret Jacobs (*Dantons Tod* und *Woyzeck*), Werner R. Lehmann, Hans Jürgen Meinerts, Josef Jansen (*Dantons Tod*) und Lothar Bornscheuer (*Woyzeck*) stützen. Für den *Hessischen Landboten*, auf den hier bewußt verzichtet wurde, hat vor kurzem Gerhard Schaub in der Reihe Hanser (Nr. 202) eine überzeugende Edition mit Materialien und Kommentar vorgelegt, die zur ergänzenden Lektüre empfohlen sei.

Der vorliegende Kommentar beschränkt sich bewußt auf ein Minimum an Abkürzungen, um dem Benutzer unnötiges Nachschlagen zu ersparen. Für die textkritische Hamburger Ausgabe Lehmanns verwende ich die Zeichen L 1 (für Band 1) und L 2 (für Band 2), für die verbreitete Ausgabe Bergemanns (die Auflagen ab 1958) das Zeichen B. Die Siglen für die Handschriften und Erstdrucke sind jeweils an den betreffenden Stellen (vgl. Inhaltsverzeichnis) vermerkt. Ansonsten gebe ich bei Quellen- und Literaturhinweisen im allgemeinen nur den Nachnamen des Verfassers und die Seitenzahl(en) an; liegen mehrere Arbeiten eines Verfassers vor, so wird außer dem Nachnamen noch der Kurztitel der betreffenden Arbeit erwähnt. Die ausführlichen Angaben finden sich dann unter den *Bibliographischen Hinweisen,* die in sach- und werkbezogene Rubriken aufgeteilt sind. Ich möchte zum Schluß der Hoffnung Ausdruck geben, daß der kritische Benutzer dieses Kommentars mich auf Lücken, eventuelle Fehler und auf notwendige Ergänzungen (vor allem im Hinblick auf literarische und ideengeschichtliche Bezugsorte) aufmerksam macht; denn es wird Zeit, daß das Werk Georg Büchners endlich »mit allen Methoden der Literaturwissenschaft bis in die letzten Winkel« durchleuchtet wird.

Silver Spring vor Washington
im Herbst 1976   Walter Hinderer

EINLEITUNG: DER DICHTER DER UNIDEALEN NATUR

Wenn Friedrich Hebbel in seinem Tagebuch 1839 notierte: »Grabbe und Büchner: der eine hat den Riß zur Schöpfung, der andere die Kraft«, so scheint das an Karl Gutzkows herausfordernden Vergleich mit den literarischen Zeitgenossen anzuknüpfen: »Was ist Immermanns monotone Jambenklassizität, was ist Grabbes wahnwitzige Mischung des Trivialen mit dem Regellosen gegen diesen jugendlichen Genius!« Man sieht ihn als Sozialrevolutionär oder Jakobiner (Lukács, Mayer, Poschmann, Jancke), erkennt ihn als Kontrastfigur zwischen Nüchternheit und Pathos, Realismus und Imagination (Höllerer, Martens, Lehmann, Krapp, Kobel), stellt das Nihilistische und Pessimistische (Ludwig Marcuse, Viëtor, Mühlher, von Wiese), das Religiöse und Metaphysische (Wittkowski, Kobel) heraus und liefert damit nur Beweise für die Vielseitigkeit seines Werks. In der Tat ist die Reichweite dieses schmalen Œuvres erstaunlich: ob man sich im naturalistischen oder expressionistischen, im epischen oder dokumentarischen Theater umsieht, alle ästhetischen Tendenzen scheinen sich in Büchners Drama wie an einer »Schaltstelle« (Hinck) zu berühren.

Mag man nun die Motive der ab 1880 plötzlich einsetzenden Rezeption des lange Zeit Verschollenen auf die ähnliche soziale Struktur von 1830 und auf Büchners »Außenseitertum« (Schanze) zurückführen oder seine anhaltende Aktualität mit den verschiedenen Elementen seines Werkes erklären, die Voraussetzung für die umfangreiche Wirkungsgeschichte bildet die erste kritische Gesamtausgabe von Karl Emil Franzos im Jahre 1879. Die wechselnden Ansichten und Interpretationsinteressen reflektieren außerdem wie in einem Spiegel das historisch bedingte ideologische Selbstverständnis der Autoren. Das läßt sich ebenso an der ständig wachsenden Büchnerliteratur überprüfen wie an den Büchner-Preisreden von 1951 bis heute. Konnte noch Rudolf Majut 1962 selbstzufrieden rühmen, das Werk Georg Büchners sei »mit allen Methoden der Literaturwissenschaft bis in die letzten Winkel« durchleuchtet, so erschütterte bereits der erste Band der historisch-kritischen Ausgabe (1967) Werner R. Lehmanns

neben einer Reihe neuer textkritischer Untersuchungen (Beißner,
Herrmann, Paulus, Krause, Bornscheuer, Thomas Mayer u. a.)
diese Vorstellung aufs gründlichste. Nichtsdestoweniger zeigen
sich immer deutlicher »die Wurzeln dieser ... kaum erklärbaren
Modernität« (Walter Jens) Georg Büchners: in seinem Werk
sammeln sich wie in einem Brennpunkt die vorausweisenden politischen, philosophischen und anthropologischen Fragestellungen
seiner Zeit, und so radikal die Fragen gestellt werden, so radikal
werden sie auch nach Inhalt und Form beantwortet.

BIOGRAPHISCHE ANMERKUNGEN

Als Georg Büchner 1813 in dem hessischen Dorf Goddelau zur
Welt kam, wurde zu Leipzig eine entscheidende Schlacht geschlagen, nach der sich Napoleon über den Rhein zurückziehen
mußte. Während der Vater, der einst als Regimentschirurgus in
französischen Diensten stand und Napoleon in allen Stücken be-
wunderte, von der Niederlage seines Helden sicher wenig erbaut
war, begannen die patriotischen Hoffnungen der Mutter aufzu-
leben. Hatte die französische Besetzung in vielen Teilen des zer-
stückelten Deutschland auch die deutschen Duodezfürsten um
ihre Unabhängigkeit gebracht, so verdankte manche Minderheit
dem Code Napoléon die bürgerlichen Rechte. Und nachdem die
deutschen Patrioten mit Hilfe ihrer Verbündeten für die deutschen Fürsten Napoleon vertrieben und verbannt hatten, verloren sie, wie es Ludwig Börne mit spitzer Feder beschrieben, mit
den Menschenrechten jede Aussicht auf eine Verfassung der Freiheit und auf die nationale Einheit, für die sie ursprünglich aus-
gezogen waren.
    Doch Vater Büchner, der sich vom Distriktsarzt in Goddelau
zum Obermedizinalrat in Darmstadt hinaufgearbeitet hatte und
seine Verehrung für den verbannten französischen Kaiser mit der
regelmäßigen Lektüre von Schriften und Werken über die Französische Revolution gefahrlos fortsetzte, lehnte jede Art von
Auflehnung gegen die Staatsgewalt ab. So tolerant und aufge-
klärt er sich auch in Fragen der Religion gab, »in politischen
Dingen« war er, wie Karl Ernst Franzos (S. XI) ausführt, »nicht
blos loyal und conservativ, sondern stramm reaktionär, von tief-
ster Abneigung gegen alle liberalen, geschweige denn demokrati-
schen Strebungen erfüllt«. Damit fiel er hinter den von ihm doch

ansonsten so bewunderten zweiten Akt in der Geschichte der Emanzipation, der Französischen Revolution, zurück und blieb beim ersten, der Reformation, stehen. So mag ihn auch sein Ältester eingestuft haben, der mit 17 Jahren unter angeregter Lektüre von Fichtes *Reden an die deutsche Nation* dergestalt den Befreiungskampf der Menschheit in zwei Phasen gliederte.

Man schildert im allgemeinen die Mutter Georg Büchners, Caroline Reuß, als den direkten Gegensatz zum Vater: entstammte er relativ bescheidenen Verhältnissen, so sie gehobenen; galt er als streng, kühl und sachlich, so sie als herzlich, liebenswürdig und musisch; zeigte er sich von der französischen Kultur bestimmt, so sie mehr von der deutschen; las er im Familienkreis, wie Wilhelm Büchner mitteilt, aus der Zeitschrift *Unsere Zeit* Beschreibungen der Revolutionsgeschichte vor, so führte über die Mutter ein Weg zu Matthisson und Schiller, zu Körner, Jean Paul und den Romantikern, aber auch zum Volkslied. Da ihn die Mutter unterrichtete, bis er 1822 in Darmstadt in die Schule eintrat, mag ihr Einfluß am Anfang stärker gewesen sein als der des Vaters. Die unterschiedlichen Charakteranlagen der Eltern illustrieren vielleicht am besten die beiden überlieferten Briefe (L 2, 497–510) an ihr Sorgenkind nach Zürich: der Vater wirkt hier steif, rechthaberisch, selbstgerecht, kleinlich, der offenbar angestrebte versöhnliche Ton will sich nicht so recht einstellen; die Mutter dagegen schreibt ohne Zimperlichkeit, voller Anteilnahme, schildert äußerst lebhaft die neuesten Ereignisse in der Familie und endet humorvoll: »Wirst du denn mein Geschmier lesen können? Ich schreibe aber in einem solchen Tumult daß ich gar nicht weiß wo mir der Kopf steht.« Man kann verstehen, daß der Freund Eugen Boeckel Mutter Büchner als »eine der angenehmsten und unterhaltensten Personen« bezeichnet, die er jemals gesehen (L 2, 483).

So wohl er sich im Kreis der Familie mit den Geschwistern Wilhelm, Louise, Ludwig und Alexander auch gefühlt haben mag, in der Schule hat er sich meist gelangweilt. Im Ludwig-Georgs-Gymnasium, das er von Ostern 1825 bis Ostern 1831 absolvieren mußte, mokierte er sich bald über das »Philolog. Schandvolk«, glossierte er es nicht eben schmeichelhaft als »gelehrte Dung-Kakteen« und vertrieb er sich die Langeweile mit witzigen Persiflagen und amüsant montierten Zitaten aus *Fiesco* und *Hamlet*. Nach dem Zeugnis seines Freundes Zimmermann liebte er »vorzüglich Shakespeare, Homer, Goethe, alle Volkspoesie . . ., Äschylos und

Sophokles«, las »Jean Paul und die Hauptromantiker«, Calderon, verschlang Herders *Stimmen der Völker* und Brentanos/ Arnims *Des Knaben Wunderhorn,* schätzte aber auch schon französische Literatur. Mehr noch als die recht mittelmäßigen für die Eltern verfaßten Gedichte deuten die spontan hingeworfenen Schülernotizen auf bezeichnende Züge seiner späteren Begabung: den Sprachwitz, den Hang zur Karikatur, das Infragestellen der Überlieferung, das Spiel mit Zitaten. Obwohl durchaus zum Enthusiasmus für die zeitgemäße, wenn auch von Staats wegen unterdrückte Freiheitsideologie fähig, scheint er doch, wie der Schulfreund Luck mitteilt, vor allem ein »ruhiger, gründlicher, mehr zurückhaltender Beobachter« gewesen zu sein. Ihm imponierten weder äußerer Glanz noch Autorität, sondern er kritisierte schon als Schüler die Absolutheitsansprüche in Gesellschaft, Philosophie und Kunst. So wie er beim Lesen etwas zu denken haben mußte, drang er bei allem, was er tat, auf »Wesenhaftigkeit und Wahrhaftigkeit«. Die Richtung seiner politischen und ästhetischen Anschauungen entwickelte er bereits in der Schulzeit: Mit den wahlverwandten Freunden verurteilte er nicht nur die politischen Zustände in Hessen, sondern ergriff auch Partei für das Volk, das seiner Ansicht nach als Werkzeug der herrschenden Klasse ausgenutzt wurde.

Inzwischen hatte sich nach den Karlsbader Beschlüssen (1819) und den sich daran anschließenden Demagogenverfolgungen das »Zeitalter der Restauration« vollständig etabliert. Deutschland war, wie es Johannes Scherr später erinnert (*Poeten der Jetztzeit,* 1844), nach kurzem Anlauf an nationaler Begeisterung während der Befreiungskriege »schnell wieder in krähwinkeligen Schlendrian« zurückgefallen und vergnügte sich nun damit, »minniglich zu tändeln und sich mit altdeutschen Lappen und Lappalien zu behängen«. Während Ludwig Börne als »Zeitschriftsteller« mit List und Witz die repressiven Zustände in Deutschland bekämpfte, diskutierte der junge Büchner mit den Freunden in Darmstadt die »politischen Volksbedürfnisse«. Kein Wunder, daß angesichts solcher Interessen »die ungeduldig vorwärtsstrebende Seele Büchners kein Herz für Grammatik und Stillehre« hatte, wie Friedrich Zimmermann in seinem Rückblick verständnisvoll bemerkt. Man kann sich leicht ausmalen, mit welcher Spannung Georg Büchner und seine politischen Gesinnungsgenossen Karl Neuner und Karl Minnigerode die Nachrichten von der Französischen Juli-Revolution (1830) verfolgten. Vergaß Börne, übrigens im gleichen Jahr

wie Büchners Vater geboren, über diesen Ereignissen sofort seine
Lungenkrankheit in Bad Soden, um umgehend nach Paris aufzu-
brechen, fühlte sich Heine wieder als »Sohn der Revolution« und
zu neuen politischen Taten aufgelegt und überhörte Karl Gutzkow in der Berliner Aula über dem Fanal fast, daß er einen Preis
der philosophischen Fakultät erhalten, so hat es sicher nichts Auf-
sehenerregendes mehr, wenn sich die Freunde Minnigerode und
Büchner »in der letzten Gymnasialzeit nur mit den Worten: Bon
jour, citoyen« (Luck) begrüßten.

Um diese Zeit verteidigte Büchner auch öffentlich und orato-
risch beschwingt den Cato von Utika im Namen der Freiheit und
verabschiedete er sich schließlich Ostern 1831 vom Darmstädter
Gymnasium in lateinischer Sprache mit der nicht erhaltenen Ab-
gangsrede über den Menenius Agrippa (vgl. Schaub, S. 34 f.).
Der damals bekannte Schulmann Carl Dilthey bescheinigte Georg
Büchner im Reifezeugnis »gute Kenntnisse« im Griechischen,
lobte seine Gewandtheit im Latein, hob sein »vorzügliches Interesse … für die teutschen Lektionen« hervor, erwähnte die
trefflichen Beweise selbständigen Nachdenkens im Religionsunter-
terricht, die besonderen Kenntnisse in Geschichte und der Geschichte der Bildhauerkunst. Nur in Mathematik, so heißt es
weiter, »war es wegen mangelnder Vorkenntnise und kurzen
Gesichts nicht möglich, mit den meisten Mitschülern gleichen
Schritt zu halten« (B, 552). Später noch wird ihm der Vater
Vorhaltungen machen, daß er nicht früher seinen »so wohlge-
meinten Rath befolgt, und sich mehr mit Mathematik beschäftigt« habe. Aber das zielte mehr noch auf die Studienjahre, die
Georg Büchner in Straßburg, wo er Verwandte mütterlicherseits
hatte, am 9. November 1831 »nach der Dispensation vom bien-
nium academicum« (Schaub, S. 55) begann und nach zwei Jahren in Gießen fortsetzte, um den Landesgesetzen zu genügen.

Für Büchners Entwicklung ist der Aufenthalt in Straßburg,
wo er Medizin studierte, seine spätere Braut Wilhelmine (Minna)
Jaeglé kennenlernte, mit deutschen und französischen Revolutionären in Kontakt trat, kaum zu überschätzen. Forderten Herder, Goethe und Lenz, als sie in Straßburg zusammentrafen, mit
neuen Ideen die erstarrte Kulturtradition heraus, so erhielt dort
im Falle Büchners die frühe Ablehnung der politischen Restauration und der sozialen Verhältnisse in Deutschland eine breitere
theoretische und praktische Basis. Trotz des unmittelbaren An-
schauungsunterrichts der politischen Entwicklung in Frankreich,

der sein Urteil schärfte, erschöpften sich die Straßburger Jahre
keineswegs in der Politik. Denn er verkehrte häufig mit den in
politischen Dingen eher zurückhaltenden Freunden Boeckel und
Baum und den Brüdern August und Adolph Stöber, die ihn in
die Verbindung ›Eugenia‹ einführten, wo er in einer Sitzung am
24. Mai 1832 »in etwas zu grellen Farben von der Verderbtheit
der deutschen Regierungen und der Roheit der Studenten auf
vielen Universitäten, namentlich in Gießen und auch in Heidelberg« (B, 461) gesprochen hat. In den späteren Briefen des Büchner sehr nahestehenden Kommilitonen Eugen Boeckel an den ein-
stigen Verfasser des *Hessischen Landboten* wird es dann etwa
heißen: »In Teutschland befinde ich mich sehr wohl, es ist nicht
halb so schlimm wie Du glaubst. Ich glaube es gibt keinen besser
organisirten Staat in Europa wie Preußen beynahe in aller Beziehung« (L 2, 495). Freund Boeckel möchte nicht nur das so
wirkungsvolle preußische Militärsystem nach Frankreich ver-
pflanzen, sondern preist auch die ganze Heilige Allianz von Ruß-
land bis Österreich als segensreich für die Völker und merkt an:
»Du siehst daß ich meine politischen Ansichten in mancher Rücksicht erweitert und geläutert habe.« Man mag es für erstaunlich
halten, daß Büchner diesen Vorstellungen nicht sofort energisch
widersprochen hat, aber erstens hatte sich die politische Einstel-
lung des Freundes ja offensichtlich nicht geändert, zweitens
scheint er selbst, wie der ebenfalls konservative Ludwig Wilhelm Luck bestätigt, weit entfernt »von aller Aufdringlichkeit
und Propaganda seiner Anschauung« (B, 558) gewesen zu sein.

Die Zeit im Elsaß gehörte zweifelsohne zur glücklichsten seines
kurzen Lebens: er liebte die Vogesenlandschaft, schwärmte von
der Natur, zu der er von früh an ein enges Verhältnis hatte, lernte
auf den Spuren Goethes die Denkmäler deutscher Baukunst kennen, genoß das anregende und im Vergleich zu Darmstadt oder
Gießen freie Leben in Straßburg. Obwohl »kein Verehrer der
Manier à la Schwab und Uhland und der Parthei, die immer
rückwärts ins Mittelalter greift« (Nr. 49), nahm er regen Anteil
an den deutschen Kulturbestrebungen der Straßburger Freunde,
denen sie ein »geistiges Band« des Elsaß zu Deutschland bedeu-
teten. Noch 1835 konnte Büchner deshalb an Gutzkow schreiben:
»Ich habe mich ganz hier in das Land hineingelebt; die Vogesen
sind ein Gebirg, das ich liebe, wie eine Mutter, ich kenne jede
Bergspitze und jedes Thal und die alten Sagen sind so originell
und heimlich« (L 2, 449). Kurz vor seinem Tode bat er die Braut

von Zürich aus, für ihn »die *Volkslieder* singen« zu lernen, denn hier singe das Volk nicht, und fügte den bemerkenswerten Satz an: »Ich komme dem Volk und dem Mittelalter immer näher, jeden Tag wird mir's heller« (L 2, 464). Doch sein Interesse für Volksdichtung spiegelt sich auch im literarischen Werk, vor allem im *Woyzeck*; und hatte die Mutter den Keim dazu gelegt, so fand er wie Goethe den reichen Nährboden erst im Elsaß. Dem kulturellen Echo der Sturm-und-Drang-Tradition entsprach durchaus seine politische Parteinahme für das Volk, das für ihn angesichts der Agrarstruktur der deutschen Gesellschaft vor allem die Landbevölkerung verkörperte.

Büchners politische Ansichten mochten durch den Vater der Gebrüder Stöber vertieft worden sein. Dieser war einer Gesellschaft für Volksfreunde vorgestanden, in der sich radikale Intelligenz mit dem Volk gegen den Geldadel verbündet hatte. Nach der Juli-Revolution hatte sich in Frankreich das ungelöste soziale Problem dergestalt in den Vordergrund geschoben, daß sich die Oppositionsbewegungen, allerdings nur für kurze Zeit, zusammenschlossen. Das Organ dieses Bündnisses war die ›Gesellschaft der Menschenrechte‹, die Robespierre als Vorbild ausrief und auch in Straßburg eine funktionierende Ortsgruppe besaß. Georg Büchner hat all diese Einflüsse, ob sie von der an Deutschland orientierten kulturpolitischen oder der auf Frankreich weisenden jakobinischen Seite seiner Freunde kamen, ebenso aufgeschlossen wie selbständig verwertet. Mochte er auch schon in Gedanken während seines Straßburger Aufenthalts damit beschäftigt gewesen sein, die französischen auf die deutschen Zustände zu übertragen, das entscheidende biographische Faktum ist, daß ihn die notwendige Fortsetzung seines Studiums in Gießen auf einen gleichermaßen körperlichen wie seelischen und geistigen Tiefpunkt zutrieb, den man freilich nicht als ideologische Krise überinterpretieren sollte. Er schien zwar dem Schulfreund Luck »mit der Philosophie, mit sich und der Welt zerfallen« (B, 558), aber dieses Korrelat einer depressiven Stimmung hat Georg Büchner in Briefen an August Stöber (Nr. 14), an die Braut (Nr. 16, 18) und an die Familie (Nr. 22) beschrieben und begründet. Als Ursachen seiner Schwermut nennt er hier die »Erinnerung an 2 glückliche Jahre«, »die Sehnsucht nach All dem, was sie glücklich machten« und »die widrigen Verhältnisse«, unter denen er in Gießen lebte. Fast im Ton von Börnes *Briefen aus Paris* klagt er: »Die politischen Verhältnisse könnten mich rasend machen. Das arme Volk schleppt geduldig den Karren, worauf die Fürsten und Liberalen ihre Affenkomödie spielen« (L 2, 422). Es sind nicht nur die Landschaft, an die sich Büchner nicht gewöhnen kann, das Heimweh nach der Braut, die »abscheuliche Stadt« Gießen, die »hohe Mittelmäßigkeit in Allem«, sondern eben auch »die niedrigsten Verhältnisse« in Deutschland.

Im Großherzogtum Hessen setzte seit 1830 durch die wachsenden Steuerlasten eine Tendenz zur Verarmung ein, die vor allem die Bauern und die kleinbürgerliche Schicht betraf. An diesem rückständigen Agrarkleinstaat zeigte sich auch besonders deutlich die politische Misere, die Büchner bald persönlich erfahren sollte: Während sich das Großbürgertum mit der Regierung über Verfassungsfragen arrangierte und sich nur für die Durchsetzung seiner ökonomischen Ziele interessierte, die patriotischen Bürger von einem Nationalstaat und einem Volkskaiser träumten, stieß die linke Intelligenz mit ihren Schriften ins Leere, zumal die breite Masse apathisch blieb und nicht über ihre Lage aufzuklären war. Obwohl sich Büchner keine Illusionen über die Revolutionsbereitschaft des Volkes machte, schien es dem Heimgekehrten angebracht, diese Bereitschaft mit dem Unternehmen des *Hessischen Landboten* zu überprüfen. Das bezeugte auch sein Intimus, der verbummelte Theologiestudent August Becker, der ihn mit dem Butzbacher Rektor und Pfarrer Weidig bekannt machte (B, 562).

Wie kam es nun im einzelnen dazu, daß der Student der Medizin, der eben noch seiner Familie versprochen, sich nicht »in die Gießener Winkelpolitik und revolutionäre Kinderstreiche« (Nr. 10) einzulassen, und außerdem »im gegenwärtigen Zeitpunkt jede revolutionäre Bewegung als eine vergebliche Unternehmung« (Nr. 7) bezeichnet hatte, plötzlich die Flucht nach vorne antrat und zur politischen Aktion schritt? Dabei mußte er sein Studium bald wegen eines »Anfalls von Hirnhautentzündung« (Nr. 14) unterbrechen, fühlte er »sich allein, wie im Grabe« (Nr. 16), berichtete er ständig von seinem Heimweh nach Straßburg, besonders nach der »rue St. Guillaume No. 66, links eine Treppe hoch«, wo seine Braut wohnte. Gegenüber den Eltern mußte er sich außerdem gegen den offenbar um diese Zeit häufig erhobenen Vorwurf, arrogant und hochmütig zu sein, verteidigen. Auch der vier Jahre jüngere deutschnational gesinnte Kommilitone Carl Vogt bekannte später: »Offen gestanden, dieser Georg Büchner war uns nicht sympathisch. Er trug einen hohen Zylinderhut, der ihm immer tief unten im Nacken saß, machte beständig ein Gesicht wie eine Katze, wenn's donnert, hielt sich gänzlich abseits« (B, 559).

Drückte sich in dieser Arroganz, sosehr er sie bestritt, nicht doch etwas wie eine geheime Menschenverachtung aus? Warum hatte er nur mit dem etwas verlotterten Genie August Becker Umgang? War sein »schroffes, in sich abgeschlossenes Wesen« nur die Antwort auf das ihn umgebende provinzielle Bildungsbürgertum? Es ist angesichts der fragmentarischen Überlieferung der Briefe und Dokumente nicht eben leicht, auf diese Fragen eine befriedigende Antwort zu finden. Andererseits gehören diese Widersprüche zum Charakter Büchners. Bei aller Lebendigkeit und Aktivität zeigt er immer wieder Spuren der Apathie und Müdigkeit, bei allem Witz und positiven Aufschwüngen gibt es immer wieder Phasen dumpfen Vor-sich-hin-Brütens und stummer Depression. Es kann durchaus sein, daß er aus einem solchen Gefühl der Enge und Isolation heraus den Kontakt mit Weidig suchte, dessen politische Überzeugung er zwar nicht teilte, der aber vielfältige Erfahrung mit revolutionären Aktionen im Raume Hessen besaß und mit den verschiedenen liberalen Oppositionsgruppen auf gutem Fuße stand. Entschlossen und mit Bedacht bereitete er eine Revolution in Hessen vor, verfaßte nicht nur den von Weidig so benannten und von diesem (sicher weniger einschneidend als behauptet) veränderten *Hessischen Landboten*, der sich nach dem Zeugnis Beckers ursprünglich als eine mit »Beispielen belegte Predigt gegen den Mammon« las, sondern gründete auch nach dem Modell der Ortsgruppe in Straßburg zunächst in Gießen, dann in Darmstadt eine ›Gesellschaft der Menschenrechte‹. Neben Studenten gehörten zu den Verschworenen auch Handwerker; man hielt Schießübungen ab und plante eine Erweiterung der Sektionen. Doch Büchners Nahziel war neben der Vermehrung dieser Basisgruppen vor allem die Agitation unter der Landbevölkerung, die er für den geplanten Aufstand gewinnen wollte; denn schon in Frankreich hatte er eingesehen, »daß nur das nothwendige Bedürfniß der großen Masse Umänderungen herbeiführen kann, daß alles Bewegen und Schreien der *Einzelnen* vergebliches Thorenwerk ist« (Nr. 10). Deshalb plädierte Georg Büchner auch auf der Ruine Badenburg, wo sich die oberhessischen revolutionären Gruppen am 3. Juli 1834 trafen, für die Übertragung der Erfahrungen der Französischen Revolution auf die deutschen Verhältnisse, was nur allgemeines Entsetzen hervorrief. Man begann schon, wie er dem Freund Becker nicht ohne Bitterkeit berichtete, »in jedem Dorf ein Paris mit einer Guillotine zu sehen«. Nichtsdestoweniger einigte man sich wenigstens auf die Verbreitung von Flugschriften, mit denen man das Volk und die Bürger in den verschiedenen Bundesstaaten erreichen wollte.

Im Juli 1834 begannen dann die Butzbacher und Gießener Verschwörer, den *Landboten* zu verbreiten. Aber wie der kläglich gescheiterte Frankfurter Putsch (1833) wurde auch dieses Unternehmen sofort von dem Butzbacher Bürger Johann Konrad Kuhl, der zu den Vertrauten des ahnungslosen Weidig gehörte, für Geld an die Behörden verraten. Der berüchtigte Universitätsrichter Georgi griff umgehend ein und verhaftete Büchners Schulfreund Karl Minnigerode, während der Verfasser des *Landboten* herumreiste, um die anderen Freunde zu warnen. Als er nach Gießen zurückkehrte, fand er sein Zimmer versiegelt, seine Papiere durchwühlt. Geistesgegenwärtig, wie er war, beschwerte er sich umgehend bei der zuständigen Stelle und forderte Genugtuung. Der Familie gegenüber wurde er nicht müde, seine Empörung »über ein solches Benehmen«, den Einbruch »in die heiligsten Familiengeheimnisse« (Nr. 26, 27, 28) auszumalen; dabei mußte er ständig mit seiner Verhaftung rechnen, die er eingestandenermaßen mehr fürchtete als den Tod. Wenn er in den erhaltenen Brieffragmenten diese Furcht vor dem Gefängnis auch nur beiläufig erwähnte, die Angstphantasien des typhuskranken Flüchtlings in Zürich lassen ahnen, in welcher psychischen Anspannung Georg Büchner lebte, als ihn die Eltern im Herbst 1834 nach Darmstadt zurückriefen und er Anfang 1835 fieberhaft an *Dantons Tod* zu arbeiten begann. Die einzige Abwechslung war der Besuch der Braut, die nach Darmstadt kam, um sich den Eltern vorzustellen. Er trieb philosophische und geschichtliche Studien, arbeitete im kleinen Laboratorium des Vaters und bangte den drohenden Vorladungen entgegen. Seinem Bruder Wilhelm zufolge soll er auch auf die Befreiung der Gefangenen gesonnen haben, deren Schicksal ihm naheging.

Sei es, daß man mit dem Verfasser des *Hessischen Landboten* einen besonderen Coup landen wollte, sei es, daß ein einflußreicher Freund des Vaters über ihn eine schützende Hand hielt, man lud Georg Büchner wohl zum Verhör, verhaftete ihn aber nicht, obwohl Kuhl schon längst auch seinen Namen preisgegeben hatte (Immelt, S. 59; Schaub, S. 133). Nichtsdestoweniger wurde die

Situation für ihn immer gefährlicher, und Agenten hefteten sich an seine Fersen, wenn er das Haus verließ. Zudem wurden drei weitere Mitglieder der ›Gesellschaft der Menschenrechte‹ verhaftet, schließlich traf eine richterliche Vorladung in das Arresthaus nach Darmstadt ein, so daß er sich endlich Anfang März zur Flucht nach Straßburg entschloß und nicht erst eine Reaktion auf das an Gutzkow und an Sauerländer verschickte Manuskript von *Dantons Tod* abwartete. Ohne den Vater einzuweihen, dem die Familie gewiß wenig vom Treiben seines Ältesten berichtet hat (vermutlich wurden ihm auch viele der an die Familie adressierten Briefe vorenthalten), ohne Paß, mit etwas Geld, das ihm die Mutter zusteckte, fährt er ins Exil, aus dem er nicht mehr zurückkehren wird.

In Straßburg betrieb Georg Büchner das »Studium der medicinisch-philosophischen Wissenschaften mit der größten Anstrengung« (Nr. 31) und empfahl sich auch bald den Fachleuten durch überzeugende naturwissenschaftliche Arbeiten. Im Frühjahr 1836 trug er in drei Sitzungen der ›Société d'histoire naturelle‹ in Straßburg seine Abhandlung über das Nervensystem der Barben in französisch vor. Man ernannte ihn daraufhin zum Mitglied dieser Gesellschaft und ließ bald darauf die Arbeit drucken; sie erregte dann die Aufmerksamkeit des damals berühmten Naturforschers Lorenz Oken. Zwar schwebte über seinem Haupt immer noch die Gefahr einer Auslieferung, aber im allgemeinen erfüllte ihn »frischer Lebensmuth« und sah seine Zukunft keineswegs »so problematisch« aus, wie er in einem Brief an Gutzkow mit einer Mischung aus Koketterie und Schillerscher Übermütigkeit den Anschein zu erwecken sucht. Der Umgang mit Minna, den alten Freunden Boeckel und Baum, August und Adolf Stöber, dem Darmstädter Liberalen Wilhelm Friedrich Schulz, mit dem er dann später wieder in Zürich zusammentreffen sollte, ließ die Gießener und Darmstädter Enge wenn auch nicht vergessen, so doch in den Hintergrund treten.

In Abständen erreichten ihn Nachrichten über die verhafteten Freunde. Vor allem die Sorge um deren Schicksal (weniger um den Steckbrief, der ihm ein Vierteljahr nach der Flucht nachgeschickt wurde) ließ ihm keine Ruhe. Wahrscheinlich betete er immer noch »jeden Abend zum Hanf und zu den Laternen«, wie er am 9. Dezember 1833 dem Freund August Stöber geschrieben, machten ihn »die politischen Verhältnisse« in Deutschland immer noch »rasend«, wenn er sie mit den Exilanten in Straßburg dis-

kutierte; aber er spielte nicht Komödie, wenn er der Familie in
Abständen beteuerte, er würde sich jeder politischen Aktivität
enthalten. Er zerstreute jedes Gerücht politischer Umtriebe, die
angeblich von den Flüchtlingen angezettelt worden seien, und
schrieb es auf das Konto der reaktionären Propaganda. Ihn selbst
hatte der gescheiterte Versuch mit dem *Landboten* davon über-
zeugt, »daß Nichts zu thun ist, und daß Jeder, der *im Augenblicke* sich aufopfert, seine Haut wie ein Narr zu Markte trägt«
(Nr. 37).

Das hat nichts mit der oft bemühten Auffassung vom »Fatalismus der Geschichte« zu tun, sondern beweist nur eine reife
Einschätzung der politischen Situation seiner Zeit und die seltene
Fähigkeit, aus unrealistischen Erwartungen realistische Schlüsse
zu ziehen. Trotzdem würde man die Tatsachen verfälschen,
wollte man aus dieser ebenso notwendigen wie konsequenten
Kehre in Büchners Lebenslauf die Abwendung von allen politischen Interessen folgern. Sie bestanden nach wie vor, wie nicht
zuletzt die Briefe an den Jungdeutschen Karl Gutzkow belegen,
der oft recht massive politische Antworten auf eindeutig nur li-
terarisch gemeinte Anfragen erhielt. Der Jüngere lehnte den
»Ideenschmuggel« seines Förderers mit dem Hinweis auf die rein
materielle Zeit (Nr. 54) entschieden ab und machte auf die
Machtlosigkeit des Individuums aufmerksam, während der Ältere
dem »lieben Freund« ausdauernd Ermunterungen ins Haus
schickte, doch seine »ungeschwächte Kraft der Literatur« zu
opfern (Nr. 19). Obwohl ihm einerseits die Ermunterungen und
Aufforderungen Gutzkows schmeichelten und er sie mit verhal-
tener Genugtuung an die Familie weitermeldete, ließ er sich auf
literarische Brotarbeit, von der Übersetzung zweier Dramen Victor Hugos abgesehen, nicht ein. Zwar spekulierte er »auf Ideen,
Poesie – was ihm der Genius bringt«, wie ihm sein »Trödler«
Gutzkow empfiehlt, pflegte er die Autorschaft, »das beste Mittel der Existenz« (Nr. 9), aber vergaß darüber nicht, die Esel
der Philosophie und Naturwissenschaft zu reiten (Nr. 14). In
einem Brief an die Familie, in dem er auch die »interessanten
Notizen« über den Goethefreund Lenz erwähnt, stellte er nicht
gerade unbescheiden fest: »Es gibt hier Leute, die mir eine
glänzende Zukunft prophezeien. Ich habe nichts dawider ...«
(Nr. 47).

Er arbeitete am *Lenz*, wobei er zwischen Abhandlung und Pro-
saskizze schwankte, oblag gewissenhaft seinen medizinisch-zoolo-

gischen Studien, aus denen die bereits erwähnte Untersuchung über das Nervensystem der Barben hervorging, die ihm dann im September 1836 die Promotion zum Dr. phil. in Zürich und bald eine Privatdozentur einbrachte. Am 2. September 1836 berichtete er dem Bruder Wilhelm wohlgelaunt: »Ich bin ganz vergnügt in mir selbst, ausgenommen, wenn wir Landregen oder Nordwestwind haben ... Ich habe mich jetzt ganz auf das Studium der Naturwissenschaften und Philosophie gelegt, und werde in Kurzem nach *Zürich* gehen, um in meiner Eigenschaft als überflüssiges Mitglied der Gesellschaft meinen Mitmenschen Vorlesungen über etwas ebenfalls höchst Überflüssiges, nämlich über die philosophischen Systeme der Deutschen seit Cartesius und Spinoza, zu halten« (Nr. 58).

Wie der erste Straßburger Aufenthalt (1831–1833) bedeutete auch der zweite (1835–1836) trotz der anhaltenden politischen Sorgen für Georg Büchner eine rundum positive Lebensatmosphäre. »Das Leben ist überhaupt etwas recht Schönes«, schrieb er dem reiselustigen Freund Eugen Boeckel, »und jedenfalls ist es nicht so langweilig, als wenn es noch einmal so langweilig wäre« (Nr. 56). Seelische Depressionen und Anfälle von Melancholie befielen ihn erst wieder in Zürich, was hinreichend belegt, wie sehr er sich von Minna Jaeglé auch existentiell abhängig fühlte (vgl. Nr. 17, 18, 20, 64, 65). In Straßburg entstand noch das Prosafragment *Lenz* und Teile des ebenso graziösen wie satirischen Lustspiels *Leonce und Lena*, das er aus Anlaß eines Preisausschreibens des Verlages Cotta verfaßt, dessen um zwei Monate verlängerten Stichtag (Anfang September 1836) er aber immer noch knapp verpaßt hat.

Eine Abwechslung von der angestrengten Arbeit bot der Besuch von Mutter Büchner und Schwester Mathilde, die sicherlich auch neue Nachrichten über die verhafteten Freunde mitbrachten. Daß Vater Büchner immer noch jede Kommunikation mit seinem Ältesten ablehnte, dürfte diesem nicht allzu nahegegangen sein. Im Spätherbst übersiedelte Georg Büchner nach Zürich, im November hielt er bereits die erfolgreiche Probevorlesung *Über Schädelnerven* und begann neben den Vorbereitungen für die Vorlesungen am *Woyzeck* zu arbeiten, den er nicht mehr vollenden sollte.

Die Übersiedlung nach Zürich hatte er mit der ihm eigenen Bedachtsamkeit und Vorsicht vorbereitet: Er bat den Bürgermeister Hess um »schriftliche Autorisation zum Aufenthalt« (Nr. 60) in Zürich. Dem Brief legte er ein Zeugnis der Straßburger Polizei bei, die ihm bescheinigte, daß er »seit der Entfernung aus [seinem] Vaterlande allen politischen Umtrieben fremd geblieben« sei (Nr. 60). Je nach der eigenen ideologischen Position mag man solche und ähnliche Äußerungen Büchners als Tendenzen zur Anpassung, als Gesinnungswandel, als Opportunismus oder Resignation auslegen, Büchners Lebensumstände und politische Vorstellungen beschreiben solche Urteile nicht. Aus Zürich, wo man keine »Soldaten, Accessisten und faule Staatsdiener« herumlaufen sieht, meldete er beispielsweise der Familie am 20. November 1836 erbittert über den vermeintlichen Tod Minnigerodes: »Die französischen Blutmänner brachten einen doch in ein paar Stunden um, das Urtheil und dann die Guillotine! Aber drei Jahre [Gefangenschaft]! Wir haben eine gar menschliche Regierung, sie kann kein Blut sehen« (Nr. 62).

Vor Weihnachten hielt es nun auch der »im höchsten Grade erbitterte« Napoleonanhänger Ernst Büchner für angebracht, seinen vielversprechenden, zu Ruf und bürgerlichem Ansehen gelangten Sohn mit der »angenehmen Erscheinung« seiner väterlichen Zeilen zu bescheren. Zwar konnte er nicht umhin, auf die ganzen Unannehmlichkeiten, die Georg durch sein »unvorsichtiges Verhalten bereitet«, und die »vielen trüben Stunden«, die er verursacht, deutlich den Finger zu legen, aber andererseits verweist er auf die großzügig übersandten Geldmittel und stellt in versöhnlichem Ton einige Meter Bücher in Aussicht, »welche mich, ohne Einband, 93 fl. 36 kr. kosteten und diese mache ich Dir zum Weihnachtsgeschenk« (Nr. 23).

Über Büchners Vorlesungen teilte der einstige Schüler und spätere Kantonalstabsarzt August Lüning folgenden Eindruck mit: »Der Vortrag Büchners war nicht geradezu glänzend, aber fließend klar und bündig, rhetorischen Schmuck schien er fast ängstlich, als nicht zur Sache gehörig, zu vermeiden« (B, 572). Was die zirka zwanzig Zuhörer am meisten beeindruckte, waren vor allem drei Dinge: »die ungemein sachlichen, anschaulichen Demonstrationen an frischen Präparaten, die Büchner ... sich größtenteils selbst beschaffen mußte«, daß er sich jeder naturphilosophischen Spekulation enthielt und viele Beziehungen von den Fischen und Amphibien zu den höheren Tierklassen herstellte. Wenn der eher spröde August Lüning nach 61 Jahren feststellt, daß ihm während seines achtjährigen Studiums kein Kolleg dergestalt lebendig im Gedächtnis geblieben sei wie dieser »Torso von Büchners Vorlesungen«, so spricht das auch für die didaktische Begabung des jungen Naturwissenschaftlers. Dieser eher nachlässig behandelte Augenzeuge skizzierte auch das zurückgezogene Leben Büchners in Zürich, notierte das zeitweilige Schwanken zwischen der spekulativen Philosophie und der beobachtenden Naturwissenschaft und illuminierte mit einigen Streiflichtern den Charakter. Ihm blieb nicht nur die oft gerühmte imposante breite Dichter- und Denkerstirn Büchners im Gedächtnis haften, sondern auch die »äußert dezidierte Bestimmtheit in Aufstellung von Behauptungen, die zwar von hoher Selbständigkeit des Urteils zeugte, zuweilen aber doch ein wenig über das Ziel hinausschoß« (B, 571). Die mitgeteilten Beweise zeigen einen zuweilen unangenehm rechthaberischen, offenbar recht selbstbewußten, hochbegabten, erfolgreichen Wissenschaftler, der sich andererseits nichts daraus zu machen schien, in den Vorlesungen zuzugeben, wenn er für ein Problem noch keine Lösung gefunden hatte. Büchners Umgang beschränkte sich nach den Aussagen von Lüning auf das Ehepaar Schulz und einige ihm von früher her bekannte hessische Familien.

Im Januar 1837 begann er bereits wieder die Tage bis zum Zusammentreffen mit der Braut zu zählen. Er sieht sie, wie er in einem Brief (Nr. 64) im Januar 1837 humorvoll schildert, »immer so halb durch zwischen Fischschwänzen, Froschzehen u.s.w.« und fragt sie neckisch: »Ist das nicht rührender, als die Geschichte von Abälard, wie sich ihm Heloise immer zwischen die Lippen und das Gebet drängte?« (Nr. 64) Trotz der Arbeit und neuer Eindrücke scheint ihm wie damals in Gießen die Trennung von der Braut aufs Gemüt zu fallen. Im vorletzten der erhaltenen Briefe an Minna klingt das deutlich an: »Du kommst bald? mit dem Jugendmuth ist's fort, ich bekomme sonst graue Haare, ich muß mich bald wieder an Deiner inneren Glückseligkeit stärken und Deiner göttlichen Unbefangenheit und Deinem lieben Leichtsinn und all Deinen bösen Eigenschaften, böses Mädchen. Adio picola mia!« (Nr. 66)

Am 2. Februar 1837 erkrankt er, und bald wirft ihn das Typhusfieber aufs Krankenlager. Aus den häufig zitierten Tagebuchaufzeichnungen von Caroline Schulz, die den Krankheitsverlauf ausführlicher als ihr Mann in seinem Nachruf in der Züricher Zeitung (23. Februar 1837) aufzeichnete, spricht eine recht empfindsame, leicht gerührte Seele, die diese Empfindsamkeit und Rührung gleichzeitig zu genießen scheint; trotzdem darf man den mitgeteilten Details Glauben schenken: wie sich etwa der Kranke in seinen Fieberphantasien vorstellte, an Hessen ausgeliefert worden zu sein, wie er in seinen Träumen die Braut vor sich sah und mit ihr Französisch sprach oder wie er sich seltsamerweise einbildete, Schulden zu haben (B, 575–583).

Georg Büchner starb am 19. Februar 1837, nachmittags um halb vier, 23¹/₂ Jahre alt. Wilhelmine Jaeglé teilte Eugen Boeckel am 5. März in einem Brief, der sie selbst aufs trefflichste charakterisiert, mit, wie sie mit »armseligen Rücksichten« auf zu Hause kämpfen mußte, ehe sie schließlich ans Totenbett eilen konnte. Es ist eine verwandte Diktion, mit der sie in knappen, stakkatohaften Sätzen vom Ende berichtet: »Er ist sanft eingeschlummert, ich habe ihm die Augen zugeküßt … Der Jammer der Eltern ist grenzenlos. Über meine übrigen Lebenstage ist ein schwarzer Schleier geworfen.« Am 21. Februar 1837 fand die Beerdigung statt. Am 6. Juli 1875 wurde die Grabstätte auf den ›Hochbuck‹ am Zürichberg verlegt und ein Denkmal errichtet.

In kurzer Zeit hatte Deutschland drei Repräsentanten der deutschen Freiheitsbewegung verloren: Ludwig Börne in Paris, Georg Büchner in Zürich und den im Arresthaus zu Darmstadt hingemarterten Friedrich Ludwig Weidig. Man mag eine Bestätigung für die von Büchner immer wieder behauptete deutsche Indifferenz darin sehen, daß sein Name bald vergessen war. Als der Theologe Baum im Herbst 1837 auf der Durchreise in Zürich das Grab und die Wirkungsstätte seines Freundes Büchner besuchte, konnte er nur noch berichten: »Sein Andenken ist unter den Professoren schon ziemlich erblaßt. Das ist das Los des Schönen auf der Erde!« (B, 595 f.) Er setzte seine ganze Hoffnung auf eine »geistreiche Biographie« von Gutzkow, die nicht geschrieben wurde. Erst die essayistischen und editorischen Bemühungen von Karl Emil Franzos sicherten Georg Büchner einen Spitzenplatz in der deutschen Literaturgeschichte des 19. Jahrhunderts.

ELEMENTE DER IDEOLOGISCHEN ENTWICKLUNG

Wenn man von Büchners Sonderstellung in den philosophischen, naturwissenschaftlichen, politischen und ästhetischen Positionen spricht, so besteht die Gefahr, daß man den zeitgeschichtlichen

Kontext vergißt, auf den er positiv oder negativ, rezeptiv oder kritisch reagiert hat. Was Friedrich Schlegel für seine Generation als entscheidende Tendenzen reklamierte, nämlich Französische Revolution, Fichtes *Wissenschaftslehre* und Goethes *Wilhelm Meister,* konnte auch noch cum grano salis für den jungen Büchner gelten. An die Stelle der *Wissenschaftslehre* traten freilich die zeitgemäßeren *Reden an die deutsche Nation,* zu deren Lektüre vielleicht sein Deutschlehrer Karl Baur angeregt hat, und statt Goethes *Meister* las er lieber den *Faust.* Nach den Auskünften der Schulfreunde Zimmermann und Luck kamen noch die Anregungen durch Homer, Äschylos, Sophokles, Lukian, Shakespeare, die Volkspoesie, Calderon, Jean Paul und die Hauptromantiker hinzu. An Schiller soll ihn vor allem das Rhetorische gestört haben, der Sprachduktus; die Freiheitsideologie war sicher in seinem Sinn, vielleicht auch das fast barocke Verhältnis zum Prinzipal Tod.

In einem Gedicht des fünfzehnjährigen Georg für die Eltern stecken neben den kopierten, um diese Zeit gängigen Nachtstimmungen doch schon Keimzellen für das spätere Todes- und Vergänglichkeitsbewußtsein, wie es die Dramen und *Lenz* spiegeln. Neben dem stark analytischen Verstand, der auf den Grund der Dinge sehen will, gibt es von früh an eine Gegenseite, die Büchner nur in persönlichen Briefen und in der Dichtung zeigt: eine ausgeprägte »Gefühlsader«. Wenn es in dieser nicht pulsierte, fühlte er sich wie »vernichtet«, wie ein Automat ohne Seele, wie gestorben und lechzte er »nach einer seligen Empfindung«. Unter diesem Aspekt gewinnt auch die Philosophie des Schmerzes einen festen Stellenwert in seiner ideologischen Entwicklung, die im folgenden nach einzelnen Gesichtspunkten skizziert werden soll.

1) Der philosophische Standpunkt

Daß Büchner starke philosophische Interessen besaß, belegen zumindest seit 1833 mehrere Briefe und die erhaltenen, zum Teil kommentierten Nachschriften zu Cartesius, Spinoza und zur Geschichte der Griechischen Philosophie. Friedrich Zimmermann hielt sogar seinen »unvergeßlichen Jugendfreund und commilito in literis mehr zum Philosophen als zum Dichter geboren« (B, 554). Büchner soll außerdem in den »modernen Geistesströmungen . . . au fait« (B, 555 ff.) gewesen sein und früh die »Taschenspielerkünste Hegelscher Dialektik und Begriffsformulationen« verachtet haben. Daß leere Sprachformeln seine Kritik herausforderten, läßt sich schon an den Schülerglossen nachweisen. Als Student beklagte er sich einmal in einem Brief über die »abscheuliche Kunstsprache« in der Philosophie und meinte, »für menschliche Dinge müsse man auch menschliche Ausdrücke finden« (Nr. 14). Das zielt nicht nur gegen Hegel, dessen berühmten Satz aus der *Philosophie des Rechts*: »Was vernünftig ist, das ist wirklich, und was wirklich ist, das ist auch vernünftig« er zerpflückt haben soll, sondern auf die jeder systematischen Philosophie inhärente Gefahr, banale und paradoxe Inhalte mit einer komplizierten Begriffssprache zu verdecken.

Überblickt man die erhaltenen Schriften des Schülers, so fällt auf, daß sich in ihnen neben Einflüssen Schillers, Bürgers, Posselts und vor allem Fichtes auch schon entscheidende »Grundmotive seiner ganzen geistigen Existenz« (Hans Mayer) finden. Die Reden *Helden-Tod der 400 Pforzheimer, Zur Verteidigung des Cato von Utika* und die Rezension *Über den Selbstmord* lassen sich als Erörterungen zum Thema Selbstmord lesen; andererseits enthalten sie bereits Büchners anthropologisches Konzept. In seiner Rezension kritisiert er die teleologische Methode, welche »die Erde als ein *Prüfungsland*« und das »Leben nur als *Mittel* betrachtet« (L 2, 21), und setzt ihr folgende Argumentation gegenüber: »*Entwicklung* ist der Zweck des Lebens, das *Leben selbst* ist Entwicklung, also ist das Leben selbst *Zweck*.«

In seiner Probevorlesung *Über Schädelnerven* definiert Büchner diese Ansicht als philosophische und beschreibt als ihr Erkenntnisziel das »Gesetz des Seins«. Im Wortlaut von 1836 heißt dieses Gesetz: »Alles, was ist, ist um seiner willen da« (L 2, 292). Nach seiner philosophischen Methode wird »das ganze körperliche Dasein des Individuums nicht zu seiner eigenen Erhaltung aufgebraucht«, sondern es manifestiert sich ein Urgesetz, »das nach den einfachsten Rissen und Linien die höchsten und reinsten Formen hervorbringt«. Diese Auffassung berührt sich in manchem mit Goethes Ideen der Metamorphose, doch enthält sie sich jeder pantheistischen oder spinozistischen Spekulation. Zudem ist es ohne weiteres denkbar, daß er als Schüler Fichtes *Die Bestimmung des Menschen* (1800 und 1801) gelesen hat, wo die Natur als ein Prinzip der »steten Verwandlung« beschrieben wird. »*Alles was da ist, ist durchgängig bestimmt, es ist was es ist, und schlechthin nichts anderes*«, formuliert Fichte im ersten Buch seine These und differenziert: »... die Natur eilt fort in ihrer steten Verwandlung: Und indes ich noch rede über den aufgefaßten Moment, ist er entflohen, und alles hat sich verändert; und ehe ich ihn auffaßte, war gleichfalls alles anders.« Das erinnert an den Beitrag über ästhetische Fragen von Büchners Lenz, der von einer »unendlichen Schönheit« redet, »die aus einer Form in die andere tritt, ewig aufgeblättert, verändert« (L 1, 87).

Für die Ansicht, daß das Leben selbst Zweck sei, ließen sich auch in Ludwig Feuerbachs *Gedanken über Tod und Unsterblichkeit* (1830) Parallelen aufzeigen, die vor allem um das Problem der Identität angesiedelt sind. »Was lebt«, so argumentiert Feuerbach, »hat den Grund und das Prinzip seines Seins in sich selbst, nur das, was in sich selbst und aus sich selbst ist, hat Leben.« Mit anderen Worten: Leben impliziert die »absolute Identität mit sich selbst«. An dieser Fragestellung werden dann auch Büchners politische Überlegungen einsetzen.

Schon in den Jugendschriften versucht Büchner einen Weg zwischen den »Anschauungen des Mystikers« und dem »Dogmatismus der Vernunftphilosophen« (L 2, 292) zu finden. Von seinem philosophischen Standpunkt her lehnt er den Selbstmord nur ab, weil er unserer »Bestimmung«, unserem »Zweck«, unserer »Natur« widerspreche, indem er die uns gegebene »*Form* des Lebens vor der Zeit zerstört« (L 2, 21). Es können daher nur besondere Umstände sein, in denen ein Mensch Selbstmord begeht, zumal der Schüler Büchner psychische und physische Leiden als »Krankheit des Geistes« bezeichnet und daher als Motive des Selbstmords nicht gelten läßt. Wen also »eine solche *geistige* Krankheit zum Tode treibt«, der ist nach Büchner kein Selbstmörder, sondern nur »ein an *geistiger Krankheit* Gestorbner« (L 2, 23).

Wie steht es aber nun mit dem Selbstmord aus Patriotismus? Auf diese Frage geben die beiden Reden Auskunft. Die Handlungsweise der 400 Pforzheimer war deshalb so außergewöhnlich, weil sie weder durch Gewohnheit noch durch Gehorsam motiviert wurde. Sie opferten sich aus freier Wahl für »Glaubens-Freiheit, das heiligste Recht der Menschheit«, für »die Seeligkeit ihrer Kinder«, »für eine Ordnung der Dinge« (L 2, 13). Diese Stelle hat Büchner, wie Werner R. Lehmann zuerst entdeckte, wörtlich aus Fichtes 8. *Rede an die deutsche Nation* abgeschrieben und auf das vorangestellte Motto von Bürger projiziert: »Für Tugend, Menschenrecht und Menschen-Freiheit sterben ist höchsterhabener Muth, ist Welterlöser-Tod.« Daß sich diese Jugendarbeit auch thematisch und sprachlich an die damals er-

folgreiche Denkrede des Historikers Ernst Ludwig Posselt (1763–1804) *Dem Vaterlandstod der vierhundert Bürger von Pforzheim* (gehalten am 29. 1. 1788) anlehnt, hat Gerhard Schaub in seiner Untersuchung über Büchners Schulrhetorik nachgewiesen.

In religiöser Konnotation beschreibt diese Jugendrede den zweistufigen Emanzipationsprozeß (Reformation und Französische Revolution) im Sinne eines verbreiteten Programms, das von Bürger, Schiller, Fichte bis zu Börne, Heine und Feuerbach reicht, als Progression der Menschheit. Nur der »Genius der Freiheit« garantiert in Büchners philosophischem Ausgangspunkt die nationale und geistige persönliche Selbständigkeit, und diese Selbständigkeit wiederum ist nichts anderes als die Möglichkeit zu freier Selbstbestimmung und Entwicklung der menschlichen Natur. Menschen, die für diese Möglichkeit ihr Leben opfern, »haben sich das Höchste, haben sich Unsterblichkeit erkämpft« (L 2, 14), heißt es im Stile Schillers und Posselts. Nun habe jede Zeit einen anderen Maßstab bei der Beurteilung von Helden, und so komme es zu Fehlleistungen wie dieser, daß man die Tat des Cato von Utika, die man nur von den Grundsätzen der »*Römer* und *Stoiker*« (L 2, 27) her beurteilen kann, nach den Regeln des christlichen Katechismus kritisiert.

Der junge Büchner schildert nun Cato in seiner zweiten Rede als »Heros einer untergegangenen Heldenzeit, wie ein Riesenbau, erhaben über seine Zeit, erhaben selbst über menschliche Größe« (L 2, 27). Seine Tragik bestand allein darin, daß er zwar als Individuum seiner Zeit an Größe überlegen war, aber als Opfer »seiner verdorbenen Zeit« fallen mußte (L 2, 27). In der historischen Konstellation Cato und Caesar entschied sich die Geschichte für Caesar, und Cato blieb als einziger Ausweg der Selbstmord; denn nur so konnte er »seine freie Seele retten« (L 2, 28) und ein Exempel römischer Größe statuieren. Diese römische Größe setzt in den Augen des Schülers auch ein Beispiel für die eigene Zeit, denn ohne Freiheit läßt sich die menschliche Selbstbestimmung nicht verwirklichen. Insofern knüpft der junge Büchner durchaus auch an die Tradition des Sturm und Drang und Schillers an, wobei als Katalysator sicher Fichte die entscheidende Rolle gespielt hat.

Wie sich Büchners philosophischer Standpunkt in der Auseinandersetzung mit dem Denken der Tradition und der Gegenwart herausschält und differenziert, zeigen auch die Exzerpte und Notizen über Descartes, Spinoza, wohl weniger die über griechische Philosophie. Im Gegensatz zu Hegel und Hotho zweifelt er beispielsweise, ob Descartes *cogito ergo sum* überhaupt »zu den unmittelbaren Wahrheiten« gehört (L 2, 140), und macht sich lustig über dessen Gottesbeweise, die ihm vorkommen, als gebrauche er »den lieben Gott als Leiter« (L 2, 153), um aus dem »Grab der Philosophie« herauszukriechen. Büchner kritisiert hier wie bei der teleologischen Methode, die den lebendigen Organismus nur als komplizierte Maschine begreifen kann, die nämliche Einseitigkeit.

In einem Passus seiner Spinoza-Notizen, der an das Streitgespräch über Gott in *Dantons Tod* erinnert, fragt Büchner, was Spinoza eigentlich zu seiner Definition von Gott berechtige: »Der *Verstand*? Er kennt das Unvollkommene. Das *Gefühl*? Es kennt den Schmerz« (L 2, 237). Sowohl der Verstand als das Gefühl widerlegen den Gott der Philosophen, der bei Spinoza ein »Collectivbegriff der unendlichen Attribute« (L 2, 242) sei und den Namen *Substanz* trage. Vor dieser Konstruktion der Vollkommenheit kann sich die menschliche Wirklichkeit in ihrer Unvollkommenheit kaum behaupten. Den »Widerspruch zwischen dem, was ist in der Endlichkeit, und dem Ewigen« (L 2, 268) will Spinoza deshalb mit der »intellectualen Erkenntniß des vollkommensten Wesens« auflösen; »nicht von dem Endlichen soll zum Unendlichen, nicht von den Dingen soll zu Gott fortgeschritten, sondern aus Gott heraus soll Alles erkannt werden« (L 2, 269). Auf die für sein Denken so bezeichnende Weise beschreibt er die philosophischen Auffassungen sowohl von Descartes als auch Spinoza zunächst *sine ira et studio*, um dann bei den offensichtlichsten Fehlern in ihrer Argumentation einzuhaken. Er deckt in ihrem System den ihm zugrunde liegenden »Enthusiasmus der Mathematik« auf, kritisiert ihre Demonstrationen und weist im Falle von Spinoza die Begriffe von Substanz und Attribut als Tautologie nach.

Im Atheismusstreit (1798/99), den Büchner sicher genauso gekannt hat wie die Akademiefehde zwischen den Naturwissenschaftlern Cuvier und Geoffroy St.-Hilaire (1830), ergreift er die Partei Fichtes, der sich mit dem religiösen Dogmatismus kritisch auseinandergesetzt hatte. Büchners Urteile über die »Enthusiasten der Mathematik« decken sich in der Tat mit der *Appellation an das Publikum* (1799), in der Fichte die Gottesbeweise als Projektionen persönlicher Vorstellungen abweist. »Was sie für

Demonstrationen ausgeben«, so heißt es hier gegen die Richtung
Descartes' und Spinozas, »sind bloße Wiederholungen dessen,
was ihr Herz unabhängig von allen Demonstrationen glaubt.«
Auch Büchner lehnte »*einen substantiellen, aus der Sinnenwelt
abzuleitenden Gott*« ab, eine Auffassung, die Christus »wie einen feinen Epikureer« reden läßt. So steht es zwar bei Fichte,
aber das Echo davon läßt sich noch aus folgenden Worten Dantons heraushören: »Es giebt nur Epicuräer und zwar grobe und
feine, Christus war der feinste« (L 2, 27).

Wenn Büchner in den Gestalten Robespierres und Dantons die
beiden entgegengesetzten Weltanschauungen des Stoizismus und
des Epikureismus einander gegenüberstellt, so greift er dabei
nicht nur auf die Konfiguration Cato/Caesar in seiner Rede von
1830 zurück, sondern auf ein altes und zu seiner Zeit häufig er-
wähntes Modell. Blaise Pascal spricht beispielsweise in seinen
Pensées von dem Krieg zwischen Dogmatiker und Skeptiker,
zwischen den Schulen der Stoiker und der Epikureer, und illustriert dies mit den Philosophen Epiktet und Montaigne. Heinrich Heine, um noch ein zeitgenössisches Beispiel zu nennen, wiederholt diesen Konflikt in seinem Begriffspaar vom Spiritualismus und Sensualismus, Nazarenertum und Hellenentum in der
Absicht, sich als Dichter und Hellene von den sinnenfeindlichen
Jakobinern à la Börne abzusetzen. Nun hat aber gerade Fichte
(wie auch Wieland und Schiller) eine geheime Verwandtschaft
von Dogmatismus und Eudämonismus, von Idealismus und Moralismus entdeckt und behauptet, ohne freilich daraus Konsequenzen für sich selbst zu ziehen. Büchner lehnte beide Parteien
oder weltanschaulichen Modelle gleichermaßen ab, weil sie die
Widersprüche der menschlichen Existenz durch abstrakte Hilfs-
konstruktionen einebneten. Es entsprach seiner besonderen Methode jenseits »der Anschauung des Mystikers und dem Dogmatismus der Vernunftphilosophen«, wenn er 1836 geradezu lako-
nisch die kritische Summe seiner Zeit zog: »Die Philosophie a
priori sitzt noch in einer trostlosen Wüste; sie hat einen weiten
Weg zwischen sich und dem frischen grünen Leben, und es ist
eine große Frage, ob sie ihn je zurücklegen wird« (L 2, 293).

2) Das politische Selbstverständnis

Hatte Schiller zuerst die Aufgabe des Menschen darin gesehen,
Gott gleich zu werden, und dann in der freien Selbstbestimmung,

so beginnt der junge Büchner bereits mit dem zweiten Schritt und untersucht später die Bedingungen, die diese Selbstbestimmung verhindern. Neben dem physischen und psychischen Leiden sind es die politischen Verhältnisse, welche dem Menschen verwehren, »im Schlamme des Lebens die wahre Würde« (L 2, 23) zu bewahren. Wie Fichte, Börne und Heine definierte Büchner schon in seiner Rede über den *Helden-Tod der Vierhundert Pforzheimer* Denk- und Glaubensfreiheit (Reformation) und persönliche Freiheit des Individuums (Französische Revolution) als die bisher wichtigsten Akte im Entwicklungsprozeß der Menschheit. Damit reihte sich der Schüler Büchner bewußt in die Tradition der Aufklärung ein. Im ewigen Parteienstreit, den Fichte so eindringlich in seiner *Appellation an das Publikum* darzustellen wußte, steht er bei den »*Freunden des Lichts*«, die »vorwärts schreiten und die menschlichen Erkenntnisse und Verhältnisse vervollkommnen« wollen, und lehnt die »*Obskuranten*« ab, die »an dem Hergebrachten fest hangen«, die bemüht sind, »wieder rückwärts zu kommen«. Wie schon erwähnt, hat er noch Gutzkow gegenüber betont, daß er nicht zu der Partei gehöre, »die immer rückwärts ins Mittelalter greift, weil sie in der Gegenwart keinen Platz ausfüllen kann« (Nr. 49).

In den Jugendschriften wie in den späteren politischen Äußerungen zeigt sich zunächst als gemeinsames Ziel die uneingeschränkte Möglichkeit zur Selbstbestimmung. Was durch die Straßburger Erfahrungen zurücktritt, sind vor allem idealistische Terminologie und die Einschätzung der »Heroen« der Geschichte, obwohl man hier gleich anmerken sollte, daß Büchner schon als Schüler die Abhängigkeit des »Heros« Cato von der Entwicklung der Geschichte als ein wichtiges Moment seines Untergangs beschrieben hat. So gesehen, verliert das berühmte Erlebnis von »dem gräßlichen Fatalismus der Geschichte«, über das er der Braut nach dem 10. März 1834 berichtete, doch einiges an Novität und an Stringenz. Man kann mit Gerhard Jancke auf den Konflikt von historischer Notwendigkeit und moralischer Verantwortlichkeit, der auch in *Dantons Tod* thematisiert wird, hinweisen und auf die bekannte Reihe persönlicher Motive wie die Enge Gießens, die »hohle Mittelmäßigkeit in Allem« (L 2, 425), die Trostlosigkeit der politischen Zustände in Deutschland und nicht zuletzt auf die Trennung von Minna. Außerdem scheint beim Studium der Revolutionsgeschichte eine plötzliche Desillusionierung hinsichtlich seiner an der Aufklärung, an Rousseau

und Fichte orientierten Anthropologie und seines Fortschrittglau-
bens eingetreten zu sein. Die »Herrschaft« der weltgeschicht-
lichen »Genies« ist in seinen Augen nunmehr »Puppenspiel«, ihre
Größe purer Zufall; sie hängen alle gleichermaßen von einem
»ehernen Gesetz« ab, das man zwar erkennen, aber nicht beherr-
schen kann (L 2, 425). Wohl wird in Büchners *Cato-Rede* dieses
»eherne Gesetz« in die Beurteilung einbezogen, aber andererseits
transzendierten der »große Charakter« und der »hohe Beweg-
grund«, die »Centralsonne« der »unendlichen Gefühle für *Vaterland* und *Freiheit*« (L 2, 28 f.), gewissermaßen die Bedingungen
der Geschichte. Diese Transzendierung fehlt nun vollständig in
dem Fatalismus-Brief (L 2, 425 f.), weil Büchner den »großen
Charakter«, die moralische Qualität nur noch als ein Zufallspro-
dukt werten kann und in der »Menschennatur eine entsetzliche
Gleichheit« findet, die sich nicht zur Vervollkommnung eignet.
Die Geschichte wird nicht mehr dadurch verbessert, daß ihre
Heroen in die Speichen des Weltrads greifen; statt der Vorsehung
herrscht die ebenso launische wie unberechenbare Glücksgöttin
Fortuna, welche die Französische Revolution als bloßes Welt-
theater erscheinen läßt.

 Aber auch noch gegen den radikalen Skeptizismus schickt
Büchner Fragen: Wenn die Menschennatur entsetzlich gleich ist,
wenn die menschlichen Verhältnisse nicht zu verbessern sind,
wenn der einzelne nur »Schaum auf der Welle« ist, woher
kommt dann das Böse, mit anderen Worten: »Was ist das, was
in uns lügt, mordet, stiehlt?« (L 2, 426) Daß Büchners politisches
Engagement ähnlich dem von Ludwig Börne auch stark moralisch geprägt war, läßt sich an vielen Stellen zeigen. »Ich schäme
mich«, so schreibt er beispielsweise im April 1834 an die Familie,
»ein Knecht mit Knechten zu sein, einem vermoderten Fürsten-
geschlecht und einem kriechenden Staatsdiener-Aristokratismus
zu Gefallen« (Nr. 22). So wie Börne für eine gewaltsame Wiederherstellung der Menschenrechte plädiert, teilt Büchner in
einem erstaunlich offenen Brief 1833 aus Straßburg mit: »Wenn
in unserer Zeit etwas helfen soll, so ist es *Gewalt*« (Nr. 7). Die
Gewalt rechtfertigt er gemäß der Tradition der Aufklärung mit
der Verletzung des angeborenen Rechts und der gesunden Vernunft. Den bestehenden sogenannten »gesetzlichen Zustand«, den
offenbar Mitglieder der Familie verteidigten, denunziert er als
»*ewige, rohe Gewalt*«, mit deren Hilfe die Herrschenden »die
große Masse der Staatsbürger zum frohnenden Vieh [machen],

um die unnatürlichen Bedürfnisse einer unbedeutenden und verdorbenen Minderzahl zu befriedigen«.

Vor Ferdinand Lassalle durchschaute also Büchner, daß es sich bei Verfassungsfragen im Grunde nicht um Rechts-, sondern um Machtfragen handelte; selbst das von den Fürsten Bewilligte wurde dem Volk hingeworfen »wie eine erbettelte Gnade«, und die Landesstände in Hessen konnte man nur noch als »eine Satyre auf die gesunde Vernunft« bezeichnen. Büchner kritisierte hier schon vom sozialen Programm der Jakobiner her, das gerade nach der Juli-Revolution wieder an Aktualität gewonnen hatte. Noch genauer als der Börne der *Briefe aus Paris* sah Büchner als ein Hauptproblem zukünftiger politischer Auseinandersetzung den Kampf zwischen arm und reich, der produzierenden und der genießenden Klasse voraus. Deshalb rückte er auch entschieden von den Versuchen der Jungdeutschen ab, die Gesellschaft ideell, das heißt bewußtseinsmäßig reformieren zu wollen. Angesichts einer Zeit, die »rein *materiell*« war, mußten ihm auch Gutzkows Aufforderungen zum »Schmuggelhandel der Freiheit« (L 2, 476) als naiv erscheinen. Der »Riß zwischen der gebildeten und ungebildeten Gesellschaft« erschien ihm als eine für jede ideologische Reform unüberwindbare Barriere. Für die Herrschenden wie für die revolutionäre Partei gab es seiner Ansicht nach nur zwei Hebel, die zum Erfolg führen konnten: das waren »materielles Elend und *religiöser Fanatismus*« (Nr. 54).

Das sind auch die beiden Hebel, die der Revolutionär Büchner im *Hessischen Landboten* einsetzt. War in früheren Flugschriften, wie August Becker glaubhaft zu Protokoll gab, »die Rede vom Wiener Kongreß, Preßfreiheit, Bundestagsordonnanzen« (B, 462), so wollte der Gründer der ›Gesellschaft der Menschenrechte‹ die Bauern bei ihren ureigensten Interessen packen: bei der »materiellen Not«. Er, der den »materiellen Druck, unter welchem ein großer Teil Deutschlands« stand, als ebenso »traurig und schimpflich« empfand wie den geistigen (B, 463), legte bekanntlich in dem ursprünglichen Manuskript »eine schwärmerische, mit Beispielen belegte Predigt gegen den Mammon« (B, 563) vor. Das könnte mit der von Fichte geborgten, aber umfunktionierten Ezechiel-Stelle (vgl. Jancke, S. 100) die Vermutung nähren, daß Büchner seine antikapitalistische Mission bewußt mit der Tradition der religiösen Strafpredigt verknüpft hat, unbeschadet der Tatsache, daß der Verbündete Weidig weitere Bibelzitate in den Text einbaute. Wie das revolutionäre Pathos in

Deutschland seit eh und je seine Wirkung nicht zuletzt aus der Luthersprache zieht, läßt sich auch am Beispiel der jakobinischen Publizistik eines Karl Clauers demonstrieren, auf den Walter Grab wieder aufmerksam machte. Nicht wegen des revolutionären Pathos sticht die Flugschrift Büchners von vergleichbaren Publikationen ab, sondern wegen der originellen Verbindung von rhetorischer Suggestivkraft mit der argumentativen und pragmatischen Technik, zu der auch die Mittel der Statistik gehören, die er neben den Liberalen Schüler und Siebenpfeiffer als einer der ersten deutschen Agitatoren verwandte (vgl. Schaub, *Landbote*, S. 65 f.).

Appelliert er mit suggestiven Gleichnissen an das Gefühl der Adressaten, so richtet er sich mit dem Faktenmaterial an deren Verstand. Die pathetische Rede illustriert in Metaphernreihen mit deutlichen Bewertungszeichen das Leben der Reichen und das Leben der Armen: dem langen Sonntag, den schönen Häusern, zierlichen Kleidern, feisten Gesichtern, der besonderen Sprache stehen gegenüber – ein langer Werktag, der Pflug, der Acker, die Schwielen, der Schweiß, die Stoppeln. In diese der Intention nach unmißverständliche Darstellung blendet Büchner Teile seines statistischen Materials ein, ohne jedoch den agitatorischen Ton in irgendeiner Weise zu dämpfen oder gar zu neutralisieren. Er führt die unmenschlichen Zustände argumentativ auf ein Gesetz zurück, das der herrschenden Klasse nur als Mittel dient, das Volk »in Ordnung zu halten«, analysiert das Mißverhältnis von Staatsausgaben und bestehender Armut unter der arbeitenden Bevölkerung am Modell Hessen und dramatisiert dann den großen Schmarotzer Regierung mit seinen ganzen Abteilungen in dieser bildkräftigen Metaphernreihe: »Der Fürst ist der Kopf des Blutigels, der über euch hinkriecht, die Minister sind seine Zähne und die Beamten sein Schwanz. Die hungrigen Mägen aller vornehmen Herren, denen er die hohen Stellen vertheilt, sind Schröpfköpfe, die er dem Lande setzt« (L 2, 44).

Wie später in *Dantons Tod* ist hier schon von der Erniedrigung und Ausbeutung der Töchter und Söhne des Volks durch die obere Klasse die Rede, und der Agitator empfiehlt die Überprüfung durch eigene Erfahrung: »Geht einmal nach Darmstadt und seht, wie die Herren sich für euer Geld dort lustig machen, und erzählt dann euern hungernden Weibern und Kindern, daß ihr Brot an fremden Bäuchen herrlich angeschlagen sey« (L 2, 44). In vielfältigen rhetorischen Sprachfiguren variiert Büchner immer wieder aufs neue den Gegensatz zwischen arm und reich als eine dem Christentum widersprechende unmenschliche Weltordnung und belegt ihn durch schlagende Beispiele aus der Praxis. Am Vorbild der Französischen Revolution von 1789 und 1830 demonstriert er schließlich die positiven Ansätze zur Emanzipation, macht aber auch auf die negative Entwicklung aufmerksam; immer wieder hatte das Volk das Nachsehen und wurde von den Herrschenden getäuscht, ob in Frankreich oder in Deutschland. Die Flugschrift gipfelt in der Aufforderung zur direkten politischen Aktion, zur Volkserhebung. Mit dem pragmatischen Hinweis auf die rechtmäßige und zahlenmäßige Unterlegenheit der Presser prophezeit sie in der Sprache der Bibel: »Wer das Schwert erhebt gegen das Volk, der wird durch das Schwert des Volkes umkommen. Deutschland ist jetzt ein Leichenfeld, bald wird es ein Paradies seyn. Das deutsche Volk ist Ein Leib ihr seyd ein Glied dieses Leibes« (L 2, 58).

Obwohl sich das ursprüngliche Manuskript Büchners nicht mit Genauigkeit rekonstruieren läßt, kann man unter Verwendung von Hinweisen August Beckers doch in etwa den politischen Standpunkt erkennen. Man darf sicher sein, daß Ludwig Weidig schon aus taktischen Gründen die Kritik an den sogenannten »ehrbaren Bürgern«, zu denen Büchner die deutschen Liberalen (vgl. B, 561, 563; Nr. 14) zählte, getilgt hat. Auch der Vertraute Wilhelm Schulz überliefert in seinem *Nachruf* (B, 586), daß Büchner »jenen tatenlosen Liberalismus, der sich mit seinem Gewissen und seinem Volke durch leere Phrasen abzufinden sucht«, haßte. Er hatte gleichermaßen über die »Affenkomödie« der Fürsten wie der Liberalen (L 2, 422) geklagt und befürchtet, in Deutschland könnte sich mit Hilfe der Konstitutionellen ein ähnlicher Geldaristokratismus herausbilden wie in Frankreich (B, 464). Vom Kontext der zurückgebliebenen deutschen industriellen Entwicklung aus gesehen, hielt Büchner den Abbau der Privilegienherrschaft, die Menschenrechte nur nach Vermögensverhältnissen verlieh, für die erste Voraussetzung zu einer Veränderung der Gesamtsituation. Es waren dabei wohl weniger die ihm bekannten Konzepte Babeufs, der Sansculotten oder der Saint-Simonisten, die ihm dabei vorschwebten, als vielmehr der »absolute *Rechts*grundsatz«, der sich schon aus seinem philosophisch-anthropologischen Standpunkt gewissermaßen von selbst ergab.

Die herrschende Minderheit, die auf Kosten der arbeitenden Majorität ihre überflüssige Existenz perpetuierte, bezeichnet

Büchner noch 1836 aus Straßburg (Nr. 54) als »abgelebt«; man solle sie »zum Teufel gehen lassen« und »die Bildung eines neuen geistigen Lebens im *Volk* suchen«. Daß diese Forderung auch Konsequenzen für seine ästhetische Auffassung hatte, belegt sein wachsendes Interesse für Volksdichtung (Nr. 65). Ähnlich wie er in seiner naturwissenschaftlichen Theorie auf die einfachen Elemente zurückging, knüpfte er auch bei seinen politischen und ästhetischen Überlegungen bei diesen an. Auf alles Schaustellerische, Unrechte reagierte er auch in Sachen Revolution mit der ihm eigenen kritischen Sensibilität. So durchschaute er beim Treiben um Ramorino, den polnischen General, ebenso das »Comödienhafte« (Nr. 1) wie bei der französischen Szene um 1832 (Nr. 5). Als das »einzige Interessante in politischer Beziehung« notierte er sarkastisch von Straßburg aus die Tatsache, »daß die hiesigen republikanischen Zierbengel mit rothen Hüten herumlaufen, und daß Herr Périer die Cholera hatte, die Cholera aber leider nicht ihn« (Nr. 3).

Gewiß, in diesem Sinne mochte er als ein Spötter gelten; doch gebrauchte er Spott und Haß nur, wie er sich der Familie gegenüber rechtfertigte (Nr. 15), als Waffen gegen den »Aristocratismus ... die schändlichste Verachtung des heiligen Geistes im Menschen«. Dieser Geist konnte sich erst gleichmäßig nach allen Richtungen entfalten, wenn die Verachtung eliminiert war, und die Verachtung war für ihn nur dadurch zu beseitigen, daß man »die abgelebte moderne Gesellschaft« zum Teufel jagte. Verstand, Bildung, Tugend waren in seinen Augen mehr oder weniger zufällige Eigenschaften, nicht Verdienste des Individuums, sondern der Umstände (Nr. 15). Sein politisches Ziel konnte aus dieser Perspektive nichts anderes sein als die vollkommene Wiederherstellung der ursprünglichen, allen Menschen gleichermaßen zustehenden Menschenrechte. Schon am 5. April 1833 hatte er gelobt, für dieses Ziel »mit *Mund* und *Hand*« zu kämpfen, wo er könne (Nr. 7). Überhaupt lassen die Brieffragmente sehr deutlich erkennen, daß Büchners politische Überlegungen zur Aktion drängen, wobei auch die Aktion unter durchaus praxisnahen Erwägungen stand. Bereits im Jahre 1833 hatte er im Zusammenhang des Frankfurter Putsches die Ansicht geäußert, daß Irren keine Sünde wäre (Nr. 7), zumal »die deutsche Indifferenz ... wirklich von der Art [sei], daß sie alle Berechnung zu Schanden macht«. Als das mißglückte Flugblatt-Unternehmen im Sommer 1834 diese These vom Vorjahr bestätigte, gab er die politischen Versuche in dieser Richtung auf; denn ohne die »große Masse des Volkes« hielt er wie später Marx, Engels und auch Lassalle jede Revolution für sinnlos. Daß sich Büchner übrigens schon als Schüler für die »politischen Volksbedürfnisse« in den Diskussionen der politisch interessierten Freunde eingesetzt hat, macht eine Mitteilung des verläßlichen Augenzeugen Ludwig Wilhelm Luck wahrscheinlich.

Der Verfasser des *Landboten* wußte allerdings auch, daß die Fürsten es in der Hand hatten, durch Verbesserung der materiellen Zustände den status quo zu konservieren (B, 463). In dem Brief an Gutzkow (Nr. 39) formulierte er das später so: »Mästen Sie die Bauern, und die Revolution bekommt die Apoplexie. Ein *Huhn* im Topf jedes Bauern macht den gallischen *Hahn* verenden.« Als der geschickteste und raffinierteste von allen Fürsten galt ihm deshalb Metternich, weil dieser »allen revolutionären Geist, der jemals unter [Österreichern] aufkommen könnte, für immer in ihrem eigenen Fett erstickt« (B, 463) hatte. Der Brief von seinem Freund Eugen Boeckel (Nr. 20) wird dann die unbeabsichtigte Probe auf das damals von Büchner behauptete Exempel liefern.

Doch bei aller Parteinahme für die Bauern war Georg Büchner Realist genug, um nicht das Proletariat seiner Zeit und seines Landes zu fetischisieren. Er wußte und verstand, daß es keinen Sinn für die Freiheitsideologie der Aufklärung und keinen Begriff von den Menschenrechten besaß und nur am »Geldsack« zugänglich war (B, 462). »Es ist keine Kunst«, so überliefert August Becker eine Äußerung Büchners, »ein ehrlicher Mann zu sein, wenn man täglich Suppe, Gemüse und Fleisch zu essen hat« (B, 463). Erst mußte der »materielle Druck« beseitigt werden, dann erst konnten sich die geistigen Möglichkeiten entfalten und der Mensch sich seiner Natur nach entwickeln. Solange aber diese menschliche Grundvoraussetzung, der »absolute *Rechts*grundsatz« für die »sozialen Dinge« (Nr. 54) nicht geschaffen war, hielt Büchner im Gegensatz zu den Liberalen und Jungdeutschen selbst die geistige Freiheit samt der Pressefreiheit nicht für die dringlichste Sache der Welt. Es ist in seinen »Augen bei weitem nicht so betrübend«, so soll er gesagt haben, »daß dieser oder jener Liberale seine Gedanken nicht drucken lassen darf, als daß viele tausend Familien nicht imstande sind, ihre Kartoffeln zu schmälzen« (B, 463).

Der radikaldemokratische Ausgangspunkt und die soziale Fra-

gestellung seiner politischen Überlegungen vermögen diese tra-
dierte Äußerung zu erhärten. Sie erhellt in der Tat nochmals
schlagartig, was Büchner vom jungdeutschen »Schmuggelhandel
der Freiheit« (einschließlich Heines) trennt. Seinem überlegenen
politischen Urteilsvermögen mußte der Glaube als töricht erscheinen, »daß durch die Tagesliteratur eine völlige Umgestaltung
unserer religiösen und gesellschaftlichen Ideen möglich sei« (L 2,
451 f.). Wie der Spinozismus und Idealismus in der Philosophie
stellten seiner Ansicht nach die Jungdeutschen in der Politik die
Wirklichkeit auf den Kopf statt auf die Füße. Nichtsdestoweniger distanzierte er sich kritisch von beiden weltanschaulichen
Fronten: Stoizismus und Epikureismus, Idealismus und Eudämonismus, Spiritualismus und Hellenismus, Idealismus und Materialismus. Es war keineswegs nur gezielt verabreichter Balsam
für die Wunden der Familie, wenn er am 1. Januar 1836 aus
Straßburg im Hinblick auf die Partei Junges Deutschland mit
gewachsenem literarischen Selbstbewußtsein bemerkte: »Ich gehe
meinen Weg für mich und bleibe auf dem Felde des Dramas, das
mit all diesen Streitfragen nichts zu thun hat« (Nr. 51).

3) Die ästhetischen Ansätze

An die oben zitierte Briefstelle anknüpfend, könnte man mit
Erwin Kobel über das erste Drama nach dem Revolutionsver-
such behaupten: »Büchner ist der Danton und Robespierre, er ist
der Streit, den sie miteinander austragen, und ist zugleich der
Abstand von beiden Figuren und ihrem Streit.« Das klingt ein
wenig nach forciertem Wortspiel, skizziert aber ziemlich genau
Büchners oft beredeten Realismus als eine dialektische Auffassung, welche die Widersprüche der Wirklichkeit nicht verhüllen,
sondern enthüllen will. Als einziges Kriterium in Kunstsachen
läßt Büchner deshalb seinen Lenz die Wirkung ausrufen, »daß
Was geschaffen sey, Leben habe« (L 1, 86). Er verlangt »in
Allem – Leben, Möglichkeit des Daseins, und dann ist's gut«.
    In der im 19. Jahrhundert beliebten Stilalternative zwischen
Shakespeare und Goethe auf der einen und Schiller auf der anderen Seite entscheidet sich Büchner wie Otto Ludwig, Friedrich
Theodor Vischer, Karl Marx und Friedrich Engels gegen Schiller
und das idealistische Drama. Die idealistische Kunst begriff er
vielmehr als die ästhetische Umsetzung des nämlichen Aristokratismus, den er am Bildungsbürgertum so schroff als »die schänd-

lichste Verachtung des heiligen Geistes im Menschen« (Nr. 15)
verurteilt hatte. Er bezeichnete deshalb den »Idealismus« im
Lenz als »die schmählichste Verachtung der menschlichen Natur«
(L 1, 87). Doch bei Lichte besehen sind Kategorien wie »Möglichkeit des Daseins«, »heiliger Geist im Menschen«, »menschliche
Natur« auch der Ästhetik Schillers so fremd nicht. Spricht Schiller beispielsweise in *Über Anmut und Würde* vom »Gott in uns«,
so setzt er in *Über das Pathetische* eindeutig auf die Möglichkeiten des menschlichen Seins und bestimmt als Wirkungskreis der
Dichtkunst »das Total der menschlichen Natur«. Außerdem
nimmt Schiller etwa gegenüber der kritischen Philosophie Kants
und dem Sensualismus eine ähnlich vermittelnde Sonderstellung
ein wie Büchner zwischen Stoizismus und Epikureismus, so daß
es angebracht scheint, dieser angeblichen Schillerfeindschaft noch
ein wenig nachzufragen.

Geht man von Büchners spärlichen Bemerkungen in *Dantons
Tod* (II, 3), *Lenz* und in dem berühmten *Brief an die Familie*
(Nr. 42) aus, so laufen sie immer wieder auf die Forderung hinaus, daß der Dichter die Welt zeigen müsse, wie sie sei, und nicht,
wie sie sein solle. Die »sogenannten Idealdichter« geben »fast
nichts als Marionetten mit himmelblauen Nasen und affectirtem
Pathos, aber nicht Menschen von Fleisch und Blut . . ., deren
Leid und Freude mich mitempfinden macht« (Nr. 42). Das zielt
sogar namentlich gegen Schiller, obwohl dieser vor jeder »moralischen Zweckmäßigkeit« in der Kunst (*Über das Pathetische*)
gewarnt, gegen das klassizistische Drama, dessen »idealische
Affektionen« und »Kompendienmenschen« votiert und für die
»wirkliche Welt« der »Menschenmaler« Partei ergriffen hatte
(*Vorrede* zur ersten Auflage der *Räuber*). Auch in *Dantons Tod*
meint Camille den Klassizismus in Theater, Konzert und Kunst,
wenn er abschätzig von den »hölzernen Kopien«, von den »Marionetten« spricht, »deren Gelenke bei jedem Schritt in fünffüßi-
gen Jamben krachen«. Es sind keine Menschen, die hier gezeigt
werden, sondern bloße Ideenträger, und trotzdem vergessen die
Zuschauer »ihren Herrgott über seinen schlechten Kopisten«,
kommt ihnen die Wirklichkeit nach dem Theater erbärmlich vor.
Selbst dieses Räsonnement Camilles hätte Büchner ähnlich bei
Schiller finden können, der im ersten Absatz der Erzählung
Eine großmütige Handlung folgende problematische Seite litera-
rischer Fiktionalisierungen in Roman und Drama apostrophiert:
»In dem nämlichen Augenblick, da uns die schmucklose Guther-

zigkeit des ehrlichen Puffs bis beinahe zu Tränen rührt, zanken wir vielleicht einen anklopfenden Bettler mit Ungestüm ab. Wer weiß, ob nicht eben diese gekünstelte Existenz in einer idealischen Welt unsere Existenz in der wirklichen untergräbt?«

Wenn bereits der Schüler Büchner *Entwicklung* als »Zweck des Lebens« bestimmt, so geht dieser philosophische Standpunkt auch in seinen ästhetischen ein. Der Idealdichter nimmt »ein Gefühlchen, eine Sentenz, einen Begriff, und zieht ihm Rock und Hosen an«, um die Wirklichkeit zu verfälschen und die menschliche Natur zu verfehlen. »Anstatt die Menschheit in seiner Natur auszubilden, wird [der Mensch] bloß zu einem Abdruck seines Geschäfts, seiner Wissenschaft«, so steht es bei Schiller (6. Brief *Über die ästhetische Erziehung des Menschen*), und auch von der Notwendigkeit der Selbstbestimmung ist hier die Rede: »Kann aber wohl der Mensch dazu bestimmt sein, über irgend einem Zwecke sich selbst zu versäumen?« (6. Brief). Das Spiel mit den Parallelen ließe sich mühelos fortsetzen und würde doch nur weitere Belege für den Sachverhalt liefern, daß der Verfasser des *Danton* entweder mehr mit Schiller verbindet, als er zugeben will, oder daß er mit dem Namen nur eine Tendenz signalisiert, von der er sich kritisch distanzieren möchte. Wie der junge Schiller knüpft auch Büchner an die Ästhetik des Sturm und Drang an, wobei sich beide bezeichnenderweise für Lenz interessieren, der den »Karikaturmaler« über den »idealischen« gestellt hat; denn es gehöre »zehnmal mehr dazu, eine Figur mit eben der Genauigkeit und Wahrheit darzustellen, mit der das Genie sie erkennt, als zehn Jahre an einem Ideal der Schönheit zu zirkeln, das endlich doch nur in dem Hirn des Künstlers, der es hervorgebracht, ein solches ist« (*Anmerkungen übers Theater*).

Der gemeinsame Ausgangspunkt soll jedoch nicht über die Unterschiede hinwegtäuschen, die sich vor allem im Hinblick auf die pathetische Darstellung ergeben. Büchner wie Lenz gehen vom »leidenden Menschen« aus und verurteilen den Aristokratismus in jeder Form. In dem Bruchstück *Die Kleinen,* welches an das biblische Motto: »Sehet zu, daß ihr nicht jemand von diesen Kleinen verachtet!« (Math. 18, 10) anknüpft und Büchner in der Tieck-Ausgabe lesen konnte, nimmt Lenz Abschied von den »großen Männern, Genies, Idealen« und erklärt: »euren Flug mach ich nicht mehr mit, man versengt sich Schwingen und Einbildungskraft, glaubt sich einen Gott und ist ein Tor«. An die

Stelle der elitären Geniehaltung setzt er Demut. Von hier führt
ein authentischer Weg zu Büchners Lenz, der fordert: »Man muß
die Menschheit lieben, um in das eigenthümliche Wesen jedes
einzudringen, es darf einem keiner zu gering, keiner zu häßlich
seyn.« Überträgt man diese Ansicht auf die Stilhaltung und auf
die Begriffe der rhetorischen Tradition, so bedeutet das notwen-
digerweise den Übergang vom Pathos zum Ethos, von den star-
ken, übermenschlichen Affekten zu den mittleren und menschlichen. Wenn Büchner sich also von Schiller distanziert, so ge-
schieht das primär wegen der pathetischen Darstellungsweise
(was auch die Schulerinnerung Zimmermanns zu erhärten scheint:
B, 553) und der damit verbundenen Wirklichkeitsperspektive.

Die Darstellung des Leidens (pathetische Darstellung), wie sie
Lenz und Büchner verstehen, ist außerdem von der Schillers insofern verschieden, als dieser den übermenschlichen Affekt sucht,
um an dessen Überwindung »die moralische Independenz von
Naturgesetzen« zu feiern und das »Übersinnliche« im Menschen
zu demonstrieren (*Über das Pathetische*). Geht es Schiller in
seinen Jugenddramen vornehmlich um den Nachweis der »moralischen Freiheit«, das heißt der Autonomie der Person, so will
Büchner mit seiner Schmerz- oder Leiddarstellung nicht nur den
Riß in der Schöpfung, sondern vor allem die menschliche Natur
vor dem Hintergrund ihrer gesellschaftlichen Bedingungen sichtbar machen. Schillers Glauben an den »Gott in uns« funktioniert
Büchner in die Frage um, »was in uns lügt, mordet, stiehlt«. Er
stimmt mit Schillers Ziel, der Menschenwürde und Selbstbestimmung, durchaus überein, aber er will es durch Beseitigung der
ökonomischen und sozialen Schranken erreichen, weil jede geistige Entwicklung adäquate gesellschaftliche Bedingungen vor-
aussetzt.

Aber selbst unter diesen Aspekten lassen sich noch Parallelstellen orten. Die Vergleichsmöglichkeiten hören erst in dem
Augenblick auf, als sich Schiller in der Bürger-Kritik von seinem
ästhetisch-politischen Ausgangspunkt im Sturm und Drang los-
sagt. Die ebenso ungerechte wie elitäre Kritik am Volksdichter
Bürger, den Büchner geschätzt hat, und am primitiven Volksge-
schmack dürfte den energischen Widerspruch des späteren Verfassers des *Woyzeck* hervorgerufen haben. Das Programm der
»Idealisierungskunst«, mit dem hier Bürger die Leviten gelesen
werden, ist es wohl auch gewesen, das Büchner als »schmählichste
Verachtung der menschlichen Natur« attackiert hat. Veredelung

und Verschönerung, wie man sie hier anriet, verstieß ja gerade gegen den Hauptgrundsatz von Büchners philosophischem Standpunkt und ließ sich nur auf »Aristokratismus« zurückführen. Aber die Idealisierungskunst verfälschte nicht nur den Menschen, indem sie »Marionetten mit himmelblauen Nasen und affectirtem Pathos« produzierte, sondern sie vergrößerte auch die Kluft zwischen Kunst und Leben. In *Dantons Tod* kritisierte Büchner deshalb unter anderem durch die Parodie der hohen Stilhaltung auch gleichzeitig die mit dieser verbundene falsche Realitätsperspektive. Die Diskrepanz von idealisierter Fiktion und banaler Wirklichkeit wird hier zu einer Intention der Darstellung, ein Zug übrigens, der Büchner mit Lenz verbindet. Darüber hinaus macht Büchner damit allerdings auch den Abstand von der »Kunstperiode« deutlich, der nach 1830 die zeitgenössischen Autoren zu einem neuen ästhetischen Programm führte. So wie die Jungdeutschen und ihre Vorbilder Börne und Heine die Partei der Wirklichkeit gegen die Kunstauffassung der Tradition ergreifen, besteht Büchner auf dem Primat der Geschichte und der Natur. Er läßt Camille in *Dantons Tod* deshalb sagen: »Die Griechen wußten, was sie sagten, wenn sie erzählten, Pygmalions Statue sei wohl lebendig geworden, habe aber keine Kinder bekommen.«

Der Auflehnung gegen die Klassik in Deutschland entsprach die ästhetische Revolte gegen den Klassizismus in Frankreich. Es dürfte deshalb nicht ganz zufällig sein, daß Büchner gerade Dramen Victor Hugos übersetzt hat, dessen *Préface de Cromwell* als die französischen ästhetischen Feldzüge für die europäische Moderne begrüßt wurden. Auch bei Büchner wird ja das Erhabene als Kategorie durch das Komische zersetzt und das hohe Pathos der klassischen Tragödie entlarvt, was bei Hugo mit der Forderung nach dem »mélange du sublime et du grotesque« korrespondiert. Gemeinsame Aspekte der literarischen Revolution bei Heine, Hugo und Stendhal hat bereits Hans Robert Jauß (*Das Ende der Kunstperiode*) erkundet, so daß man eigentlich nur anzumerken braucht, daß in diesen Kontext trotz mancher Besonderheiten auch Büchner gehört.

Was Büchner vor allem von Heine und den Jungdeutschen unterscheidet, ist die Lenzsche Parteinahme für die Kleinen, für die Geringen. Die ästhetische Auffassung schließt hier konsequent an die politische und philosophische an. Deshalb lehnte er reine Reproduktionen von Wirklichkeit ohne menschliche Anteilnahme genauso ab wie die Verfälschungen der Idealisierungskunst. Der einer Vorlage entnommene Hinweis auf den Revolutionsmaler David und dessen »kaltblütige« Kunst ohne Menschlichkeit fügt sich deshalb so reibungslos in das Kunst- und Literaturgespräch in *Dantons Tod* ein, daß die ableitbare Quelle zum Original wird.

In dem Brief an die Familie (Nr. 42) definierte er im Gegensatz zu Friedrich Hebbel den Dichter als einen höheren Geschichtsschreiber, der »uns die Geschichte zum zweiten Mal erschafft«, »statt Charakteristiken Charaktere«, »statt Beschreibungen Gestalten gibt«. Während Hebbel in *Mein Wort über das Drama* die Geschichte zum »Vehikel zur Verkörperung« der »Anschauungen und Ideen« des Dichters macht, ist der Dichter bei Büchner in der Tat eine Art »Auferstehungsengel der Geschichte«. Er plädiert für Genauigkeit und Wirklichkeitstreue, ohne aber einer reinen Widerspiegelungsthese das Wort zu reden. Er verbindet die mimetische Pflicht dialektisch mit der produktiven Neigung, oder, um es moderner zu sagen, er verwendet das reproduktive Prinzip der Fiktion, ohne das produktive zu vernachlässigen. In seinen Worten liest sich das so: »Der Dichter ist kein Lehrer der Moral, er erfindet und schafft Gestalten, er macht vergangene Zeiten wieder aufleben.«

Büchner wehrte sich dagegen, daß die Dichter etwas »Besseres klecksen« und der Realität ihre Widersprüche nehmen wollten. Die ästhetische Darstellung sollte nicht moralisch vorentscheiden, die Wirklichkeit in eine Formel pressen, idealisch verschleiern, sondern eben die Vielseitigkeit der Realität bewahren. »Von der Schöpfung«, so kritisiert Camille die hölzernen Kopisten, »die glühend, brausend und leuchtend, um und in ihnen, sich jeden Augenblick neu gebiert, hören und sehen sie nichts.« Wirklichkeit befindet sich in ständiger Veränderung, und gerade das notiert Büchners Lenz auch in paradoxer Formulierung als bleibend: »eine unendliche Schönheit, die aus einer Form in die andere tritt, ewig aufgeblättert, verändert, man kann sie aber freilich nicht immer festhalten und in Museen stellen und auf Noten ziehen« (L 1, 87). Stärker als auf Ideen oder Ideale spricht auch der Rezipient auf das Wirkliche und Natürliche an, und es gewinnt Bedeutung für ihn. »Der Dichter und Bildende ist mir der Liebste«, heißt es im *Lenz*, »der mir die Natur am Wirklichsten giebt, so daß ich über seinem Gebild fühle, Alles Übrige stört mich« (L 1, 88). Büchners ästhetische Auffassung zielt also bewußt gerade auch auf den Affektbereich; denn »die Gefühlsader ist in fast allen Menschen gleich, nur ist die Hülle mehr oder weniger dicht, durch die sie brechen muß«. Ohne lebendiges Gefühl, das heißt für Büchner »Seele«, wäre der Mensch eben die Maschine oder Marionette, zu denen der teleologisch-materialistische und idealistische Standpunkt ihn degradiert. Von daher erhält das Thema des Schmerzes in *Lenz* und *Woyzeck* seinen ideologischen Ort und seine ästhetische Funktion. Büchner versteht den Schmerz in diesem Sinn einerseits als eine Art Axt »für das gefrorene Meer in uns«, um den Vorgang mit Kafka zu verdeutlichen, andererseits als Ausdruck für das Paradoxon menschlicher Existenz, für ihre nicht auflösbaren Widersprüche und für den Mangel an Identität.

PERSPEKTIVEN DES WERKS

Knüpft Georg Büchner philosophisch auch an Fichte, politisch an Rousseau und das Programm der Jakobiner, ästhetisch an den Sturm und Drang an, so antizipiert er in seinen ideologischen Positionen bereits Fragestellungen, die dann erst später, beispielsweise von Søren Kierkegaard, Karl Marx und Friedrich Nietzsche, ausführlich behandelt werden. Er führt die Verfremdung und Reduktion des Menschen auf die unwürdigen Bedingungen des Arbeitsprozesses zurück, analysiert die menschliche Existenz in ihren Antinomien, entlarvt den bürgerlichen Moralbegriff als Teil psychologischer oder gesellschaftlicher Strategien. In der Naturtheorie geht er von den einfachen Elementen aus, in der Politik steht er auf der Seite des Volkes, in der Literatur geht es ihm um die Stellung des einzelnen in der Geschichte und der Gesellschaft. Den idealistischen Glauben an die Autonomie der moralischen Person ersetzt er durch perspektivenreiche Darstellungen dessen, was ist. Reflektiert das Menschenbild der Klassik das konstruierte Ideal einer Klasse, so negiert es Büchner kritisch durch die Widersprüche der Realität. Seine Schaubühne ist deshalb keine moralische, sondern eine paradigmatische Anstalt im Sinne Ernst Blochs, in der allerdings die Lehren durch Fragen ersetzt werden. Statt der geschlossenen Dramaturgie, welche die Widersprüche auflöst, um einen ideologischen Kernsatz zu demonstrieren, wählt Büchner die offene Dramaturgie, welche die Widersprüche sichtbar macht und sich einer Programmierung oder Kommentierung der Handlung enthält. Der Held verliert bei Büchner seine innere Überlegenheit der Welt gegenüber; er steht in der Auseinandersetzung mit den Mächten und Zwängen seiner Natur, der Geschichte und der Gesellschaft. Das gilt gleichermaßen für Danton, Lenz, Leonce und Woyzeck.

1) Dantons Tod

Dieses erste deutsche Revolutionsdrama forderte allein schon wegen der Tatsache, daß der Verfasser ein aktiver Revolutionär war, zu biographischen Vergleichen heraus. Hinzu kam, daß Büchner seinem Danton einige seiner brieflichen Äußerungen unterschoben hatte, so daß es nahezuliegen schien, den verzweifelten Sensualisten oder Epikureer mit dem Dichter selbst zu identifizieren. Dabei setzt ihn Büchner ebenso der Kritik aus wie seinen Robespierre. An den beiden Kontrahenten und ihren Parteien entfaltet der junge Autor die verschiedenen Aspekte des Revolutionsgeschehens um 1793/94. Er benutzt größere Teile des überlieferten Materials und enthüllt die hier schon angelegten theaterhaften Kostümierungen und die erborgten Sprachfloskeln. Fanden die Gladiatoren der Französischen Revolution, wie es später Karl Marx in dem Essay *Der achtzehnte Brumaire des Louis Bonaparte* ausdrückt, »in den klassisch strengen Überlieferungen der römischen Republik die Ideale und Kunstformen, die Selbsttäuschungen, deren sie bedurften, um den bürgerlich beschränkten Inhalt ihrer Kämpfe sich selbst zu verbergen und ihre Leidenschaft auf der Höhe der großen geschichtlichen Tragödie zu halten«, so griff Büchner, um das anschaulich zu machen, auf das barocke Modell vom Welttheater zurück, nur daß die weltgeschichtliche Phase der Tragödie bereits von der Komödie abgelöst worden war.

Die konfliktreichen Verflechtungen von Existenz und politischer Rolle, von Sein und Schein konnte Büchner aber auch an Schillers Dramen studieren, vor allem an *Fiesco,* der ähnlich wie *Dantons Tod* mit den beiden Helden die römische Vorstellungswelt von Tugend und Laster, Stoizismus und Epikureismus dramatisiert. Allerdings spielt Fiesco nur den Epikureer, den er zu sein vorgibt, selbst gegenüber Verrina, der verkörperten römischen Tugend; aber auch Dantons Sein widerlegt ja in Wirklichkeit seine philosophische Überzeugung (vgl. Martens, *Ideologie und Verzweiflung*). In beiden Dramen unterstreicht die erste Szene den Spielcharakter dessen, was auf der Bühne vorgeht, mit dem Unterschied freilich: daß Fiesco eine Rolle für sich inszeniert, die er potentiell wieder ablegen kann, um in eine andere einzusteigen, während Danton eine Rolle zudiktiert scheint, von der er sich nicht mehr zu lösen vermag.

Trotz der ähnlichen Konfiguration und mancher Parallelen in den Motiven setzt Büchner also andere Akzente. Versäumt Fiesco wegen seiner Herrschaftsgelüste seine wirkliche Existenz, über der politischen Rolle sein Sein, so will Danton wohl aus dem Revolutionstheater aussteigen, er kann sich aber nicht mit dieser rollenlosen Existenz identifizieren. Kritisiert Schiller in dem tugendhaften Republikaner Verrina den Dogmatismus des asketischen Idealisten, so macht Büchner mit Robespierres »Despotismus der Freiheit« die geheimen Strategien der Macht sichtbar. Entspricht noch die Antithese von Cäsar / Cato der Schülerrede ziemlich genau der Antithese von Fiesco / Verrina, so stellt die Konfiguration Danton / Robespierre insofern eine Variante dar, als sich beide Seinsweisen und Ideologien gegenseitig in Frage stellen. Der Sensualist Danton denunziert die »Moralphysiognomie«, die Tugend Robespierres, als Lüge und der Stoiker Robespierre den Epikureismus Dantons als Laster. Andererseits scheint sich Robespierre, der die Idee der Tugend verabsolutiert, zuweilen als »Nachtwandler«, als Objekt des Unterbewußtseins zu fühlen und Danton, der alles auf den Genuß und das sinnliche Vergnügen zurückführt, sich als Opfer des Bewußtseins, der Reflexion zu sehen.

Danton lehnt im Gespräch mit Julie jede Art von Ich-Du-Erkenntnis ab (I, 1), traut mehr den Sinnen als den Gedanken und muß sich doch von Marion sagen lassen: »Deine Lippen haben Augen« (I, 5). Er, von dem Lacroix anspielungsreich meint, daß er »die mediceische Venus stückweise bey allen Grisetten des palais royal« (I, 4) zusammensucht, hat Schwierigkeiten, wie er selbst gesteht, Marions Schönheit »ganz in sich [zu] fassen«. Zwar möchte er sich »auf jeder Welle [ihres] schönen Leibes ... brechen« (I, 5), aber er kann nicht sein Bewußtsein ausschalten, kann sich nicht vergessen. Einsam sowohl in der sinnlichen (Marion) als auch in der psychischen (Julie) Liebe erlebt er nur den Verlust seiner Identität. Das Phänomen der Entfremdung in den menschlichen Beziehungen zeigt sich in Dantons Sprachrollen und in der Art und Weise, wie er an den Fragen Juliens und seiner Freunde vorbeispricht. Alles scheint ihm »Zeitvertreib«, wie Hérault anmerkt, er kann nichts mehr ernst nehmen, weder die Revolution noch das Leben oder den Tod.

In dieser Beziehung erscheint er im Gegensatz zum aktiven, zielbewußt und entschlossen handelnden Robespierre als »gebrochen«. Sieht man jedoch genauer hin, so findet sich auch in Robespierre das für Büchners Zeit so bezeichnende Syndrom der »Zerrissenheit«. Nicht nur nennt es der »Rechtschaffene« lächerlich, wie seine »Gedanken einander beaufsichtigen«, sondern er gesteht auch ganz ähnlich wie Danton: »Ich weiß nicht, was in mir das Andere belügt« (I, 6). Danton formuliert den Sachverhalt mit dieser Frage: »Was ist das, was in uns hurt, lügt, stiehlt oder mordet?« (II, 5) So wie Danton dauernd zum Handeln aufgefordert wird, weil er durch sein Zögern sich und seine Freunde ins Verderben reißt (II, 1), muß St. Just auch Robespierre ermahnen: »Wir werden den Vortheil des Angriffs verlieren. Willst du noch länger zaudern?« (I, 6) Spricht Robespierre von seiner »Empfindlichkeit« (I, 6), so Danton von seiner Müdigkeit und der Langeweile (II, 1).

Das »Prinzip der Äquivalenz« (Rosemarie Zeller) zeigt nicht nur die Unterschiede zwischen den beiden Paradegäulen der Revolution, sondern notiert auch die vielen gemeinsamen Züge. Sowohl das Genie (Danton) als auch das Dogma (Robespierre) der Revolution sind im Grunde Schachfiguren auf dem Brett der Geschichte. Danton, der sich später vor dem Revolutionstribunal (III, 4) selbstgefällig als vom Schicksal ausgewähltes Individuum feiert, auf dessen Stirn »das Genie der Freiheit« schwebt, bekennt immerhin während eines Moments, in dem er nicht auf der Bühne steht, daß er ein Produkt der Geschichte sei. »Wir haben nicht die Revolution, sondern die Revolution hat uns gemacht« (II, 1), erklärt er, und diese Einsicht in die eigene Ohnmacht motiviert seine Sehnsucht nach Ruhe. Robespierre möchte sein Dogma, die Idee der Tugend, um jeden Preis verwirklichen, Danton »will lieber guillotiniert werden als guillotinieren lassen«, weil er die Sinnlosigkeit sowohl des Handelns als auch der Reflexion erfahren hat. Die »Dogge mit den Taubenflügeln«, wie er von Mercier einmal apostrophiert wird, scheint von der »Krankheit zum Tode« (L 2,22) befallen. Für Danton ist »das Leben ... nicht die Arbeit werth, die man sich macht, es zu erhalten« (II, 1).

Danton wie Robespierre erfahren, daß die Sünde im Gedanken steckt: Robespierre erlebt ihn als Terror in der Tugendideologie, Danton in der Erinnerung an die Septembermorde. Beide drängt es zu Vergleichen mit Christus: nennt ihn Danton zunächst

keineswegs abwertend den feinsten Epikureer (I, 6), so stellt
Robespierre seinen Schmerz, die »Qual des Henkers«, über die
»Wollust des Schmerzes« des Menschensohnes. Nach außen hin
teilen beide die von Danton später ausgesprochene Feststellung:
»Der Mann am Kreuze hat sich's bequem gemacht« (II, 5). Robespierre nimmt den Vorwurf, ein Blutmessias zu sein, auf sich
und formuliert den Unterschied zu Christus folgendermaßen:
»Er hat sie mit seinem Blut erlöst, und ich erlöse sie mit ihrem
eignen. Er hat sie sündigen gemacht und ich nehme die Sünde
auf mich« (I, 6). Danton dagegen setzt sein Gewissen zu, er sieht
sich als das Opfer eines »eisernen Gesetzes«, eines »Muß«, das
ihn zum Ärgernis bestimmt hat. Während Robespierre sich trotz
allem als tätiges Selbst erlebt, sieht sich Danton »von unbekannten Gewalten am Draht gezogen« und im Traum von der Erdkugel geschleift (II, 5). Nichtsdestoweniger stammt von Robespierre der Satz, der sich mühelos in den Kontext Dantons ein-
fügen ließe: »Wahrlich der Menschensohn wird in uns Allen
gekreuzigt, wir ringen Alle im Gethsemanegarten im blutigen
Schweiß, aber es erlöst keiner den Andern mit seinen Wunden«
(I, 6).

Der moralische Gegensatz zwischen Stoiker und Epikureer
entspricht dem politischen von Dogmatiker und Skeptiker. Man
könnte im Falle Dantons ohne weiteres mit Erich Kühne von
der »Selbstherrlichkeit des sich feudalisierenden ehemaligen jakobinischen Tribuns« sprechen. Nicht umsonst verurteilt Robespierre gerade das »Laster« als das »Kainszeichen des Aristocratismus«, als ebenso moralisches wie politisches Verbrechen. Für
ihn ist der »Lasterhafte der politische Feind der Freiheit« (I, 3),
für Danton gibt es weder Laster noch Tugend, sondern jeder tut
nur, »was ihm wohltut« (I, 6). Geht es Robespierre um die Rein-
heit der Ideologie und St. Just um deren praktische Durchsetzung in der Geschichte, so plädiert Danton mit seinen Freunden
für eine repressionsfreie Verwirklichung der Wünsche. In der Tat
parodieren sie, wie Robespierre ihnen vorwirft, »das erhabne
Drama der Revolution um dieselbe durch studirte Ausschweifungen bloß zu stellen« (I, 3). Nach den liquidierten Hébertisten
stehen nun die Dantonisten der Republik im Wege. Sieht man
von der Rollenhaftigkeit von Robespierres Rede einmal ab, in
der er beispielsweise die nämliche »Empfindsamkeit« verurteilt,
an der er selbst leidet, so setzt sie deutlich das Programm der
Jakobiner gegen das der Dantonisten.

Lacroix, der realistischste der Dantonisten, skizziert die Situation in Frankreich um 1794, die für Büchner überdies deutliche Parallelen zu der von 1834 in Deutschland aufwies: »das Volk ist materiell elend, das ist ein furchtbarer Hebel«. Dieses Elend führt Büchner in *Dantons Tod* in mehreren Szenen vor. Durch Simon persifliert er gleichzeitig von unten her die geborgte Phraseologie des klassischen Republikanismus. In der Sprache des *Hessischen Landboten* läßt er stellvertretend einen Bürger anklagen: »Ein Messer für die Leute, die das Fleisch unserer Weiber und Töchter kaufen! Weh über die, so mit den Töchtern des Volkes huren! Ihr habt Kollern im Leib und sie haben Magendrücken, ihr habt Löcher in den Jacken und sie haben warme Röcke, ihr habt Schwielen in den Fäusten und sie haben Sammthände« (I, 2). Das Mißverhältnis von Arbeit und Genuß, das später vor allem Babeuf im Namen der Sansculotten attackiert hat, bringt ein anderer Bürger auf diese Formel: »Unser Leben ist der Mord durch Arbeit, wir hängen sechzig Jahre lang am Strick und zappeln, aber wir werden uns losschneiden« (I, 2).

Vergleicht man solche Äußerungen mit denen der Dantonisten, so wird deren elitäre Gegenposition deutlich. Man versteht auch, warum die Partei Robespierres in dieser Auseinandersetzung um die richtige Revolutionsstrategie gesiegt hat. Nach Ansicht der Gegenpartei ist Robespierre nur tugendhaft aus Mangel an Potenz und das Volk bloß deswegen, weil es nicht die Möglichkeit zum Genuß hat. Lacroix beschreibt diese dantonistische Perspektive so: ». . . das Volk ist tugendhaft d. h. es genießt nicht, weil ihm die Arbeit die Genußorgane stumpf macht, es besäuft sich nicht, weil es kein Geld hat und es geht nicht ins Bordel, weil es nach Käs und Hering aus dem Hals stinkt und die Mädel davor einen Ekel haben« (I, 5). Die Dantonisten setzen Genuß gegen Terror, Erbarmen gegen die Massenmorde, Recht gegen Pflicht, Wohlbefinden gegen Tugend, Notwehr gegen Strafe (I, 1), Sensualismus gegen Asketentum, ohne damit freilich in irgendeiner Weise die soziale Frage zu lösen. »Der göttliche Epicur und die Venus mit dem schönen Hintern«, so illustriert Camille die Richtung der Dantonisten, »müssen statt der Heiligen Marat und Chalier die Thürsteher der Republik werden« (I, 1). Obwohl Danton meint, ihre »Huren könnten es noch mit den Guillotinenbetschwestern aufnehmen« (II, 1), hat die öffentliche Meinung bereits gegen seine Partei entschieden.

Büchner konfrontiert in *Dantons Tod* die Positionen der beiden maßgeblichen Revolutionsparteien, der Radikalen und Gemäßigten, mit den materiellen Bedürfnissen des Volkes. Er ergreift dabei weder für die Dantonisten noch für deren Gegenseite Partei, sondern differenziert die Standpunkte im Wechsel der kritischen Meinungen und reflektiert aus dem historischen Material die Antinomien der Revolution heraus. Befriedigten die Dantonisten mit ihrer Vorstellung von Demokratie und Republik nur die Wünsche der bürgerlichen Klasse, so griff Robespierre mit seiner dogmatischen Tugendideologie ebenfalls an den sozialen Problemen der Masse vorbei. Danton gelingt es deshalb in Büchners Drama fast, vor dem Revolutionstribunal eine Wendung der öffentlichen Meinung herbeizuführen, als er Robespierre, St. Just und ihre Gefolgsleute des Hochverrats anklagt und verkündet: »Ihr wollt Brod und sie werfen euch Köpfe hin. Ihr durstet und sie machen euch das Blut von den Stufen der Guillotine lecken« (III, 9). Doch das Volk entscheidet sich schließlich für die Tugend Robespierres und gegen das üppige Leben Dantons (III, 10). Nach Dantons Tod wird es dann allerdings auch Robespierres Kopf fordern, und man könnte das Geschehen leicht auf folgende Formel bringen, die Büchner Danton untergeschoben hat: ». . . die Revolution ist wie Saturn, sie frißt ihre eignen Kinder.«

Die Antinomien der Revolution werden im Streit der Parteien sichtbar: bei den Dantonisten bedeuten Freiheit und Emanzipation die maximale Verwirklichung von Lust, im Grunde eine Variante des alten Aristokratismus; der moralische Despotismus Robespierres führt zu neuen Formen des alten Despotismus und der alten Tyrannei. Danton wie Robespierre glauben in der Geschichte die entscheidende Rolle zu spielen, die sie sich zugedacht haben; in Wirklichkeit ist es aber die Geschichte, die ihre Rollen ermöglicht und deren Dauer bestimmt. »Rasch, Danton«, so ermahnt Camille den Freund, »wir haben keine Zeit zu verlieren«, und dieser antwortet: »Aber die Zeit verliert uns« (II, 1). Hinter allen Phrasen, Kostümierungen und Rollen wird doch nur immer wieder der »eine uralte, zahllose, unverwüstliche Schaafskopf« (IV, 5) sichtbar, »nichts mehr, nichts weniger«. Die Unterschiede zwischen den Menschen sind nicht so groß, alle sind »Schurken und Engel, Dummköpfe und Genies« in einem, stellt Camille in diesem Zusammenhang fest und gibt damit eine Ansicht von Büchner (Nr. 15) wieder, daß die Verschiedenheit der

Menschen weniger in ihrer Natur als vielmehr in den Umständen liege.

Der radikale Skeptizismus Dantons motiviert nicht nur die zeitweiligen Bekenntnisse zum Nihilismus, sondern auch die geistige Krankheit, die, wie Büchner bereits in seiner Schülerarbeit darlegte, »zum Tode treibt« (L 2, 22). Insofern ist *Dantons Tod* nicht nur zeitgeschichtlich-politisch, sondern auch existentiell zu verstehen. Danton verzweifelt am Leben; er ist sich selbst schon abgestorben, bevor ihn Robespierre unter die Guillotine bringt. Er kann sich nicht wie Robespierre und St. Just mit einer Ideologie, einer fixen Idee identifizieren. An eine Veränderung des Menschen, an einen »neuen Menschen« vermag er so wenig zu glauben wie an eine neue Ordnung der Dinge. Die Passivität und das Gefühl der Langeweile sind der Ausdruck einer Verzweiflung, die er mit der Rolle des Epikureers zu überspielen versucht. Der Fall Danton demonstriert, daß es eben nicht nur eine materielle Schranke für die menschliche Selbstentwicklung gibt, sondern auch eine geistige. Diese geistige Schranke signalisiert Büchner aber auch bei Robespierre durch das Gefühl der Isolation, der Entfremdung.

Beiden fällt es schwer, von ihrem Selbst abzusehen und »in dem Sein eines Andern den Grund [ihres] Seins zu haben«, um hier eine Büchner bekannte Formulierung aus Feuerbachs *Gedanken über Tod und Unsterblichkeit* zu verwenden. Die Episode in der fünften Szene des ersten Akts illustriert, daß Dantons Liebe zu Marion genauso zweckgebunden ist wie die zu Julie. In der einen will er die Schönheit ganz in sich fassen (I, 5), in der anderen sucht er die »Ruhe«. Mit seiner Unfähigkeit zur Liebe stellt er ein negatives Gegenbild zu Camille dar, denn dieser denkt bis zuletzt mehr an Lucile als an sich selbst. »Je mehr du von deinem Selbst aufgibst, desto größer und wahrer ist deine Liebe«, kommentiert Feuerbach in der erwähnten Schrift, die einen ideengeschichtlichen Hintergrund von Büchners Drama bildet. Julie und Lucile scheinen geradezu eine von Feuerbachs Thesen nachzuspielen: »An und für sich ist der Tod als natürlicher das letzte Versöhnungsopfer, die letzte Bewährung der Liebe.« Während Camille noch den Wahnsinn Luciles teilen möchte, wünscht sich Danton nur Julies Gesellschaft im Sterben aus Angst vor Einsamkeit. Ist man auf biographische Parallelen erpicht, so weist eher die Verbindung von Lucile/Camille in die Richtung Jaeglé/Büchner als die von Julie/Danton. Nichtsdestoweniger spielen im

Gegensatz zu Lucile, die die Sorge um den Geliebten in den Wahnsinn treibt, Julie wie Camille am Ende klassisches Gastmahl: sie »liegen auf [ihren] Plätzen und verschütten etwas Blut als Libation« (IV, 7). Das Leben und Sterben der meisten Personen in *Dantons Tod* läßt sich mit den Worten Hérauts zutreffend charakterisieren: »Griechen und Götter schrieen, Römer und Stoiker machten die heroische Fratze« (IV, 5).

In den Phrasen und den heroischen Rollen erweisen sich die Mitglieder der Parteien bis hin zu Barrère, Collot d'Herbois, Billaud-Varennes, die dann ihrerseits Robespierre stürzen werden, selbst als Teile der nämlichen Gesellschaft, die sie ursprünglich bekämpfen und verändern wollten. Wie Mercier auch die Dantonisten beschuldigt, haben die Paradegäule der Revolution mit ihren Reden und Ideen eben das System heraufbeschworen, das »heut zu Tag Alles in Menschenfleisch« (III, 3) arbeitet. Der »Fluch unserer Zeit«, von dem Danton spricht, ist nicht zuletzt Fluch der Phrasen; deshalb empfiehlt Mercier, diesen einmal bis zu jenem Punkt nachzugehen, »wo sie verkörpert werden«. Unter diesem Aspekt lassen sich auch die durchgehenden parodistischen Elemente des Dramas verstehen: sie enthüllen die Revolution als theatrum mundi. Die Auseinandersetzung mit dem Narrentum, dem Rollenverhalten, dem überheblichen Egoismus der Revolutionäre ist auch radikale Satire im Sinne von anthropologischer Grundsatzkritik. An die Stelle der epikureischen Lebensphilosophie vom Verfolg der Glückseligkeit und des Vergnügens, die im 18. Jahrhundert eine Renaissance erlebte, setzt Büchner eine Philosophie der kritischen Negation, die der politischen und existentiellen Ausweglosigkeit am Ende der Kunstperiode besser entspricht. Die Hauptgestalten in *Dantons Tod* lesen sich fast wie Verkörperungen dieser Behauptung Feuerbachs: »In deinen Schmerzen und Seufzern ist mehr Philosophie und Vernunft als in deinem ganzen Verstande, ja du philosophierst dann allein, wenn du vor Schmerzen stöhnst und schreist, die einzigen Laute der Weisheit, die aus dir kommen, sind die Töne des Schmerzes.«

2) Lenz

So wie Büchner viele faktische Einzelheiten für *Dantons Tod* oder *Woyzeck* verschiedenen Quellen entlehnt und in seine Dramen integriert, so stützen sich ganze Abschnitte seiner Erzählung auf Oberlins Aufzeichnungen, die er von dem Freund August Stöber erhalten hat. Vergleicht man nun die Intentionen von Oberlins Tagebuch (der Pfarrer empfiehlt den »bedauernswürdigen Patienten der Fürbitte« des Lesers) und von Büchners Darstellung, so zeigen sich gleich gewichtige inhaltliche und formale Unterschiede. Führt Oberlin das im 18. und 19. Jahrhundert gleichermaßen bekannte Phänomen der »Schwermut«, den Zustand von Lenzens »unvergnügter Seele« auf die Wirkung der zeitgenössischen Belletristik, auf Ungehorsam gegenüber seinem Vater, auf sein ungeregeltes Leben, kurzum: auf die Entfernung von der bürgerlichen Norm zurück, so liefert Büchner die szenische Beschreibung einer Schmerzerfahrung, welche über den Horizont des Pfarrers ging. Nicht umsonst fehlt in dem Bericht Oberlins auch die in Büchners Erzählung entscheidende Stelle, an der es Lenz gelingt, in der Predigt über die eigene Leiderfahrung mit der Gemeinde zu kommunizieren. Es »war ihm ein Trost«, so heißt es aus der Perspektive von Lenz, »wenn er über einige müdgeweinte Augen Schlaf, und gequälten Herzen Ruhe bringen, wenn er über dieses von materiellen Bedürfnißen gequälte Seyn, diese dumpfen Leiden gen Himmel leiten konnte«. Er erlebt eine Art mystische Ekstase, die schließlich zu einer Einsicht in die Problematik der eigenen Situation führt: »es war ihm als müsse er sich auflösen, er konnte kein Ende finden der Wollust; endlich dämmerte es in ihm, er empfand ein leises tiefes Mitleid mit sich selbst, er weinte über sich . . .«

Am anderen Morgen zieht er Oberlin zum ersten Mal in ein ernsthaftes Gespräch, das der Pfarrer jedoch abbricht, weil es »ihn zu weit von seiner einfachen Art« entfernte. Oberlin und Lenz sind hier als Gegensätze gesehen: hier der ruhige, tätige, menschenfreundliche, einfache, ausgeglichene Bürger, dort der unruhige, müßige, in sich selbst versunkene, außerordentlich komplizierte manisch-depressive Dichter, der nirgends zu Hause scheint. Fraglos tritt Lenz in Oberlin auch eine Möglichkeit der eigenen Existenz gegenüber: er erweckt »alte vergangne Hoffnungen« in ihm, die Kaufmann wieder zunichte macht. Sprach die Predigt wieder den Theologen in ihm an, so bedeutete das Zusammentreffen mit Kaufmann in mehrfacher Hinsicht einen Wendepunkt: es rührte Erinnerungen auf und verwies ihn auf sein Dichtertum. Zunächst redete er sich in dem berühmten Kunstgespräch so sehr in Eifer, daß er sich ganz vergaß, bis ihm Kaufmann vorhielt, »wie er sein Leben hier verschleudre, unnütz verliere«, und ihm empfahl, nach Hause zurückzukehren. Lenzens Antwort nennt gleichzeitig einen Grund seiner Krankheit: »Hier weg, weg! nach Haus? Toll werden dort?« So wie der Idealismus in der Kunst die »Möglichkeit des Daseins« reduzierte, bedeutete die Rollenerwartung des Vaters für ihn eine gefährliche Beschränkung seiner Existenz. Ein psychologisches Korrelat dieser verhinderten Selbstbestimmung war die Erfahrung des Identitätsverlusts, dessen verschiedene Phasen Büchner am Anfang der Erzählung und nach Kaufmanns Besuch protokolliert. Von religiösen Quälereien und fixen Ideen heimgesucht, wird sein Zustand immer trostloser: »die Welt, die er hatte nutzen wollen, hatte einen ungeheuern Riß, er hatte keinen Haß, keine Liebe, keine Hoffnung, eine schreckliche Leere und doch eine folternde Unruhe, sie auszufüllen. Er hatte *Nichts*.«

Die Predigt und dieser trostlose Zustand markieren die beiden Pole, zwischen denen Büchner die Leidensgeschichte von Lenz entfaltet. Der erste Pol bezeichnet in einer Klimax das »Leiden als Gottesdienst«, wie es auch das zitierte pietistische Kirchenlied signalisiert. »Das All war für ihn in Wunden«, und in einer Art mystischer Vorstellung spürte Lenz ein »anderes Seyn, göttliche, zuckende Lippen bückten sich über ihm nieder«. Dieser Zugang zu Gott über den Schmerz scheint nicht nur die von Caroline Schulz überlieferten Worte von Büchner zu antizipieren, sondern auch an die bereits zitierte Stelle aus Feuerbachs *Gedanken über Tod und Unsterblichkeit* anzuknüpfen, wo die Schmerzen und die Seufzer als »die einzigen ontologischen Argumente« vom »Dasein eines Gottes« bezeichnet werden.

Der zweite Pol, der Tiefpunkt, zeigt Lenz auf einer ähnlichen Stufe wie Danton: er fühlt sich als lebendiger Toter. Auch Goethes Werther kannte diesen Zustand: »Und dies Herz ist jetzt tot, aus ihm fließen keine Entzückungen mehr ... Ich leide viel; denn ich habe verloren, was meines Lebens einzige Wonne war, die heilige belebende Kraft, mit der ich Welten um mich schuf; sie ist dahin!« Noch die Selbstmordversuche von Lenz, so heißt es bei Büchner, sollten dazu dienen, »sich zu sich selbst zu bringen durch physischen Schmerz«. Es ist das »Gefühl des Gestorbenseins«, der »unerträgliche Zustand«, von dem Büchner auch aus eigener Erfahrung berichtet (Nr. 17). Für diesen *horror vacui* hatte Kant in seiner *Anthropologie in pragmatischer Hinsicht* die Definition geliefert: »Die in sich wahrgenommene Leere an Empfindungen erregt ein Grauen (horror vacui), und gleichsam das Vorgefühl eines langsamen Todes, der für peinlicher gehalten wird, als wenn das Schicksal den Lebensfaden schnell abreißt.«

Die Relevanz dieser verbreiteten Ansicht für Werther wie für Lenz liegt auf der Hand. Aber nicht nur auf Kant, Goethe, Feuerbach und auf persönliche Erfahrungen Büchners verweist die Auffassung des Schmerzes, sondern auch auf den Helden der Erzählung selbst: auf Lenz. Die Predigt, von der nur Büchner, nicht aber Oberlin ausführlicher berichtet, liest sich wie eine indirekte Umsetzung einer überlieferten Homilie von Lenz mit dem Titel *Über die Natur unseres Geistes.* Es werden hier die Denker und Philosophen vor dem »Gefühl von Leere« gewarnt; denn »Denken heißt nicht vertauben«. Im Hinblick auf die Philosophen führt Lenz aus: »Sie fühlen es daß sie sich ihren unangenehmen Empfindungen nicht entziehen können ohne Wüste und Leere in der Seele zu haben und der Zustand der Streit ist marterhafter als die unangenehmen Empfindungen selbst.« Alle unsere Selbständigkeit und Existenz, so fährt Lenz fort, gründe sich »auf die Menge den Umfang die Wahrheit unsrer Gefühle und Erfahrungen, und auf die Stärke mit der wir sie ausgehalten . . . uns ihrer *bewußt geworden sind*«.

Das Gespräch, das Lenz in der Erzählung am anderen Morgen nach der Predigt führt, scheint ein Echo von diesen Gedanken zu sein; denn Lenz merkt hier gegenüber Oberlin an, daß »je feiner der Mensch geistig fühlt und lebt, um so abgestumpfter würde dieser elementarische Sinn«. Dieser elementarische Sinn sei zwar kein hoher Zustand, aber es müsse doch ein »unendliches Wonnegefühl seyn, so von dem eigenthümlichen Leben jeder Form berührt zu werden; für Gesteine, Metalle, Wasser und Pflanzen eine Seele zu haben; so traumartig jedes Wesen in der Natur in sich aufzunehmen«. Daraus spricht eine Sehnsucht nach Identifikation, die er mit Danton teilt. Wie ähnlich Marion besitzt auch Oberlin diesen »elementarischen Sinn«, während Lenz und Danton von dieser natürlichen Einheit ausgeschlossen sind. So wie Danton in Marions Einheit aufzugehen wünscht, möchte es Lenz in der Natur, in Gott und im Nebenmenschen. Da aber all diese Versuche scheitern, sieht er sich am Ende als »Satan«, als »verdammt in Ewigkeit«, und er hat das Gefühl, »als existiere er allein, als bestünde die Welt nur in seiner Einbildung, als sey nichts, als er«.

Seine »religiösen Quälereien« führen ihn einmal zu dem wahnartigen Wunsch, »die Welt mit den Zähnen [zu] zermalmen und sie dem Schöpfer in's Gesicht [zu] speien«, ein anderes Mal klagt er gegenüber Oberlin: »wär' ich allmächtig, sehen Sie ... ich könnte das Leiden nicht ertragen, ich würde retten, retten, ich will ja nichts als Ruhe«. Mit dieser Klage setzt Lenz das Gespräch über den »Fels des Atheismus« in *Dantons Tod* wenigstens der Problemstellung nach fort, ohne freilich zu denselben Ergebnissen zu kommen. In Lenzens Krise wechseln und überkreuzen sich Selbstanklage und Revolte, bis am Schluß die vollständige Versteinerung der Person eingetreten zu sein scheint: »Er schien ganz vernünftig, sprach mit den Leuten; er that Alles wie es die Anderen thaten, es war aber eine entsetzliche Leere in ihm, er fühlte keine Angst mehr, kein Verlangen; sein Dasein war ihm eine nothwendige Last.« Es blieb nur noch die Gleichgültigkeit übrig, die Indifferenz. Er empfand weder Haß noch Liebe noch Hoffnung.

Stehen am Anfang der Erzählung die Wahnphantasien als Produkte des Identitätsverlusts, so scheint sich mit der Einordnung in das einfache tätige Leben Oberlins eine Besserung anzubahnen. Das Erlebnis einer Art von unio mystica bedeutet Identifikation und Kommunikation und führt zu einer Befreiung der psychischen Spannungen. Erst mit dem Auftreten Kaufmanns setzt der Wendepunkt ein: Lenz glaubt sich von der Welt, in der er beinahe Fuß gefaßt, abgewiesen, und die Krise beginnt von neuem, bis sie in der Erstarrung ein vorläufiges Ende findet. Die Motive für Lenzens Existenzkrise bleiben in der Erzählung im Hintergrund. Von den wichtigsten könnte man nennen: die Forderungen und Rollenerwartungen des Elternhauses, das Erlebnis mit Friederike, besonders die Angst vor dem Verlust der »Gefühlsader«, die er wie Büchner für eine Art »Zentralsonne« der menschlichen Natur zu halten schien. In der Ferne mochte bei all dem noch der Abschied von der Genieperiode, die Kritik an deren Gefahren der Selbstvergötterung und die Rückkehr zur Demut mitschwingen, was der historische Lenz in dem Fragment *Die Kleinen* und der fiktionalisierte in der Kunstdiskussion zum Ausdruck brachte.

Büchner schildert in der Erzählung nicht eigentlich die Ursachen der Krise, sondern nur deren psychisches und geistiges Erscheinungsbild, und protokolliert, wie sich in den Wahnvorstellungen abwechslungsweise die Realität und die Persönlichkeit auflösen. Der Fall Lenz wird wie der von Danton oder Woyzeck insofern exemplarisch, als er eine Existenz in der Auflösung schildert, eine Existenz, welche die Selbstbestimmung, die Erfüllung der in ihr angelegten Möglichkeiten versäumt hat. Lenz wird von dieser »*geistigen Krankheit*« nicht zum Selbstmord getrieben, sondern in die seelische Erstarrung, welche der Verfasser von *Leonce und Lena* auch mit dem Automatentum der bloßen Rollenapparatur ins Bild setzt.

3) Leonce und Lena

Entgegen der alten Standesklausel in der Poetik spielt diese für ein Preisausschreiben verfertigte Komödie auf höchster Ebene.
Sie spiegelt, ins Ironische und Satirische verwandelt, Motive und Stimmungen aus *Dantons Tod*, aus *Lenz*, aus Büchners Briefen und aus den Werken Brentanos, Tiecks, Mussets, E. T. A. Hoffmanns, Jean Pauls, Shakespeares, Gozzis und Calderons. Die Namen der Königreiche Popo und Pipi antizipieren schon Heines Charakterisierung des alten Deutschland im *Wintermärchen*, setzen aber auch Ansätze von Wielands Märchen, vom Prinzen Biribinker und Goethes Gedicht *Der neue Amadis* fort, in dem von einem Prinzen Pipi die Rede ist, der die Welt durchzieht. Politische Satire verbindet sich mit der Satire auf Philosophien, Ideologien, Modestimmungen, und trotzdem sind tragikomische Unterströmungen nicht zu übersehen.

Prinz Leonce leidet wie Danton und zeitweise Büchner an der Melancholie, die geistige Ursachen hat: Desillusionierung, was das Leben und dessen Sinn betrifft. Deshalb wird ihn Lena auch folgendermaßen charakterisieren: »ich glaube es gibt Menschen,
die unglücklich sind, unheilbar, blos weil sie sind« (II, 3). Sie hält ihn für alt »unter seinen blonden Locken«, diagnostiziert bei ihm den »Frühling auf den Wangen, und den Winter im Herzen«, während der Prinz Valerio gegenüber klagt: »O Valerio, und ich bin so jung, und die Welt ist so alt« (II, 2). Dieser scheinbare Widerspruch enthüllt aber nur die Relativität der Perspektiven, ein Hauptthema sowohl bei Wieland als auch bei E. T. A. Hoffmann. Leonce hat noch etwas vom Enthusiasmus und der Einbildungskraft eines Don Sylvio oder Anselmus, nur daß er wie sein Erfinder schon um die Kehrseite dieser ideologischen Medaille weiß: den Skeptizismus.

In Leonce sind Idealismus und Skeptizismus dergestalt vereint, daß er zwar »an Idealen« laboriert (I, 1), aber gleichzeitig an ihrer Unwirklichkeit und Grundlosigkeit leidet; sein Skepti-

zismus andererseits ist nicht groß genug, daß er »Arsenik« nimmt
(II, 1), sondern er erklärt vielmehr: »Ich habe das Ideal eines
Frauenzimmers in mir und muß es suchen. Sie ist unendlich schön
und unendlich geistlos« (II, 1). Büchner persifliert damit nicht nur
ein beliebtes Romanmotiv des 18. Jahrhunderts, sondern auch
das klassische Frauenideal: »Diese himmlisch stupiden Augen,
dieser göttlich einfältige Mund, dieses schafnasige griechische
Profil, dieser geistige Tod in diesem geistigen Leib« (II, 1). Nun
findet Leonce nicht gerade dieses ironisierte Ideal, aber dafür
eine verwandte Idealistin ohne Skepsis, die von den ähnlichen
romantischen Nachtseiten angerührt wird.

Die Begegnung zwischen beiden bildet den Höhepunkt des
zweiten Aktes, den schon das Chamisso entlehnte Motto im
voraus signalisiert. Den melancholischen, weltmüden, dem Müßiggang ergebenen Prinzen berührte wie Anselmus im *Goldenen
Topf* eine Stimme »im tiefsten Innern« und füllt sein Bewußtsein aus. Als er Lena küßt, fühlt er sein »ganzes Sein ... in dem
einen Augenblick«, und er will sich das Leben nehmen, ohne freilich wie Faust eine Wette mit dem Teufel abgeschlossen zu
haben. Dieser Selbstmordversuch und seine literarische Tradition (Goethes *Werther*) wird sofort von Valerio als »Leutnants-
romantik« entlarvt, und Leonce gesteht alsbald, er sei nun
»schon aus der Stimmung«. Nichtsdestoweniger bildet diese
kurze Szene mit der Mondscheinromantik die Mitte des Lustspiels.

Leonces Liebe zu Lena kontrastiert auffallend zu der zu Rosetta (I, 3). Während er Rosetta mit seiner Langeweile identifiziert
und sich Zeit lassen will, sie zu lieben, verkörpert Lena für ihn
seine Todessehnsucht und findet er plötzlich das Leben viel zu
kurz, um lieben zu können (II, 4; III, 1). Rosetta und Lena zeigen ähnlich wie Marion und Julie in *Dantons Tod* zwei Möglichkeiten von Liebe, wobei die Beziehung Dantons zu Julie wie die
von Leonce zu Lena deutlich unter dem Aspekt des Todes steht. So
wie Danton Julie als »süßes Grab« bezeichnet, nennt Leonce Lena
eine »schöne Leiche«. Hinzu kommt, daß Lena sich als Opferlamm versteht, über das der Priester das Messer hebt, und die
Welt als »einen gekreuzigten Heiland« (I, 4) sieht. Ähnlich wie
Robespierre und Lenz fragt Lena: »Mein Gott, mein Gott, ist es
denn wahr, daß wir uns selbst erlösen müssen mit unseren
Schmerzen?« Die religiöse Schwermut Lenas und die philosophische von Leonce treffen sich in der Todessehnsucht und im Erlö-

sungswunsch. In ihrer Liebe berühren sich Tod und Leben oder, wie Lena es sagt: »Der Tod ist der seligste Traum« (II, 4).

Man könnte auch dies als ein Echo von Feuerbach interpretieren, in dessen *Gedanken über Tod und Unsterblichkeit* Büchner beispielsweise lesen konnte: »Die Liebe wäre nicht vollkommen, wäre kein Tod« oder: »An und für sich ist der Tod als natürlicher das letzte Versöhnungsopfer, die letzte Bewährung der Liebe.« In der Szene mit Rosetta (I, 3) läßt Leonce die Liebe sterben, indem er sie in seinem Kopf beerdigt, das heißt aus seinem Bewußtsein löscht, während er später nach der Begegnung mit Lena sich selbst opfern will. Die Liebe als höfischer oder prinzlicher Zeitvertreib steht in direktem Gegensatz zur Liebe als Selbstopferung oder Selbstaufgabe. Im einen Fall sinnt der Held, »wieviel Weiber ... man nöthig [hat], um die Scala der Liebe auf und ab zu singen« (I, 3), im andern kommt es zu einer Erfüllung des Seins.

Wenn im dritten Akt Leonce und Lena als »die zwei weltberühmten Automaten« bei Hofe eingeführt und der »Mechanismus der Liebe« mit den Worten von »Glaube, Liebe, Hoffnung« angedeutet wird, so ironisiert das nicht etwa die beiden Hauptfiguren, sondern das leere Rollenspiel am Hofe, dem diese sich beide durch Flucht entzogen hatten, und das oft poetisierte Glaubensbekenntnis aus Korinther (1, 13, 13), das E. T. A. Hoffmann bereits im *Goldenen Topf* mit Witz apostrophiert hatte. Automaten waren für Büchner überdies, wie der bekannte Brief Nr. 18 beweist, Wesen, denen die Seele fehlte. Soziologisch-politisch betrachtet, führten alle höfischen Dressurakte zu solchen automatischen Wesen. In dem Lustspiel charakterisiert Büchner die Rollenrepräsentanz beispielsweise mit dem Sprachverhalten des Hofmeisters (I, 1) und des Präsidenten (I, 3) oder mit den Attributen und Akzidentien, die sich König Peter anlegt, um als Standesperson zu erscheinen (I, 2).

»Wir stehen immer auf dem Theater, wenn wir auch zuletzt im Ernst erstochen werden« (II, 1), sagt Danton, und Lenz stellte in einem Essay fest: »Wir sind alle, meine Herren! in gewissem Verstand noch stumme Personen auf dem großen Theater der Welt, bis es den Direkteurs gefallen wird uns eine Rolle zu geben.« In Bonaventuras *Nachtwachen* erklärt ein fiktionalisierter Hamlet: »Alles ist auch nur Theater, mag der Komödiant auf der Erde selbst spielen, oder zwei Schritte höher, auf den Brettern, oder zwei Schritte tiefer, in dem Boden, wo die Würmer das Stichwort des abgegangenen Königs aufgreifen« (14. *Nacht-wache*). Dieses verbreitete Stichwort vom »Dasein heißt eine Rolle spielen« wiederholt einen Gedankengang von Shakespeares Jaques aus *As You Like It*, dem Büchners Lustspiel manches Motiv verdankt. Aber in *Leonce und Lena* geht es nicht mehr um den Gegensatz von sozialer Rolle, von Schein und wirklichem Sein, sondern um den vollständig vergesellschafteten Menschen, der nur noch ein Marionettendasein führt. Büchner karikiert wie schon in *Dantons Tod* damit das aristokratische Ideal des *honnête homme*, das »institutionell geforderte ›Zuchtwesen‹ par excellence« (Wolf Lepenies), dem in der Philosophie der teleologische Standpunkt entspricht, der jeden Organismus für eine »verwickelte Maschine« (L 2, S. 291) hält, oder wie Valerio im Hinblick auf seine Automaten persifliert: »man drückt ein klein wenig und die Mechanik läuft volle fünfzig Jahre. Die Personen sind so vollkommen gearbeitet, daß man sie von andern Menschen gar nicht unterscheiden könnte« (III, 3).

Hinter diesem Marionettenspiel, das, nebenbei bemerkt, ein Gegenstück in der 15. *Nachtwache* des Bonaventura hat, steht die politisch prononcierte Einsicht des *Hessischen Landboten*, daß selbst ein ordentlicher Mensch als Minister in Deutschland nur »eine Drahtpuppe« sein könne, »an der die fürstliche Puppe zieht« (L 2, 42). König Peter muß sich sehr anstrengen, um sich daran zu erinnern, daß er sich eigentlich an sein Volk erinnern wollte (I, 2). Im letzten Akt wird dieses dann auch so aufgestellt, daß der Wind von der Küche zu ihm hinweht und es auf diese Weise auch einmal im Leben einen Braten zu riechen bekommt (III, 2). In dieser Szene zeigt sich in ironischer Brechung die aristokratische Haltung, die Büchner als Verachtung des heiligen Geistes im Menschen denunzierte; der sich anschließende Kommentar des Zeremonienmeisters (III, 3) rückt den Sachverhalt noch weiter ins Komische und Groteske.

Die Affektkontrolle des Hofes ist so vollkommen, daß sich die Personen in der Tat wie Automaten oder Marionetten bewegen. Während nun einerseits »durch die gesicherte Balance des Königsmechanismus« (Lepenies) Langeweile als ein Phänomen der *leisure class* kursiert, wird sie wieder durch die Hofetikette und die formalisierten Tätigkeiten verdrängt. All das, was nun Leonce nach außen hin an den Tag legt: aufdringliches Gähnen, Langeweile, Müßiggang, Melancholie, läßt sich als Rebellion gegen die Rollenerwartungen des Hofes lesen. Leonce wird deshalb auch

durch das Motto aus *As You Like It* und durch Äußerungen
Valerios als Narr apostrophiert. Doch Leonce ist nicht nur ein
Hofnarr, sondern auch jemand, der fixe Ideen hat und am Leben leidet, das so kalkulierbar, so bar jeder Überraschung ist,
daß der Prinz ausruft:»Mein Leben gähnt mich an, wie ein großer weißer Bogen Papier, den ich vollschreiben soll, aber ich
bringe keinen Buchstaben heraus« (I, 3). Valerio bezeichnet ihn
deshalb später als »ein Buch ohne Buchstaben, mit nichts als Ge-
dankenstrichen«.

Leonce möchte glauben und kann nicht, er möchte sich mit etwas oder mit jemandem identifizieren und ist unfähig dazu. Mit
dem Kumpanen Valerio, einer gewitzten Verkörperung des Eudämonismus, spielt er alle möglichen Lebensaufgaben durch:
Wissenschaft, Heroismus, Genialität, Dichtung, und alles wird
abgelehnt. Ja, als Valerio vorschlägt, sie sollten wenigstens
»nützliche Mitglieder der menschlichen Gesellschaft werden«, entgegnet Leonce, daß er da lieber seine »Demission als Mensch«
geben würde (I, 3). Als rettender Gedanke taucht hier wie am
Schluß des Lustspiels der Gedanke an Italien und die Existenz
des Lazzaroni auf.

Die göttlichen Müßiggänger Leonce und Valerio stehen in der
Tradition Goethes und Friedrich Schlegels, ja Leonce spricht gar
davon, daß ein »entsetzlicher Müßiggang« grassiere (I, 1), daß
überhaupt alle Tätigkeit auf Langeweile zurückzuführen sei.
»Alle diese Helden«, so sagt er wie ähnlich Camille in *Dantons
Tod*, »diese Genies, diese Dummköpfe, diese Heiligen, diese Sün-
der, diese Familienväter sind im Grunde nichts als raffinirte Müßiggänger« (I, 1). Während Valerio sich voller Stolz als »Jungfrau in der Arbeit« preist, scheint Leonce am Laster des Müßiggangs zu leiden, denn er ruft aus: »Warum kann ich mir nicht
wichtig werden und der armen Puppe einen Frack anziehen und
einen Regenschirm in die Hand geben, daß sie sehr rechtlich und
sehr nützlich und sehr moralisch würde?« Wie der Bettler in
Dantons Tod hält Valerio wenig von dem subtilen Selbstmord
durch Arbeit (ähnlich schreibt auch Büchner an Gutzkow, Nr. 32;
vgl. L 1, 139) und hat für ihn der Müßiggang nicht die geringsten existentiellen Gefahren. Im Gegenteil: als Staatsminister
will er in seiner ersten Amtshandlung die Arbeit gesetzlich und
bei Strafe verbieten; er besitzt in der Tat die behauptete »ungemeine Fertigkeit im Nichtsthun«, während Leonce darüber klagt,
daß er sich »wie einen Handschuh« in- und auswendig kennt (I,

3) und immer nur Variationen auf ein ihm bekanntes Thema erlebt.

Der Idealist Leonce und der Materialist oder Realist Valerio unterscheiden sich auch deutlich bei ihrer Naturbetrachtung: Was dem einen als »unheimlicher Abend« vorkommt, erscheint dem anderen als ein »Wirtshaus zur goldnen Sonne« (II, 2); das beweist nur, daß die Landschaft jeweils die eigene Perspektive beziehungsweise Stimmung reflektiert. Spricht der eine von romantischen Empfindungen und Idealen, so gibt der andere seinem Naturgefühl dergestalt Ausdruck: »Das Gras steht so schön, daß man ein Ochs sein möchte, um es fressen zu können, und dann wieder ein Mensch, um den Ochsen zu fressen, der solches Gras gefressen« (I, 1). Dieser materialistischen Naturinterpretation korrespondiert auch Valerios Lebensphilosophie: Warum sich schinden, nur um am Abend ein reines Hemd anziehen zu können; man versetzt besser den Packen und genießt, solange man es noch kann (II, 1). Er radikalisiert damit Büchners Ansicht, daß das Leben sich nicht durch Arbeit erschöpfen soll, und zieht noch diese Warnung aus einer Seinsweise, die sich in der Arbeit und falschen Moralvorstellungen erschöpft: »Aus lauter Schamhaftigkeit wollen wir jetzt auch den inneren Menschen bekleiden und Rock und Hosen inwendig anziehen.« Gegen den Enthusiasmus und die Ideen von Leonce setzt Valerio seine Flasche (II, 2), gegen die geheime Sehnsucht nach Ruhm die materiellen Bedürfnisse. Diesen Gegensatz deutet schon die Vorrede mit »E la fama?« und »E la fame?« als Wortspiel an; aber es weist auch auf den Zusammenhang von Ideologie und Gesellschaft hin.

Die antihöfische Tendenz ist im Lustspiel durch die ironisch-komische Brechung zwar abgeschwächt, aber keineswegs aufgehoben. Auf der anderen Seite spielen existentielle Probleme hinein, die thematisch in *Dantons Tod* und *Lenz* vorgeformt sind. Wie Lenz und Danton leidet Leonce unter dem Verlust der Person; er möchte am liebsten jemand anders sein. In seiner gestörten Identität steht er nicht nur im Gegensatz zu dem elementaren Valerio, sondern auch zu dem mit sich identischen König Peter, der komischen Verkörperung der Identitätsphilosophie. Sowenig wie Lenz gelingt Leonce der Zugang zum Elementaren und sowenig wie Danton kann er sich mit der politischen oder sozialen Rolle identifizieren, die ihm die Gesellschaft vorschreibt. Er endet in der Utopie wie Lenz in Wahnvorstellungen. Seine fixe Idee, die er mit Lena und Valerio teilt, ist das importierte

Italien ohne Winter, der aufs Staatliche übertragene Naturzustand. Was in der »abscheulichen Welt« die realistischere Gouvernante für unmöglich hält, zeigt sich wenigstens in effigie, im Spiel: ein »irrender Königssohn« (II, 1; III, 3). Und im poetischen Spiel, in effigie stellen sich auch wieder »Glaube, Liebe, Hoffnung« her, und selbst die Wiederkehr des Gleichen erscheint am Schluß als Spaß, den Leonce »in aller Ruhe und Gemüthlichkeit« morgen noch einmal von vorne anfangen will. Das bedeutet allerdings auch, daß Leonce wieder mit seiner »idealen« Beschäftigung beginnen wird, darüber nachzudenken, »wie es wohl angehen mag«, daß er sich »einmal auf den Kopf sehen könnte« (I, 1), von dem er offensichtlich am Schluß der Fiktion gewissermaßen auf die Füße gefallen ist, die nichtsdestoweniger immer noch auf recht unsicherem Boden zu stehen scheinen.

4) Woyzeck

Weil die idealistische Tendenz seiner Auffassung nach in Kunst und Philosophie notwendig zur Mechanisierung in der Darstellung und im Denken führte, knüpfte Büchner bewußt an die »Gefühlsader« an, die »in fast allen Menschen gleich« sei. Um aber die »mehr oder weniger« dichte Hülle, wie es im *Lenz* heißt, durchbrechen zu können, mußte er mit anderen ästhetischen Mitteln arbeiten. Er griff deshalb hinter die Kunstperiode auf die Ästhetik des Sturm und Drang und die Volksdichtung zurück. Statt sie idealistisch zu verklären, nahm er die Menschen lieber — um hier den Prinzen Tandi aus Lenzens *Der neue Menoza* zu zitieren — »wie sie sind, ohne Grazie, als wie sie aus einem spitzigen Federkiel hervorgehen«. Nur im Einfachen, Elementaren, Ursprünglichen schien sich die menschliche Natur noch ohne alle ideologischen Überformungen und Drapierungen zu zeigen, nicht jedoch in der »gebildeten Gesellschaft«. Deshalb wollte Büchner auch, wie er 1836 an Gutzkow schrieb (Nr. 54), »die Bildung eines neuen geistigen Lebens im *Volk* suchen«. Während der Zeit, an der er am *Woyzeck* arbeitete, teilte er seiner Braut mit, wie es ihm jeden Tag »heller werde«, wie er »dem Volk und dem Mittelalter immer näher« komme (Nr. 65). Das hat nun bestimmt nichts mit der Manier à la Schwab und Uhland zu tun (Nr. 49), sondern beweist nur den engen Zusammenhang von Büchners politischen und ästhetischen Vorstellungen.

Wenn man im Hinblick auf Büchners Erzählung die Diskrepanz von der darin behaupteten ästhetischen Auffassung und der

Ausführung konstatierte, so könnte man zumindest *Woyzeck* als die praktische Anwendung der ästhetischen Thesen von Büchners *Lenz* interpretieren. Hier versucht der Autor in der Tat, »sich in das Leben des Geringsten« zu versetzen und es »in den Zuckungen, den Andeutungen, dem ganzen feinen, kaum bemerkten Mienenspiel« (L 1, 87) wiederzugeben. Wie im *Hofmeister* und den *Soldaten* sind im *Woyzeck* »die prosaischsten Menschen unter der Sonne« dargestellt, und die Grundkonzeption scheint in Büchners Erzählung vorformuliert zu sein: »Man muß die Menschheit lieben, um in das eigenthümliche Wesen jedes einzudringen, es darf einem keiner zu gering, keiner zu häßlich seyn, erst dann kann man sie verstehen; das unbedeutendste Gesicht macht einen tiefern Eindruck als die bloße Empfindung des Schönen, und man kann die Gestalten aus sich heraustreten lassen, ohne etwas vom Äußern hinein zu kopieren, wo einem kein Leben, keine Muskeln, kein Puls entgegen schwillt und pocht.«

In *Woyzeck* erweitert Büchner die bereits von Lenz verwendete Technik der Verseinlagen zu einer differenzierten balladesken Dramatik (Viëtor, Hinck). Durch Volkslied, Verseinlage und biblische Anspielungen stellt er den durch die Gutachten des königlich-sächsischen Hofrats Dr. Johann Christian August Clarus genau dokumentierten Fall Woyzeck in einen repräsentativen Zusammenhang und verleiht ihm dadurch eine neue Dimension und zusätzliche Perspektiven. Dabei scheint ihm, wie ein Vergleich der verschiedenen Stufen der Überlieferung erhärtet, erst allmählich die vielseitige Verwendbarkeit der Verseinlage und des Bibelzitats bewußt geworden zu sein. Ihre besondere Funktion bestand nicht mehr in der Kommentierung oder der thesenhaften Zusammenfassung des Geschehens, sondern in der Intensivierung der Tragik (vgl. Gonthier-Louis Fink). Präsentiert das geschlossene Drama schon durch die ihm immanente Ideologie von der Realität einen »Ausschnitt als Ganzes«, so zeigt Büchner in dem schnellen Wechsel der Szenen das »Ganze« der Wirklichkeit nur »in Ausschnitten« (Volker Klotz) und in seinen unauflösbaren Widersprüchen. Nichtsdestoweniger ist es erstaunlich, wie der junge Dramatiker mit einem Minimum an Realitätsvokabeln und den einfachsten ästhetischen Mitteln dergestalt ein Maximum an Ausdruck gewinnen konnte. Als Fragment in keineswegs unproblematischen Textfassungen überliefert, strahlte gerade dieses Drama wirkungsgeschichtlich auf spätere Werke aus wie kaum eine andere Arbeit Büchners.

Hinsichtlich des Stoffes deutet der Autor seinen eigenen Standpunkt schon dadurch an, daß im *Woyzeck* nur die armen Leute Eigennamen tragen (neben der Titelfigur sind es Marie, Andres, Margret, der Narr Karl), während die anderen »nichts als Funktion zu sein scheinen« (Hans Mayer): der Hauptmann, der Doktor, der Tambourmajor, um nur die wichtigsten zu nennen. Vor allem trifft sein Spott die beiden Vertreter der »höheren« Gesellschaft; indem er die »eigenen Waffen« des verachtenden Aristokratismus und bürgerlichen Egoismus gegen sie selbst kehrt (vgl. Nr. 15), macht er sich über ihre »lächerliche Äußerlichkeit, die man Bildung«, und den toten Kram, »den man Gelehrsamkeit heißt«, lustig und stellt sie in ihrer Leere nach dem Rezept bloß: »Hochmuth gegen Hochmuth, Spott gegen Spott.« Mit seinem Drama widerlegte Büchner sicher auch indirekt die materialistisch-positivistischen und idealistischen Theorien, die sich an den Fall Woyzeck knüpften und zu einer wissenschaftlichen Auseinandersetzung führten, aber das war nur ein Nebenergebnis. Im Mittelpunkt seiner Intentionen stand zweifellos die »leidende, gedrückte Gestalt«, in deren Gewalt es nicht lag, »kein Verbrecher zu werden« (Nr. 15).

Woyzeck wird zum Exempel, sein Fall zu einem Beispiel menschlicher Leidensgeschichte in der Welt, wie sie ähnlich Walter Benjamin an den Trauerspielen des deutschen Barock nachgewiesen hat. Er ist weder ein »Othello im Milieu des Leipziger Kleinbürgertums« (Mayer) noch ein »Verbrecher aus verlorener Ehre« (Schiller), der dem Verhängnis mit der überlegenen autonomen Person die Stirn bietet. Vielmehr erlebt er gleich Danton, Lenz und auch Leonce die totale Isolation des modernen Menschen von der Welt und dem eigenen Selbst. Die Erfahrung dieser extremen Selbstentfremdung aus religiösen, sozialen und gesellschaftlichen Motiven drückt Büchner ebenso knapp wie wirkungsvoll in dem bekannten Märchen der Großmutter aus (L 1, 151): »Es war einmal ein arm Kind und hat kei Vater und kei Mutter war Alles todt und war Niemand mehr auf der Welt. Alles todt, und es ist hingangen und hat greint Tag und Nacht. Und weil auf der Erd Niemand mehr war, wollt's in Himmel gehn, und der Mond guckt es so freundlich an und wie's endlich zum Mond kam, war's ein Stück faul Holz und da ist es zur Sonn gangen und wie's zur Sonn kam, war's ein verreckt Sonneblum und wie's zu den Sterne kam, warens klei golde Mück, die waren angesteckt wie der Neuntödter sie auf die Schlehe steckt und wie's wieder auf die Erd wollt, war die Erd ein umgestürzter Hafen und war ganz allein und da hat sich's hingesetzt und geweint und da sitzt es noch und ist ganz allein.«

Zwar läßt sich nicht mit Sicherheit ausmachen, ob er das Märchen in die Reinschrift aufgenommen hätte, aber der Inhalt illustriert zumindest *eine* Perspektive des Mordes: die wachsende Einsamkeit. Als ihm der Tambourmajor Marie wegnimmt, verliert er den letzten Halt, den ihm die Welt noch zu bieten vermag. Er verzweifelt nun an Marie, an sich und der Welt, ein Vorgang, den Woyzeck in der ersten Fassung (L 1, 165) so formuliert: »Jeder Mensch ist ein Abgrund, es schwindelt einem, wenn man hinabsieht.« Dieser Satz nimmt geradezu modernes Selbstverständnis bis hin zu Franz Kafka vorweg und ist wie die metaphysische Frage nach dem Zusammenhang von Nein und Ja (L 1, 164), die Büchner dann auch nicht in den letzten Entwurf aufnahm, über den Horizont des einfachen Soldaten hinausgesprochen. Büchner transponiert nicht zuletzt auch aus solchen Gründen das ganze Thema ins Religiös-Apokalyptische: Woyzeck wie übrigens auch Marie sehen das eigene Schicksal immer wieder als Teil einer Weltkatastrophe. Auf die Vorbeitanzenden blickend, ruft er aus: »Warum bläßt Gott nicht die Sonn aus, daß Alles in Unzucht sich übereinanderwälzt, Mann und Weib, Mensch und Vieh« (L 1, 178). Ins Groteske verzerrt, tauchte dieses Motiv schon in einer Szene von *Dantons Tod* (II, 2) auf, wo vom babylonischen Durcheinander, von Unzucht und berstendem Himmel die Rede war.

Den Verweisungszusammenhang »Sodom und Gomorra, Hure Babylon« (Krause) stellt bereits die erste Szene der letzten Fassung des *Woyzeck* her. Es heißt hier mit Anklängen an die Offenbarung und 1. Mose 19 (vgl. Krause): »Ein Feuer fährt um den Himmel und ein Getös herunter wie unter Posaunen. Wie's heraufzieht! Fort. Sieh nicht hinter dich« (L 1, 168). Woyzeck antizipiert mit seinen Visionen, die auch der Gutachter Dr. Clarus belegt, sein privates Schicksal mit Marie, von dem er noch nichts wissen kann und das durch den apokalyptischen Unterton auch metaphysische Bedeutung bekommt. Doch auch Marie, die wenig von Woyzecks Visionen hält und fürchtet, er schnappe »noch über mit den Gedanken« (L 1, 170), scheint ihrerseits Ahnungen zu haben. Einen Anfall von Reue sucht sie beispielsweise mit diesen Worten zu überwinden: »Ach! Was Welt? Geht doch Alles zum Teufel, Mann und Weib«, und auf des Tambourmajors Frage, ob ihr nicht der Teufel aus den Augen sehe, antwortete sie trotzig: »Meinetwegen. Es ist Alles eins.«

Fällt Woyzeck durch ihre Untreue, die er zur »Todsünde« erklärt, in einen Zustand der Verzweiflung (L 1, 173), so wird auch Marie schließlich von ihrer Schuld und dem Gedanken an den Vater ihres Kindes umgetrieben. Drücken die Bibelstellen von Maria Magdalena die Befindlichkeit Maries aus, so charakterisieren die teilweise schon im *Lenz* zitierten Verse vom Leiden als Gottesdienst und der Nachfolge Christi die Seinsweise Woyzecks. Beide Stellen enthalten noch einen Kommentar, der die allgemeine Situation wieder individualisiert, differenziert und steigert. Marie schlägt sich auf die Brust, wie die Regieanweisung lautet, und ruft verzweifelt aus: »Alles todt! Heiland, Heiland ich möchte dir die Füße salben« (L 1, 180). Woyzeck, der Andres offensichtlich seine persönlichen Dinge übereignet, merkt zu den Versen über das »Leiden« an: »Meine Mutter fühlt nur noch, wenn ihr die Sonn auf die Händ scheint. Das thut nix.« In beiden Fällen wird die nämliche extreme Verlassenheit sichtbar, von der das Märchen der Großmutter spricht.

Trotz des religiösen Bedeutungszusammenhangs sind aber weder Marie noch Woyzeck als im kirchlichen Sinne religiös zu bezeichnen. Gleich Danton, Robespierre und Lenz verweisen sie auf Christus als Vorbild im Leiden, allerdings ohne die Gefühle der Rebellion gegen Gott zu teilen. Im Gegensatz zu Marie wird der »vergeistete« und »hirnwüthige« Woyzeck von dem Gedanken getrieben, den Dingen auf den Grund zu sehen. »Die Schwämme«, so phantasiert er in der Szene mit dem Doktor (L 1, 175), »da steckts. Haben Sie schon gesehen in was für Figuren die Schwämme auf dem Boden wachsen? Wer das lesen könnt.« Die fixen Ideen des Woyzeck sind ebenso Projektionen der eigenen Unsicherheit und Verzweiflung wie die vergleichbaren bei Lucile und Lenz. Woyzeck reflektiert, während bei Marie mehr die Sinne sprechen. Er wirkt deshalb auch gebrochen, verhetzt und gejagt; sie dagegen erscheint, abgesehen von den moralischen Skrupeln, mit sich eins wie Marion.

In Marie und Woyzeck wiederholt sich die Konstellation Marion und Danton und deutet sich der bekannte Gegensatz von Spiritualismus und Sensualismus an. Als sich Marie vor dem Spiegel mit den »großen Madamen« in einer Art erotischem Wettbewerb mißt (L 1, 170), kann sie als den Unterschied zwischen arm und reich nur folgende Dinge gelten lassen: die kleine

Kammer, das Stückchen Spiegel bei ihr – und daß die »schönen
Herrn ... ihnen die Händ küssen«. Woyzeck dagegen sieht den
Unterschied zwischen den »gemeinen Leut« und der gebildeten
Gesellschaft im Geld. Er durchschaut auf seine simple Weise, wie
der Überbau, alle Vorstellungen der Tugend und der Moral, aus
den ökonomischen Bedingungen, dem Unterbau, abzuleiten sind.
»Es muß was Schönes seyn um die Tugend«, meint er gegenüber
dem Hauptmann nicht ohne versteckte Spitze, aber »ich bin ein
armer Kerl.«

In dieser bekannten Szene konfrontiert Büchner die beiden
gesellschaftlich und ökonomisch bedingten Denk- und Seinsweisen der Zeit, mit denen er sich bereits im *Hessischen Landboten*
auseinandergesetzt hatte. Der Hauptmann schwätzt von der
Tugend, der Moral und setzt auf den »hochehrwürdigen Garni-
sonsprediger«. Woyzeck spricht auffallend exakt von Geld, Natur, Fleisch und Blut und verteidigt seinen »armen Wurm«, der
nicht den Segen der Kirche hat, mit dem entsprechenden Hinweis
auf ein Christus-Zitat (L 1, 172). Bezeichnenderweise beherrscht
die Szene nicht der Vertreter der gebildeten Gesellschaft, bei dem
die Affektkontrolle so gut funktioniert, daß er automatisch seine
Gelüste nach »den weißen Strümpfen« zu unterdrücken versteht,
sondern der Repräsentant der armen Leute, der nach des Hauptmann Worten »zuviel« denkt, und Denken, »das zehrt«.

Wie Wolfgang Martens beschrieben hat, stecken im Porträt des
Hauptmanns die zu Büchners Zeit bereits evidenten Antinomien
des Bürgertums: Melancholie, Langeweile, Hypochondrie, Da-
seinsangst und Weltschmerz. Die sentimentalen Züge des Hauptmanns enthüllen nicht nur die moralische Indifferenz dieser ehe-
mals progressiven Schicht, sondern auch die anhaltende Unfähigkeit zum politischen Handeln (vgl. Lepenies). Auf seine bürgerliche Weise spürt auch er den Abgrund, den Woyzeck einmal auf
die Freimaurer, einmal auf ein bevorstehendes Weltgericht zurückführt. Der Schwindel, der den Hauptmann erfaßt, reicht
aber nicht wie bei Woyzeck ins Apokalyptische, sondern geht,
wie vor allem die Szene mit dem Doktor zeigt (L 1, 175 f.), ins
Groteske. Während sich Woyzeck »abhetzen« muß, um überhaupt das Existenzminimum für Marie, das Kind und sich beschaffen zu können, fühlt sich der Hauptmann, ahnungslos wie
er ist, stets gezwungen, ihn zur Ruhe und Langsamkeit zu ermahnen. Dabei rät ausgerechnet er, der offensichtlich ständig Muße
hat, paradoxerweise »Beschäftigung« an, der Woyzeck ohnedies

mehr, als ihm zuträglich ist, nachgehen muß. Es bezeichnet eben
einen wesentlichen Unterschied, ob man wie der Hauptmann Beschäftigung sucht, um dem Denken an die Ewigkeit auszuwei-
chen, oder ob man gezwungen ist, sich beim Doktor für ein paar
zusätzliche Groschen zu verdingen, um sein Dasein fristen zu
können.

In der Szene zwischen Doktor und Woyzeck, in der Büchner
zum Teil Erinnerungen an den Gießener Professor Wilbrand verwertete, kommt der Gegensatz von bürgerlicher Tugend oder
Moral und Natur nochmals zur Sprache, allerdings mit einer anderen Akzentsetzung. Der philosophisch-wissenschaftliche Idealismus wird von Woyzecks Natur oder genauer: dem *musculus
constrictor vesicae* (L 1, 174) in Frage gestellt, was angeblich
gegen die Abmachung verstößt, für die der Doktor bezahlt, denn
er möchte mit dem Versuchsobjekt Woyzeck beweisen, daß sich
»in dem Menschen . . . die Individualität zur Freiheit« verklärt.
Daß es aber mit der Autonomie der Person und des Willens nicht
weit her ist, belegen die Pannen in der Affektkontrolle ebenso
beim Hauptmann wie beim Doktor. Pocht der Hauptmann auf
Moral und Tugend, so der Doktor auf Gesundheit und Wissen-
schaftlichkeit. Als Woyzeck seine Visionen andeutet und über die
»doppelte Natur« zu philosophieren beginnt (L 1, 175), konstatiert der Doktor »die schönste aberratio mentalis partialis«,
»fixe Idee, mit allgemein vernünftigem Zustand«. Zeigt sich der
Hauptmann am Schluß der Unterhaltung »ganz angegriffen«, so
behält der Doktor die rationale Kontrolle, indem er die von
Woyzeck angedeuteten Lücken in seinem Weltsystem in feste Begriffe faßt und damit bagatellisiert.

Bei dieser Szene denkt man unwillkürlich an einen Kernsatz
aus Büchners Probevorlesung: »Wo die teleologische Schule mit
ihrer Antwort fertig ist, fängt die Frage für die philosophische
an« (L 2, 292). Verwandelt des Doktors Standpunkt Woyzeck in
»eine verwickelte Maschine« oder in eine bloße Abstraktion
(aberratio mentalis partialis), was für Büchner auf das gleiche
hinausläuft, so stellt Woyzeck die in einer frühen Fassung (L 1,
145) angesprochene »uni deale Natur« dar, welche die »menschlich Societät« beschämt. Was der Doktor und der Hauptmann
für menschliche specifica differentia halten, sind eben nur Produkte eines Dressuraktes, erworbene, von der Gesellschaft sank-
tionierte Rollen, die Büchner durch die Namenlosigkeit ihrer
Träger als leere Funktionalität sichtbar macht. »Sehen Sie die

Fortschritte der Civilisation«, höhnt in der ersten Fassung der
Ausrufer (L 1, 158 f.), »Alles schreitet fort, ein Pferd, ein Aff,
ein Canaillevogel! Der Aff ist schon ein Soldat, s'ist noch nit viel,
unterst Stuf von menschliche Geschlecht!« Das greift allerdings
schon auf die Predigt des betrunkenen Handwerksburschen (11.
Szene des letzten Entwurfes) über, in der die Frage gestellt wird:
»Warum ist der Mensch? Warum ist der Mensch?« (L 1, 178) Die
Antwort persifliert den materialistischen Standpunkt ähnlich wie
die Szene mit dem Doktor den idealistischen: Der Mensch existiert, damit der Landmann, der Weißbinder, der Schuster, der
Arzt Arbeit und zu leben haben. Mit anderen Worten: »Die Pro-
duktion ist nicht um des Menschen, sondern der Mensch um der
Produktion willen« (Jancke). Hatte Woyzeck eben noch auf das
Geld als Beweisgrund für seine äußeren und inneren Mängel hin-
gewiesen, so demonstriert der Handwerksbursche die Vergäng-
lichkeit des Geldes mit dem Genuß seines Tauschwertes: »Meine
Seele, mei Seele stinkt nach Brandewein. Selbst das Geld geht in
Verwesung über« (L 1, 177).

Wie in den anderen Dramen differenziert Büchner auch hier die
Themen, indem er sie aus verschiedenen Perspektiven spiegelt. So
stehen das frivole *Memento mori* des Handwerksburschen neben
den »fürchterlichen« Ahnungen und die das Sektiererische strei-
fenden philosophisch-metaphysischen Fragestellungen des Woyzeck, die sensualistische und auf die Vitalität pochende Weltan-
schauung der Marie und des Tambourmajors neben den Moral-
und Tugendvorstellungen des Bildungsbürgertums, die Begriffs-
apparatur des Gelehrten neben den Widersprüchen der menschlichen Natur. Alle Perspektiven treffen sich aber in einem Mittelpunkt: dem Exempel Woyzeck. Er erscheint als der Verdammte,
Ausgestoßene, der Knechtschaft verfallene Mensch kat exochen.
»Unseins ist doch einmal unseelig in der und der andern Welt«,
klagt er dem melancholischen Hauptmann, »ich glaub' wenn wir
in Himmel kämen so müßten wir donnern helfen« (L 1, 172). Er
fragt diesem Verdammungsurteil nach und entdeckt die Ab-
gründe in der Gesellschaft, im Menschen, in sich selbst. Gewiß
wird er von Stimmen getrieben, ist er zuweilen ein Opfer seiner
Visionen, aber der letzte Entwurf deutet doch eine Wahlmöglich-
keit an. Woyzeck fragt vor dem Mord: »Soll ich? Muß ich?« (L 1,
178) Thematisch weist das auf den Zusammenhang von Freiheit
und geschichtlicher Notwendigkeit zurück, den Büchner in *Dantons Tod* behandelte. Bei *Woyzeck* ist allerdings die geschichtliche

Notwendigkeit zu einer eschatologischen erweitert. Ähnlich wie Robespierre alles Übel auf die Ausschweifungen der Dantonisten zurückführt und es durch deren Liquidierung beseitigen will, gilt Woyzecks Mord an Marie gleichzeitig der übergeordneten Unzucht von »Mann und Weib, Mensch und Vieh« (L 1, 178).

Am Ende des Dramas bleibt die ungeklärte Frage nach der Erlösung, die schon Robespierre gewissermaßen stellvertretend für Lucile, Lenz, Marie und Woyzeck beantwortet hat: »Was sehen wir nur immer nach dem Einen? Wahrlich der Menschensohn wird in uns Allen gekreuzigt, wir ringen Alle im Gethsemanegarten im blutigen Schweiß, aber es erlöst Keiner den Andern mit seinen Wunden« (L 1, 31). Die Erlösung findet auch im Falle Woyzecks nicht statt, übrig bleiben das Leiden, der Schmerz und die Einsamkeit. Von daher läßt sich zweifelsohne eine Parallele zum Trauerspiel des deutschen Barock ziehen, das im Märtyrerdrama Geschichte als Leidensgeschichte entfaltet (Mautner, Bornscheuer), mit dem signifikanten Unterschied freilich, daß hier nicht mehr ein Souverän die »menschliche Natur« und die Geschichte verkörpert, sondern, wie es Büchners Lenz zum ästhetischen Programm erhebt, »das Leben des Geringsten«, ein Repräsentant der »arme Leut«, der »unidealen Natur«.

1813   17. Oktober, früh um halb 6 Uhr, wird Karl Georg Büchner in Goddelau (Großherzogtum Hessen-Darmstadt) geboren und am 28. Oktober getauft.
Paten waren: a) Großvater mütterlicherseits, Johann Georg Reuß (1757–1815), Hofrat und Verwalter der Irrenanstalt in Hofheim; b) Großvater väterlicherseits, Jakob Karl Büchner (1753–1835), Amtschirurg in Reinheim; c) Onkel Wilhelm Georg Reuß (1795–1849), Offizier (vgl. B, 551).
Vater: Ernst Karl Büchner (1786–1861), Doktor und Amtschirurg in Goddelau, seit 1816 Medizinalrat in Darmstadt.
Mutter: Caroline Büchner, geb. Reuß (1791–1858). Heirat der Eltern 1812.
Geschwister:
1) Mathilde (1815–1888).
2) Wilhelm (1817–1892), Pharmazeut, Inhaber der ersten Ultramarinfabrik in Pfungstadt; war außerdem Abgeordneter im hessischen Landtag und im deutschen Reichstag, veröffentlichte politische Schriften.
3) Louise (1821–1877), bekannte Schriftstellerin und Frauenrechtlerin ihrer Zeit.
4) Ludwig (1824–1899), Arzt, wird mit seinem Buch *Kraft und Stoff* (1855) zum damals populärsten Vertreter des Materialismus.
5) Alexander (1827–1904), gehörte 1848 zu den deutschen Revolutionären; schriftstellerische Neigungen; wurde später französischer Staatsbürger und Professor für Literatur in Caën.

1816   Übersiedlung der Familie nach Darmstadt, wo der Vater Medizinalrat beim Ministerium wird und außer Mathilde die anderen Geschwister zur Welt kommen. Den ersten Unterricht erhält Georg Büchner von der Mutter, die »ohne alle Prätension auf außergewöhnliche Bildung« (B, 559) hinlenkt.

1822 Ostern: Eintritt in die Privatschule von Dr. Carl Weiters-
hausen in Darmstadt.

1823 25. März: Trägt zum Klassenabschluß mit einem anderen
Schüler einen didaktischen Dialog in lateinischer Sprache
vor. Thema des Dialogs: *Vorsicht bei dem Genusse des
Obstes!*

1825 26. März: Eintritt in das Ludwig-Georgs-Gymnasium
(»II. Klasse 2. Ordnung«, wie das Aufnahmebuch vermerkt) zu Darmstadt. Direktor wird ein Jahr später der
damals bekannte Schulmann und Altphilologe Friedrich
Carl Dilthey (1797–1856), Subkonrektor ist der Deutschlehrer Karl Baur (geb. 1788).

»Die Grundfärbung des Unterrichts war Griechisch-Latei-
nisch; in den exakten Wissenschaften verlangte man vom
Schüler sehr wenig, der Besuch des Französischen, Engli-
schen, Italienischen war fakultativ« (B, 554). Neben den
antiken Autoren las Büchner Shakespeare, Goethe, Schiller, Jean Paul, Heine, die Romantiker, Volkspoesie, Calderon, eine Reihe französischer Schriftsteller und beschäf-
tigte sich mit deutscher Philosophie, vor allem mit Fichte.

1825 Erzählskizze mit Widmungsversen am Schluß für den Vater.

1826 Gedicht für die Mutter.

1828 Das Gedicht *Die Nacht* als Weihnachtsgeschenk für die
Eltern.

1830 29. September: *Rede zur Verteidigung des Cato von Utika,*
gehalten auf dem Gymnasial-Redeaktus in Darmstadt. Verteidigt wie vorher in der Rezension *Über den Selbstmord*
und der Rede *Helden-Tod der vierhundert Pforzheimer,*
aus der er den Anfang übernimmt und die sich teilweise
wörtlich sowohl an Fichtes *Reden an die deutsche Nation*
(1808) als auch an Ernst Ludwig Posselts (1763–1804)
Gedenkrede *Dem Vaterlandstod der vierhundert Bürger
von Pforzheim* anlehnt, die freie Entscheidung über Leben und Tod unter bestimmten Bedingungen.

1831 Am 30. März ermahnt er, wie es in dem Schulprogramm
heißt, »im Namen des Menenius Agrippa das auf dem
heiligen Berg gelagerte Volk zur Rückkehr nach Rom in
lateinischer Sprache«. Er hält die nicht überlieferte Rede
während der Schlußfeier des Gymnasiums.

Mitschüler Zimmermann erinnert 1877 in einer Mittei-

lung an Franzos, daß sich Büchner »frühzeitig auf religiöse Fragen, auf metaphysische und ethische Probleme«
geworfen, und zwar »in einem inneren Zusammenhang
mit Angelegenheiten der Naturwissenschaften, für deren
Studium er sich frühe entschied« (B, 553; 461). Direktor
Dilthey vermerkt im Reifezeugnis am 30. März 1831, daß
sich der Gymnasiast Carl Georg Büchner dem Studium
der Medizin widmen werde, und bescheinigt ihm im allgemeinen gute, wenn auch nicht außergewöhnliche Lei-
stungen. Eine versteckte Warnung kann man aus dem vorletzten Satz im Reifezeugnis herauslesen: »... und von
seinem klaren und durchdringenden Verstande hegen wir
eine viel zu vorteilhafte Ansicht, als daß wir glauben
könnten, er würde jemals durch Erschlaffung, Versäumnis
oder voreilig absprechende Urtheile seinem eigenen Le-
bensglück im Wege stehen« (B, 552).

1831   9. November: Immatrikulation bei der medizinischen Fakultät in Straßburg, wo Eduard Reuß (1804–1891), ein
Cousin der Mutter, Professor am protestantischen Pre-
digerseminar, und andere Verwandte leben. Die Verwandtschaft vermittelt ihm auch ein Zimmer in der Rue St. Guillaume No. 66 bei Pfarrer Johann Jakob Jaeglé (1771 bis
1837), mit dessen Tochter Luise Wilhelmine (1810–1880)
sich Georg Büchner später verlobt.

An der Universität hört er als Dozenten vor allem den
Anatomen und Zoologen Georges Louis Duvernoy (1777
bis 1855), den wohl berühmtesten Schüler Georges Cuviers
(1769–1832; war 1830 in dem damals bekannten Akade-
miestreit mit Etienne Geoffroy Saint-Hilaire [1772–1844]
verwickelt), und den jungen Physiologen Ernst Alexander Lauth (1803–1837).

4. Dezember: Einzug des polnischen Generals und Frei-
heitskämpfer Ramorino in Straßburg, der mit Begeisterung empfangen wird. In einem Brief (Nr. 1) schildert
Büchner eindringlich den Empfang, an dem er selbst mit
seinen Kommilitonen teilgenommen, und weist mit einem
Wort auf die komödienhaften Züge dieser Veranstaltung
hin.

Zu seinen engsten Freunden gehören der Medizinstudent
Eugen Boeckel (1811–1896), die Theologie-Studenten Johann Wilhelm Baum (1809–1878), Alexis Muston (1810 bis

1888), August (1808–1884) und Adolph (1811–1892) Stöber. Die Brüder Stöber führen Büchner in die Studentenverbindung ›Eugenia‹ ein, von der er seit November 1831 zu den »hospitibus perpetuis« gerechnet wird.

1832 24. Mai: Georg Büchner spricht vor der ›Eugenia‹ »in etwas zu grellen Farben von der Verderbtheit der deutschen Regierungen und der Rohheit der Studenten auf vielen Universitäten, namentlich in Gießen und Heidelberg« (B, 461).
Drei Tage später findet das ›Hambacher Fest‹ statt. An dieser Massenkundgebung des süddeutschen radikalen Liberalismus, während der u. a. Ludwig Börne als Herold der deutschen Freiheitsbewegung gefeiert wird, nehmen auch polnische Flüchtlinge teil.
Die Semesterferien (August, September, Oktober) verbringt er zu Hause in Darmstadt.

1833 3. April: Frankfurter Putsch, den Büchner von Straßburg aus kommentiert (Nr. 7). Trotz mannigfacher Beteuerungen an die Familie, daß er sich nicht in »revolutionäre Kinderstreiche« einlassen (Nr. 10) und nicht an revolutionären Versammlungen teilnehmen (Nr. 8) werde, vertritt er die Meinung, nur eine gewaltsame Auseinandersetzung könne die sozialen und politischen Probleme lösen.
Im Juli wandert er mit den Brüdern Stöber durch die Vogesen. Wie sehr ihm diese Landschaft zusagte, spricht aus der Schilderung, die er am 8. Juli nach Hause sendet (Nr. 11). Nach dem Sommersemester kehrt Büchner nach Darmstadt zurück.
31. Oktober: Immatrikulation als Student der Medizin an der ihm verhaßten Universität Gießen, wo er nach den Landesgesetzen das Studium fortsetzen und abschließen mußte. Von den dortigen Lehrern war für ihn am wichtigsten der Anatom Wernekinck (1798–1835), der die vergleichend-anatomischen Interessen Büchners gefördert und wahrscheinlich seine Arbeit über das Nervensystem der Fische angeregt hat.
Von einem gemeinsam besuchten Privatissimum Wernekincks über Vergleichende Anatomie (1834) berichtet der kritische Carl Vogt (1817–1895), der eine Zeitlang Assistent des genialen Chemikers Justus von Liebig (1803 bis 1873; seit 1824 Professor in Gießen) war und später über

das Nervensystem der Reptilien arbeitete, daß Büchner
»durch gründliche Kenntnisse« Respekt einflößte (B, 560).
In Gießen unterrichtete auch Professor Wilbrand, dem
der Doktor im *Woyzek* manche Züge verdankt.
Die Trennung von der Braut, den Straßburger Freunden
und die politischen Verhältnisse führen zu einer seelischen
Krise. Ein Anfall von Hirnhautentzündung wird im Entstehen unterdrückt, zwingt ihn aber nichtsdestoweniger
zur Rückkehr nach Darmstadt und zur Unterbrechung
des Studiums.

1834   Anfang Januar Aufnahme des Studiums in Gießen. Er
wohnt am Seltersweg 46 beim Rentamtmann Bott. Sein
Vertrauter, der verbummelte Theologiestudent August
Becker (1811–1871), macht ihn mit Friedrich Ludwig Weidig (1791–1837), Rektor und Pfarrer in Butzbach (Kreis
Friedburg), bekannt, der Kontakte zu den verschiedenen
Gruppen der Oppositionsbewegung in Süddeutschland besitzt.
Im März Gründung der ›Gesellschaft der Menschenrechte‹
in Gießen nach dem Muster der ›Société des Droits de
l'Homme et du Citoyen‹, die eine Ortsgruppe in Straßburg besaß. Führende Mitglieder außer Büchner und Bek-
ker sind der Schul- und Studienfreund Karl Minnigerode
(1814–1894), der Jurastudent Jakob Friedrich Schütz
(1810–1877), der Pharmaziestudent Gustav Klemm.
Im April eröffnet Büchner eine Sektion der ›Gesellschaft
der Menschenrechte‹ in Darmstadt. Nach Semesterschluß
reist er zur Braut nach Straßburg.
Im Mai erste Fassung der Flugschrift. Das Manuskript
wird von Weidig redigiert, erhält einen *Vorbericht* und
den Titel *Der Hessische Landbote*. Das veränderte Manuskript wird im Juni in Druck gegeben.
3. Juli: Versammlung der liberalen Opposition auf der
Ruine Badenburg. Es kommt zu keiner Einigung. Büchner teilt Becker seine Enttäuschung über den Verlauf der
Diskussion mit.
Am 31. Juli holen Minnigerode, Schütz und Karl Zeuner
in Offenbach die ausgedruckten Exemplare des *Landboten*
zur Verteilung ab.
1. August: Denunziation durch den Spitzel Johann Konrad Kuhl führt zur Verhaftung Minnigerodes. Büchner

gelingt es, Zeuner, Weidig und Schütz zu warnen. Als er nach Gießen zurückkehrt, findet er seinen Schrank versiegelt und seine Papiere durchsucht (Nr. 26). Er beschwert sich beim Urheber dieser Maßnahmen, dem Universitätsrichter und Regierungskommissar für Oberhessen: Conrad Georgi. Von August bis September werden mehrere Mitglieder der ›Gesellschaft‹ verhaftet.

Oktober. Erster Besuch der Braut bei Georg Büchners Eltern.

Arbeitet im kleinen Laboratorium des Vaters, treibt philosophische und historische Studien. Beschäftigt sich bis zur Flucht u. a. mit Pascal, Spinoza, Rousseau, Tennemanns *Geschichte der Philosophie*, Kant, Feuerbach und mehreren Darstellungen der Französischen Revolution.

Ein Versuch, Minnigerode aus dem Universitätsgefängnis zu befreien, scheitert an dem schlechten Gesundheitszustand des Gefangenen.

1835   Januar. Büchner wird zuerst in Offenbach, dann in Friedberg verhört. Beginnt an *Dantons Tod* zu schreiben und beendet das Drama »mit kurzen und raschen Zügen« (B, 565) Ende Februar. Am 21. Februar schickt er das Manuskript an den Frankfurter Verleger Sauerländer (1789 bis 1866) und an den jungdeutschen Schriftsteller Karl Gutzkow (1811–1878). Eine Woche später erhält er eine Vorladung vom Untersuchungsrichter ins Darmstädter Aresthaus. Wilhelm Büchner, der jüngere Bruder, wird ausgeschickt, um die Lage zu erkunden.

Am 1. März Flucht aus Darmstadt, am 9. März geht er bei Weißenburg über die französische Grenze nach Straßburg. Am 13. Juni folgt der Steckbrief mit der Personal-Beschreibung:

Der hierunter signalisirte Georg Büchner, Student der Medizin aus Darmstadt, hat sich der gerichtlichen Untersuchung seiner indicirten Theilnahme an staatsverrätherischen Handlungen durch die Entfernung aus dem Vaterlande entzogen. Man ersucht deßhalb die öffentlichen Behörden des In- und Auslandes, denselben im Betretungsfalle festzunehmen und wohlverwahrt an die unterzeichnete Stelle abliefern zu lassen.

Der vom Großh. Hess. Hofgericht der Provinz Oberhessen bestellte Untersuchungsrichter, Hofgerichtsrat

Georgi.

Alter: 21 Jahre,
Größe: 6 Schuh, 9 Zoll neuen Hessischen Maases,
Haare: blond,
Stirne: sehr gewölbt,
Augenbraunen: blond,
Augen: grau,
Nase: stark,
Mund: klein,
Bart: blond,
Kinn: rund,
Angesicht: oval,
Gesichtsfarbe: frisch,
Statur: kräftig, schlank,
Besondere Kennzeichen: Kurzsichtigkeit.

Ende Juli erscheint *Dantons Tod* mit dem merkantilisti-
schen Untertitel *Dramatische Bilder aus Frankreichs
Schreckensherrschaft*; er stammte von Sauerländer, wäh-
rend Gutzkow »die wuchernde Demokratie der Dichtung
mit der Schere der Vorzensur« (B, 592) so beschnitt, daß
nur »die Ruine einer Verwüstung« (Gutzkow) herauskam.
Während des Sommers Übersetzung von Victor Hugos
Dramen *Lucretia Borgia* und *Maria Tudor* für eine bei
Sauerländer erscheinende Gesamtausgabe.
Im Oktober Beschäftigung mit dem Dichter Lenz und den
Aufzeichnungen Oberlins: statt des ursprünglich geplan-
ten Aufsatzes entsteht die Erzählung oder Novelle *Lenz*.
Von einer Novelle *Lenz* sprach er allerdings schon im
Frühjahr (L 2, 479).
Im Winter widmet sich Büchner vor allem den naturwissenschaftlichen und philosophischen Studien. Er arbeitet
an einer Untersuchung über das Nervensystem der Barben
und rechnet schon mit einer Promotion an der Zürcher
Universität (Nr. 48).
Wie der erste Straßburger Aufenthalt hat auch der zweite
für Büchner eine außergewöhnlich belebende Wirkung. Er
empfindet ihn als »eine große Wohltat« (Nr. 31). Er
wohnt in der Rue de la Douane No. 18. Umgang mit den
alten Freunden, außerdem mit einem älteren Landsmann,
dem politischen Schriftsteller Wilhelm Friedrich Schulz
(1797–1860) und dessen Frau Caroline.

1836 Am 13. April, 20. April, 4. Mai trägt er die Abhandlung
Sur le système nerveux du barbeau (Über das Nerven-

system der Barben) der Gesellschaft ›Société d'histoire naturelle‹ in drei Teilen vor. Danach wird er deren korrespondierendes Mitglied (Nr. 56). Die Arbeit erscheint auf Kosten der Gesellschaft im Druck und erregt die Aufmerksamkeit des berühmten Naturforschers Lorenz Oken (1779–1851), der seit 1833 in Zürich lehrte.

Juni. Arbeit an dem Lustspiel *Leonce und Lena* für ein vom Verlag Cotta angekündigtes Preisausschreiben. Der ursprüngliche Einsendetermin (1. Juli) wird durch eine Bekanntmachung der »Allgemeinen Theater-Revue« um »fast zwei Monate« verlängert. Aber trotzdem verpaßt ihn Büchner und erhält die Manuskriptsendung ungeöffnet zurück.

Im Sommer Besuch der Mutter und von Schwester Mathilde aus Darmstadt.

Er bereitet eine Vorlesung *Über Entwicklung der deutschen Philosophie seit Cartesius* für Zürich (Nr. 54, 58) vor.

September. Aufgrund der Untersuchung über das Nervensystem der Barben wird er von der Universität Zürich zum Dr. phil. promoviert. Aussicht auf Anstellung als Privatdozent. Büchner erhält eine Aufenthaltsgenehmigung vom Bürgermeisteramt in Zürich (Nr. 60) und einen Paß von der Straßburger Behörde.

18. Oktober: Büchner übersiedelt nach Zürich in die Spiegelgasse Nr. 12. Lebt zurückgezogen, sein Umgang beschränkt sich, wie sich der Kantonalstabsarzt Dr. Lüning erinnert, auf Caroline und Wilhelm Schulz »und auf einige von früher her bekannte hessische Familien« (B, 573). Caroline Schulz erwähnt noch »seinen liebsten Freund Schmid« (B, 576), bei dem es sich vermutlich um Ludwig Schmid, einen politischen Flüchtling aus Augsburg, handelt (B, 670).

Bei der Alternative zwischen spekulativer Philosophie und Naturwissenschaft entscheidet er sich für die letztere.

Anfang November hält er an der Universität Zürich eine allgemein positiv aufgenommene Probevorlesung *Über Schädelnerven*, in der er seine naturwissenschaftlichen Einsichten in einen größeren naturphilosophischen Zusammenhang stellt. Wird als Privatdozent bestätigt und offiziell in die Fakultät aufgenommen. Zu den Kollegen gehören neben dem berühmten Oken der Anatom und Physiologe Friedrich Arnold (1803–1890) und der Mediziner und Begründer der naturhistorischen Schule Johann Lukas Schönlein (1793–1864), der Büchner auch bei seiner späteren Krankheit behandelte (zusammen mit Dr. Zehnder).

Im November kündigt er nach Erhalt der venia legendi für das Wintersemester eine Vorlesung über die vergleichende Anatomie der Fische und Amphibien an. Als besonders eindrucksvoll empfinden die circa 20 Hörer »die ungemein sachlichen, anschaulichen Demonstrationen an frischen Präparaten« (B, 572), die Büchner zum großen Teil selbst hergestellt hat, und die Vergleiche zwischen den Organen der niederen und der höheren Tierklassen.

Neben den Vorlesungen arbeitet er bis kurz vor seiner Krankheit an der *Woyzeck*-Ballade. Er hat damit wohl im September begonnen; denn bei den zwei Dramen, die er, wie in einem Brief an die Familie steht (Nr. 59), noch nicht aus der Hand geben will, handelt es sich sicher um *Leonce und Lena* und *Woyzeck* (und nicht um das legendäre *Aretino*-Drama, das man ohnedies aus Mangel an Beweisen allmählich aus der Debatte entlassen sollte). In den letzten Zeilen an die Braut (Nr. 67) spricht er davon, daß er »in längstens acht Tagen *Leonce und Lena* mit noch zwei anderen Dramen erscheinen lassen« will. Er muß sich also Ende Januar/Anfang Februar 1837 kurz vor dem Abschluß des *Woyzeck* gewähnt haben.

Am 18. Dezember nimmt auch der Vater Büchners nach einer langen Pause den Kontakt wieder auf. Er gesteht seinem Ältesten zu, »ein gewisses Ziel erreicht« zu haben, und kann nun mit ihm »über [sein] ferneres Gedeihen der Zukunft beruhigt entgegen sehen« (Nr. 23).

1837   Am 2. Februar erkrankt Georg Büchner plötzlich, nachdem er, wie er der Braut am 20. Januar berichtet, gerade von einer Erkältung genesen scheint. Man denkt zunächst an einen Rückfall, bis Schönlein schließlich am 14. Februar »Faulfieber«, das heißt Typhusinfektion, diagnostiziert. Der Zustand verschlechtert sich zusehends. Caroline Schulz hat den Krankheitsverlauf (*Tagebuchaufzeichnungen über Büchners letzte Tage*, B, 575–583) festgehalten. Wilhelm Schulz vermerkt: »Der Gegenstand seiner Phantasien waren seine Braut, seine Eltern und seine Geschwi-

ster, deren er mit der rührendsten Anhänglichkeit ge-
dachte, und das Schicksal seiner politischen Jugendgenos-
sen, die seit Jahren in den Kerkern seiner Heimat schmach-
ten« (B, 586).

17. Februar: Minna Jaeglé trifft aus Straßburg ein und
wird von dem Kranken, der sich seit dem 14. Februar
dauernd in Delirien befindet, wider Erwarten erkannt.

19. Februar: nachmittags gegen vier Uhr stirbt Georg
Büchner, »und seine Braut schloß ihm das gebrochene
Auge«, wie Wilhelm Schulz im *Nachruf* in der Züricher
Zeitung (23. Februar 1837) protokolliert. »Sein Verschei-
den war schmerzlos und sanft« (B, 587).

21. Februar: Begräbnis im Zürcher Friedhof am Zeltberg
(am 4. Juli 1875 wird das Grab vom »Krautgarten« auf
den »Hochbuck« verlegt und ein Denkmal errichtet).

KOMMENTAR
I. DANTONS TOD

Entstehung:

Büchner begann mit der Arbeit an seinem ersten Drama Ende Januar
1835 im Elternhaus in Darmstadt und vollendete es Ende Februar vor
seiner Flucht nach Straßburg in fünf Wochen. Er mußte dabei ständig
mit seiner Verhaftung rechnen, als er »das schon lange im Kopf herum-
getragene Drama ›Dantons Tod‹ mit kurzen und raschen Zügen zu
entwerfen« begann, »um sich Geld zu ›machen‹« (Wilhelm Büchner; B,
565). Am 21. Februar 1835 übersandte Georg Büchner das Manuskript
sowohl an den Frankfurter Verleger Sauerländer als auch an den Jungdeutschen Karl Gutzkow. Zum Bruder Wilhelm soll Georg Büchner gesagt haben: »Ich schreibe im Fieber, aber das schadet dem Werke nicht –
im Gegenteil! Übrigens habe ich keine Wahl, ich kann mir keine Ruhe
gönnen, bis ich nicht den Danton unter der Guillotine habe, und oben-
drein brauche ich Geld, Geld!« (B, 464)
  Georg Büchner verdankte sicher die ersten Anregungen zum Thema
den väterlichen Repetitionen aus der Zeitschrift *Unsere Zeit* und be-
schäftigte sich auch nach der Schulzeit ausführlich mit der Französischen Revolution. Für das Drama benutzte er neben der Zeitschrift
Unsere Zeit eine Reihe von Quellenwerken. Am 28. Juli 1835 erläu-
terte Büchner in einem Brief der Familie *Dantons Tod* (Nr. 42; L 2,
443 ff.).

Erstdrucke:

  a) Vorabdruck von Auszügen in Karl Gutzkows Literaturblatt *Phoe-
nix,* Frühlingszeitung für Deutschland (erschien wöchentlich im Verlag Sauerländer) vom 26. März bis 7. April 1835 (J). Von Gutzkow
mit erklärenden Zwischentexten versehen.
  b) *Dantons Tod.* Dramatische Bilder aus Frankreichs Schreckensherrschaft. Frankfurt/Main: J. D. Sauerländer 1835 (E). Vollständig,
aber durch redaktionelle Eingriffe Gutzkows (vgl. B, 592) und Eduard
Dullers (Verlagslektor Sauerländers) in der Textgestalt verändert.

Uraufführung:

5. Januar 1902, Belle-Alliance Theater und Neue Freie Volksbühne
Berlin (Regie: Friedrich Moest und Alfred Halen).

Aufführungen (Auswahl bis 1919)

8. Mai 1910, Thalia-Theater Hamburg (Regie: Leopold Jeßner).
28. Juli 1911, Hamburger Volksschauspiele im Gewerkschaftshaus (Regie: Leopold Jeßner).
17. Oktober 1913, Pfauentheater Zürich (Regie: Alfred Reucker).
8. November 1913, Residenztheater München (Regie: Eugen Kilian).
17. Dezember 1913, Schauspielhaus am Ostertor, Bremen (Regie: Friedrich Encke).
15. Dezember 1916, Deutsches Theater Berlin (Regie: Max Reinhardt).
16. Februar 1919, Landestheater Braunschweig (Regie: Julius Cserwinka).
21. März 1919, Stadttheater Bielefeld (Regie: Wolfgang Harnisch).

Zur Theaterrezeption:

Ingeborg Strudthoff, Die Rezeption Georg Büchners durch das deutsche Theater, Berlin-Dahlem 1957.
Wolfram Viehweg, Georg Büchners *Dantons Tod* auf dem Deutschen Theater, München 1964.
Günther Penzoldt, Georg Büchner, Friedrichs Dramatiker des Welttheaters, Velber bei Hannover 1968, S. 59–93.
Werner Schlick, Das Georg Büchner-Schrifttum bis 1965, Hildesheim 1968, S. 161–194.
Dietmar Goltschnigg (Hg.), Materialien zur Rezeptions- und Wirkungsgeschichte Georg Büchners, Kronberg Ts. 1974.

Quellen:

Louis Adolphe Thiers, Histoire de la Révolution Française ..., 10 Bde., Paris 1823–1824 (vor allem Bd. VI).
François Auguste Marie Mignet, Histoire de la Révolution Française, depuis 1789 jusqu'en 1814, 2 Bde., Paris 1824 (vor allem Bd. II; von Thomas Mayer als Quelle angezweifelt, S. 230).
Louis Sébastien Mercier, Le nouveau Paris, 6 Bde., Paris 1799.
Honoré Riouffe, Mémoires d'un Deténu, pour servir à l'Histoire de la Tyrannie de Robespierre, Paris 1794/5 und 1823 (übersetzt in Supplementheft Nr. V von *Unsere Zeit*; vgl. Thomas Mayer, 289).
Collection des Mémoires relatifs à la Révolution Française, Paris 1825 (darin neben dem *Vieux Cordelier* von Camille Desmoulins vor allem die Schriften *Causes secrètes de la journée du 9 au 10 thermidor an II, Suivies des mystères de la mère de Dieu dèvoilés par Vilate, ex-juré au tribunal révolutionaire*; vgl. Beck, 354 f.; Thomas Mayer weist Zitate aus dieser Quelle in Thiers, *Unsere Zeit*, Mercier u. a. Werken nach und meldet Bedenken an).
Galerie historique des Contemporains, ou nouvelle Biographie ..., 8 Bde., Bruxelles 1817 ff.

Mémoires de Madame Roland . . ., Bd. I, Paris 1820 (ebenso in: *Collection des Mémoires relatifs à la Révolution Française*).

Mémoires du Marquis de Ferrières . . ., 3 Bde., Paris 1821 (ebenso in: *Collection*).

Die Geschichte Unserer Zeit, bearbeitet von Carl Strahlheim (= Johann Konrad Friedrich), *ehemaliger Officier der kaiserlich französischen Armee* (Bandtitel); *Unsere Zeit, oder geschichtliche Übersicht der merkwürdigsten Ereignisse von 1789–1830, nach den vorzüglichsten französischen Werken bearbeitet* . . . (Hefttitel), 30 Bde., Stuttgart 1826–1830 (nach Thomas Mayer für *Dantons Tod* interessant neben den Bänden I bis XII auch die *Außerordentlichen Hefte* Nr. XI, XII, XIII *und die Supplement-Hefte* Nr. I, II, III, IV, V; von den letzteren benützte Büchner als Quelle vor allem das Supplementheft V, das auch die *Denkwürdigkeiten eines Gefangenen, ein Beitrag zur Geschichte der Tyrannei Robespierres* enthält, eine Übersetzung der Memoiren Honoré Riouffes. Vgl. Thomas Mayer, S. 288 f.).

Almanach des prisons, ou Anecdotes sur le régime intérieur de la Conciergerie, du Luxembourg . . ., Paris 1794/95 (Artikel *Luxembourg* abgedruckt auch in *Memoires sur le Prisons,* Bd. II, Paris 1823).

M. de Proussinalle (= Pierre-Joseph-Alex Roussel), *Histoire secrète du Tribunal révolutionnaire* . . ., 2 Bde., Paris 1815, 2. Aufl. Paris 1830 (Vgl. Thomas Mayer, S. 330 f.).

Ideengeschichtliche und literarische Bezugsorte (Auswahl):

Blaise Pascal, Pensées, hrsg. v. Jacques Chevalier, Paris 1936 (Übersetzung: Blaise Pascal, Über die Religion, übersetzt von Ewald Wasmuth, Heidelberg 1954).

Ludwig Feuerbach, Gedanken über Tod und Unsterblichkeit (1830), in: L. F., Werke in sechs Bänden, Bd. 1, Frankfurt a. Main 1975, S. 77–349.

Bonaventura, Nachtwachen, hrsg. v. Wolfgang Paulsen, Stuttgart 1964

Shakespeares Dramen (Hamlet, Macbeth, Julius Cäsar).

Überlieferung:

Neben dem Vorabdruck in Gutzkows *Phönix* (J) und dem Erstdruck 1835 (E) liegen für die Textgestaltung noch folgende Zeugnisse vor:

a) eine vollständige Handschrift (H), die Bergemann, Viëtor, Thieberger und Beißner wohl für eine komplette Niederschrift, nicht aber für die Druckvorlage halten. Franzos, Schürenberg und neuerdings Lehmann sehen in H., die sich in Weimar befindet, das »Original-Manuskript« (vgl. Lehmann, 17 f.).

b) zwei Handexemplare von E, die Büchner korrigiert und den Freunden Baum und August Stöber dediziert hat. Nach dem Ort der letzten Besitzer spricht man vom Handexemplar Darmstadt (E^d) und dem Handexemplar Hamburg (E^h).

Die Ausgaben von Ludwig Büchner (1850) und Karl Emil Franzos (1879) konnten sich nur auf H, J und E stützen. Aber auch spätere Editionen wie die von Walter Schürenberg (1947), von Fritz Bergemann (seit 1922 ständig verbessert; letzte Auflage: 9/1962) und Richard Thieberger (1953) verzichten auf die Angabe von Textvarianten, so daß die Textentscheidungen und Konjekturen der Herausgeber selten überprüfbar sind. In dem dritten Band von Georg Büchner, *Sämtliche Werke und Briefe* wird Werner R. Lehmann zum erstenmal die gesamte Textüberlieferung von H über J, E, E^d und E^h im Lesartenapparat ausbreiten. In den *Textkritischen Noten* stellt Lehmann fest, daß der »weitaus größte Teil der Korrekturen in E^d und E^h ... den Wortlaut von H« restituiert und sich der Editor vor allem an H, E^d und E^h zu halten hat. Die meisten im Buchhandel erhältlichen Editionen gehen auf die Ausgabe von Bergemann zurück. Den zuverlässigsten Text bietet für *Dantons Tod* die Hamburger Ausgabe von Lehmann. In den Erläuterungen werden Textvarianten nur dann vermerkt, wenn sie einen anderen Sinnzusammenhang ergeben (wie zum Beispiel die richtige Lesung *impotenter Mahomet* anstelle der falschen bei Ludwig Büchner, Franzos und Bergemann: *impotenter Masonet*; Bergemann korrigiert dann nach Thieberger in der 6. Auflage zu der ebenfalls falschen Konjektur *impotenter Masoret*).

Literatur zur Text- und Quellengeschichte

Anna Jaspers, Georg Büchners Trauerspiel ›Dantons Tod‹, Marburg 1918 (Diss.).

Heinz Lipmann, Georg Büchner und die Romantik, München 1923.

Rudolf Majut, Studien um Büchner, Untersuchungen zur Geschichte der problematischen Natur, Berlin 1932.

Karl Viëtor, Zur Textkritik von ›Dantons Tod‹, in: Zeitschrift für deutsche Philologie 58 (1933), S. 322–325.

—, Die Quellen von Büchners Drama ›Dantons Tod‹, in: Euphorion 34 (1933), S. 357–379.

Richard Thieberger, La Mort de Danton de Georges Büchner, Paris 1953.

Rudolf Majut, Some literary affiliations of Georg Büchner with England, in: Modern Language Review 50 (1955), S. 30–43 (deutsch in »Büchner«, hrsg. v. W. Martens, Darmstadt 1969, S. 334–359).

Friedrich Beißner, Kleiner Beitrag zum Büchner-Text, in: Neophilologus 44 (1960), S. 17–20.

Peter Michelsen, Büchner und Wieland, in: Archiv für das Studium der neueren Sprachen, Jg. 112 (1960/61), S. 135–137.

J. W. Smeed, Jean Paul und Georg Büchner, in: Blätter der Jean-Paul-Gesellschaft 22 (1961), S. 29–37.

Adolf Beck, Unbekannte französische Quellen für ›Dantons Tod‹ von Georg Büchner, in: Jahrbuch des Freien Deutschen Hochstifts (1963), S. 489–538 (auch in: A. B., Forschung und Deutung, Frankfurt am Main 1966, S. 346–393).

Elisabeth Frenzel, Mussets *Lorenzaccio* — ein mögliches Vorbild für ›Dantons Tod‹, in: Euphorion 58 (1964), S. 59–68.

Helmut Koopmann, Dantons Tod und die antike Welt, in: Zeitschrift für deutsche Philologie 84 (1965), S. 22–41.

Werner R. Lehmann, Textkritische Noten. Prolegomena zur Hamburger Büchner-Ausgabe, Hamburg 1967.

Richard Thieberger, Situation de la Buechner-Forschung (I), in: Etudes Germaniques 23 (1968), S. 256–260.

Heinz Fischer, Heinrich Heine und Georg Büchner, in: Heine-Jahrbuch 1971, S. 43–51.

Erläuterungen und Dokumente, Georg Büchners Dantons Tod, hrsg. von Josef Jansen, UB Nr. 8104, Stuttgart 1969.

Thomas Mayer, Zur Revision der Quellen für ›Dantons Tod‹ von Georg Büchner, in: Studi germanici 7 (1969), S. 287–336.

—, Zur Revision der Quellen für ›Dantons Tod‹, in: Studi germanici 9 (1971), S. 223–233.

Louis Ferdinand Helbig, Das Geschichtsdrama Georg Büchners, Bern-Frankfurt/M. 1973.

Erwin Kobel, Georg Büchner, Berlin 1974, S. 7–135 (Dantons Tod).

Gerhard Jancke, Georg Büchner, Kronberg/Ts. 1975, S. 139–232 (Dantons Tod).

Jürgen Sieß, Zitat und Kontext bei Georg Büchner. Eine Studie zu den Dramen ›Dantons Tod‹ und ›Leonce und Lena‹, Göppingen 1975.

Erläuterungen:

Karl Gutzkow stellt die historische Situation in einer Anzeige im *Phönix* folgendermaßen dar:

> Eine tragische Katastrophe der französischen Revolution entwickelt sich in *Büchners Danton* vor unsern Augen. Die Autorität Robespierres ist im Steigen, und die zweite Reaktion gegen die Revolution beginnt. Die erste Reaktion war der Sturz der Gironde, die zweite der Sturz des Moderantismus. Die Revolution verschlang wie Saturn ihre eignen Söhne. Welch ein Unterschied aber schon in den verschiedenen Klassen dieser Rückwirkungen! Die Girondisten waren Männer, welche nicht durch Absichten und Systeme in die Revolution hineingerissen wurden, sondern durch einige Sympathien, durch einige Prinzipien und durch den erhabenen Enthusiasmus, welcher alle Gemüter in jenen sturmvollen Zeiten ergriffen und sich

endemisch wie ein Fieber fortgepflanzt hatte. Die Girondisten starben mit ihren blumenreichen Reden, mit dem noblen Ernste und
dieser vornehmen Geringschätzung, welche die Doktrin in der Theorie und das Juste-Milieu oft in der Praxis zu begleiten pflegt; sie
starben, weil sie die Revolution ohne die Massen wollten. Die Dantonisten hatten schon Blut an den Händen, das Blut des Septembers,
das nicht vergossen wurde, um zu strafen, sondern um zu schrecken.
Die Aristokraten in der Stadt, die Könige vor den Toren hatten
sie in eine chirurgische Verzückung versetzt, die mit lächelnder
Miene ein faules Glied amputiert. Die Dantonisten hatten der Revolution ein Opfer gebracht, ihr Gefühl, ihre Humanität, ihre der
Ruhe geweihten Nächte. Sie hatten so viel getan, daß sie nicht
glaubten, die Revolution verlange sie selbst noch als Opfer. Robespierre gab zwei Anklagen: die eine auf übertriebene Mäßigung, die
andre auf Unsittlichkeit. Waren die Girondisten die Römer der Revolution gewesen, so waren die Dantonisten ihre Griechen. Man
hatte die Charaktere guillotiniert, jetzt wollte man die Genialität
guillotinieren. Danton war Alcibiades. Camille Desmoulins lebte
nur in Athen. Alle seine Anschauungen gingen vom Ilissus aus: er
nannte das Palaisroyal den Keramikus, er wollte eine Republik,
worin man patriotisch wäre wie Demosthenes, weise wie Sokrates
und genial in den Sitten, wie die Kreise, die sich um Aspasia sam-
melten. Die dritte Phase der Revolution war die religiös-fanatische
Robespierres. Die Revolution war ein Kultus geworden und hatte
ihre Altäre, ihre Dogmen, ihre Zeremonie. Dem Blut-Messias Robespierre, wie ihn Camille nannte, stand St. Just zur Seite, die Apo-
kalypse neben dem Evangelium.
Nichts bezeichnet die drei blutigen Epochen der französischen Republik besser, als die Begriffe, die zu verschiedenen Zeiten über die
Revolution herrschten. Die Gironde hielt die Revolution für etwas,
das man ersetzen könne, Danton für etwas, das man abschließen
könne, Robespierre für eine Offenbarung, welche ganz außer dem
Bereiche des menschlichen Willens läge, also für die Vorsehung und
die Gottheit selbst. Aber alle sahen sie die Revolution als etwas
Fertiges, Abgegrenztes über ihrem Haupte: die ersten als eine Last,
die zweiten als ein Hindernis, die dritten als eine Idee, wie die Mes-
siasidee, in welche sie sich hineinschoben, wie auch Christus nicht
anders tat, als eine Vorstellung seiner Nation adoptieren und sich
selbst zum Substrat und Subjekt einer Tatsache machen. Eine Idee
despotisierte hier die Menschen, die Menschen waren nur die Beamten eines Begriffes. Alle beriefen sich auf die Revolution, wie auf
eine unsichtbare Gottheit, die sie doch wahrlich in Händen hatten,
wie einen Hut der mein ist!
(In: Karl Gutzkow, Liberale Energie, Eine Sammlung seiner kritischen Schriften. Ausgewählt und eingeleitet von Peter Demetz, Frank-
furt/M.-Berlin-Wien 1974, S. 178 f.)

I, 1

Hérault-Séchelles: Marie-Jean Hérault de Séchelles (1759–1794), Jurist, Präsident des Nationalkonvents; trug entscheidend zur Formulierung der Verfassung von 1793 bei; eigentlich vor Danton verhaftet, aber mit diesem hingerichtet; galt als einer der bestaussehenden Männer Frankreichs.

Danton: Georges-Jacques Danton (1759–1794), gehörte zu den führenden französischen Revolutionären, wirkte nach dem Sturz der Monarchie am 10. 7. 1792 als Justizminister, Mitbegründer des Revolutionstribunals und des Wohlfahrtsausschusses; begabter Redner und Agitator, der die öffentliche Meinung gegen die Konterrevolution mobilisierte; lehnte die gemäßigten Girondisten ebenso ab wie die radikalen Hébertisten und den fanatischen Idealismus Robespierres und seiner Anhänger. Wurde am 1. 4. 1794 auf Betreiben Robespierres verhaftet und am 5. April hingerichtet.

Julie: Die zweite Frau des historischen Danton hieß eigentlich Louise, geb. Gély (1777–1856); Danton heiratete sie 1793; im Gegensatz zu Büchners Julie folgte Louise Danton nicht in den Tod, sondern heiratete 1797 einen Baron Dupin (vgl. B, 641).

Cœur und *carreau*: im Kartenspiel Herz und Karo; hier sexuelle Anspielung, wobei *carreau* weiblicher Schoß bedeutet (vgl. Sieß, S. 9 f.). Herbert Anton (Büchners Dramen, S. 17) interpretiert dies auch als Welttheatermetapher, wobei *carreau* als Bühne präsentiert wird, »in deren Masken sich der unverwüstliche Schaafskopf des Maskengottes Dionysos« verbirgt. Aber in den Zusammenhang gehören sowohl der Dialog zwischen Danton und Julie als auch die Dialektik von Spiel und Wirklichkeit, die seit Schillers *Fiesco* der Struktur der meisten Revolutionsdramen zugrunde liegt (vgl. Reinhold Grimm, Spiel und Wirklichkeit in einigen Revolutionsdramen, in: Basis 1 [1970], S. 49–93). Der Kartenspielmetapher gibt Hérault eine neue Wendung (L 1, 10, 6–10). Vgl. auch *Leonce und Lena*, II, 2 (L 1, S. 122).

Einander kennen? etc: Vgl. Frenzel, S. 64 (Parallele zu Mussets *Lorenzaccio*); mir scheint hier wahrscheinlicher ein Echo aus Goethes *Werther* vorzuliegen: »Ich möchte mir oft die Brust zerreißen und das Gebein einstoßen, daß man einander so wenig sein kann.« Smeed verweist auf eine Stelle bei Jean Paul (S. 32). Zum Stil dieser Passage vgl. auch Müller-Seidel, S. 214.

im Grab sey Ruhe etc.: Vgl. *Leonce und Lena*, II, 4; »Ruhe« ist auch thematisiert in einem Kapitel in Schlegels *Lucinde*, wo die Priesterin der Nacht zu Julius sagt: »Sei's was es sei, Du bist der Punkt in dem mein Wesen Ruhe findet.«

Buben: Hérault erweitert die Kartenspielbezeichnungen (wie Dame, Bube) und setzt die sexuellen Anspielungen fort.

Camille Desmoulins (1760–1794): saß mit Robespierre »auf einer

Schulbank« im Pariser Collège de Louis–Le Grand; Initiator des Sturms auf die Bastille, führender Propagandist der Revolution, redigierte die Publikationsorgane der Dantonisten (z. B. Der alte Franziskaner = *Le Vieux Cordelier*). Wurde mit seinem Freund Danton am 5. April 1794 hingerichtet. Büchner verlieh ihm musischere Züge, reproduziert aber nach den Quellen das sprachliche Bezugsfeld vornehmlich zur griechischen Antike. Desmoulins war »von Herzen ›Attizist‹, Hellenist, Humanist« (Beck, S. 383), bekennt sich im *Discours de la Lanterne* »zu Kultur- und Lebensfreude« (S. 389 f.).

Philippeau: Pierre Philippeau (1754–1794), wie Danton und Desmoulins Jurist, Mitglied des Nationalkonvents, Parteigänger Dantons.

rothe Mütze: Mütze der Jakobiner, der radikalen Republikaner, die man nach ihrer Tagungsstätte, dem Jakobinerkloster in Paris, benannte (deshalb später auch *der heilige Jakob*).

Du parodirst den Socrates etc.: ähnliche Stellen bei Thiers (Bd. VI, S. 108; vgl. Thieberger, S. 35, Replik 18), der hier aus dem *Le Vieux Cordelier* von Desmoulins zitiert (vgl. auch Beck, S. 384). Aus den »liebenswerten Republikanern« in der Zeitung des historischen Camille macht Büchner die »klassischen Republikaner«. Der Parallele der Fragen Héraults an Philippeau zu denen des göttlichen Sokrates an Alkibiades (Athenischer Feldherr und Freund von Sokrates) korrespondiert der Gegensatz von der antiken Kostümierung der *klassischen Republikaner* und der *Guillotinenromantik*.

zwanzig Opfer: die Hébertisten (neben Chaumette von Jacques-René Hébert, 1757–1794, begründet), Mitglieder der radikalen Partei, die alle Macht der Pariser Kommune übertragen und den Kult der Vernunftgöttin einführen wollten (B, 650), wurden am 24. März 1794 guillotiniert.

Dezemvirn: wieder antike Parallele zu dem aus 9 bis 12 Mitgliedern bestehenden jakobinischen Wohlfahrtsausschuß der französischen Revolutionsregierung (vgl. Jacobs, S. 114).

Antediluvianern: wörtlich: Vorsintflutler, Urmensch. Adolf Beck (S. 368 f.) verweist auf Vilate, der folgende Äußerung über die kulturfeindlichen Erneuerer, vor allem über St. Just machte: »sie beschränken sich in ihren Unterhaltungen nicht mehr auf den Plan, jeder Familie ein Stück Land zuzuteilen, in dessen Mitte eine strohgedeckte Hütte stehen sollte. Saint-Just vertagte Frankreichs Glück auf die Zeit, da jeder, auf seinen Morgen Land mit seinem Pflug beschränkt, sein Leben angenehm mit dessen Bebauung hinbrächte. / Das war die Rückkehr der goldenen Zeit und des Jahrhunderts der Asträa.«

Advokat von Arras: Robespierre.

Genfer Uhrmacher: gemeint ist der aus Genf stammende französisch-schweizerische Kulturkritiker und Philosoph Jean-Jacques Rousseau (1712–1778), den Robespierre verehrte und der Sohn eines Uhrenmachers war.

Fallhütchen: setzte man kleinen Kindern auf, damit sie sich beim

Hinfallen nicht verletzten (vgl. B, 645); Bergemann weist dies als Wortzitat bei Jean Pauls *Leben des Quintus Fixlein* nach. Die Stelle lautet: »Kleiner, ich gebe dir deinen Fallhut und dein Schreibbuch und dein Besteck und deinen Husarenpelz wieder und noch mehr, wenn du fromm bist« (Jean Paul, Werke, hrsg. v. Norbert Miller, München 1962, Bd. 4, S. 182).

Marats Rechnung: Jean Paul Marat (1744–1793), einer der radikalsten Volksführer, gab den ›Ami du Peuple‹ heraus, schloß sich nach dem Sturz des Königtums (10. 8. 1792) Danton an, betrieb als Präsident des Jakobinerklubs den Kampf gegen die Girondisten, wurde von Charlotte Corday erstochen. Mit seiner *Rechnung* wird hier auf folgende Erklärung Marats angespielt: »Fünf- oder sechshundert abgeschlagene Köpfe hätten euch Ruhe, Freiheit und Glück gesichert.« Diese Erklärung von 1790 forderte dann Camille Desmoulins 1791 zu dieser Äußerung heraus: »M. Marat, ... 5–600 abgeschlagene Köpfe! Sie sind der Dramatiker der Journalisten. ›Die Danaiden‹, ›die Barmekiden‹ sind nichts im Vergleich mit Ihren Tragödien. Sie wollen alle Personen des Stückes, bis zum Souffleur hinab, erwürgen. Sie wissen also nicht, daß das Tragische, übertrieben, frostig wird« (Beck, S. 385, Anm. 119; vgl. auch B, 660).

Der Gnadenausschuß muß durchgesetzt: eine Parallele dazu in *Le Vieux Cordelier*, wo es heißt: »Ich bin ... gewiß, daß die Freiheit gefestigt ... würde, wenn ihr einen Gnadenausschuß hättet. Dieser Ausschuß ist es, der die Revolution beenden würde« (diese und eine andere Stelle bei Beck, S. 367).

ausgestoßnen Deputirten: Girondisten (die gemäßigten Republikaner). Am 15. 4. 1793 wurden 22 aus dem Konvent ausgestoßen, viele Anfang Juni verhaftet, im Oktober 21 hingerichtet (B, 648).

Die Revolution muß aufhören und die Republik muß anfangen: Beck verweist hier auf die *Causes secrètes*, die in der Forderung ausklingen: »Die Revolution muß ein Ende haben. Tod und Zerstörung dürfen nicht ewig ihre Gefährten bleiben« (Beck, S. 367). Der ganze Teil dieser Szene umreißt das Programm der Dantonisten, das deutlich im Gegensatz zu dem der Robespierre-Partei steht.

Die Staatsform muß ein durchsichtiges Gewand seyn, das sich dicht an den Leib des Volkes schmiegt: Camille entwickelt nun, nachdem er vorher Hérault und Philippeau in Beziehung zu Sokrates und Alcibiades gesetzt hatte, das von Hérault angedeutete Konzept der Dantonisten weiter (Beck, S. 385). Beck wertet dies als ein »dichterisches Konzentrat der Lebensanschauung Camilles« (S. 386; vgl. für den Zusammenhang S. 382–391). Wie verbreitet die von Rousseau angeregten Anschauungen der französischen Revolutionäre im 19. Jahrhundert noch waren, beweist Ludwig Börnes Jugendschrift *Über Theorie und Praxis in der Politik* (1808), in der am Schluß gefordert wird, daß »auch die Natur des Menschen den Organisationen des Staates völlig eingedrückt sein« müßte.

ach, die gliederlösende, böse Liebe: Zitat aus einem Lied der grie-
chischen Lyrikerin Sappho: »Ach! die Gliederlösende böse Liebe quält
mich / lieblich bitter ... / (Johann Gottfried Herder, Sämtliche
Werke, Bd. XXV, hrsg. v. Bernhard Suphan, Berlin 1885, S. 86; vgl.
Helbig, S. 127). Zu *gliederlösende Liebe* (= Eros Lysimelés) und
Venus mit dem schönen Hintern (= Venus Kallipygos in Neapel) vgl.
Beck, S. 385 f., Anm. 120.

Epicur: griechischer materialistischer Philosoph (342/341 v. Chr. –
271/270 v. Chr.), dessen Lehre vor allem auf die praktische Lebens-
führung zielte, auf die Ausbildung der Fähigkeit, durch Vernunft
Glückseligkeit zu finden und Schmerzerfahrungen zu vermeiden (vgl.
Büchners Auszüge aus Tennemann, L 2, 403–409).

Chalier: Joseph Chalier (1747–1793), Revolutionsführer in Lyon,
wurde am 17. Juni 1793 von der bürgerlich-royalistischen Partei hingerichtet. Chalier, dessen Büste man in Paris auf einen Kirchenaltar
stellte, wurde mit Lepeletier und Marat (vgl. auch Beck, S. 392, Anm.
133) wie ein Heiliger und Märtyrer verehrt. Robespierre, der sich in
dieser Frage mit Danton und dessen Partei verbündete, und der Wohlfahrtsausschuß wandten sich gegen diesen verbreiteten Märtyrerkult,
der sich den Riten der katholischen Kirche bediente.

die ehrlichen Leute: im Register von *Unsere Zeit*, (VII, H. 26) steht
die Erklärung: »*Ehrliche Leute* (honnêtes gens). Eine Benennung, die
sich vorzüglich französische Altadelige, die eingefleischten Anhänger
des alten Systems und der alten Vorurtheile, Privilegien usw. in
ihrem lächerlichen Dünkel beilegten, und welche ihnen rechtliche Leute
spottweise gaben« (Mayer, S. 317; vgl. Jancke, S. 193–199). Für die
Replik *Das und dazwischen ist ein langes Wort* siehe Erläuterungen zu
Woyzeck, S. 253.

gespreizte Catonen: bezieht sich auf den »lächerlichen Dünkel« der
ehrlichen Leute (vgl. B, 561; der »rote Becker« berichtete, daß Büchner von der »öffentlichen Tugend der sogenannten ehrbaren Bürger
nicht viel hielt«). Aber in den Bedeutungszusammenhang gehört auch
die Anspielung auf den sittenstrengen Republikaner Marcus Porcius
Cato (234–149 v. Chr.), der für altrömische Tradition, aber gegen
griechische Kultur war.

Zwischen Thür und Angel ...: belegt in *Galerie historique*, IV, 115
(Mayer, S. 325 f.).

I, 2

Kuppelpelz: vgl. Schillers *Kabale und Liebe*, I, 1 (bei Simon wie bei
Miller geht es in der Auseinandersetzung mit der Ehefrau um die
Tochter).

Sublimatpille: Quecksilberchlorid, gegen Geschlechtskrankheiten.

Vestalin: römische Priesterin der Göttin Vesta; war von vornehmer
Abstammung, Keuschheitszwang, unterhielt mit anderen Priesterinnen
das ewige Feuer.

Virginius: römischer Plebejer, tötete seine Tochter Virginia, um sie
vor dem tyrannischen Dezemvirn *Appius Claudius* zu retten und ihre
Freiheit zu bewahren. Diese Tat führte zum Sturz der Regierung von
Appius Claudius. Stoff auch behandelt in Lessings *Emilia Galotti*; Anklänge in Schillers *Fiesco* (I, 10, 11, 12), mit dem Büchner vertraut
war.

Lucrecia: Der betrunkene Souffleur verwechselt Virginia mit Lukre-
tia, die Selbstmord beging, weil sie von Sextus Tarquinius, einem Sohn
des Tyrannen Tarquinius Superbus, entehrt worden war. Motiv auch
in Mussets *Lorenzaccio* (Frenzel, S. 66).

Sie haben kein Blut in den Adern etc.: Anklänge in *Unsere Zeit*
(XII, S. 16, 287; Thieberger, S. 35, Replik 58).

Veto: Einspruchsrecht des Königs gegenüber Beschlüssen der Nationalversammlung; als *pars pro toto* steht das Vetorecht für den König
überhaupt.

Er hat ein Schnupftuch etc.: In *Unsere Zeit* heißt es: »Wer an Sonn-
tagen sich in bessern Kleidern sehen ließ, wurde verhaftet« (Thieberger, S. 35). Vgl. Jancke, der auch auf ein Fragment Blaise Pascals verweist (S. 200).

Die da liegen in der Erden: Zitat aus dem Schinderhanneslied, das
so beginnt: »Kann es etwas Schöners geben / Auf der ganzen weiten
Welt / Als ein lustig Räuberleben / Morden um das liebe Geld« (B,
642). Es war übrigens das Lieblingslied August Beckers (vgl. Fink,
S. 444, Anm. 7).

Unser Leben ist der Mord durch Arbeit: Vgl. Büchners *Der Hessische Landbote*, L 2, S. 44 f.

ihr werdet deßwegen nicht heller sehen!: Belegt durch *Unsere Zeit*,
I, 509 (Mayer, S. 317). Vgl. auch Jacobs, S. 116.

Robespierre: Maximilien de Robespierre (1758–1794), Jurist, 1789
Mitglied des Jakobinerklubs und seit 1792 Führer der Bergpartei, betrieb den Sturz der Girondisten, erwirkte 1794 die Hinrichtung Héberts und Dantons, errichtete die jakobinische Schreckensherrschaft, erklärte am 7. 5. 1794 den Glauben an das »Höchste Wesen« und die
Unsterblichkeit der Seele zum Dogma, wurde am 27. 7. 1794 gestürzt
und hingerichtet. Anhänger von Rousseaus Schriften, galt im Volk als
Mittler zwischen Himmel und Erde, als »neuer Messias«, als »Befreier-
Gott«, als »Sohn des Höchsten Wesens« (Beck, S. 375 f.).

Ohnehosen: Eindeutschung von Sansculottes (ohne Kniehosen). Albert Soboul erklärt: »Wer eine lange Hose trägt, rechnet zum Volk.
Die Kniehose, ›calotte‹, ist die Tracht der Aristokratie und ... der
oberen Schichten des alten dritten Standes« (vgl. Jancke, S. 203 f.).

August und September: Morde beim Sturm der Tuilerien am 10. 8.
1792 und vom 2.–6. 9. 1792 an den Royalisten und Geistlichen.

Aristides, ... den Unbestechlichen: wegen seiner Unbestechlichkeit
berühmter athenischer Staatsmann (um 530–467 v. Chr.). In *Unsere
Zeit* ist Robespierres Beiname »der Unbestechliche« überliefert (Thie-

berger, S. 35, Replik 80). Auch die Tatsache, daß viele Anhänger Robespierres Frauen waren, ist überliefert (Mayer, S. 310; Beck, S. 374 f.).

Schärfe des Schwertes: Vgl. 4. Mose, 21, 24.

Armes, tugendhaftes Volk: In: *Unsere Zeit* (III, 292) heißt es von Robespierre: »Er hatte eine gewisse Art, die Worte: *Armes* Volk und *tugendhaftes Volk* auszusprechen, welche ihre Wirkung auf seine Zuhörer nie verfehlte« (Thieberger, S. 35, Replik 82).

unter Blitzstrahlen und Donnerschlägen: vgl. 2. Mose, 19, 16; 2. Mose 20, 18 (Helbig, S. 139).

Baucis: vorbildliche Ehefrau (Philemon und Baucis in griechischer Sage verkörpern Muster ehelicher Liebe, Treue und der Gastfreundschaft; als Motiv auch in Goethes *Faust*).

du sammelst Kohlen auf mein Haupt: vgl. Röm. 12, 20; Spr. 25, 22; bedeutet Handlungsweise, die Schlechtes mit Gutem vergilt und dadurch beschämt.

Porcia: Tochter des Cato, wegen ihrer Treue bekannte Frau des Brutus, tötete sich nach dessen vernichtender Niederlage.

Sein Wahnsinn ist des armen Hamlet Feind: wörtliches Zitat aus Shakespeares *Hamlet*, V, 2.

I, 3

Jacobinerklub: Versammlungslokal der Jakobiner war das Dominikanerkloster St. Jakob in Paris, wurde nach Robespierres Sturz am 11. 11. 1794 geschlossen.

Lyon: dort wurde 1793 der Jakobiner Joseph Chalier von der Gegenpartei hingerichtet; den Jakobinern gelang es bald darauf, die Gegenrevolution niederzuschlagen.

Die Brüder von Lyon etc: vgl. Thiers, VI, S. 196 (Thieberger, S. 36, Replik 91).

Ronsin: Charles Philippe Henri Ronsin (1751–1794), Oberbefehlshaber der Revolutionsarmee, die 1793 Lyon zurückeroberte, wird 1794 mit den Hérbertisten hingerichtet.

die Flotten Pitts: William Pitt, der Jüngere (1759–1806), seit 1783 englischer Premierminister, verhängte die Seeblockade gegen Frankreich.

Eure Barmherzigkeit mordet die Revolution: belegt in *Unsere Zeit* (XII, S. 37): »bürgermordende Barmherzigkeit« (Mayer II, S. 230, Replik 91).

des 10. August, des September und des 31. May: die drei wichtigen Ereignisse beziehen sich auf den Sturm der Tuilerien am 10. August 1792, die Ermordung von 1600 Adeligen und Priestern am 2.–5. September 1792, den Sieg der Radikalen (Bergpartei), zu denen Robespierre, Danton, Desmoulins gehörten, über die Girondisten (nach den Abgeordneten aus dem Department Gironde) am 31. Mai 1793.

Patrioten Gaillard: ein Hébertist, der wie Cato (vgl. Büchners Rede L 2, S. 25–32) Selbstmord beging.

Wir werden den Becher des Socrates mit euch trinken!: belegt bei Mignet, II, S. 464 und in *Unsere Zeit*, XII, 262 f. (Mayer, S. 318, Replik 92). Zu den zahlreichen Anspielungen der Revolutionäre auf die Antike vgl. allgemein auch Karl Marx, *Der achtzehnte Brumaire des Louis Bonaparte*, und speziell Helmut Koopmann, *Dantons Tod und die antike Welt*, in: Zeitschrift für deutsche Philologie, 84 (1965), S. 22—41.

Legendre: Louis Legendre (1752—1797), ursprünglich Fleischer, gehörte sowohl dem Jakobinerklub als auch dem Franziskanerklub (den sogenannten »Cordeliers«) an, stand auf seiten der Dantonisten, verstand es aber, deren Sturz durch Robespierre zu überleben; war später aktiv am Aufstand gegen Robespierre beteiligt.

Dictionnär der Academie: Wörterbuch im Dienste des vorbildlichen Französisch.

witzig: klug.

Marat und Chalier: vgl. S. 93; siehe auch Thiers, VI, S. 203 (Thieberger, S. 36, Replik 93; Frenzel, S. 64): »... on entend dire de tous côtés ques les bustes des Marat et de Chalier vont être brisés ....«

in effigie: hier: symbolisch.

Collot d'Herbois: der Revolutionär Jean Marie Collot d'Herbois (1750—1796) war ursprünglich Schauspieler, Theaterdichter; 1793 Präsident des Nationalkonvents, Mitglied des Wohlfahrtsausschusses, ordnete als Richter Massenhinrichtungen in Lyon an, stand zuerst auf der Seite Robespierres, war dann später mit Billaut-Varennes und Barère an dessen Sturz beteiligt; er wurde 1795 nach Guayana verbannt.

Und ich frage dich etc.: Anklänge bei Thiers, VI, S. 203 (Thieberger, S. 36, Replik 96).

Wir warteten nur auf den Schrei des Unwillens etc.: Die Rede Robespierres läßt sich durch mehrere Stellen bei Thiers (VI, S. 196 f.), Mignet (II, S. 164 f., 158) und vor allem in *Unsere Zeit* (XII, S. 41, 44, 45, 34 f., 36, 39, 37, 76, 85, 87) wörtlich belegen (Thieberger, S. 36 bis 38, Replik 99). Zu Replik 99 noch weitere Belege bei Mayer II, S. 230 (*Unsere Zeit*, XII, S. 41 f.), Mayer, S. 318 (*Unsere Zeit*, XII, 81, 33 f.). Für das Wortfeld »Waffe« (»Waffe der Republik«), »Waffen« liefert Helbig (S. 103—106) Stellenhinweise in Hegels *Phänomenologie des Geistes*. Im folgenden seien ein paar Belege aus *Unsere Zeit* angeführt:

a) »In zwei Abteilungen, wie in zwei Heereshaufen, sind die inneren Feinde der Republik zerfallen. Unter Bannern von verschiedenen Farben und auf den verschiedensten Wegen gehen sie; aber sie eilen alle zu demselben Ziele.«

b) »Man sagt, der Schrecken sei eine Triebfeder der despotischen Regierung. Die unsrige gliche also dem Despotismus? Freilich, aber so wie das Schwert in den Händen eines Freiheitshelden einem Säbel gleicht, womit der Satellit der Tyrannei bewaffnet ist. Regiere der Despot seine tierähnlichen Untertanen durch den Schrekken; er hat recht als Despot ... Die Revolutionsregierung ist der Despotismus der Freiheit gegen die Tyrannei.«

c) »Die Unterdrücker der Menschheit bestrafen, ist Gnade; ihnen verzeihen, ist Barbarei.«

d) »Menschen, welche sonst auf Dachstuben lebten, bewohnen jetzt Paläste, fahren jetzt in Karossen und zehren an dem Raube des Volkes ...«

e) »Wir sind nicht tugendhaft genug, um so schrecklich zu sein; philosophische Gesetzgeber, erbarmt euch unsrer Schwäche; ich wage euch nicht zu sagen, daß ich lasterhaft bin, ich sage also lieber: Seid nicht grausam.«

Mehrere Zitate in den Quellen reproduzieren Teile der Rede Robespierres vom 5. Februar 1794 (vgl. Reden der Französischen Revolution, hrsg. v. Peter Fischer, dtv, München 1974, S. 341–362, bes. S. 349 ff.).

Die eine dießer Factionen: Hébertisten.

Diversion: Abweichung, auch überraschender Angriff (Ausfall). Aus *Unsere Zeit* (XII, S. 44) übernommen.

noch eine andere Faction: Dantonisten.

den Tacitus parodirt: Anspielung auf Camille Desmoulins, der im *Alten Franziskaner* des Tacitus' (römischer Geschichtsschreiber, um 55–120) Darstellung der Tyrannenherrschaft des Kaisers Tiberius benutzt hat, um Vergleiche zur Schreckensherrschaft der eigenen Zeit zu ziehen.

Sallust und ... Catilina: Sallust (römischer Geschichtsschreiber, 86–36 v. Chr.) hatte über die »Verschwörung Catilinas« (römischer Patrizier, um 108–62 v. Chr., versuchte erfolglos die Herrschaft an sich zu reißen) berichtet. Spielte Desmoulins mit Tiberius im *Alten Franziskaner* auf Robespierre an, so Robespierre mit Catilina auf Danton.

I, 4

Lacroix: Jean François de Lacroix (1754–1794), Jurist, Parteigänger Dantons; die Girondisten hatten ihm Veruntreuung von Geldern vorgeworfen, wurde am 5. 4. 1794 mit Danton hingerichtet.

deinen Büsten: von Marat und Chalier (vgl. Beck, S. 392, Anm. 133).

Collot: Collot d'Herbois war Alkoholiker.

Minotaurus: nach der griechischen Sage Ungeheuer mit Menschenleib und Stierkopf, das Minos im Labyrinth von Knossos gefangenhielt und von Menschenopfern lebte.

die mediceische Venus: Venus von Medici, in Florenz. Die Passage erinnert an Schillers Fiesco (II, 5), der Zenturione und Zibo dergestalt auffordert: »Nun, reisen Sie durch alle Weltteile und suchen unter allen lebendigen Abdrücken des weiblichen Modells den glücklichsten aus, in welchem sich alle Reize dieser geträumten Venus [Venus von Florenz] umarmen.«

Grisetten: Dirnen.

palais royal: Vergnügungsort in Paris; neben Spielsälen, Restaurants auch Bordelle.

Medea: nach der griechischen Sage tötet Medea auf der Flucht vor dem Vater Aietes ihren Bruder Apsyrtos und wirft den Leichnam zerstückelt ins Meer. Die ganze Marionszene hat thematische Berührungspunkte mit Schlegels *Lucinde* (1799), dort vor allem mit dem Kapitel *Lehrjahre der Männlichkeit* (Lisette und Lucinde); ebenso mit Brentanos *Godwi* (1801), wo es etwa heißt: »Der sinnliche Mensch werde erbärmlich, wenn er, wie man es nimmt, tugendhaft würde, denn er übe dann Tugenden, die von seinem ganzen Leben verachtet würden. Er müsse sich zwingen, und werde eben dadurch lasterhaft, denn er gäbe, um zu leben, endlich die Tugend hin, und schweife, um sich zu trösten, nach Prinzipien aus.

Religion sei nichts als unbestimmte Sinnlichkeit, das Gebet ihre Äußerung.

Andacht sei es, wenn man nicht mehr als Mensch bete, wenn man als Weib oder Mann bete; doch könne der Mann es nie zur Andacht bringen, weil das Menschliche das Männliche bei ihm überwiege.« (Vgl. Viëtor, S. 363; Ullmann, S. 66 ff.) Im Zusammenhang der Dariongestalt wurde auch auf Prévosts *Manon Lescaut* und Victor Hugos *Darion de Lorme* verwiesen (Jacobs, S. 118, 148).

I, 5

deine Lippen haben Augen: Metapher für die Unfähigkeit Dantons, sein Bewußtsein auszuschalten. (Das Thema Identifikation ist auch problematisiert in Schlegels *Lucinde*). Zur Marionszene vgl. auch Viëtor, S .363, und Martens, S. 373 ff.

in der Sonne sitzen lassen: vgl. *Hamlet*, II, 2: »Laßt sie nicht in der Sonne gehen« (vgl. Jansen, S. 20).

gibt einer die Disciplin: züchtigen. Vokabular des Klosters wird aufs Bordell übertragen.

Adonis: Der antike Adonis, den Aphrodite liebt, wird auf der Jagd von einem Eber zerrissen. Aphrodite erreicht, daß Adonis jedes Jahr sechs Monate auf der Erde verbringen darf.

Und Adelaide ist sittsam interessant geworden! etc.: Vgl. Mussets *Lorenzaccio* (Frenzel, S. 63); auch Anklang an das Wortfeld von Schlegels *Lucinde*.

Heerdweg: Herdenweg (Weg der Herde); in Hessen gebräuchlich, wie auch die Verwendung in Niebergalls *Datterich* zeigt (Jacobs, S. 148).

Quecksilberblüthen / Sublimattaufe / Quecksilbergruben: Anspielungen auf Syphilis (Quecksilberchlorid wurde früher gegen Geschlechtskrankheiten verwandt).

sich in die Toga zu wickeln: Anspielung auf Cäsars Tod; bedeutet soviel wie: es blieb ihnen nichts übrig als zu sterben.

Jeder machte ein Gesicht etc.: Thomas Mayer (S. 319, Replik 148) weist Spuren dieser Formulierung in *Unsere Zeit* (XII, 156) nach. Mit den Worten »Paetus, es schmerzt nicht!« erdolchte sich die Römerin Arria und forderte ihren Mann Paetus, der bei Kaiser Claudius in Ungnade gefallen war, auf, das gleiche zu tun.

terreur: Terror, Schrecken; politische Parole Robespierres.

Paris: nannte sich auch Fabricius; Geschworener im Revolutionstribunal; versuchte Robespierre und Danton zu versöhnen; warnte Danton frühzeitig vor seiner Verhaftung und wollte ihm zur Flucht verhelfen.

Von den Jacobinern weg gieng ich zu Robespierre etc.: vgl. Thiers, VI, S. 200 (Thieberger, S. 38 f., Replik 155).

Brutus: Lucius Iunius Brutus, einer der beiden ersten Konsuln von Rom (509 v. Chr.), der seine beiden Söhne, als diese sich an einem Aufstand gegen die Republik beteiligten, zum Tode verurteilt haben soll.

das Volk ist materiell elend, das ist ein furchtbarer Hebel: vgl. Brief Büchners an Gutzkow von Straßburg aus (1836; Nr. 54).

die Revolution ist wie Saturn, sie frißt ihre eignen Kinder: belegt bei Mignet (II, S. 102) als ein Ausspruch des Girondisten Vergniaud (Thieberger, S. 39, Replik 158; siehe dazu auch Beck, S. 347). Thomas Mayer (II, S. 228 f.) weist darauf hin, daß andere Revolutionsgeschichten (z. B. die von Horace Raisson, J. A. Dulaure) einen Satz im Kontext der Dantonisten« zitieren (vgl. auch Jancke, S. 182 f.).

Doch, sie werden's nicht wagen: wörtlich belegt bei Thiers, VI, S. 201 (Thieberger, S. 39, Replik 158) und in der *Galerie historique*, IV, S. 118 (Mayer, S. 326, Replik 158).

Section der rothen Mütze: einer der 48 Verwaltungsbezirke von Paris (B, S. 671 f.); rot war auch die phrygische Mütze der Jakobiner.

Mann des September: Danton.

St. Just wird einen Roman schreiben und Barrère wird eine Carmagnole schneidern etc.: Adolf Beck (S. 362 f. und Anmerkung 51) leitet die Stelle ›Carmagnole schneidern‹ aus der ersten Schrift Vilates, St. Justs ›Roman‹ aus dem Vorwort des Herausgebers der *Collection des Mémoires relatifs à la Revolution française* (1825) ab, Thomas Mayer dagegen einleuchtender (S. 304) aus *Unsere Zeit* (XII, S. 335, 100). Die Erklärungen von ›Carmagnole schneidern‹ (= Sieges-, Triumphbericht) und Roman (= Verfälschung der Wirklichkeit) stimmen bei beiden Quellenhinweisen überein. Bergemann (B, S. 638 f.) hatte ›Carmagnole‹ noch als revolutionären Volksgesang und Revolutionstracht erklärt (vgl. auch Thieberger, Situation I, S. 258 f.; Jansen, S. 23, und Sieß, S. 18 f.).

mons Veneris: Venushügel.

tarpejischer Fels: von diesem wurden Roms Staatsverbrecher hinuntergestürzt (B, 674).

I, 6

Ich sage dir, wer mir in den Arm fällt etc.: Für den thematischen
Zusammenhang vgl. Thiers, VI, S. 165 f. und *Unsere Zeit,* XII, S. 92
(Thieberger, S. 39, Replik 173 ff.). Für die Repliken 173 bis 184 (L 1,
S. 26 f.) weist Mayer (S. 325) Belege (besonders Repliken 182–184;
L 1, 27, 28–38) aus dem Werk *Galerie historique des Contemporains*
(IV, S. 110–120) nach.

*wer eine Revolution zur Hälfte vollendet, gräbt sich selbst sein
Grab*: in *Unsere Zeit* (XII, 73) heißt es: »Wer eine Revolution nur
zur Hälfte vollendet, gräbt sich selbst sein Grab« (Thieberger, S. 40,
Replik 175).

Das Gewissen ist ein Spiegel . . . etc.: Helbig (S. 106) verweist
hier auf Hegels *Phänomenologie des Geistes.* Anklänge lassen sich m. E.
überzeugender in Bonaventuras *Nachtwachen* (z. B. 10. Nachtwache,
S. 93) nachweisen.

Fleckkugeln: zum Entfernen von Flecken benutzt.

Bist du der Policeysoldat des Himmels?: Kobel, für den in Büchners Robespierre »ein Stück Fichtekritik« (S. 69) steckt, setzt diese
Stelle in Parallele zu dem anonymen *Schreiben eines Vaters an seinen
studierenden Sohn über den Fichtischen und Forbergischen Atheismus*
(in: *Die Schriften zu J. G. Fichtes Atheismusstreit,* hrsg. v. F. Böckelmann, München 1969, S. 61 ff.), wo Fichte vorgeworfen wird, daß er
»sich eine Aufsicht über das Menschengeschlecht anmaßen« wolle.
Benn (S. 126) sieht in der Auffassung Robespierres den Einfluß von
Tiecks *William Lovell.*

*Es giebt nur Epicuräer und zwar grobe und feine, Christus war der
feinste*: Fichte wirft in der *Appellation an das Publikum* (1799) seinen
Gegnern ähnliches vor: »Durch ihren Mund redet der, der die Leiden
erduldete, da er die Freude hätte haben können, wie ein feiner Epi-
kuräer« (*Die Schriften zu J. G. Fichtes Atheismusstreit,* a. a. O., S.
120). In *Die Anweisung zum seligen Leben* (1808) frägt Fichte: »Worin
sollte denn das Leben und seine Seligkeit sonst sein Element haben,
wenn es dasselbe nicht im Denken hätte? Etwa in gewissen Empfindungen und Gefühlen; in Rücksicht welcher es uns gar nichts ver-
schlägt, ob es die gröbsten sinnlichen Genüsse seien, oder die feinsten
übersinnlichen Entzückungen?« (Johann Gottlieb Fichte, *Ausgewählte
Werke in sechs Bänden,* hrsg. v. F. Medicus, Bd. 5, Hamburg 1962,
S. 123) Vgl. dazu Kobel, S. 75 f. und Jancke, S. 168. Diese Anschauung spricht schon Marion (I, 5) aus.

aus der Sonne gehen heißen: Anspielung auf Diogenes (griechischer
Philosoph, um 412–323 v. Chr.), der zu Alexander dem Großen gesagt haben soll: »Geh mir aus der Sonne.«

*Wir werden das Schiff der Revolution nicht auf den seichten Be-
rechnungen und den Schlammbänken dießer Leute stranden lassen*:
In *Unsere Zeit* (XII, S. 234) steht: »Das Schiff der Revolution kann

Absatz des Schurs vgl. Pascal, Pensées 116, 117

nur durch ein Blutmeer sicher in den Hafen laufen« (Thieberger,
S. 40, Replik 185). Dieses Wort Barères weist Adolf Beck (S. 365) in
den *Causes secrètes* nach und erwähnt auch folgenden Satz Desmoulins vom ›Schiff der Republik‹ im *Cordelier*: »es mußte sich noch eher
der Felsenklippe der Maßlosigkeit als der Sandbank des Moderantis-
mus nähern.«

St. Just: Louis Antoine de Saint-Just (1767–1794), Journalist und
Romancier, wurde 1792 Mitglied des Nationalkonvents, 1793 des
Wohlfahrtsausschusses, einer der engsten Vertrauten Robespierres;
man nannte ihn deswegen auch den Messiasjünger; hielt im Nationalkonvent die Anklagerede gegen die Dantonisten, wurde mit Robespierre am 28. 7. 1794 hingerichtet.

*Wir berufen den Gesetzgebungs-, den Sicherheits- und den Wohl-
fahrtsausschuß zu feierlicher Sitzung*: diese fand tatsächlich in der
Nacht vom 30. auf 31. März 1794 im Pavillon d'Egalité (Thieberger,
S. 143, Anmerkung 63; Mayer II, S. 227) statt. Thomas Mayer verweist außerdem auf diese Stelle der *Histoire secrète* (II, S. 69):
»Deux jours après, les comités de salut public, de sûreté générale et de
législation sont convoqués, sans que la majorité des membres soit
instruite du motif. Lorsqu'ils furent réunis, Saint-Just tire de sa
poche un rouleau de papiers, accuse, dans un rapport entortillé, Danton, Camille Desmoulins« (Mayer II, S. 227 f.).

Ein schöner Kopf: Ebenso in *Unsere Zeit* (XII, S. 15; Thieberger,
S. 40, Replik 200).

Der alte Franziskaner: die von Camille Desmoulins edierte Zeitschrift *Le vieux Cordelier*; der Name ›Cordelier‹ stammt von dem
Franziskanerkloster in Paris, wo auch die ›Gesellschaft der Freunde
der Menschen- und Bürgerrechte‹, genannt *Cordeliers,* tagte. Im Gegensatz zum Klub der *Cordeliers* propagiert Desmoulins in seiner
Zeitschrift das epikureisch, hedonistisch, hellenisch, ästhetisch, indi-
vidualistisch orientierte Programm der Dantonisten (vgl. Beck, S. 384)
und kritisiert die radikalen Richtungen. Bei der von Büchner hier
wiedergegebenen Stelle handelt es sich nicht um einen wirklichen Beitrag Desmoulins im *Cordelier*; er wurde vielmehr eigens von Büchner
für das Drama aus anderen Ansätzen zusammengestellt (vgl. Beck,
S. 362).

Dieser Blutmessias Robespierre etc.: vgl. Mignet, II, S. 162 (Thieberger, S. 40, Replik 206 f.). Der religiöse Charakter von Robespierres Partei ist in verschiedenen Quellen überliefert (z. B. *Unsere
Zeit*, VII, S. 175 f.; XII, S. 269, 467; Thiers, VI, S. 358; Mignet, II,
S. 453). Vgl. dazu auch Mayer, S. 310.

Kalvarienberg: Schädelstätte (wo die Kreuzigung stattfand).

Couthon: Georges Auguste Couthon (1755–1794), halbseitig gelähmt, Abgeordneter des Departements Puy-de-Dôme, Mitglied des
Wohlfahrtsausschusses, Parteigänger Robespierres, wurde mit diesem
hingerichtet.

Collot: siehe S. 96.

Guillotinenbetschwestern: bei Mercier (I, S. 123) weist Mayer (S. 319) diese Stelle nach: »les tricoteuses, sœurs des furies de Guillotine«.

Maria und Magdalena: sahen von ferne der Kreuzigung zu (Matth. 27,55 f.; Luk. 23, 49); nach Johannes 19, 25 ff., standen sie mit dem Lieblingsjünger vor dem Kreuze Jesu.

er trägt seinen Kopf wie eine Monstranz: in der *Galerie historique* (IV, S. 191) heißt es: »qu'il portait sa tête comme un St.-Sacrement« (Mayer, S. 328), bei Mignet (II, S. 162): »qu'il porte avec respect sa tête sur ses épaules comme un saint-sacrement« (Thieberger, S. 40).

wie St. Denis tragen machen: St. Denis = der heilige Dionys, erster Bischof von Paris, wurde 273 auf dem Montmartre enthauptet. In der *Galerie historique* ist diese Formulierung belegt: »Je lui ferai porter la sienne comme St.-Denis« (Mayer, S. 328); ebenso bei Mignet (II, S. 162): »je lui ferai porter la sienne comme un saint-Denis« (Thieberger, S. 40).

Sollte man glauben etc.: Vgl. dazu Mercier, I, S. 99; zitiert bei Mayer, S. 319, Replik 208.

Barrère: Bertrand Barère de Vieuzac (1755–1841), wechselte von den gemäßigten Girondisten zu den Montagnards (Bergpartei) über. Desmoulins wie Vilate bezeichneten ihn als »Wetterfahne«, als »Gesinnungen wie Farben wechselndes Chameleon«. Mitglied des Wohlfahrtsausschusses; nach außen gehörte er zur Partei Robespierres (obwohl er der Anschauung nach eher dantonistisch war), dessen Sturz er dann auch nach Dantons Tod zusammen mit Billaut-Varenne und Collot d'Herboit energisch betrieb.

der du gesagt hast, auf dem Revolutionsplatz werde Münze geschlagen: belegt in Vilates *Causes secrètes* (S. 241), wie Beck (S. 363) nachweist; aber auch in Merciers *Le nouveau Paris* (II, S. 115), *Unsere Zeit* (XIII, S. 38) u. a. Quellen, wie Mayer (S. 304) näher ausführt.

den alten Sack: Anspielung auf Barères zweiten Namen: »Vieuxsac« (Vieuzac). Vgl. dazu auch Sieß, S. 16 f.

das hippocratische Gesicht: in der Schrift *Prognostikon* schilderte der griechische Arzt Hippokrates (460–377 v. Chr.) ein Gesicht mit den Merkmalen des Todes (*facies hippocratica*); vgl. Brief an die Braut (Nr. 17; L 2, S. 424, 18). Bergemann verweist auf eine Fußnote im 11. Kapitel des *Siebenkäs*, in der Jean Paul erläutert: »Das Hippokratische nennt man das verzogene [Gesicht] in der Sterbestunde« (B, S. 652; vgl. Helbig, S. 125). Mir scheint als indirekte Adaption eher der Schluß der 8. Nachtwache von Bonaventura in Frage zu kommen (vgl. Anmerkung zu IV, 5, S. 125).

die Fälscher: Chabot, Delauni, Fabre und Bazire hatten ein Dekret über die Auflösung der großen Handelsgesellschaft *Compagnie des Indes* gefälscht (vgl. B, S. 645), um sich zu bereichern.

die Fremden: nach Thiers wurden zusammen mit den Dantonisten den Fremden (dem Spanier Gusman und dem Dänen Diederichs) der Prozeß gemacht (B, S. 646).

die Fälscher geben das Ey und die Fremden den Apfel ab: die französische Redensart »despuis les oefs jusqu'aux pommes« geht auf die altrömische Reihenfolge bei der Mahlzeit zurück: man begann mit den Eiern und schloß mit dem Obst (B, S. 645). Der Sinn wäre also: die Fälscher geben das *hors d'œuvre* und die Fremden das *dessert* ab.

Ja wohl, Blutmessias etc.: Thieberger verweist auf thematische Anklänge bei Riouffe (S. 40, Replik 213; vgl. auch Mayer. S. 310); Kobel (S. 92) führt in diesem Zusammenhang Blaise Pascals *Pensées* an, wo unter dem Stichwort »Différence entre Jésus-Christ et Mahomet« (Br. 599) festgestellt wird, daß Mahomet töte, Christus dagegen die Seinen den Märtyrertod erleiden lasse (»Mahomet, en tuant; Jésus-Christ, en faisant tuer les siens«).

es ist Alles wüst und leer: 1. Mose 1, 2 (vgl. Helbig, S. 139); die Stelle läßt sich aber mehr noch auf die Leere der Empfindungen beziehen, die, wahrgenommen, den *horror vacui* erzeugt, das »Vorgefühl eines langsamen Todes«, wie es Kant in seiner Anthropologie in pragmatischer Hinsicht (Werke in zehn Bänden, hrsg. v. W. Weischedel, Bd. 10, Wiesbaden 1964, S. 553 ff.) beschreibt.

II, 1

Danton, Lacroix, Philippeau, Paris etc.: Vgl. zur ganzen Szene Goethes *Egmont* II, 2 (Jansen, S. 94 ff.).

Das ist sehr langweilig etc.: Schon Bergemann wies auf Goethes *Dichtung und Wahrheit* (III. Teil, XIII. Buch) hin, wo von einem Engländer erzählt wird, der sich aufhing, um sich nicht mehr täglich aus- und anziehen zu müssen. (Für Parallelstellen bei Goethe, Ungern-Sternberg etc. siehe Majut, Studien, S. 31 ff.). Kant (Anthropologie, a. a. O., S. 554) überliefert den Vorfall so: » wie man in Paris vom Lord Mordaunt sagte: ›die Engländer erhenken sich, um sich die Zeit zu passieren‹«. Das Gefühl des Ennui, der Langeweile, des Überdrusses spricht auch aus einer von Helbig (S. 123) angezogenen Stelle aus Feuerbachs *Gedanken über Tod und Unsterblichkeit* (Bd. I, S. 98). Kobel (S. 50 f.) verweist auf Blaise Pascal (Br. 435, 171): an der Gestalt Dantons werden seiner Ansicht nach »*ennui* und *désespoir* im Pascalschen Sinne offenkundig« (S. 51 f.). Die Wiederkehr des Gleichen ist auch ein Thema in Büchners *Leonce und Lena*. In dem Essay *Philosophieren heißt sterben lernen* schreibt Michel de Montaigne: »Höchstens in einem Jahr läuft alles ab, was die Akte meiner Komödie an Abwechslungen und Verschiedenheiten aufweisen; wenn ihr aufmerksam zugesehen habt, wie meine vier Jahres-

zeiten vorüberziehen, so habt ihr erkennen können, daß darin Kindesalter, Jünglingsalter, Mannesalter und Greisenalter der Welt dargestellt sind. Das Spiel der Welt ist damit aus; es fällt ihr keine andre
Idee ein, als es noch einmal ablaufen zu lassen; es bleibt immer
das gleiche.« (Michel de Montaigne, Die Essais, RUB 8308–12, Stuttgart o. J., S. 61) Auch Bonaventuras *Nachtwachen* (1804), in der sich
manche Anklänge zum Werk Büchners finden, sprechen von »einer
fürchterlichen ewig öden Langeweile«, weil die Abwechslung verschwunden war (14. Nachtwache); vgl. auch diese Stelle: »Das wird
mir auf die Länge auch langweilig, denn das Possenspiel immer und
immer wiederholt, muß ermüden« (S. 82).

Du stürzest dich durch dein Zögern in's Verderben etc.: die ganze
Passage fast wörtlich aus *Unsere Zeit* (XII, S. 91); vgl. Thieberger,
S. 40, Replik 218, (ebenso Viëtor, S. 365).

die vom Thale . . . die vom Berge: Nach der Sitzordnung im
Nationalkonvent; auf dem Berg (den höchsten Bänken des Sitzungs-
saals) saßen die Angehörigen der radikalen Linken (Montagnards), im
Tale die politisch Gemäßigten. Vgl. Sieß, S. 11 ff.

Decemvirn: die antike Parallele zu dem aus 9 bis 12 Mitgliedern bestehenden Wohlfahrtsausschuß (Regierungsorgan der radikalen Jakobiner), zu dem u. a. Robespierre, St. Just, Couthon, Collot, Billaud,
Barère gehörten (B, S. 642).

Brutus: Marcus Junius Brutus (85–42 v. Chr.), der an Cäsars
Ermordung maßgeblich beteiligt war.

Tribunen: im Sinne von Demagogen; in *Unsere Zeit* heißt es
Tribune (Thieberger, S. 40, 144, Anm. 70); ob hier ein Mißverständ-
nis der Quelle auf Büchners Seite vorliegt (Verwechslung von Tribune = Demagogen mit Tribunen = Zuschauer auf der Tribüne), erscheint fraglich. Vgl. Hans Jürgen Meinerts (Georg Büchner, *Sämtliche Werke*, Gütersloh 1963, S. 507).

die Jacobiner haben erklärt etc.: In *Unsere Zeit* (XII, S. 85) heißt
es: »Es ist Zeit, daß . . . Gerechtigkeit und Tugend an die Tages-
ordnung kommen« (Mayer, S. 319, Replik 221).

Cordeliers: politische Partei, benannt nach dem Franziskanerkloster in Paris, Anhänger Héberts.

Gemeinderath: tut Buße, nachdem dessen Führer Chaumette verhaftet worden war (B, S. 647).

31. Mai: Am 31 Mai 1793 begann die Bergpartei mit dem Angriff
auf die Girondisten.

ich will lieber guillotinirt werden, als guillotiniren lassen: ähnlich
bei Mignet (II, S. 168); vgl. Thieberger, S. 40, Replik 221.

Algebraisten: im 18. Jahrhundert in der Bedeutung von »über-
legtem Handeln«; vgl. *Zerbino oder die neuere Philosophie* von Lenz:
»er wollte diese steifen, abgezirkelten, ausgerechneten Schritte in den
Stand der heiligen Ehe nicht thun, so sehr Algebraist er auch war.«

Wir stehen immer auf dem Theater: Die Theatermetapher ist im

Barockdrama, auch im Werk von Lenz und in Schillers *Fiesco* häufig. In Bonaventuras 14. Nachtwache heißt es: »Es ist alles Rolle,
die Rolle selbst und der Schauspieler, der darin steckt, und in ihm
wieder seine Gedanken und Pläne und Begeisterungen und Possen –
alles gehört dem Momente an, und entflieht rasch, wie das Wort, von
den Lippen des Komödianten. – Alles ist auch nur Theater, mag der
Komödiant auf der Erde selbst spielen, oder zwei Schritte höher, auf
den Brettern, oder zwei Schritte tiefer, in dem Boden, wo die Würmer
das Stichwort des abgegangenen Königs aufgreifen« (S. 119). In den
Zusammenhang gehören ebenso die bereits zitierten Stellen aus Montaigne (S. 103 f.) und Feuerbach (S. 103) wie auch diese Bemerkung
La Rochefoucaulds: »In allen Berufen nimmt jeder eine Miene und
ein Äußeres an, um so zu erscheinen, wie er will, daß man es glaube,
so daß man sagen kann, die Welt bestehe aus nichts als Mienen«
(zitiert bei Tilo Schabert, Natur und Revolution, München 1969,
S. 53). Vgl. auch I, 3.

Es ist recht gut etc.: Vgl. Hinweise auf Mussets *Lorenzaccio* bei
Frenzel, S. 63.

Nimmt man das Vaterland an den Schuhsohlen mit?: belegt bei
Thiers und Mignet (Thieberger, S. 40, Replik 228).

Lucrecia: Vgl. S. 94; wurde durch einen Sohn von Tarquinius
Superbus entehrt und nahm sich das Leben.

II, 2

Spaziergänger: Vgl. zu dieser Szene Grabbes *Napoleon oder die
hundert Tage*, I, 1 (Jansen, S. 91 ff.).

Meine gute Cornelia hat mich mit einem Knäblein erfreut: Spuren
davon in *Unsere Zeit* (XII, 126); zitiert bei Mayer, S. 320, Replik
233 ff. Der Vornamentausch spielt auf die verbreitete Mode an,
römische Namen anzunehmen.

sagt meine Frau: Rechtfertigung der Untreue (vgl. Jansen, S. 27).

Was doch ist, was doch ist etc.: nach Bergemann »vielfach variiertes
Volkslied« (B, S. 677), Vorbild auch für Wilhelm Hauffs »Reiters
Morgengesang«. Vgl. Helbig, S. 130 (Hinweise auf 1. Mose, 17–19).

Tauf' ihn: Pike, Marat und *jetzt hab ich's: Pflug, Robespierre*: die
Replik geht zurück auf *Unsere Zeit* (X, S. 202, 209), wo erwähnt
wird, daß tausend Väter ihre neugebornen Kinder Marat tauften,
und es außerdem heißt: »Die Pike und die Pflugschaar und die
Garbe . . . müssen fortan die Verzierungen der Republik ausmachen«
(zitiert bei Mayer, S. 320, Repliken 241–246). *Pike* (= Langspieß,
Hauptwaffe des Fußvolkes im 17. Jahrhundert und später); *Pflug*
und Garbe signalisieren neben den Namen Marat, Robespierre die
der Mode unterworfene Zeichensprache der Revolution. Simons Anspielung auf die Amme von Romulus, die Wölfin, im Zusammenhang von Cornelia (die eigentlich eine Jaqueline ist) zielt ebenfalls
in diese Richtung.

Eine Handvoll Erde etc.: Vgl. Liederbuch *Als der Großvater die Großmutter nahm*, Insel Verlag, Leipzig 1922 (B, S. 643).

Herr, warum habt ihr gearbeitet? etc.: im Stil Anklänge an *Was ihr wollt* (I, 5; III, 1) und *Hamlet* (III, 2).

Christinlein, lieb Christinlein mein etc.: Bergemann (B, S. 639) vermutet hessische Soldatenliedverse; sie könnten allerdings auch von Büchner selbst stammen (Helbig, S. 131).

à l'enfant: wie ein Kind, (vgl. dazu Sieß, S. 9 f.).

Ein Gewirr von Gewölben, Treppchen, Gängen etc.: Diese Passage mit dem babylonischen Turm als symbolische »paranoide Verfeinerung der puren Größe« führt Jancke (S. 229) auf eine Schilderung Louis Sébastien Merciers zurück (zitiert nach einer Übersetzung, S. 229 ff.).

Ja, die Erde ist eine dünne Kruste etc.: Anklänge in Feuerbachs *Gedanken über Tod und Unsterblichkeit* (S. 95, 167; vgl. Helbig, S. 108 f.). Kobel (S. 60) verweist auf Pascals *Pensées* (Br. 72): »Wir brennen vor Verlangen, einen festen Grund zu finden und eine letzte dauerhafte Basis, um darauf einen Turm zu bauen, der sich bis ins Unendliche erhebt, aber es kracht in allen unsern Fundamenten, und die Erde öffnet sich bis zu den Abgründen.«

II, 3

Lucile: Lucile, seit 1790 Frau von Camille Desmoulins, geb. Duplessis, wurde in Wirklichkeit auf Laflottes Denunziation hin verhaftet (B, S. 642); aber Büchners Version ist sowohl in Riouffes Darstellung als auch in den *Mémoires sur les Prisons* (Bd. I, Paris 1823) überliefert.

Pygmalions Statue: Dieses griechische Sagenmotiv war in der Literatur des 18. Jahrhunderts weit verbreitet; zum Thema vergleiche Schabert, *Natur und Revolution*, S. 75–96. Für die Kunstauffassung dieser Szene verweist Benn (S. 291 f., Anmerkung 31) auf eine Stelle in Tiecks *William Lovell*.

David: Jacques-Louis David (1748–1825), französischer Maler, Jakobiner, malte politische Märtyrerbilder (berühmt: *Der ermordete Marat*, 1793) und Szenen der Revolution, später wurde er Hofmaler Napoleons.

der im September die Gemordeten etc.: der ähnliche Wortlaut ist in *Unsere Zeit* (XII, S. 121) überliefert; vgl. Thieberger, S. 41, Replik 286.

Force: Pariser Gefängnis

Der Wohlfahrtsausschuß hat meine Verhaftung beschlossen etc.: Paris warnte Danton (B, S. 665); Hinweise in *Galerie historique* (IV, S. 118), Mayer, S. 326, Replik 294.

Sie wollen meinen Kopf, meinetwegen. etc.: belegt in *Unsere Zeit* (XII, S. 123): »›Sie wollen meinen Kopf‹, sagte er, ›nun gut, ich bin der Hudeleien überdrüssig. Mögen sie ihn nehmen. Was liegt daran? Ich werde mit Mut zu sterben wissen« (Thieberger, S. 41, Replik 294).

Spazieren, mein Junge, spazieren: Frenzel verweist auf eine Parallele in Mussets *Lorenzaccio* (S. 67).

Wir saßen auf einer Schulbank: Camille Desmoulins und Robespierre; Hinweis in *Galerie historique* (IV, S. 188), Mayer, S. 328, Replik 310.

Ach Scheiden, ach Scheiden etc.: Schlußstrophe des hessischen Lieds *Dort droben auf hohem Berge* (B, S. 629).

II, 4

Der Monolog hat Ansatzpunkte in *Unsere Zeit* (XII, S. 92 f.) und bei Thiers (VI, S. 202); zitiert bei Thieberger, S. 41, Replik 312, (vgl. auch Viëtor, S. 366).

aus der Entfernung mit dem Lorgnon: In Bonaventuras *Nachtwachen* (8. Nachtwache) ist vom »Lorgnetten-Zeitalter« die Rede, in dem »die größesten Gegenstände so entrückt worden, daß man sie höchstens nur noch in der Ferne undeutlich durch die Vergrößerungsgläser erkennt« (S. 67). Für den ganzen Monolog gibt es einen thematischen Berührungspunkt mit folgender Stelle aus der 14. Nachtwache: »Gottlob, es gibt einen Tod, und dahinter liegt keine Ewigkeit« (S. 123).

II, 5

Wird . . . der Schall nie modern: Paralleles Wortfeld bei Feuerbach, *Gedanken über Tod und Unsterblichkeit*, a. a. O., S. 266 f. (vgl. Helbig, S. 118 f.). Ähnlicher Wortlaut auch in der zehnten Nachtwache des Bonaventura (S. 93): »Hu! Das ist ja schrecklich einsam hier im Ich, wenn ich euch zuhalte, ihr Masken, und ich mich selbst anschauen will – alles verhallender Schall ohne den verschwundenen Ton . . .«

September: Zum Zusammenhang Septembermorde vgl. Mercier II, S. 6, zitiert bei Mayer, S. 320, Replik 313 ff.

Unter mir keuchte die Erdkugel in ihrem Schwung etc.: Ein ähnliches Bild gebrauchte Bonaventura in der 12. Nachtwache: »Es war mir, wie wenn ich mich jetzt in der Nacht unter dem zugedeckten Monde, weit ausdehnte, und auf großen schwarzen Schwingen, wie der Teufel über dem Erdball schwebte« (S. 105). Zum Wortfeld vgl. auch Jean Pauls *Siebenkäs* 1. und 2. Blumenstück. *+ Lgmon)*

Da schrie ich in der Angst, und ich erwachte: Fischer (S. 46) verweist auf eine ähnliche Formulierung bei Heine, *Harzreise*. Vgl. auch Jean Pauls *Siebenkäs* 1. Blumenstück.

Die Könige waren etc.: Die Armeen der verbündeten Monarchen (von England, Österreich, Preußen, Spanien etc.) bedrohten 1792 Paris.

es muß ja Aergerniß kommen etc.: Zitat aus Matth. 18, 7; steht

auch im *Hofmeister* von Lenz (V, 10). Vgl. Büchners Brief an seine
Braut, Nr. 18. Lipmann verweist hier auf Parallelen bei Tieck
(S. 61 f.).

Was ist das, was in uns hurt, lügt, stiehlt und mordet?: Vgl.
Büchners Brief an die Braut (Nr. 18; L 2, S. 425). Helbig (S. 99)
weist die Reihenfolge von »Lügen, Morden, Stehlen und Ehebrechen«
bei Hosea 4, 1–2, nach.

Puppen sind wir von unbekannten Gewalten am Draht gezogen
etc.: Thieberger (S. 41, Replik 339) verweist auf Mercier; das Motiv
taucht jedoch in der deutschen Romantik häufiger auf; vgl. etwa 4.
und 15. Nachtwache des Bonaventura.

II, 6

Simon. Bürgersoldaten: Vgl. Shakespeares *König Heinrich VI.*, 2. Teil,
IV, 2 (Jansen, S. 86 f.).

Der Freiheit eine Gasse!: Büchmann (Geflügelte Worte, neu bearbeitet und herausgegeben von H. M. Ester, 2. Aufl. Stuttgart 1966, S.
192, 486) weist die Formulierung »für die Freiheit eine Gasse« bei
Max von Schenkendorf in der 6. Strophe von *Schill. Eine Geister-
stimme* (1809) nach und »Der Freiheit eine Gasse« bei Theodor Körner in der 1. Strophe seines *Aufrufs* von 1813: »Frisch auf, mein Volk!
die Flammenzeichen rauchen.« Georg Herwegh dichtete ein Lied mit
dem Titel *Der Freiheit eine Gasse*. Ansätze auch bei Senecas (*De
period.* 2, 10) Schilderung von Catos Selbstmord, den Büchner in seiner Jugendrede behandelt hat. (Vgl. auch Helbig, S. 124).

Eichenkrone: gehört nach Helbig (S. 124) zum vaterländischen Vokabular, das Büchner im folgenden persifliert.

II, 7

Soll denn das Schlachten der Deputirten nicht aufhören: In *Unsere
Zeit* (XII, S. 61) fragt Chabot: »Wollt Ihr nicht endlich wenigstens
das Schlachten der Deputirten einstellen?« (Mayer, S. 320, Replik
355)

Schranken des Convents: Schranken des Gerichts; beim Nationalkonvent lag die legislative Gewalt.

Decret: Eine Verfügung, derzufolge die Immunität der Deputierten
vollkommen aufgehoben war (vgl. B, S. 641).

Vier Mitglieder des Nationalconvents etc.: Die Rede Legendres
berührt sich im Wortlaut mit der Überlieferung in *Unsere Zeit* (XII,
S. 93 ff.); z. B.: »Ich halte Danton für eben so rein, als mich selbst;
und ich glaube, daß mir keiner irgend eine Handlung vorwerfen kann,
welche die gewissenhafteste Rechtschaffenheit verletzt. Keinen der
Mitglieder der Wohlfahrts- und Sicherheitsausschüsse will ich geradezu
anklagen, aber ich habe Ursache zu glauben, daß *Privathaß* und indi-
viduelle Leidenschaften der Freiheit Männer entreißen, die ihr die
größten und nützlichsten Dienste geleistet haben« (Thieberger, S. 42,

Replik 361). Vgl. auch den Quellenhinweis auf Thiers VI, S. 204 (Thieberger, S. 41).

Wohlfahrts- oder des Sicherheitsausschusses: bereits von Robespierre und seinen Freunden beherrscht. Der am 6. April 1793 gegründete Wohlfahrtsausschuß war für alle Fragen der Sicherheit zuständig, allerdings dem Nationalkonvent verantwortlich.

Wollt ihr Privilegien? Die Meinung, daß den Deputierten keine Vorrechte eingeräumt werden sollen, findet sich auch in *Unsere Zeit* (XII, S. 95); zitiert bei Thieberger, S. 42, Replik 364.

Asyl: im Griechischen Zufluchtsort für Verfolgte; durch Wortspiel wird die Bedeutung erweitert: »Asyl des Gesetzes«; »Verbrechen hat kein Asyl, nur gekrönte Verbrecher finden eins auf dem Thron«; »Nur Spitzbuben appeliren an das Asylrecht.«

Die seit langer Zeit in dießer Versammlung unbekannte Verwirrung etc.: Thieberger (S. 42, Replik 369 ff.) verweist auf Parallelen in Robespierres Rede bei Thiers (VI, S. 205 ff.) und in *Unsere Zeit* (XII, S. 96 f.). Vgl. auch Robespierres Rede vom 5. Februar 1794 (in: Reden der Französischen Revolution, hrsg. v. Peter Fischer, München 1974, S. 341–362).

Chabot, Delaunay und Fabre: gehören mit Basire, Julien de Toulouse u. a. zu den sogenannten »Fälschern« (vgl. Anm. zu I, 6), welche die Aktien der *Compagnie des Indes* mit Hilfe des Auflösungsdekrets von Handelsgesellschaften (24. August 1793) in die Baisse treiben wollten, um sich zu bereichern. Mit Ausnahme von Fabre d'Eglantine (1755–1794; schrieb auch Lustspiele) wurden die »Fälscher« am 17. November vom Wohlfahrtsausschuß verhaftet.

Nein, wir wollen keine Privilegien etc.: Wortlaut im folgenden wie bei Thiers; z. B.: »Non, nous ne voulons pas de privilèges; nous ne voulous point d'idoles ... En quoi Danton est-il supérieur à Lafayette, à Dumouriez, à Brissot, à Fabre, à Chabot, à Hébert« (VI, S. 205).

Lafayette: Marie Joseph Motier Marquis de Lafayette (1757–1834), französischer Politiker und General, seit 1777 aktive Teilnahme am amerikanischen Unabhängigkeitskrieg, 1789 Mitglied der Generalstände, Oberbefehlshaber der Pariser Nationalgarde, 1792 mußte er ins Ausland fliehen, lebte noch zu Büchners Zeit.

Dumouriez: Charles François Dumouriez (1739–1823), französischer General, wechselte von der Partei der Jakobiner zu den Girondisten über, 1792 Außenminister und dann General, Sieger von Valmy (20. 9.) und Jemappe (6. 11.); unterlag am 18. 3. 1793 bei Neerwinden, floh nach einer gescheiterten Gegenrevolution nach Österreich.

Brissot: Jacques Pierre Brissot (1754–1793), politischer Führer der Girondisten, Gegner Robespierres, wurde 1793 guillotiniert.

Patrioten: hier im Sinne von freien Bürgern (*citoyens*). Ausdruck steht auch in *Unsere Zeit* (XII, S. 96), aus der diese Stelle nahezu wörtlich entnommen ist.

Licht der Wahrheit: bei Thiers (VI, S. 206) »jour de la vérité« (vgl. Thieberger, S. 43 f.; Helbig, S. 91 f.).

heroische Seelen: mutige, heldenhafte Seelen (auch bei Thiers, VI, S. 206) im Gegensatz zu den oben genannten »gemeinen Seelen«, die keinen Sinn für die höhere Bestimmung haben.

Es scheint in dießer Versammlung einige empfindliche Ohren zu geben etc.: Die Rede St. Justs stammt weitgehend von Büchner; für die spärlichen Anklänge an Thiers und *Unsere Zeit* vgl. Thieberger, S. 44, Replik 370; ebenso Beck, S. 379 ff.; Mayer, S. 303 f. In der Auffassung berührt sich manches mit Fichtes achter *Rede an die deutsche Nation*, aus welcher der Schüler Büchner für seine Rede *Heldentod der vierhundert Pforzheimer* eine ganze Passage zitiert (vgl. Lehmann, *Prolegomena*, S. 200 ff.). In diesem Zusammenhang erhält auch der anachronistische Begriff *Weltgeist* in St. Justs Rede einen besonderen Stellenwert (Vgl. Beck, S. 380; Helbig, S. 106 f.; Benn, S. 134 f.).

moralische Natur: meint hier wie im Sprachgebrauch des 18. Jahrhunderts im Gegensatz zur *physischen* die höheren, d. h. seelisch-geistigen Vermögen (als die menschliche *specfica differentia*).

Der 14. Juli, der 10. August, der 31. May: Stationen der Französischen Revolution: Sturm auf die Bastille am 14. Juli 1789 löste die Revolution aus; Sturm der Tuilerien, Gefangennahme des Königs, Errichtung der Commune von Paris am 10. August 1792 (Beginn der radikalen Phase); Erhebung der Girondisten am 31. Mai 1793 (bei der Auseinandersetzung gewinnt schließlich die radikale Bergpartei).

Moses: St. Justs Interpretation von 2. Mose, 14 reflektiert gleichzeitig seine Ideologie.

Töchter des Pelias: Pelias wurde der griechischen Sage zufolge von seinen Töchtern zerstückelt, weil sie, von Medea heimtückisch dazu überredet, ihren Vater durch Zauber zu verjüngen hofften. Daß die Verjüngung nach dem Bericht der griechischen Sage mißlang, unterdrückt St. Just in seinem Vergleich. Die Metapher weist Beck (S. 361 f.) bei Vilate nach; sie findet sich aber auch in *Histoire secrète du Tribunal révolutionnaire* (Mayer, S. 303).

Alle geheimen Feinde der Tyrannei etc.: Diesen Schluß der Rede übernimmt Büchner wörtlich aus *Unsere Zeit* (XII, S. 79); vgl. Thieberger, S. 44, Replik 370.

Brutus: Marcus Junius Brutus (85–42 v. Chr.), Haupt der Verschwörung gegen Cäsar.

III, 1

Das Luxemburg: Das ehemalige Palais d'Orléans wurde von der Revolutionsregierung als Staatsgefängnis benutzt.

Chaumette: Pierre-Gaspard Chaumette (1763–1794), ursprünglich Schiffsjunge, 1792 Prokurator des Gemeinderats, vertrat die sozialen Interessen des Volks, erklärter Atheist, was das Mißfallen Robespierres erregte, nannte sich gern nach dem griechischen Philosophen

»Anaxagoras« (um 500–428 v. Chr.), war als Hébertist schon vor Danton verhaftet worden.

Payne: Thomas Paine (1737–1809), agitierte als Engländer von 1776–1783 für die amerikanische Unabhängigkeit; nach seiner Flucht aus England Mitglied des Nationalkonvents, von Robespierre 1793 als Girondist verhaftet. Im Gefängnis vollendete er *The Age of Reason*; er plädierte hier gegen die Kirche, bestritt aber nicht die Existenz eines Gottes.

Mercier: Louis Sébastian Mercier (1740–1814), französischer Dramatiker und Schriftsteller, großer Einfluß auf die Dichter des Sturm und Drang, nahm aktiv an der Revolution teil, wurde 1793 als Girondist verhaftet. Seine Darstellung *Le Nouveau Paris* (1799) war Büchner bekannt.

katechisiren: im Glauben unterrichten (hier natürlich ironisch).

Es giebt keinen Gott: Zum Thema Gottesbeweise und ihre Varianten bei Pascal vgl. Kobel, S. 108; ebenso Büchners Werke, L 2, S. 150, 236 ff. Andeutungen auch in *Unsere Zeit* (XII, 82 f.): vgl. Thieberger (S. 44, Replik 372) und Mayer (S. 290).

Quod erat demonstrandum: was zu beweisen war.

Spinoza: Mit dem holländischen Philosophen Baruch Spinoza (1632 bis 1677) hatte sich Büchner (vgl. L 2, S. 227 ff.) eingehend beschäftigt und kritisch auseinandergesetzt.

Voltaire: Der bekannte Schriftsteller und Philosoph (1694–1778) war der Hauptvertreter der rationalistischen Richtung der französischen Aufklärung, attackierte zwar Kirche und Religion, lehnte aber die Existenz Gottes nicht ab.

gescheuter: gescheiter (im Sinne von »besser«).

Fels des Atheismus: Vgl. dazu Varianten bei Büchner, L 2, S. 137, 236 ff., 275. Es heißt dort etwa: »Wenn man auf die Definition von Gott eingeht, so muß man auch das Daseyn Gottes zugeben. Was berechtigt uns aber, dieße Definition zu machen?
Der *Verstand*?
Er kennt das Unvollkommene
Das *Gefühl*?
Es kennt den Schmerz« (236 f.).

Kobel (S. 106 f.) verweist auf den historischen Paine, der in *The Age of Reason* einen Glauben verwarf, der der Vernunft ein Ärgernis sei. Zum Thema Schmerz vgl. auch Müller-Seidels Hinweis auf Schopenhauer (S. 216 ff.).

Riß in der Schöpfung: Vgl. Büchners *Lenz*, L 1, S. 98 (»die Welt ... hatte einen ungeheuern Riß«). Fischer (S. 16) verweist in diesem Zusammenhang auf die *Bäder von Lucca,* wo Heine davon redet, »daß die Welt selbst mitten entzweigerissen ist«. Bei Heine spielt das »Mitleid« eine ähnlich wichtige Rolle wie bei Büchner (»Das Mitleid ist ... vielleicht die Liebe selbst«, zitiert bei Fischer, S. 16). Für die Metapher *Riß der Schöpfung* nennt Helbig (S. 110 f.) als mögliche Quelle auch Feuerbachs *Gedanken über Tod und Unsterblichkeit* (Bd. 1, S. 166 ff.). Es ließe sich m. E. auch diese Stelle aus der 16. Nachtwache des Bonaventura anführen: »O rühmt mir nichts von der Selbständigkeit des Geistes – hier liegt seine zerschlagene Werkstatt, und die tausend Fäden, womit er das Gewebe der Welt webte, sind alle zerrissen, und die Welt mit ihnen« (S. 141).

Ich handle meiner Natur gemäß: Diese Anschauung findet sich öfters in *Dantons Tod* (vgl. I, 5; I, 6).

O Philosoph Anaxagoras: Wie gebräuchlich die Bezeichnung für den Atheisten Chaumette war, zeigt auch dieses von Beck mitgeteilte Zitat aus Desmoulins *Le Vieux Cordelier*: »ich glaube, es ist die geschickte Politik dieser Partei, die ... zugunsten der Erneuerung der Sitten, unter der Fahne von Anaxagoras, die Häuser der Freude zugleich mit denen der Religion schloß« (Beck, S. 388).

Madame Momoro: Frau eines mit den Hébertisten hingerichteten Buchhändlers; sie war berühmt wegen ihrer Schönheit und hatte bei Chaumettes »Fest der Vernunft« die Göttin dargestellt.

Rosenkränze: ironische Metapher für ein Symptom der Syphilis.

Er traut noch nicht, er wird sich zu guter Letzt noch die Oelung geben etc.: Kobel verweist hier auf eine Stelle in Paines *The Age of Reason*: »So haben die Juden ihren Moses, die Christen ihren Jesus Christus, ihre Apostel und ihre Heiligen, und die Türken ihren Mahomet; als wenn der Weg zu Gott nicht dem ganzen Menschen-Geschlechte zugänglich wäre« (Kobel, S. 108 f., Anm. 32).

Nun gut, man muß lachend zu Bett gehen: Thieberger (S. 45, Replik 390) verweist auf eine Stelle bei Thiers (VI, S. 211): »Quand les hommes, dit Danton, font des sottises, il faut savoir en rire.«

der böse Genius der Revolution: belegt in Merciers *Le Nouveau Paris*.

Ich wußt' es etc.: Vgl. Riouffe (S. 87): »J'avais un espion qui ne me quittait pas. Je savais que je devais être arrêté« (Thieberger, S. 45, Replik 394). Diese Stelle steht auch wörtlich in *Unsere Zeit* (Suppl. V, S. 63), wie Mayer (S. 291, Replik 394) nachwies. Deutliche Anklänge an Thiers (VI, S. 210 f.) verzeichnet Thieberger, S. 45.

Leichdörner: Hühneraugen.

Was Sie für das Wohl Ihres Landes gethan etc.: wörtliche Anklänge bei Thiers (VI., S. 211); vgl. Thieberger, S. 45, Replik 399. Nach Jansen (S. 33) auch in *Unsere Zeit*, XII, S. 124. Diese Stelle bezieht sich (vgl. Jansen, S. 33) auf die Aktivität Paines im amerikanischen Unabhängigkeitskampf.

Blut der zwei und zwanzig: bezieht sich auf die am 30. Oktober 1793 guillotinierten Girondisten.

Die Macht des Volkes etc.: steht ähnlich bei Mignet II, S. 115 als Äußerung von Hérault de Séchelles; vgl. Thieberger, S. 45, Replik 401.

Nun Generalprocurator der Laterne: in mehreren Quellen belegt;

Mayer (S. 328, Replik 402) verweist paradigmatisch auf *Galerie historique*, IV, S. 188.

Camille Desmoulins hatte die Straßenbeleuchtung in Paris wesentlich verbessert.

das Wort Erbarmen: Camille Desmoulins hatte in seiner Zeitschrift für einen Ausschuß des Erbarmens plädiert (vgl. Meinerts, S. 509).

Meine Herren, ich beklage sehr etc.: Vgl. Thiebergers (S. 45, Replik 406) Hinweis auf Riouffe (S. 85) und Mayers (S. 291) Beleg in *Unsere Zeit* (Suppl. V, S. 61).

III, 2

Fouquier-Tinville: Antoine-Quentin Fouquier-Tinville (1746–1795), seit 1793 öffentlicher Ankläger beim Revolutionstribunal; auf dessen Antrag wurden unter anderem auch Danton und Robespierre guillotiniert, 1795 wurde er selbst verurteilt.

Herrmann: Martial-Joseph-Armand Herman (1749–1795), Präsident des Revolutionstribunals; wurde dann nach dem Tode seines Förderers Robespierre 1795 hingerichtet.

Alles bereit? etc.: Vgl. Thiebergers Hinweis (S. 45, Replik 407) auf Thiers (VI, S. 215), wo Anhaltspunkte für die Szene zu finden sind.

Wir losen nicht: Die Geschworenen sollen nicht, wie üblich, nach dem Los bestimmt werden.

Heckefeuer: Dieser ursprünglich militärische Ausdruck bedeutet hier die gleichzeitige Verurteilung mehrerer Angeklagter. In *Unsere Zeit* (XII, S. 20) steht die Erläuterung: »Waren mehrere Angeklagte auf einmal zu verdammen, so sagten die Geschworenen: Heckefeuer!« (Viëtor, S. 372; Thieberger, S. 45, Replik 415; Mayer, S. 291) Der Ausdruck steht auch in *Unsere Zeit*, Suppl. V, S. 78 (»Reihen-Feuer«); XII, S. 232 (»Heckefeuer«) und bei Riouffe (»feu de file«, S. 82, 111).

Die vier Fälscher: Chabot, Delauni, Basire und Fabre d'Eglatine; vgl. entsprechende Anmerkung zu I, 6. Belegstelle bei Thiers (VI, S. 216) gibt Mayer, S. 320, Replik 415; vgl. Beck, S. 358.

Banquiers: die Österreicher Junius und Immanuel Frey, die mit Chabot verschwägert waren.

Fremde: der Spanier Gusman und der Däne Diederichs waren ebenfalls in den Fälschungsskandal verwickelt.

Leroi (Dix-Août): schwerhöriger Geschworener des Revolutionstribunals; vgl. Mayer, S. 301.

Vilatte und Lumière, ... Girard ... Renaudin: alles Geschworene des Revolutionstribunals. Beck (S. 358, Anmerkung 37) führt in diesem Zusammenhang an, daß Büchner hier die beiden Prozesse gegen die Dantonisten und gegen die Hébertisten »kombiniert«. Er weist die obigen Namen im *Moniteur* (Bd. 20, S. 696; Bd. 21, S. 560; Bd. 24, S. 393, 401) nach. Für die Charakterisierung dieser Personen lassen sich allerdings in der Quelle keine Anhaltspunkte finden.

Zu den von Beck als Quellen für *Dantons Tod* angezogenen Schriften *Causes secrètes* und *Mystères* von Vilate merkt Mayer (S. 300 ff.) kritisch an, daß die obigen Namen nicht nur in *Unsere Zeit* (XII, S. 206; XIII, S. 461, 464) erwähnt werden, sondern die von Beck vermißte Charakteristik auch in M. de Proussinalles *Histoire secrète du Tribunal révolutionnaire* (Paris 1815) enthalten sei.

man solle allen Verurtheilten ... zur Ader lassen um sie ein wenig matt zu machen: ähnlich in *Unsere Zeit* (XIII, S. 463); vgl. Mayer, S. 301.

III, 3

Conciergerie: Gefängnis in unmittelbarer Nähe des Justizpalastes; auch »Vorhalle der Guillotine« genannt. Früher königliche Burgvogtei am Quai de l'Horloge (vgl. B, S. 640).

Wie, so viel Unglückliche bis *Paris eine Schlachtbank sey*: Die Vergleichsstellen bei Riouffe (S. 88 f.) und Thiers (VI, S. 214) verzeichnet Thieberger S. 45 f., Repliken 423, 424; wahrscheinlicher als Quelle erscheint jedoch *Unsere Zeit* (Suppl. V, S. 63 f.), wie Mayer näher (S. 291 f.) ausführt.

Die Gleichheit schwingt ihre Sichel über allen Häuptern ..., die *Guillotine republicanisirt!*: wörtliche Parallelen in *Unsere Zeit* (XI, S. 11; XII, S. 19); vgl. Mayer, S. 321, Replik 425.

die Römer: Anspielung auf das Selbstverständnis der französischen Republikaner. In *Der achtzehnte Brumaire des Louis Bonaparte* formuliert Karl Marx das Rollenverhalten später dergestalt: »die Revolution von 1789–1814 drapierte sich abwechselnd als römische Republik und als römisches Kaisertum.«

Geht einmal euren Phrasen nach etc.: Helbig (S. 105) versteht diese Stelle als Adaption eines philosophischen Zitats aus Hegels *Phänomenologie des Geistes*.

Bajazet: Bajasid, osmanischer Sultan (1347–1403), eroberte die Balkanländer, belagerte Konstantinopel, besiegte Ungarn, wurde 1402 von Timur geschlagen.

Es ist jetzt ein Jahr, daß ich das Revolutionstribunal schuf etc.: Ähnlich bei Riouffe (S. 86 f.), genauer im Wortlaut bei Thiers (VI, S. 213), *Unsere Zeit* (Suppl. V, S. 62) und *Galerie historique* (IV, S. 118); vgl. Thieberger, S. 46, Replik 426, und Mayer, S. 292 f., 327 f.

Septembermorden: vom 2. bis 5. September 1792 wurden in Paris 1600 Gefangene auf Veranlassung Dantons getötet; darunter befanden sich neben den Royalisten 300 Priester.

Meine Herren ich hoffte Sie Alle dießen Ort verlassen zu machen etc.: Parallelstellen in *Galerie historique* (IV, S. 118) und bei Mignet (II, S. 169); vgl. Mayer, S. 327 und Thieberger, S. 46, Replik 426 (fin), 428.

III, 4

Meine Wohnung ist bald im Nichts und mein Name im Pantheon der Geschichte: von Thieberger (S. 46, Replik 430) nachgewiesen in *Unsere Zeit* (XII, S. 107, 112) und bei Mignet (II, S. 171); Mayer (S. 327) gibt zusätzlich einen mit Mignet nahezu identischen Beleg in *Galerie historique* (IV, S. 119).

Pantheon: ursprünglich ein Heiligtum aller Götter; hier im Sinne einer Gedächtnisstätte bedeutender Männer.

Danton, der Convent beschuldigt Sie etc.: Quelle eindeutig Thiers (VI, S. 217); vgl. Thieberger, S. 46, Replik 431: »Danton … la Convention vous accuse d'avoir, conspiré avec Mirabeau, avec Dumouriez, avec d'Orléans, avec les Girondins, avec l'étranger, et avec la faction qui veut rétablir Louis XVII.«

Mirabeau: Honoré-Gabriel de Riqueti, Graf von Mirabeau (1749–1791), maßgeblicher Revolutionsführer während der ersten Phase, 1791 Präsident der Nationalversammlung, konspirierte heimlich mit dem Königshaus, was erst nach seinem Tode bekannt wurde; man entfernte dann seine Leiche aus dem französischen Pantheon (seit 1790 die Grabstätte berühmter Franzosen).

Dumouriez: Vgl. Anmerkung zu II, 7, S. 109.

Orléans: Louis-Philippe, Herzog von Orléans (1747–1793), entstammte einer Seitenlinie des Königshauses, Parteigänger der Revolution, stimmte in der Nationalversammlung für den Tod des Königs, wurde 1793 guillotiniert, weil er im Verdacht stand, selbst Ambitionen auf den Thron zu haben.

den Fremden: gemeint sind die ausländischen Feinde der Republik, mit denen die Royalisten in Kontakt standen.

Ludwig des XVII.: Ludwig XVII. (1785–1795), am 21. 1. 1793 von der royalistischen Partei zum König ausgerufen, starb am 8. Juni 1795 in Gefangenschaft.

Meine Stimme, die ich so oft für die Sache des Volkes etc.: Wortlaut ähnlich bei Thiers (VI, S. 217 f.); vgl. Thieberger, S. 46, Replik 432. Anklänge auch an die historische Rede Dantons vom 3. 12. 1793 (Reden der Französischen Revolution, S. 329 f.).

die Kühnheit ist dem Verbrechen, die Ruhe der Unschuld eigen: ebenso bei Thiers (VI, S. 218) und ähnlich in *Unsere Zeit* (XII, S. 107); vgl. Thieberger, S. 47, Replik 433.

Privatkühnheit ist ohne Zweifel zu tadeln etc.: Wörtliche Parallele dieses Redeteils bei Thiers (VI, S. 218 f.) und wörtliche Anklänge in *Unsere Zeit* (XII, S. 107 f.); vgl. Thieberger, S. 47, Replik 434.

Ich fordere Sie auf mit Ruhe zu antworten …: Vgl. Thiers (VI, S. 219 f.), Thieberger, S. 48, Replik 435.

gedenken Sie Marats: Marat war 1793 angeklagt, aber vom Revolutionstribunal freigesprochen worden.

Sie haben die Hände an mein ganzes Leben gelegt etc.: Die Recht-

fertigung Dantons teilweise wörtlich bei Thiers (VI, S. 220 f.) vorgeprägt (Thieberger, S. 48, Replik 436); die Stelle *Wer sind denn die
privilegirten Wesen, von denen er seine Energie borgte?* weist Mayer
(S. 321) wörtlich in *Unsere Zeit* (XII, S. 109 f.) nach.

Marsfelde: Am 17. Juli 1791 fand hier eine Unterschriftenaktion
für die Absetzung des Königs statt, was zu blutigen Auseinandersetzungen führte.

10. August: Am 10. August 1792 Sturm der Tuilerien und Sus-
pendierung des Königtums.

21. Januar: Am 21. Januar 1793 Hinrichtung Ludwig XVI.

Hören Sie die Klingel nicht? wörtlich in *Unsere Zeit* (XII, S. 111),
Thieberger, S. 48, Replik 437 (Anklänge bei Thiers, VI, S. 221).

Die Stimme eines Menschen etc.: wörtlich bei Thiers (VI, S. 221)
und ähnlich in *Unsere Zeit* (XII, S. 111); vgl. Thieberger. S. 48, Replik 438.

September: Vgl. Anmerkung zu Septembermorde (S. 114).

Ihre Stimme ist erschöpft: Anklänge bei Thiers (VI, S. 221), Thieberger, S. 48, Replik 439.

Jetzt kennt Ihr Danton etc.: Vorlage in *Unsere Zeit* (XII, S. 111),
Thieberger, S. 48, Replik 440: »Seit zwei Tagen kennt das Tribunal
Danton; morgen hofft er im Schoße des Ruhms zu entschlummern.«

III, 5

Dillon: Arthur Dillon (1750–1794), 1792 General der Ardennenarmee,
1794 als Girondist guillotiniert.

Laflotte: bei Thiers (VI, S. 222 f., 225 f.) erwähnt, Mitgefangener
von Dillon, dessen Plan zur Befreiung Dantons er verrät (vgl. III, 6).
Für den thematischen Zusammenhang dieser Szene vgl. Darstellung bei
Thiers, VI, S. 222 ff. (Thieberger, S. 48 f.).

Brücken: Der Justizpalast befand sich auf der Ile de la Cité.

Decemvirn: Mitglieder des Wohlfahrtsausschusses; vgl. Anm., S. 104.

rechtschaffnen Leute: Thieberger (S. 197) übersetzt hier *honnêtes
gens*; honnête homme, ursprünglich Menschenideal im 17. Jahrhundert, bezeichnet nach Jancke (S. 197 f.) um diese Zeit die Bourgeois.
In *Unsere Zeit* (VII, Heft 26) wird der Begriff bezogen auf »vorzüglich französische Altadelige« (Mayer, S. 317, Replik 27 f.). Mir
scheint die Version bei Thiers (*les bons républicains*, VI, S. 222 f.)
aber nahezulegen, daß Dillon mit den »rechtschaffnen Leuten« in diesem Kontext die »anständigen, guten Republikaner« meint.

Man könnte das Leben ordentlich wieder lieb haben etc.: Helbig (S.
140 f.) sieht in den Ausführungen Laflottes Spuren eines Bibelzitats
(Hiob 17, 13–16).

behaglicher Oedipus: Ödipus erschlug, wie es ihm in der griechischen Sage ein Orakel prophezeit hatte, seinen Vater und heiratete
seine Mutter, die ihm beide unbekannt waren.

Assignaten: Papiergeld während der Revolutionszeit (1796 aus dem Verkehr gezogen).

Tertie: sechzigster Teil einer Sekunde.

Schmerz ist die einzige Sünde: Vgl. die Äußerung Paynes in III, 1.

III, 6

Barrère: Vgl. Anmerkung zu I, 5, 6.

Billaud-Varennes: Jacques-Nicolas Billaud-Varennes (1756–1819), Anhänger Robespierres, der dann aber später zu dessen Fall beitrug; 1795 nach Cayenne deportiert, starb in der Verbannung in Santo Domingo. Einzelheiten zu seinem Charakter fand Büchner bei Thiers und in *Unsere Zeit* (vgl. B, S. 632 f.).

Was schreibt Fouquier? / Das zweite Verhör ist vorbey etc.: Mayer (S. 331, Repliken 463 ff.) verweist hier auf M. de Proussinalles *Histoire secrète* (II, S. 79 f., 83) als Quelle.

Danton parodirte den Jupiter ... und *Um so leichter wird ihn Samson daran packen*: Mayer (S. 330, Replik 465 f.) entdeckte Parallelen in dem Artikel *Luxembourg* des *Almanach des prisons* (II, S. 154) und in *Galerie historique* (VI, S. 111).

Samson: eigentlich Sanson; Henri Sanson (1767–1840) wurde nach dem Tode seines Vaters Charles (1740–1793) Scharfrichter von Paris.

insolente: unverschämt, frech.

Aristocratie der Menschenverachtung: Vgl. Büchners Brief vom Februar 1834 (L 2, S. 423, 16 ff.).

hörnerne Siegfried: nach der Sage durch Baden in Drachenblut (abgesehen von einer Stelle zwischen den Schultern) unverwundbar.

Septembrisirten: Anspielung auf die Septembermorde; siehe Anmerkung zu II, 1.

Was sagt Robespierre? und *Er thut als ob er etwas zu sagen hätte*: belegt bei Thiers (VI, S. 225); vgl. Mayer, S. 321, Replik 469 f.

Die Geschworenen müssen sich ...: Vgl. *Unsere Zeit* (X, S. 418; XII, S. 116), Thiers (IV, S. 222) und *Histoire secrète* (II, S. 84 f.). Mayer (II, S. 225 f.) weist noch auf drei andere Quellen hin, die dem Wortlaut entsprechen.

Wagt! Danton soll uns das Wort nicht umsonst gelehrt haben: In *Unsere Zeit* (XII, S. 74) heißt es: »Wagt! Dieses Wort enthält die ganze Politik unserer Revolution« (Mayer, S. 321). Anspielung auf eine berühmte Rede Dantons vom 2. 9. 1972, die in dem Appell »Mut, nochmals Mut, immer Mut« gipfelte (vgl. Meinerts, S. 510; Reden der Französischen Revolution, S. 180 f.).

Das ist unnöthig, so viel Mühe weniger für den Scharfrichter: ähnlich in *Unsere Zeit* (XII, S. 14).

Wohl eine von denen etc.: Anklänge in *Unsere Zeit* (XII, S. 14 f.).

Lucrecia ... Tarquinius: Vgl. Anmerkung zu I, 2.

Madame verlangt den Tod etc.: Vgl. *Unsere Zeit* (XII, S. 14): »Es ist noch nicht lange genug, daß du den Tod wünschest.«

Eben erhalte ich eine Denunciation etc.: Vgl. für den Zusammenhang (Repliken 482–484) Bericht bei Thiers (VI, S. 225 f.); Thieberger, S. 49.

Der Convent muß decretiren etc.: wörtlich bei Thiers (VI, S. 226);
Thieberger, S. 49, Replik 488.

decretiren: ein Dekret erlassen.

Ich werde ihnen sagen etc.: Die ganze Passage ist wörtlich belegt in
Unsere Zeit (XII, S. 39); sie stammt ursprünglich aus Robespierres
Konventsrede *Über die Prinzipien der politischen Moral* (»Sur les prin-
cipes de morale politique«), abgedruckt in *Reden der Französischen
Revolution*, S. 341 ff. Vgl. dazu auch Jancke, S. 206 f. und Mayer II,
S. 230.

der Consul, welcher die Verschwörung ... entdeckte: gemeint ist
Marcus Tullius Cicero (106–43 v. Chr.), seit 63 v. Chr. Konsul; er
zwingt Catilina zum Verlassen Roms und läßt die Rädelsführer der
Verschwörung hinrichten.

Semele: Zeus (römische Version: Jupiter) erschien Semele nach der
griechischen Sage in Donner und Blitz; sie wurde dabei von dem
Feuer verzehrt. Frenzel (S. 63) verweist in diesem Zusammenhang auf
eine Stelle bei Musset und Helbig (S. 139) auf 2. Mose 19, 16 und
20, 18.

Specificum gegen die Lustseuche: besonderes Heilmittel gegen Syphilis.

Moderirten: die politisch Gemäßigten.

Clichy und *Demahy*: Clichy ist eine Stadt in der Nähe von Paris;
hier feierten, wie auch *Unsere Zeit* überliefert (XII, S. 233), die Mitglieder der Wohlfahrts- und Sicherheitsausschüsse in den »schönsten
Landhäusern« ihre Orgien (Thieberger, S. 50, Replik 499). Vilate erzählt in *Causes secrètes*, daß Barère in Clichy »ein Lusthaus« besaß
und seine Mätresse die Courtisane »la Demahy« war (Beck, S. 360).
Die Kurtisane Demahy wird auch in *Histoire secrète* erwähnt (Mayer,
S. 302 f.; ebenso Thieberger, Situation I, S. 259 f.).

Haarstern: Komet.

Er ist ein impotenter Mahomet: In älteren Ausgaben steht fälsch-
licherweise »Masonet«, bei Bergemann (ab der 6. Auflage 1953) heißt
es dann »Masoret« (S. 65), bis Friedrich Beißner 1960 die richtige
Lesart vorschlägt (unabhängig von ihm hatte auch Hans Wahl diese
Lesung Thieberger nahegelegt).

Den Begriff führt Thieberger auf Voltaires Tragödie *Mahomet ou
le fanatisme* (von Goethe übersetzt; vgl. dazu auch Lehmann, Robespierre etc., S. 212 ff., Beck, S. 372 f. und Thieberger, Situation I, S.
260) zurück, und Lehmann verweist auf Fichtes 8. *Rede an die deutsche Nation*, wo Büchner in dem Begriff das Modell eines »Apostel-
Tyrannen« (Beck, S. 370) vorfand. Wie verbreitet der Ausdruck »neuer
Mahomet« um diese Zeit war, zeigen entsprechende Belege in *Unsere
Zeit* (XII, S. 242; Mayer, S. 306; vgl. dazu Jancke, S. 172 ff.) und in

Vilates *Causes secrètes* und *Mystères* (Beck, S. 370 ff.). Kobel, der
ebenfalls diese Stelle diskutiert (S. 90 ff.), macht auf Pascals *Pensées*
aufmerksam, wo Mahomet als Gegenfigur zu Christus verstanden
wird. Es heißt dort: »Mahomet ist ohne Beglaubigung. Seine Argumente müßten also sehr stark sein, da sie auf ihre eigene Überzeu-
gungskraft angewiesen sind« (Br. 595). In einem anderen Fragment
ist davon die Rede, daß Mahomet im Gegensatz zu Christus töte,
während der letztere die Seinen den Märtyrertod erleiden lasse (Kobel, S. 92). Bereits Beck (S. 374) wies auf den Zusammenhang von
Mahomet-Motiv und Messias-Ideologie hin. Daß Mahomet als Syno-
nym für Visionär, Schwärmer, Enthusiast zum festen Bestand der
Charaktertypologie des 18. Jahrhunderts gehörte, mag dieses meines
Wissens noch nicht herangezogene Zitat aus Kants *Versuche über die
Krankheiten des Kopfes* (1764) belegen: »Die Schwärmerei führt den
Begeisterten auf das Äußerste, den *Mahomet* auf den Fürstenthron,
und den *Johann von Leyden* aufs Blutgerüst.« Auch für Kant gibt es
»kein gefährlicheres Blendwerk« als diesen Mahomet-Typ, diesen
schwärmerischen Apostel-Tyrannen. Bei Büchner steht die Bezeichnung allerdings im Kontext der Clichy-Orgien.

Septembriseurs: Septembermörder; vgl. dazu Anmerkung zu III, 3.

Als die Septembriseurs in die Gefängnisse drangen etc.: Parallele in
Unsere Zeit (VI, S. 8), Mayer, S. 321, Replik 505.

III, 7

Nicht wahr, wenn der Tod etc.: Die bestimmende Todes-Thematik
führt Helbig (vgl. dort die Gegenüberstellung von Quelle und Text,
S. 108–122) auf Feuerbachs *Gedanken über Tod und Unsterblichkeit*
(Bd. 1, S. 88, 93, 169, 208 f. 259 f.) zurück. Vgl. Parallelstelle zu
Tiecks *William Lovell* bei Benn, S. 148, 293, Anmerkung 60 (Replik
507): »Ach, noch weit entsetzlicher ist das einsame Krankenbette, in das
der Tod nach und nach hineinkriecht, sich mit uns unter einer
Decke verbirgt und so vertraulich tut.«

Pakten: Ehevertrag.

Da liegen allein, kalt, steif ...: Vgl. Shakespeares *Maß für Maß*
(III, 1): »Da liegen, kalt und regungslos und faulen« (Benn, S. 292,
Anmerkung 41).

*Wir sind die Herbstzeitlose, welche erst nach dem Winter Samen
trägt*: Feuerbach (S. 93) spricht von der »farbenverbleichten Herbst-
zeitlosen der Unsterblichkeit« als dem »matten Traumbild des lebendigen frischen Blumenflors«.

Versenke dich in was Ruhigeres, als das Nichts ...: Bei Feuerbach
(S. 208) heißt es: »Im Tode sinkst du ermüdet von der den Einzelnen anstrengenden, ihn verzehrenden, brennenden Sonnenhitze des
Bewußtseins in den ewigen Schlaf und die bewußtlose Ruhe des Nichts
zurück.« Für Parallelstellen bei Jean Paul vgl. Smeed, S. 33.

etwas kann nicht zu nichts werden!: Dieser alte Grundsatz der griechischen Philosophie steckt auch in folgender Anmerkung Büchners zu Spinoza (L 2, S. 237, 35 ff.): »da aus *etwas* unmöglich *nichts* werden kann, so ist es auch unmöglich, daß ein Ding durch irgend etwas anderes an seinem Daseyn *absolut* verhindert werden könnte.«

Das Nichts hat sich ermordet ...: Vgl. dazu *Leonce und Lena,* I, 3 (L 1, S. 118, 11 ff.). In der 8. Nachtwache von Bonaventura heißt es: »Es ist alles Nichts und würgt sich selbst auf und schlingt sich gierig hinunter, und eben dieses Selbstverschlingen ist die tückische Spiegelfechterei« (S. 75).

der ewige Jude: Die im 18. und 19. Jahrhundert verbreitete Sage vom wandernden ewigen Juden Ahasverus geht auf das Volksbuch *Kurze Beschreibung und Erzählung von einem Juden mit Namen Ahasvarus* (1602) zurück.

das Nichts ist der Tod, aber er ist unmöglich: Feuerbach (S. 259) definiert: »der Tod ist so ein gespenstisches Wesen, daß er nur ist, wenn er nicht ist, und daß er nicht ist, wenn er ist.«

Oh nicht sterben können: Jacobs (S. 150) verweist bei dem Liedzitat überzeugend auf Schubarts Gedicht *Der ewige Jude,* in dem Ahasver ruft: »Ha! nicht sterben können! nicht sterben können.« Vgl. auch Chamissos Gedicht *Der neue Ahasverus* (Jacobs, S. 132).

Ja wer an Vernichtung glauben könnte!: Feuerbach (S. 260) führt aus: »Der Tod ist keine positive Vernichtung, sondern eine sich selbst vernichtende Vernichtung« und definiert den Tod als »Schein, Vorstellung, nicht Wirklichkeit«.

das Leben eine verwickeltere, organisirtere Fäulniß: Vgl. dazu Bonaventuras 8. Nachtwache: »... es ist aber das eigentliche Nichts und der absolute Tod, da das Leben im Gegenteile nur durch ein fortlaufendes Sterben entsteht« (S. 75).

ich wäre eine Handvoll gemarterten Staubes: Für Helbig steckt darin ein Bibelzitat aus Hiob 17, 13–16 (S. 140).

III, 8

Amar: Jean-Baptiste-André Amar (1755–1816), ursprünglich ergebener Parteigänger Robespierres, betrieb später mit Vadier im Sicherheitsausschuß dessen Sturz (so wie Billaud-Varenne, Collot d'Herbois und Barère im Wohlfahrtsausschuß).

Vouland: wie Amar Mitglied des Sicherheitsausschusses. Vouland wird bei Thiers (VI, S. 226 f.; Thieberger, S. 50) und in *Histoire secrète* (II, 83 f.) zusammen mit Amar erwähnt. Die ganze Szene ist dort vorgebildet (vgl. Mayer, S. 332, Replik 519 ff.; kritische Einwände in Mayer II, S. 223 f.).

Das wird sie zufrieden stellen: Nach Auskunft Lehmanns steht in der Handschrift »Das wird *Sie* zufrieden stellen«. Zur Diskussion dieser Stelle vgl. Mayer, S. 332, Anmerkung 102; Jancke, S. 205 f.; Mayer II, S. 223 f.

III, 9

Citadelle: Stadtfestung.

Ruhe im Namen der Republik etc.: Vorgänge dieser Szene bei Thiers (VI, S. 226 f.) belegt; vgl. Thieberger, S. 50, Repliken 524 bis 526.

Ich frage die Anwesenden etc.: nahezu wörtlich in *Histoire secrète* (II, S. 82); vgl. Mayer, S. 333, Replik 525 f.

Die Elenden, sie wollen meine Lucile morden!: Bei Thiers (VI, S. 227): »Les scélérats! non contens de m'égorger, moi, ils veulent égorger ma femme!« (vgl. Mayer, S. 293 f., Replik 527; siehe auch Riouffe bei Thieberger, S. 50).

Eines Tages wird man die Wahrheit erkennen etc.: nahezu wörtlich bei Thiers (VI, S. 227); vgl. Thieberger, Replik 528. Mayer (S. 333) weist die Stelle *Das ist die Dictatur* etc. auch in *Histoire secrète* (II, S. 82) nach.

die Fremden: die ausländischen Feinde der Revolution (Erster Koalitionskrieg, 1792–1797).

III, 10

Ein Volkshaufe: Vgl. zu dieser Szene Shakespeares *Coriolan*, I, 1 (Jansen, S. 87 f.).

August/September: Vgl. Anmerkung zu I, 2 (S. 94).

Lafayette: Vgl. Anmerkung zu II, 7 (S. 109).

Danton hat schöne Kleider etc.: Anklänge an Büchners *Der Hessische Landbote* (L 2, S. 44).

Veto: Königliches Einspruchsrecht (vgl. B, S. 676).

Herzog von Orléans: war verdächtigt worden, nach der Krone zu streben (vgl. Anmerkung zu III, 4).

Der Fremde: Gemeint ist wahrscheinlich William Pitt der Jüngere (1759–1806), der seit 1793 der eigentliche Führer der europäischen Koalitionen gegen das revolutionäre Frankreich war.

IV, 1

Sie giebt ihm eine Locke: Beck (S. 350) führt das Motiv auf einen Brief Camille Desmoulins an seine Frau Lucile zurück (vgl. dazu die Einwände Mayers, S. 298).

IV, 2

Dumas: René-François Dumas (1758–1794), getreuer Anhänger Robespierres, einer der Präsidenten des Revolutionstribunals, wurde wie sein Kollege Herman mit Robespierre am 27. Juli 1794 hingerichtet. Vgl. *Unsere Zeit*, XII, S. 233 (Thieberger, S. 50).

Das Revolutionstribunal wird unsere Ehescheidung aussprechen . . .: *Unsere Zeit* enthält u. a. die Bemerkung: »Seine Frau . . . ließ er in den Luxemburg einsperren, um sie den 10. Thermidor umbringen zu lassen, glücklicherweise rettete ihr der 9. das Leben« (Thieberger, S. 50, Replik 549).

Brutus: hier sicher Lucius Junius Brutus, der nach der Sage Rom von der Herrschaft der Tarquinier befreite und 509 v. Chr. einer der beiden Konsuln wurde. Der Sage zufolge verurteilte er seine beiden Söhne zum Tode; sie hatten die Herrschaft der Tarquinier unterstützt.

IV, 3

nach Platon: Die Anspielung läßt sich nicht auf einen Dialog des griechischen Philosophen Platon (427–347 v. Chr.) beziehen; wahrscheinlich freie Ironisierung des Platonismus (vgl. B, S. 666; Jansen, S. 40).

Samson: Vgl. Anmerkung zu III, 6 (S. 117).

Doch hätte ich anders sterben mögen etc.: Helbig (S. 118 f.) verweist hier auf Feuerbachs *Gedanken über Tod und Unsterblichkeit* (S. 266 ff.): »Toren sagen, das Leben sei ein bloßer, leerer Schall, vergehe wie der Hauch, verwehe wie der Wind. Aber das Leben ist Musik, jeder Augenblick eine Melodie oder ein erfüllter, seelenvoller, geistreicher Ton.«

Ich lag so zwischen Traum und Wachen etc.: Vgl. Büchners *Lenz* (L 1, S. 98 f.): »Dann gerieth er zwischen Schlaf und Wachen in einen entsetzlichen Zustand; er stieß an etwas Grauenhaftes, Entsetzliches, der Wahnsinn packte ihn, er fuhr mit fürchterlichem Schreien, in Schweiß gebadet, auf . . .«

Die Nachtgedanken: *The Complaint, or Night Thoughts*, Dichtung des Engländers Edward Young (1683–1765) über Leben, Tod und Unsterblichkeit in 10 000 Blankversen, die auch in der deutschen Literatur des 18. Jahrhunderts (Empfindsamkeit) von starkem Einfluß waren. Beck (S. 353 f.) führt die Erwähnung auf einen Brief Camilles und ein Vorwort zum *Vieux Cordelier* zurück; Mayer (S. 299) auf den Artikel *Luxembourg* des *Almanach des Prisons*. Das beweist hinreichend, wie verbreitet die Zuordnung der *Nachtgedanken* zu Camille waren.

die Pucelle: das ironisch-satirische Versepos *La pucelle d'Orléans* von Voltaire (1694–1778); Entmythologisierung der Jungfrau von Orleans, voller erotischer Anzüglichkeiten. Beck (S. 324) hielt den Hinweis auf das Versepos für eine Erfindung Büchners, aber Mayer (S. 300) konnte ihn inzwischen in dem Artikel *Luxembourg* des *Almanach des Prisons* belegen.

IV, 4

Ein Schließer, zwei Fuhrleute . . .: Vgl. zu dieser Szene Shakespeares *Hamlet* V, 1 (Jansen, S. 88 ff.).

Bestallung: Auftrag.

sous: französische Münze.

métier: Beruf.

Revolutionsplatz: dort fanden die Hinrichtungen statt.

Quarantän: vierzigtägige Beobachtungszeit, während welcher der Kranke isoliert gehalten wird.

Camille, Camille! etc.: Vgl. dazu Thiers (VI, S. 234; zitiert bei Thieberger, S. 51, Replik 602) und *Galerie historique* (IV, S. 191; zitiert bei Mayer, S. 328).

mit dem langen Steinrock und der eisernen Maske: Für die Stelle, die Höllerer (Dantons Tod, S. 72) noch als surreal verstand, fand Beck (S. 350 f.) Anklänge in einem Brief Camille Desmoulins an seine Frau Lucile (1. April 1794). Camille spricht dort von »schrecklichen Gitterstäben«, die ihn von Lucile trennten. Die »schrecklichen Gitterstäbe«, so interpretiert Beck (S. 351), erscheinen Lucile als »eiserne Maske« vor dem Gesicht ihres Geliebten (vgl. auch Beck, S. 350, Anmerkung 16). Hinweis auf die »Eiserne Maske« auch in *Unsere Zeit* (I, S. 10), wie Mayer (S. 299) feststellt, doch mit dem Ruf »Lucile! Lucile!« am Schluß der Szene erscheint Camilles Brief als Quelle wahrscheinlicher zu sein.

Es stehn zwei Sternlein an dem Himmel: die ersten beiden Verse nach dem Volkslied *Stehn zwei Stern am hohen Himmel*, Rest wahrscheinlich freie Variation Büchners. Vgl. dazu Helbig, S. 132, Anmerkung 80.

unleidliche Tracht: Anspielung auf den »langen Steinrock« und die »eiserne Maske«.

IV, 5

Du bist jetzt ruhig, Fabre: Für diese Szene, in der Danton zu dem kranken Fabre d'Eglantine (vgl. Anmerkung zu II, 7, S. 109), der im nächsten Zimmer liegt, hineinspricht, findet Beck (S. 352) ebenfalls Anhaltspunkte in dem langen Brief Camilles an seine Frau. Mayer (S. 299, Repliken 606–608) erinnert jedoch an folgende Stelle aus *Unsere Zeit* (Suppl. Bd. V, S. 64 f.): »Fabre d'Eglantine, krank und schwächlich, war mit nichts als einem Lustspiel in fünf Acten, das er seinem Vorgeben nach in den Händen des öffentlichen Wohlfahrts-Ausschusses gelassen hatte, und mit der Furcht, daß Billaud-Varennes ihm solches stehlen möchte, beschäftigt.« Das deutet schon auf das bereits von Bergemann (S. 641) beobachtete französische Wortspiel um *des vers* (Doppelbedeutung von »Verse« und »Würmer«). So wie Faber ein Lustspiel mit Versen füllt, werden die Dantonisten bald die Würmer ernähren, deutet Mayer die Stelle. Noch genauer überliefert das Wortspiel allerdings eine ins Deutsche übersetzte Briefsammlung von Helen Maria Williams (*Letters containing a sketch of the politics of France ...*, 3 Bde., London 1795); dort sagt Danton zu Fabre d'Eglantine: »Eh bien, nous deviendrons tous poetes, nous allons tous faire des vers« (Mayer II, S. 226 f.; vgl. dazu Sieß, S. 10 f.).

Wir waschen unsere Hände: zu ergänzen »in Unschuld« (Matth. 27, 24).

Ich lasse Alles in einer schrecklichen Verwirrung etc.: Parallelen bei Riouffe (S. 67, 87), Thiers (VI, S. 213), *Unsere Zeit* (Suppl. Bd. V, S. 62; XII, S. 124), Mignet (II, S. 172) und *Galerie historique* (IV, S. 118); vgl. dazu Thieberger, S. 51, Replik 610, und Mayer, S. 294, 327, Replik 610. Die Wendung
wenn ich Robespierre meine Huren und Couthon (Georges-August Couthon, 1755–1794, Anhänger Robespierres, war gelähmt) *meine Waden hinterließe* ist ähnlich bei Riouffe, wörtlich in *Unsere Zeit* überliefert.
Advokaten von Arras: Robespierre.
Clytemnaestra: Sie tötete nach der griechischen Sage ihren Mann Agamemnon nach dessen Rückkehr aus Troja.
ich lasse ihm keine sechs Monate Frist, ich ziehe ihn mit mir: ähnlich bei Mignet (II, S. 172), in *Unsere Zeit* (XII, S. 124) und *Galerie historique* (IV, S. 119); vgl. Thieberger, S. 51, Replik 612, und Mayer, S. 327.
fixen Ideen: Wahnvorstellung; vgl. Goethes *Werther,* wo ein Unglücklicher geschildert wird, der am glücklichsten im Tollhaus war, weil er dort »nichts von sich wußte«. In der 9. Nachtwache des Bonaventura heißt es, daß wir Menschen »bloß an verschiedenen fixen Ideen« laborieren, »wo nicht an einem totalen Wahnsinn, bloß mit kleinen Nuancen«, und in der 15. Nachtwache steht: »Die Menschheit ist im ganzen, wenn sie nicht gerade an fixen Ideen leidet, eine ehrliche einfältige Haut.«
Die Esel werden schreien etc.: Bei Riouffe (S. 88) heißt es: »les f... (foutues) bêtes, ils crieront: Vive la république! en me voyant passer« (Thieberger, S. 51, Replik 614). In *Unsere Zeit*: »Die Erzdummköpfe werden, wenn sie mich vorbeigehen sehen, schreien: Es lebe die Republik!« (Mayer, S. 295). In beiden Quellen handelt es sich um einen Ausspruch Dantons.
Simson: Simson erschlug nach Richter 15, 15 tausend Feinde mit dem Kinnbacken eines Esels. Dieser Sachverhalt erscheint hier gerade umgedreht, indem Büchner mit dem biblischen Namen auf den Scharfrichter Samson (vgl. Anmerkung zu III, 6) anspielt. Sowohl Simson als auch Samson sind Kainsbrüder, weil sie töten wie Kain (seinen Bruder Abel). Zum Thema Bibelstelle als Textintegrat vgl. Helbig, S. 138.
Sie sind Cainsbrüder: wörtlich in *Unsere Zeit* (XII, S. 124); ähnlich auch bei Riouffe (S. 87), Thiers (VI, S. 213). Vgl. Thieberger, S. 51, Replik 617, ebenso Mayer, S. 295.
Nero: der berüchtigte römische Kaiser und Tyrann (37–68).
Nichts beweißt mehr, daß Robespierre ein Nero ist etc.: In *Unsere Zeit* (Suppl. V, S. 63) ist die Stelle als Ausspruch Dantons so überliefert: »Daß Robespierre ein Nero ist, beweist der Umstand, daß er mit Camille Desmoulins nie so freundschaftlich gesprochen hat, als am Tage vor seiner Verhaftung« (Mayer, S. 295 f., Replik 618). Wortlaut ähnlich bei Riouffe (S. 88); vgl. Thieberger, S. 51, Replik 618.

Das sind Phrasen für die Nachwelt ...: Dantons Geschick der Phrasierung erwähnt bei Riouffe (S. 93) und in *Unsere Zeit* (Suppl. V, S. 66); vgl. Thieberger, S. 51, Replik 621, und Mayer, S. 296.

Antike: im Sinne von antikem Gegenstand.

wir sollten einmal die Masken abnehmen etc.: beliebte Metapher, auf deren Tradition (Theatermetapher) E. R. Curtius in *Europäische Literatur und Lateinisches Mittelalter* (2. Auflage, Bern 1954, S. 148–154) hingewiesen hat. Für die Bedeutung des Maskenspiels bei La Rochefoucauld vgl. Tilo Schabert, *Natur und Revolution*, München 1969, bes. S. 52 ff. Den thematischen Zusammenhang drückt Michel de Montaigne in einem Essay folgendermaßen aus: »... aber bei der letzten Szene zwischen uns und dem Tod, da gilt keine Verstellung mehr, da muß man seine wirkliche Meinung sagen ...« (*Das menschliche Glück kann man nur nach dem Tode beurteilen*.) Vgl. dazu auch die entsprechenden Äußerungen Dantons in I, 6; II, 1; IV, 5. Dieser Replik kommt meines Erachtens eine Stelle in der 8. Nachtwache des Bonaventura ziemlich nahe (bis hin zum *unverwüstlichen Schafskopf*): »Gegen die Maskeneinführung habe ich mich nicht gesperrt, denn je mehr Masken übereinander, um desto mehr Spaß, sie eine nach der andern abzuziehen bis zur vorletzten satirischen, der hippokratischen und der letzten verfestigten, die nicht mehr lacht und weint – dem Schädel ohne Schopf und Zopf, mit dem der Tragikomiker am Ende abläuft« (S. 76). Vgl. dazu auch Anmerkung zu I, 6 (*hipocratisches Gesicht*); ebenso Anmerkung zu *Leonce und Lena*, III, 3, S. 154.

Römer und Stoiker machten die heroische Fratze: spielt ebenfalls auf das Rollenverhalten an, auf die Frage nach der Unterscheidung von Sein und Schein, Wirklichkeit und Maske (*persona*). Mit *Stoikern* und *Epicuräern* werden zwei gegensätzliche, verschiedene philosophische Lehren einander konfrontiert. Die Konfrontation von Stoa und Epikuräismus entspricht dem unterschiedlichen Selbstverständnis der Anhänger Robespierres (Tugendideologie) und der Anhänger Dantons (Sensualismus). Von diesen feindlichen Grundpositionen sprechen beispielsweise auch Fichte (*Appelation an das Publikum*, 1799) und Heine (*Über Ludwig Börne*, 1840). Fichte spricht von den feindlichen Parteien der »Obskuranten« und »Freunde des Lichts«, Heine von denen der Nazarener und Hellenen (vgl. dazu auch Einleitung, S. 32 f.).

Die Einen waren so gut Epicuräer wie die Andern: Vor Büchner erkannte schon Fichte, daß Eudämonismus und Dogmatismus, Moralismus und Idealismus oft nur zwei Namen für einen Begriff sind (*Schriften zu J. G. Fichtes Atheismusstreit*, hrsg. v. F. Böckelmann, München 1969, S. 116). Es heißt dort: »Eudämonimus und Dogmatismus sind, wenn man nur konsequent ist, notwendig beieinander, ebenso wie Moralismus und Idealismus.« Vgl. dazu auch die Ausführungen Dantons gegenüber Robespierre in I, 6.

Toga: Anspielung auf die römische Kostümierung der Revolutionäre; vgl. dazu Karl Marx (*Der achtzehnte Brumaire des Louis Bonaparte*): »... die Revolution von 1789–1814 drapierte sich abwechselnd als römische Republik und als römisches Kaisertum ... Camille Desmoulins, Danton, Robespierre, St. Just, Napoleon, die Heroen ... vollbrachten in dem römischen Kostüme und mit römischen Phrasen die Aufgabe ihrer Zeit.« Vgl. auch I, 1, 2; II, 1 usw.

Aber wir sind die armen Musicanten etc.: Vgl. dazu Büchners Brief an seine Braut vom 10. März 1834 (L 2, S. 424, 18–30): Helbig (S. 97, 118) verweist für den Kontext des Briefes auf eine Stelle in Schillers *Die Räuber* und für den Kontext von *Dantons Tod* auf Feuerbachs *Gedanken über Tod und Unsterblichkeit* (a. a. O., S. 191). Fischer (*Heinrich Heine und Georg Büchner*, S. 12 f.) machte auf Anklänge in *Die Harzreise* aufmerksam und Michelsen (*Büchner und Wieland*, S. 135 ff.) u. a. im *Agathodämon* (1797).

Molochsarmen: Moloch = babylonischer Gott, der unersättlich Menschenopfer heischte.

Sind wir Kinder, die in den glühenden Molochsarmen etc.: Vgl. auch Brief Büchners an seine Braut nach dem 10. März 1834 (L 2, S. 425, 35 ff.). Viëtor (*Georg Büchner*, S. 107) verwies in diesem Zusammenhang auf das Gedicht *Bruto Minore* (1824) von Leopardi: »Hat sich vielleicht der Himmel unsre Trübsal, / All unser Herzeleid und herbes Müh'n / Zu seiner Muße Kurzweil auserkoren?« Als weitere literarische Parallelstellen sind bekannt:
a) Aus Wielands *Agathon* (I, 6): Das Leben »ein unbeständiges Spiel des blinden Zufalls oder unsichtbarer Geister, die eine grausame Belustigung darin finden, uns zum Scherze bald glücklich, bald unglücklich zu machen« (Michelsen, S. 136).
b) Aus Youngs *Nachtgedanken* (7. Nacht): »Und ist also auf Erden nichts, als ein langes Gefolge vergänglicher Gestalten, die entstehen, und zerfließen, Millionen in einer Stunde? Lauter Wasserblasen einer kindisch spielenden Gottheit, welche sie zur Lust aufbläst, und dann grausam zerstört?« (Majut, Über literarische Beziehungen Büchners zu England, S. 341). Beck (S. 377 f.) deutet bei dieser Replik den möglichen Einfluß eines Berichts aus Vilates *Mystères* an, in dem ein Inder über das Paris von heute zum Beispiel folgendes bemerkt: »Die Franzosen ... opfern ihresgleichen zu Hunderten zwei Gottheiten, die Freiheit, Gleichheit heißen, auf einem Altar, der zwischen ihren Statuen errichtet ist.« Vgl. auch Benns (S. 292, Anmerkung 31) Hinweis auf Tiecks *William Lovell*: »In jedem Körper liegt die Seele, wie ein armer Gequälter in dem Stiere des Phalaris ... und die Töne verwandeln sich und dienen zur Belustigung der umgebenden Menge.«

Ist denn der Äther mit seinen Goldaugen: Vgl. dazu *Leonce und Lena* (I, 3), L 1, S. 111, 14 f. Die Replik ist wahrscheinlich eine Zitatadaption aus Tiecks *Dichterleben* (1826), wo es u. a. heißt: »Bei schwelgenden *Römern* war es Sitte, Goldfische neben sich zu stellen und an der Tafel sich am Wechselspiel der Farben, wie sich diese im

Absterben wunderlich veränderten, zu ergötzen« (Renker, Georg Büchner und das Lustspiel der Romantik, Berlin 1924, S. 112; B, S. 675; Helbig, S. 122; Mayer, S. 311).

IV, 6

Phiole: bauchiges Glasgefäß mit langem Hals (von den Alchemisten eingeführt).

Komm liebster Priester: Tod.

IV, 7

Carmagnole: Vgl. Anmerkung zu I, 5 (S. 99); in diesem Zusammenhang Tanzlied der Revolution.

Marseillaise: zuerst von einem Freiwilligenbataillon aus Marseille beim Einzug in Paris am 30. 7. 1792 gesungen. Das 1792 von dem Pionieroffizier Rouget de Lisle gedichtete und vertonte Lied wurde bald zu dem Revolutions- und Freiheitslied schlechthin.

du kannst ... mit den Würmern Unzucht treiben: Vgl. L 1, S. 55, 17–21; S. 61, 33 ff. Helbig (S. 140 f.) vermutet hier die Adaption eines Bibelzitats aus Hiob 17, 13–16 (»die Verwesung heiße ich meinen Vater und die Würmer meine Mutter und meine Schwester«).

Hérault, aus deinen hübschen Haaren laß' ich mir eine Perücke machen: Den von Beck (S. 364) bei Vilate nachgewiesenen Perückenhandel (und zwar einer »neuen Sekte«, deren Mitglieder erpicht waren, »die Haare der hingerichteten jungen Blondlinge zu kaufen« und mit den Perücken davon »ihre kahlen Schädel zu verdecken«) ergänzte Mayer (S. 304) durch identische Belege bei Mercier (II, S. 112–116) und in *Histoire secrète* (II, S. 64 ff.).

abgeholzten Venusberg: Vgl. dazu Anmerkung zu I, 5 (*mons Veneris*); ebenso Beck (S. 364).

Ihr Berge fallet auf uns!: Bibelzitat aus Hosea 10, 8; Lukas 23, 30; Offenbarung 6, 16 (vgl. B, S. 653 und vor allem Helbig, S. 139 f.).

Der Berg ist auf euch ... gefallen etc.: Fortsetzungen des Wortspiels mit »Berg«. Diese Replik spielt auf den »Berg« der Jakobiner an (so wurden deren höhergelegenen Bänke bezeichnet; deshalb auch »Bergpartei«). Vgl. auch Sieß, S. 11 f.

Charon: in der griechischen Mythologie der Fährmann, der die Verstorbenen in der Unterwelt über den Fluß Styx rudert.

Libation: Trankopfer vor dem klassischen Gastmahl.

verschütten etwas Blut als Libation: Beck (S. 367) verweist hier wieder auf eine Stelle bei Vilate. Mayer (S. 305) fand einen weiteren Beleg in *Unsere Zeit* (XI, S. 14): »Blut ist es, das wir deinen Manen schuldig sind; der Altar, den wir dir errichten, wird bald von blutigen Libationen (Trankopfern) rauchen« (hier Äußerung eines Kollegen von Collot d'Herbois, der einen Vorgang in Lyon beschreibt).

Danton steigt zuletzt hinauf: belegt in *Histoire secrète* (II, S. 86); vgl. Mayer, S. 333, Replik 642 a.

Ihr tödtet uns an dem Tage etc. bis *Das war schon einmal da, wie langweilig*: bezieht sich auf eine Äußerung des Girondisten Lasource, der am 30. Oktober 1793 seinen Richtern zugerufen hatte: »Ich sterbe an dem Tage, an welchem das Volk den Verstand verloren hat; Ihr werdet sterben müssen, wenn es ihn wieder bekommt« (*Unsere Zeit*, X, S. 420). Auch belegt bei Thiers (V, S. 423) und Mignet (II, S. 148); vgl. Thieberger, S. 51, Replik 643.

Ich vergebe euch etc.: Kobels Hinweis (S. 132 f.) auf Heine scheint mir hier wenig ergiebig zu sein.

Ich sterbe doppelt: war bereits durch seine Krankheit dem Tode nahe.

Willst du grausamer seyn als der Tod? etc.: fast wörtlich belegt bei Thiers (VI, S. 230); vgl. Thieberger, S. 52, Replik 652.

IV, 8

Wir müssen's wohl leiden: Helbig (S. 134 f.) weist dies als Zitat einer Zeile des Schnitter- oder Erntelieds aus *Des Knaben Wunderhorn* nach.

Constitutionsfest: Am 24. Juni 1793 wurde auf Antrag Héraults de Séchelles die neue Verfassung angenommen und am 10. August auf einem großen Fest unter den Klängen der Marseillaise öffentlich verkündet.

der muß sich gut auf der Guillotine ausnehmen: Vgl. Anmerkung zu *Hérault, aus deinen hübschen Haaren . . .* (IV, 7, S. 127).

IV, 9

Und wann ich hame geh: nach Bergemann (S. 675) Liedzitat aus einem »vielfach variierenden Volkslied von Mosel und Saar«; vgl. Helbig, S. 133 f.

Ellervater: Großvater.

Es ist ein Schnitter, der heißt Tod etc.: Wie vorher Luciles *Wir müssen's wohl leiden* (IV, 8) handelt es sich im Folgenden um Zitate aus verschiedenen Strophen des Schnitter- oder Ernteliedes aus *Des Knaben Wunderhorn* (vgl. Helbig, S. 134 f.).

Es lebe der König!: ähnlich bei Riouffe (S. 123); vgl. Thieberger, S. 52, Replik 663. Mayer (S. 296) liefert für diese Replik zwei überzeugendere Belege (vor allem Beleg b) aus *Unsere Zeit*:

a) »Ich sah mehr denn zehn Frauenzimmer, die, weil sie das Herz nicht hatten, Gift zu nehmen, schrieen: ›*Es lebe der König!*‹ und durch dieses abscheuliche Mittel dem Tribunal die Sorge, ihrem Leben ein Ende zu machen, übertrugen« (Suppl. V, S. 84);

b) »Seine [des Kommandanten von Longwy] Frau hatte alle möglichen Mittel, aber vergeblich, versucht, ihren Gatten zu retten; als dessen Urtheil gesprochen war, rief sie, um mit ihm zu sterben, mit starker Stimme: ›*Es lebe der König!*‹« (XII, S. 156 f.)

Im Namen der Republik: Vgl. für den Zusammenhang Thiers (VI, S. 235), zitiert bei Thieberger, S. 52, Replik 664.

II. LEONCE UND LENA

Entstehung:

Das Lustspiel entstand ähnlich wie Clemens Brentanos *Ponce de Leon* (1801), auf den der Name Leonce ja deutlich genug anspielt, und E. T. A. Hoffmanns *Der Preis* (1803) aus Anlaß eines Preisausschreibens. Der Cotta Verlag hatte am 3. Februar 1836 im sogenannten »Intelligenzblatt«, einer Beilage des »Morgenblatts für gebildete Stände«, einen Preis »für das beste ein- oder zweiaktige Lustspiel in Prosa oder Versen« angekündigt (vgl. Sieß, S. 114, Anmerkung 16) und zu Einsendungen aufgefordert. Die Einsendefrist, zunächst auf den 1. Juli festgelegt, wurde dann durch eine Bekanntmachung in der »Allgemeinen Theater-Revue« um »fast zwei Monate« verlängert. Bezieht man wie Sieß (S. 114) die in Büchners Brief an Eugen Boeckel vom 1. Juni (Nr. 56) erwähnten »weißen Papierbogen«, die er »vollschmieren soll«, auf das Lustspielprojekt, so kann er mit dem Stück erst in den darauf folgenden Wochen begonnen haben. In einem Brief vom 2. September 1836 an den Bruder Wilhelm (Nr. 58) vermerkt er, daß er gerade dabei sei, »sich einige Menschen auf dem Papier todtschlagen oder verheirathen zu lassen«, und ebenfalls im September erwähnt er der Familie gegenüber (Nr. 59), daß er seine »zwei Dramen noch nicht aus den Händen gegeben« habe. Nichtsdestoweniger lassen sich diese Äußerungen kaum als stichhaltiger Terminus ad quem reklamieren (vgl. auch Lehmann, Noten, S. 29 f.). Als gesichert dagegen darf gelten, daß unser Dichter entgegen der seit Ludwig Büchner (*Nachgelassene Schriften*, S. 37) verbreiteten Meinung das Manuskript von *Leonce und Lena* erst Anfang September an die J. G. Cotta'sche Buchhandlung eingeschickt hat, allerdings trotz der Verlängerung zu spät, so daß er die Sendung ungeöffnet zurückerhielt. Für September als Manuskriptabschluß spricht auch ein Hinweis von Wilhelm Schulz. In seinem *Nachruf* (23. Februar 1837) bemerkt er: »In derselben Zeit [als er die beiden Dramen Victor Hugos herausgab] und später zu Zürich vollendete er ein im Manuskript vorliegendes Lustspiel, Leonce und Lena, voll Geist, Witz und kecker Laune« (B, S. 585). Ob Büchner eine Bearbeitung, wie Bergemann annimmt (B, S. 613), geplant hat, läßt sich aus den vorhandenen Brieffragmenten nicht mit Sicherheit erschließen. Wie aus dem nach Bergemann (S. 422) und Lehmann (Nr. 67) letzten Brief Büchners vom Jahre 1837 hervorgeht, wollte er in längstens acht Tagen »Leonce und Lena mit noch zwei anderen Dramen erscheinen lassen«, was dann der frühe Tod des Dichters verhinderte.

Zum erstenmal wurde *Leonce und Lena* im Januar 1838 im »Telegraph für Deutschland« von Karl Gutzkow in einer gekürzten, bruchstückhaften Fassung veröffentlicht, wobei der Herausgeber den Inhalt der ausgelassenen ersten Szene in einer Art Nacherzählung mitteilte.

Sprach Gutzkow 1837 im Nachruf auf Georg Büchner noch von dem »vollendeten Lustspiel *Leonce und Lena,* in der Weise des Ponce de Leon von Brentano«, so setzte er bereits 1838 die Akzente anders: »Das Lustspiel Leonce und Lena erinnert stark an Ponce de Leon von Clemens Brentano; derselbe zarte Elfenmärchenton, dasselbe bühnenwidrige Mondscheinflimmern der Charakteristik, dasselbe lyrische Übergewicht der Worte über die Handlung; nur ist Brentanos Witz keuscher als Büchners.« Ein paar Sätze später meinte Gutzkow dann, daß Büchner für die »grassierenden Bühnendichter« von heute keine Gefahr dargestellt hätte, und faßte zusammen: »Erreichte Büchner auch nicht die klassische Höhe eines Angely, eines Nestroy, so haben wir doch in ihm ein bescheidenes Talentchen entdeckt, welches allenfalls mit *untergeordneten* Kräften, etwa mit Achim von Arnim und mit Clemens Brentano verglichen werden dürfte.« (Karl Gutzkow, *Liberale Energie.* Ausgewählt und eingeleitet von Peter Demetz, Frankfurt a. M. – Berlin – Wien 1974, S. 191 f.)

Erstdrucke:

a) Leonce und Lena. In: »Telegraph für Deutschland« 1 (1838), Mai-Nummern (Edition des größten Teils des Lutsspiels von Karl Gutzkow, allerdings gekürzt und in Bruchstücken). (J)
b) Lenz. Leonce und Lena. In: Karl Gutzkow (Hg.), Mosaik. Novellen und Skizzen, Leipzig: Lorck 1842. (Der Abdruck von *Leonce und Lena* ist identisch mit J.)
c) Leonce und Lena. In: Nachgelassene Schriften, hrsg. v. Ludwig Büchner, Frankfurt/Main: J. D. Sauerländer 1850 (erster vollständiger Abdruck von *Leonce und Lena).* (N)

Uraufführung:

31. Mai 1895, Freilichtaufführung des Intimen Theaters in München (Regie: Ernst von Wolzogen).

Aufführungen (Auswahl bis 1926):

31. Dezember 1911, Residenztheater Wien (Regie: Julius Wolf)
27. Januar 1912, Schauspielhaus Düsseldorf (Regie: Gustav Lindemann)
17. Dezember 1913, Lessing-Theater Berlin (Regie: Victor Barnowsky)
16. Dezember 1921, Staatliches Schauspielhaus Berlin (Regie: Karl Bruck)
21. März 1923, Hessische Landestheater Darmstadt (*Leonce und Lena*-Skandal)
7. September 1925, Kammerspiele Hamburg (Regie: Gustaf Gründgens)

5. November 1925, Zentraltheater Dresden (Regie: Robert George)
9. April 1926, Akademietheater Wien (Regie: Hans Brahm)

Zur Theaterrezeption:

Jacques Lemarchand, Où le théâtre prend le maquis, in: Nouvelle nouvelle revue française 7 (1956), No. 42, S. 1080–1084.

Ingeborg Strudthoff, Die Rezeption Georg Büchners durch das deutsche Theater, Berlin-Dahlem 1957.

Carter Kniffler u. Hanna Schlette, Büchner, Leonce und Lena. Das literarische Drama auf der Schulbühne, Frankfurt/M. 1960.

Wolfram Viehweg, Georg Büchners Dantons Tod auf dem Deutschen Theater, München 1964, S. 388 f.

Werner Schlick, Das Georg Büchner-Schrifttum bis 1965. Eine internationale Bibliographie, Hildesheim 1968.

Dietmar Goltschnigg (Hg.), Materialien zur Rezeptions- und Wirkungsgeschichte Georg Büchners, Kronberg/Taunus 1974.

Axel Bornkessel, Georg Büchners Leonce und Lena auf der deutschsprachigen Bühne. Studien zur Rezeption des Lustspiels durch das Theater, Diss. Köln 1970.

Ideengeschichtliche und literarische Bezugsorte (Auswahl):

Bonaventura, Nachtwachen, hrsg. v. W. Paulsen, Stuttgart 1964.
Clemens Brentano, Ponce de Leon.
Alfred de Musset, Fantasio.
— On ne badine pas avec l'amour.
Friedrich Schlegel, Lucinde, herausgegeben v. K. K. Polheim, Stuttgart 1964.
William Shakespeare, Hamlet.
— Wie es Euch gefällt.
— Der Kaufmann von Venedig.
— Was Ihr wollt.
— Heinrich IV.
Ludwig Tieck, Der gestiefelte Kater.
— Zerbino.

Überlieferung:

Obwohl Karl Gutzkow (Nachruf, S. 191) auch im Zusammenhang von Leonce und Lena von einer sauberen Abschrift »von der Hand seiner Geliebten« spricht, ist abgesehen von zwei handschriftlichen Entwürfen (die Bruchstücke sind bei Bergemann, S. 474–480, und Lehmann, Bd. 1, S. 137–142, abgedruckt), die Fragmente von Akt I (vollständig die erste Szene) und Akt II enthalten, weder die »saubere Abschrift« (h) noch das Originalmanuskript (H) überliefert. Die Diskussion, ob sich Gutzkow bei J auf H oder h stützen konnte, ist deshalb müßig. Angesichts von Gutzkows geringer Einschätzung des Dramas und seiner eingestandenen Nachlässigkeit im Umgang mit Büchners Manuskripten geht wahrscheinlich der mehr als problematische Zustand der Überlieferung auf sein Schuldkonto. Was die Textgestalt von *Leonce und Lena* betrifft, so muß man sich wohl mit der »Ruine einer Verwüstung« (Gutzkow), das heißt der Tatsache, daß auf Grund der fragwürdigen Überlieferung kein einwandfreier Text herzustellen ist, abfinden. Während Fritz Bergemann zwei handschriftliche Fassungen vermutet (eine, die Büchner beim Cotta Verlag einreichte, und eine revidierte, die für die geplante Veröffentlichung bestimmt war), schließt sich Werner R. Lehmann (vgl. Noten, S. 29 f.) der einleuchtenden Arbeitshypothese Hans Jürgen Meinerts (S. 486–493; S. 498) an, daß die Drucke J und N auf eine gemeinsame handschriftliche Fassung zurückgehen und sich die Unterschiede durch die Eingriffe der beiden Herausgeber, Karl Gutzkow (J) und Ludwig Büchner (N), erklären lassen. So zeigt beispielsweise N die Tendenz, Orthographie und Zeichensetzung zu modernisieren, sprachliche Eigenheiten zu eliminieren und anstößige Stellen zu unterdrücken (Lehmann, Noten, S. 30). Die editorische Arbeit wird also behutsam N durch den bruchstückhaften Druck J zu korrigieren haben, wie es Lehmann in seiner Ausgabe vorbildlich getan hat. In mehreren Fällen wird in den Erläuterungen auf inzwischen überholte Lesearten bei Bergemann und der auf ihn fußenden Editionen verwiesen.

Literatur zur Text- und Quellengeschichte:

Armin Renker, Georg Büchner und das Lustspiel der Romantik. Eine Studie über »Leonce und Lena«, Berlin 1924.

Rudolf Majut, Studien um Georg Büchner. Untersuchungen zur Geschichte der problematischen Natur, Berlin 1932.

Heinrich Vogeley, Georg Büchner und Shakespeare, Diss. Marburg 1934.

Rudolf Majut, Büchner und Gautier, in: Archiv für das Studium der neueren Sprachen 165 (1934), S. 235–239.

Henri Plard, Apropos de »Leonce und Lena«. Musset et Büchner, in: Etudes Germaniques 9 (1954), S. 26–36 (ebenso auf deutsch in: Georg Büchner, hrsg. v. W. Martens, S. 289–304).

Maurice Gravier, Georg Büchner et Alfred de Musset, in: Orbis litterarum 9 (1954), S. 29–44.

Rudolf Majut, Some literary affiliations of Georg Büchner with England, in: The Modern Language Review 50 (1955), S. 30–43 (ebenso auf deutsch in: Georg Büchner, a. a. O., S. 334–359).

J. W. Smeed, Jean Paul und Georg Büchner, in: Hesperus 22 (1961), S. 29–37.

Hans Mayer, Prinz Leonce und Doktor Faust, in: H. M., Zur deutschen Klassik und Romantik, Pfullingen 1963, S. 306–314.

Hans Jürgen Meinerts, Zur Textgestaltung, in: Georg Büchner, Sämtliche Werke, hrsg. von H. J. M., Gütersloh 1963, S. 489–494, S. 498.

Werner R. Lehmann, Textkritische Noten. Prolegomena zur Hamburger Büchner-Ausgabe, Hamburg 1967, besonders S. 27–35.

Richard Thieberger, Situation de la Buechner-Forschung II, in: Etudes Germaniques 23 (1968), S. 409 f.

Maurice B. Benn, Büchner und Gautier, Seminar 9 (1973), S. 202–207.

Jürgen Sieß, Zitat und Kontext bei Georg Büchner. Eine Studie zu den Dramen »Dantons Tod« und »Leonce und Lena«, Göppingen 1975, besonders S. 49–101.

Erläuterungen:

Das Lustspiel *Leonce und Lena* ist das einzige Werk Büchners, das sich nicht auf historische Quellen stützt. Nichtsdestoweniger wird die Struktur des Stücks ebenfalls vom Prinzip der Zitatmontage bestimmt. Büchner verarbeitete zahlreiche Anregungen, Anspielungen und Zitate, beispielsweise aus den Werken Shakespeares, Sternes, Mussets, Goethes, Holbergs, Tiecks, Brentanos, Jean Pauls, Friedrich Schlegels, den *Nachtwachen* des Bonaventura und der Tradition der *Commedia dell'arte*. Aber es wäre ebenso falsch wie töricht, daraus wie Gutzkow auf einen Mangel des Talents zu schließen. Im Gegenteil: das literarische Zitat ist in *Leonce und Lena* das entscheidende ästhetische Bauprinzip und Teil der Kommunikationsstrategie. »Gerade die Vielzahl seiner literarischen Quellen ist das Hauptmerkmal der Eigenständigkeit des Lustspiels«, so argumentiert Jürgen Schröder (S. 196) deshalb zu Recht; denn es läßt sich in der Tat auf »kein dominierendes Vorbild festlegen«.

Vorrede: Die Zitate »E la fama?« (»Und der Ruhm?) und »E la fame?« (»Und der Hunger?«) ließen sich bisher bei den italienischen Dramatikern Vittorio Alfieri (1749–1803) und Carlo Gozzi (1720 bis 1806) nicht nachweisen. Obwohl beide Dichter Klassizisten waren, könnten die Zitate den Unterschied zwischen einer idealistischen und einer mehr wirklichkeitsbezogenen ästhetischen Auffassung im Sinne von Büchners Programm (vgl. Einleitung, S. 40 ff.) signalisieren (z. B. Landau, S. 68); es wäre allerdings auch möglich, die Zitate im Sinne der folgenden mündlichen Äußerung Büchners über seine literarische Tätigkeit zu verstehen: »Ruhm will ich davon haben, nicht Brot« (Schröder, S. 194; Sieß, S. 116, Anmerkung 34). Es dürfte jedoch wenig ergiebig sein, für diesen Zusammenhang aus der Tatsache, daß Friedrich Ludwig Weidig über Alfieri dissertiert hat, irgendwelche Schlüsse zu ziehen, wie Jancke (S. 270) das versucht hat.

Personen: Die Figurenkonstellation Prinzessin Lena/Gouvernante zeigt Ähnlichkeiten mit der von Isidora/Juanna in Brentanos *Ponce de Leon* und Prinzessin Elsbeth/Gouvernante in Mussets *Fantasio* und

Isabelle/Hameline in Scotts *Quentin Durward* (Majut, S. 348). Nachstehend sei eine etwas revidierte und erweiterte Übersicht Renkers (S.
126) über Parallelgestalten aus einigen wichtigen literarischen Quellen
mitgeteilt:

Tabelle von Parallelgestalten (nach Renker)

Leonce und Lena Büchner	Ponce de Leon Brentano	Fantasio Musset	Der gestiefelte Kater Tieck	Zerbino Tieck	Comedia dell'arte entsprechende Figuren
König Peter	Valerio	König von Bayern	König	König Gottlieb	Pantalon
Leonce	Ponce	Fantasio	Gottlieb	Zerbino	Pierrot
Lena	(Isidora)	Prinzessin Elisabeth	Prinzessin	—	(Colombine)
Valerio	Porporino (Valerio/ Aquilar)	(Fantasio/ Spark)	Hanswurst = Hofnarr (Hinz)	Hanswurst	Arlecchino
Rosetta	Valeria	—	—	—	Colombine
Gouvernante	Donna Juanna	Gouvernante	—	—	Isabella
Schulmeister	Schulmeister Alonso	—	—	—	—
Cerimonienmeister	—	—	—	—	Dottore Spaviento

Die Figuren in Büchners *Leonce und Lena* sind so vereinfacht, daß
sich für das Personenschema viele Parallelen aufführen lassen. Den
König, Leonce, Valerio und Rosetta könnte man beispielsweise mit
Pantalon, Tartaglia, Truffaldin und Smeraldina in Gozzis Lustspie-
len in Verbindung bringen. Aber auch bei Holberg (vgl. Majut, Studien, S. 8–15), bei E. T. A. Hoffmann (*Prinzessin Brambilla*, 2. Kapitel), Goethe (*Faust, Jahrmarkt zu Plundersweilern*) und immer wieder Shakespeare (*Wie es Euch gefällt, Was Ihr wollt, Hamlet, Liebes
Leid und Lust, Heinrich IV* etc.) ließen sich mühelos Parallelgestalten
eruieren. Der Name des Reiches *Pipi* begegnet auch in Goethes Gedicht *Der neue Amadis*, wo von einem Prinzen Pipi die Rede ist, der
eine Prinzessin Fisch »ritterlich« befreite (Goethe, Hamburger Ausgabe, Bd. 1, S. 56 f.); als Anregung naheliegender erscheint jedoch

E. T. A. Hoffmanns »Schreiben Milos, eines gebildeten Affen, an seine Freundin Pipi, in Nordamerika« (aus: *Fantasiestücke in Callots Manier. Kreisleriana, Nachricht von einem gebildeten Mann*). Bei Hoffmann kommt auch ein Baron vor, der mit Geschick auf einen Stein zu spucken weiß (vgl. Schröder, S. 195, Anmerkung 17; Sieß, S. 115, Anmerkung 28; Fink, *Leonce und Lena*, S. 489 f.; Bergemann, S. 652; Einleitung, S. 59 ff.

I, 1

O wär' ich doch ein Narr! etc.: Jacques beschreibt in Shakespeares *Wie es Euch gefällt* (II, 7) folgendermaßen einen Narren:

»... Er war ein Hofmann sonst
Und sagt, wenn Frauen jung und schön nur sind,
So haben sie die Gabe, es zu wissen.
In seinem Hirne, das so trocken ist
Wie Überrest von Zwieback nach der Reise
Hat er seltsame Fächer ausgestopft
Mit Anmerkungen, die er brockenweise
Nun von sich gibt. – O wär' ich doch ein Narr!
Mein Ehrgeiz geht auf eine bunte Jacke.«

Leonce: Der Name spielt eindeutig auf Brentanos Lustspiel *Ponce de Leon* an (vgl. Sieß, S. 52). Walter Hinck (Das deutsche Lustspiel des 17. und 18. Jahrhunderts und die italienische Komödie, Stuttgart 1965, S. 350 f.) verweist auf die Verwandtschaft mit Klingers Prinz Zed aus der romantischen Komödie *Prinz Seiden-Wurm*.

Ich habe alle Hände voll zu thun etc.: Brentanos Ponce (*Ponce de Leon*, II, 4) meint ähnlich: »Ihr könnt eher sagen, ich arbeite zuviel Nichts. Ihr solltet mich kennen lernen, wenn mir nicht alle Geschäfte, die ich nicht tue, die Zeit nähmen, Euch mein Herz auszuschütten, in dem nichts ist. – Seht, es giebt keine höllischere Arbeit als die, welche man nicht tut.« In der nächsten Replik fährt Ponce fort: »Ja, ich will mich zur Ruhe setzen und Nachtwächter werden. Wahrlich, ich habe alle Hände voll Arbeit für den Müßiggang.« Thematische Andeutungen finden sich auch bei Musset (Renker, S. 100) und Jean Paul (Smeed, S. 31).

Sehen Sie, erst habe ich auf den Stein hier dreihundert fünf und sechzig Mal hintereinander zu spucken: Schröder (S. 195, Anmerkung 17) verwies hier auf den Baron bei E. T. A. Hoffmann, der »mit großem Geschick auf einen Stein zu spucken weiß« (vgl. oben, S. 135). In Mussets *Lorenzaccio* spricht Lorenz von dem »größten Glück«, in einen Brunnen zu spucken und Kreise darin zu ziehen (Renker, S. 106).

Dann – sehen Sie diese Hand voll Sand? ... Wollen wir wetten? etc.: Schröder (S. 195) und Kobel (S. 48, 217, 272) verweisen hier auf Blaise Pascals berühmte Wette, bei der eine Münze in die Luft geworfen wird und ein Gesprächspartner erklärt, es sei das Richtige, überhaupt nicht zu wetten (vgl. *Pensées*, II. Kapitel, 1. Abt., Br. 233).

Die Wette in Goethes *Faust* steht in einem anderen Bedeutungszusammenhang (vgl. dazu Mayer, Prinz Leonce und Doktor Faust).

daß ich mir einmal auf den Kopf sehe: Vgl. Büchners *Lenz* (L 1, S. 79, 10 f.) und Bonaventuras *Nachtwachen*, S. 117 (»... ja wir wissen nach der neuesten Schule nicht, ob wir in der Tat auf den Füßen, oder auf dem Kopfe stehen ...«). Hier Metapher für die Unmöglichkeit der totalen Selbsterkenntnis.

Müßiggänger: Vgl. Friedrich Schlegel, »Idylle über den Müßiggang« in *Lucinde* (S. 31 ff.).

Daß die Wolken schon seit drei Wochen von Westen nach Osten ziehen: Vgl. Büchners Brief vom 2. September 1836 (Nr. 58); ebenso die Erörterung in Goethes *Dichtung und Wahrheit*: »Ich kannte einen wackeren Gärtner ..., der einmal mit Verdruß ausrief: Soll ich denn immer diese Regenwolken von Abend gen Morgen ziehen sehn!« (Majut, Studien, S. 30) und Shakespeares *Hamlet* (II, 2): »Ich bin nur toll bei Nordnordwest; wenn der Wind südlich ist, kann ich einen Kirchturm von einem Leuchtenpfahl unterscheiden.«

Es macht mich ganz melancholisch / Eine sehr gegründete Melancholie: Brentanos Sarmiento sagt zu Ponce: »Ihr seid meistens melancholisch, und zwar weil ihr müßig seid« (*Ponce de Leon*, II, 4). Vgl. zum ganzen Thema allgemein Wolf Lepenies, *Melancholie und Gesellschaft*, Frankfurt a. M. 1969, besonders S. 49–78.

Sie sind pressirt: bei Bergemann und den auf ihn fußenden Editionen: »Sie haben dringende Geschäfte« (so in N).

ich gratulire Ihnen zu der schönen Parenthese etc.: nach Henri Plard eine Metapher-Entlehnung von Musset, in dessen *Les caprices de Marianne* (II, 6) es heißt: »... vos jambes sont deux charmantes parenthèses ...« (Plard, S. 292 f.; auch nachgewiesen von Renker, S. 106)

Müßiggang ist aller Laster Anfang: wörtlich auch in Tiecks *Der gestiefelte Kater* (III, 4); vgl. auch Büchners Brief Nr. 54: »Das ganze Leben [der modernen Gesellschaft] besteht nur in Versuchen, sich die entsetzlichste Langeweile zu vertreiben« (L 2, S. 455). In Schlegels *Lucinde* dagegen heißt es: »Und unter allen Himmelsrichtungen ist es das Recht des Müßiggangs was Vornehme und Gemeine unterscheidet, und das eigentliche Prinzip des Adels« (vgl. dazu auch Jancke, S. 262 f.). Goethes Werther klagt: »Die meisten (Menschen) verarbeiten den größten Teil der Zeit, um zu leben, und das bißchen, das ihnen von Freiheit übrig bleibt, ängstigt sie so, daß sie alle Mittel aufsuchen, um es los zu werden« (1. Buch, 17. Mai; vgl. Majut, Studien, S. 40 f.). Zum Thema Langeweile siehe auch Anmerkung zu *Dantons Tod* (II, 1), S. 103 f.

Was die Leute nicht Alles aus Langeweile treiben! etc.: Vgl. den ähnlichen Wortlaut in Büchners *Lenz* (L 1, S. 95 f.) und Brief Nr. 54 (L 2, S. 455, 26 ff.). Zum Thema *Langeweile* und den relevanten Belegstellen bei Pascal, Kant, Bonaventura u. a. siehe Erläuterungen zu

Lenz (S. 169). Wie verbreitet das Thema zur Zeit der Romantik war, belegt auch diese Replik aus Tiecks *Fortunat* (Zweiter Teil, II, 1): »... wir könnten hier eine Universität errichten, um die Langeweile im ganzen Lande gründlich und auf ewige Zeiten zu stiften.«

an der Langeweile: bei Bergemann »aus Langeweile« (B, S. 116).

und das ist der Humor davon: Zitat aus Shakespeares *Heinrich V.*, II, 1 (Renker, S. 80).

meinen Gott weiß was dabei: bei Bergemann: »meinen Gott weiß was dazu« (B, S. 116).

Alle diese Helden etc.: Vgl. die Replik Camilles in *Dantons Tod* (IV, 5), L 1, S. 71, 3 ff. Zum weiteren thematischen Kontext gehört auch eine Äußerung Hamlets in Bonaventuras *Nachtwachen* (S. 120): »... laß uns lieben und fortpflanzen und alle die Possen mittreiben – bloß aus Rache, damit nach uns noch Rollen auftreten müssen, die alle diese Langweiligkeiten von neuem ausweiten, bis auf einen letzten Schauspieler, der grimmig das Papier zerreißt und aus der Rolle fällt, um nicht mehr vor einem unsichtbar dasitzenden Parterre spielen zu müssen.«

Der Mann, der eben von mir ging ... O wer einmal jemand Anders sein könnte: Mussets Fantasio sagt in I, 2: »Si je pouvais seulement sortir de ma peau pendant une heure ou deux! Si je pouvais être ce monsieur qui passe!« (vgl. auch Renker, S. 95). Mayer sieht hier eine Parodie auf die Faust-Situation; auch Goethes Faust wollte gleichzeitig Realität und Virtualität, Ich und Nicht-Ich (Mayer, Prinz Leonce und Doktor Faust, S. 310).

Valerio: Name kommt auch in Brentanos *Ponce de Leon* vor; hat Züge von Falstaff, Shakespeares Hofnarren, Sancho Pansa und dem Arlecchino der *commedia dell'arte*.

halb trunken, kommt gelaufen: bei Bergemann (S. 116): »etwas betrunken, tritt auf«.

Ich werde mich indessen in das Gras legen etc.: Nach Anton (S. 50 f.) spielt Valerio hier auf eine erotische Metaphorik an, die in der antiken Tradition Amor zukommt: Bienen, Schmetterlinge, Rosen. Valerio führt später Leonce und Lena, wie Amor die Liebenden, zusammen. Die Stelle läßt sich aber auch als Parodie dieser romantischen Empfindung Werthers lesen (vgl. Majut, Studien, S. 58; Benn, S. 173): »Wenn das liebe Tal um mich dampft, ... ich dann im hohen Grase am fallenden Bache liege, und näher an der Erde tausend mannigfaltige Gräschen mir merkwürdig werden; wenn ich das Wimmeln der kleinen Welt zwischen Halmen, die unzähligen, unergründlichen Gestalten der Würmchen, der Mückchen näher an meinem Herzen fühle, und fühle die Gegenwart des Allmächtigen ...« (1. Buch, 10. Mai; Goethes Werke, Hamburger Ausgabe, Bd. 6, S. 9)

an Idealen zu laboriren: Leonce ironisiert hier einerseits den idealistischen Standpunkt und macht andererseits darauf aufmerksam, daß auch dem materialistischen Standpunkt Valerios eine Wunschvorstellung zugrunde liegt. In der 9. Nachtwache spricht Bonaventura von den philosophischen Gegenfüßlern, einem Idealisten und einem Realisten; »jener laboriert an einer gläsernen Brust, und dieser an einem gläsernem Gesäße, weshalb er sein Ich niemals setzt ...« (S. 79)

Man kann keinen Kirchthurm herunterspringen etc.: Eine ähnliche Äußerung macht Mussets Fantasio (I, 1): »Quelle misérable chose que l'homme! ... ne pas pouvoir seulement sauter par sa fenêtre sans se casser les jambes!« (vgl. Renker, S. 98; Plard, S. 293).

Hei, da sitzt e Fleig an der Wand! etc.: nach Bergemann ein nassauisches Kinderlied, Melodie wie »O du lieber Augustin« (B, S. 650).

Wer will mir seine Narrheit gegen meine Vernunft verhandeln? Beliebtes Motiv auch bei Shakespeare. In der 9. Nachtwache spricht Bonaventura von dem eigenen Narrenkämmerchen und fordert auf: »Treten Sie immer herein und schauen Sie sich um, sind wir doch vor Gott alle gleich und laborieren bloß an verschiedenen fixen Ideen, wo nicht an einem totalen Wahnsinn, bloß mit kleinen Nuancen« (S. 84 f.). »Sie sehen wohin das führt«, heißt es dann weiter unten, »und es ist eben meine fixe Idee, daß ich mich selbst für vernünftiger halte als die in Systemen deduzierte Vernunft, und für weiser als die dozierte Weisheit.«

Leibmedicus Cantharide: Kantharide = Käfer, aus dem man Kantharidin, ein Aphrodisiacum, gewann.

ich habe eine ungemeine Fertigkeit im Nichtsthun, ich besitze eine ungeheure Ausdauer in der Faulheit: vgl. Anmerkung zu *Ich habe alle Hände voll zu thun* (S. 135). Bei Friedrich Schlegel (*Lucinde*, S. 32) ist »von der gottähnlichen Kunst der Faulheit« die Rede und dem »Müßiggang« als dem »einzigen Fragment von Gottähnlichkeit, das uns noch aus dem Paradiese blieb«.

I, 2

König Peter: Ähnlichkeit mit der Gestalt des Königs in Tiecks *Der gestiefelte Kater*.

Der Mensch muß denken ... etc.: In *Der gestiefelte Kater* sagt der König (II, 3): »Ich muß an alles denken, sonst wird's doch immer schief ausgerichtet.« Pirzel in *Die Soldaten* (II, 2) von Lenz verkündet: »Denken, denken, was der Mensch ist, das ist ja meine Rede«; er führt alle Probleme darauf zurück, daß »die Leute nicht denken« (vgl. III, 4). Vielleicht spielt Büchner hier auch auf Kants *Kritik der reinen Vernunft* an: »Das ›Ich denke‹ muß alle meine Vorstellungen begleiten können« (Bd. 3, S. 136).

Die Substanz ist das ›an sich‹, das bin ich: Ironisierung von Descartes' »cogito ergo sum«, Kants »Ding an sich« und der Ichphilosophie Fichtes. Vgl. dazu Büchners Bemerkung: »Die Philosophie a priori sitzt noch in einer trostlosen Wüste; sie hat einen weiten Weg zwischen sich und dem frischen grünen Leben« (L 4, S. 293). Das »cogito ergo sum« rechnet Büchner nicht »zu den unmittelbaren Wahrheiten«,

obgleich es »vielfach ist behauptet worden, namentlich noch neuerdings von Hegel in der Encyklopädie der philosophischen Wissenschaften und von Hotho in seiner Dissertation über die Cartesiani-
sche Philosophie« (L 2, S. 140).

Er läuft fast nackt im Zimmer herum: In N nur: »Er läuft im Zimmer herum« (vgl. Lehmann, Noten, S. 32).

*Jetzt kommen meine Attribute, Modificationen, Affectionen und
Accidenzien* etc.: In seinen Exzerpten über Spinoza merkt Büchner
an: »Uebrigens ist mir nicht klar warum, weil Gott die aus unendlichen Attributen bestehende Substanz ist, deßwegen auch jedes Attribut in ihm enthalten seyn müsse« (L 2, S. 243). Er erklärte die Begriffe »Substanz« und »Attribut« für eine Tautologie. Mit den Be-
griffen »Modificationen, Affectionen und Accidenzien« spielt Büchner wahrscheinlich ironisch auf die bei Cartesius entwickelten »modi
des Denkens« an (L 2, S. 159, 163) oder allgemein auf die philosophische Kategorienlehre (vgl. Jancke, S. 256 f.; Sieß, S. 96; Benn, S. 176).

wo ist mein Hemd, meine Hose?: in N: »Wo sind meine Schuhe,
meine Hosen?«

Halt, pfui! der freie Wille steht davorn ganz offen: in N: »Halt,
der freie Wille steht ganz offen«. Büchner macht sich hier wahrschein-
lich über Descartes' »Grundvermögen der Seele« lustig. Büchner hatte
sich darüber folgendes notiert: »Das *Wollen* ist zwar ein von der
Seele unzertrennliches Vermögen, allein es setzt das *Denken* voraus,
ist daher nicht wesentlich«; »Der *Verstand* ist das Vermögen viele
Ideen, der *Wille* das Vermögen viele *Neigungen* zu empfangen«; »Der
Wille ist ursprünglich auf das Gute gerichtet, ... er ist ... frei« (L 2,
S. 220 f.). Diese Argumentation war gewiß dazu angetan, seinen
Spott herauszufordern.

Peter. Nun?: bei Bergemann (B, S. 119): »König. Nun?«

Meine Lieben und Getreuen etc.: Vgl. Berührungspunkte in Mussets *Fantasio* (I, 1), mitgeteilt bei Renker, S. 96, und Sieß, S. 95. Die
philosophische Argumentation wird mit Versatzstücken aus der Bewußtseinsphilosophie (»Ich bin Ich«, »Ich oder ein Anderer«) ad absurdum geführt.

I, 3

Weg mit dem Tag! Ich will Nacht, tiefe ambrosische Nacht etc.: Anklänge dieser Replik an Schillers *Fiesco*, Ende des 4. Auftritts des
ersten Aktes.

Rosetta: Der keineswegs seltene Name wird zurückgeführt auf eine
Gestalt in Alfred de Mussets Drama *On ne badine pas avec l'amour*
oder Theophile Gautiers Roman *Mademoiselle de Maupin* (vgl. Benn,
Büchner und Gautier, S. 206; Sieß, S. 52).

O dolce far niente: O süßes Nichtstun.

Komm liebe Langeweile, deine Küsse sind ein wollüstiges Gähnen:
Landau (S. 63) sah darin eine Umformung dieser Sarmiento-Replik

aus *Ponce de Leon* (I, 18): »Wer sich aus langer Weile sehnt, / Mit offnen Maul nach Sehnsucht gähnt, / Und melancholisch-lustig lacht, / Den Tag verschläft, die Nacht durchwacht, / Dem ist der Weiber hold Geschlecht / Wie dir, Don Ponce, ja immer recht.« (Auch erwähnt bei Renker, S. 88). Rosetta wird hier als verkörperte Langeweile angesprochen wie Julia in *Dantons Tod* als Grab und Lena als Leiche.

wir können uns Zeit nehmen, uns zu lieben. / Oder die Zeit kann uns das Lieben nehmen. / Oder das Lieben uns die Zeit.: in der Struktur ähnliches Wortspiel auch in *Dantons Tod* (II, 1; L 1, S. 31, 9 ff.) und in Brentanos *Ponce de Leon* (I, 1):

Valeria:... du liebst mich nicht, du hast dich nur maskiert ...
Ponce: Gut dann – ich liebe dich, weil du mich so hübsch maskierst.
Valeria: Ach, und ich maskiere dich, weil ich dich so sehr liebe.

Tanze, Rosetta, tanze ...: ähnliche Aufforderung in *Ponce de Leon* (III, 4); vgl. Renker, S. 90.

O meine müden Füße etc.: Wahrscheinlich stammen die Verse von Büchner selbst.

O meine armen Augen: Thematische Anklänge an die Strophe »O Gott in Deines Lichtes Welle« in der Erzählung *Lenz* (L 1, S. 96).

Und lieber schließt ihr aus im Dunkeln: Bei Bergemann (S. 121) lautet die Zeile: »Und schließt im Dunkel lieber aus.«

O, eine sterbende Liebe ist schöner, als eine werdende: In Bonaventuras 10. Nachtwache (S. 88) heißt es: »Die Liebe ist nicht schön – es ist nur der Traum der Liebe der entzückt ... Siehst du an meiner Brust die Geliebte, o so brich sie schnell, die Rose, und wirf den weißen Schleier über das blühende Gesicht. Die weiße Rose des Todes ist schöner als ihre Schwester, denn sie erinnert an das Leben und macht es wünschenswert und teuer.« (Die Metapher der weißen und roten Rose benutzt dann Leonce ebenfalls ein paar Repliken später.)

Ich bin ein Römer; bei dem köstlichen Mahle etc.: Vgl. die Replik Camilles in *Dantons Tod* (IV, 5; L 1, S. 72, 6 ff.). Ähnlich heißt es in Tiecks *Dichterleben*: »Bei den schwelgenden Römern war es Sitte, Goldfische neben sich zu stellen und an der Tafel sich am Wechselspiel der Farben, wie sich diese im Absterben wunderlich veränderten, zu ergötzen« (vgl. Renker, S. 112).

Ein feiner Epikuräismus: Vgl. die Anmerkung zu *Dantons Tod*, I,6 (*Es giebt nur Epicuräer* ...), S. 100.

Ich habe unsere Liebe darin beigesetzt: In *Ponce de Leon* sagt Ponce zu Aquilar (V, 11): »... In meinem Herzen ist ein wunderbares Leben, meine Liebe wird zu Grabe getragen ...« (vgl. auch Renker, S. 90).

Keinen! Weinst du?: Bergemann konjiziert: »Keinen! Was meinst du« (Meinerts folgte hier nicht der Lesart Bergemanns; vgl. S. 498).

Nankinghosen: Nanking = dichtes Baumwollzeug aus China von fahler bis rötlich-gelber Farbe.

Meine Herren, ... wißt ihr auch, was Caligula und Nero waren:
Vgl. d'Alberts Worte in Gautiers *Mademoiselle de Maupin*: »Je suis
attaqué de cette maladie qui prend aux peuples et aux hommes puis-
sants dans leur vieillesse: – l'impossible. – Tout ce que je peux faire
n'a pas le moindre attrait pour moi. – Tibère, Caligula, Néron,
grands Romains de l'empire, ô vous que l'on a si mal compris, et que
la meute des rhéteurs poursuit de ses aboiements, je souffre de votre
mal et je vous plains de tout ce qui me reste de pitié! Moi aussi je
voudrais bâtir un pont sur la mer et paver les flots; j'ai rêvé de brû-
ler des villes pour illuminer mes fêtes; j'ai souhaité d'être femme pour
connaître de nouvelles voluptés.« (Vgl. Benn, *Büchner und Gautier*,
S. 206 f.)

Caligula und Nero: beides berüchtigte römische Tyrannen; Caligula,
das Stiefelchen, Spitzname für Gaius Cäsar Germanicus, der 37 bis
49 nach Christus herrschte, und Claudius Drusus Germanicus Nero
(von 54 bis 68 nach Christus an der Macht). Bergemann (S. 638) bezeichnete sie als »Tyrannen aus Langeweile«.

Mein Kopf ist ein leerer Tanzsaal etc.: In Brentanos Roman *Godwi*
spricht die Hauptfigur ebenfalls davon, daß in ihrem »Kopf ... ein
großer Redoutensaal« gewesen sei, und stellt fest: »aber alles war vorbei, den letzten Ton des Kehraus sah ich dicht bei der Orchesterbühne
meiner Ohren mit sterbendem verschossenen Gewande gähnend zur
Tür hinausschleichen. Eine Menge meiner jugendlichen Plane standen
verstört und mißmutig da, der Tanz war vorbei, sie hatten die Masken in den Händen, weinten aus den trüben erhitzten Augen Abspan-
nungstränen ...« (Erster Teil, erster Brief Godwis an Römer; vgl.
auch Landau, S. 64; Renker, S. 94; Lipmann, S. 16; Baumann, S. 96)

*Ich stülpe mich jeden Tag vier und zwanzigmal herum, wie einen
Handschuh. O ich kenne mich, ich weiß was ich in einer Viertelstunde*
etc.: Vgl. die verwandte Feststellung Dantons (*Dantons Tod*, II, 1;
L 1, S. 31, 11–19) und Fantasios in Mussets Komödie (I, 2): »Tous les
recoins m'en sont cent fois plus connus... toutes les rues, tous les trous
de mon imagination sont cent fois plus fatigués; je m'y suis promené
en cent fois plus de sens, dans cette cervelle délabrée, moi son seul
habitant!« (Vgl. Renker, S. 98; Plard, S. 298)

Ich habe nur noch ein Stück Braten zu verzehren etc. bis *und
klappre mit deinen Hauern nicht so*: Nach Sieß (S. 63 f., 119, Anmerkung 19) hat Büchner in den ersten beiden Repliken folgende Partien
aus Mussets *Fantasio* (II, 5; I, 2) miteinander verbunden:

> *Fantasio*: ... je m'en vais à l'office manger une aile de pluvier
> que le majordome a mise de côté pour sa femme. (II, 5)
> *Spark*: ... moi, quand je fume, par exemple, ma pensée se fait
> fumée de tabac; quand je bois, elle se fait vin d'Espagne ou
> bière de Flandre ... (I, 2)

Adonis: griechischer Heros asiatischen Ursprungs, den man häufig
mit Tammuz gleichsetzte. Nach der griechischen Sage wurde er von

einem Eber mit den Hauern getötet. Adonis war ursprünglich ein
Fruchtbarkeitsgott, worauf Valerio im folgenden auch anspielt. Er
fragt, ob Leonce etwa Angst habe, daß er, Valerio, wie der Eber bei
Adonis, seine Potenz zerstören würde.

in welche Umstände Einen andere Umstände versetzen können!:
Bergemann konjizierte: »in welche Umstände einen anderer Umstände
. . .« (S. 124), Meinerts »in welche Umstände einen anderer andere
Umstände . . .« (S. 149, 498).

um das Vorgebirg der guten Hoffnung: Dieses Wortspiel mit »Kap
der guten Hoffnung« (Südspitze Afrikas) und dem Zustand »guter
Hoffnung sein« (= schwanger) weist Renker (S. 86) auch in Platens
Die verhängnisvolle Gabel (I, II) nach.

Cap Horn: Kap Hoorn, Südspitze Südamerikas.

denn er war Nachtwächter: Brentanos Ponce sagt zu Sarmiento:
»Ja, ich will mich zur Ruhe setzen und Nachtwächter werden« (II, 4).
Aber auch eine Anspielung auf Bonaventuras *Nachtwachen* ist nicht
ausgeschlossen. Vgl. zur Struktur dieser Szene Krapp, S. 166–170.

*den Sie einmal erhalten, aber er trägt Niemand etwas ein, als dem
Todtengräber*: bei Bergemann: »den Sie einst erhalten, aber er trägt
niemanden etwas ein – außer dem Totengräber« (S. 125).

Lena von Pipi: Lena weist neben Ophelia-Zügen und verschiedenen
romantischen Anklängen auch Ähnlichkeiten mit Figuren in *Dantons
Tod* (vor allem Lucile) und in *Lenz* auf. Die Reiche Popo und Pipi
antizipieren Heines Nachttopf-Metapher (*Deutschland, ein Wintermärchen*, Caput XXVI), mit der er den gesellschaftlichen Zustand in
Deutschland illustriert.

Augenbrauen: in N »Augenbrauen«, was Bergemann (S. 126)
übernimmt (vgl. Lehmann, Noten, S. 31).

*und auf den Wangen war kein Grübchen zu sehen, sondern ein paar
Abzugsgruben für das Lachen*: Bei N lautet die Stelle: »und auf den
Wangen waren keine Grübchen, sondern ein Paar Abzugsgräben für
das Lachen« (Lehmann, Noten, S. 33); ebenso bei Bergemann (S. 126).

an dem ein Braten an der königlichen Tafel verbrennt: In N nur:
»an dem ein Braten verbrennt« (Lehmann, Noten, S. 32). Ebenso bei
Bergemann (S. 126).

Kapaun: (verschnittener) Masthahn.

daß ich sie ja mit den Beinen doch nicht ausmessen kann: bei Bergemann: »daß ich sie mit den Beinen kaum ausmessen kann« (S. 126).

nichts als ein schlechtes Wortspiel: Bei Lenz, der Shakespeares
Love's Labour's Lost unter dem Titel *Amor vincit omnia* übersetzt
hatte, konnte Büchner auch diese Bemerkung über das Wortspiel finden: »Aber wenn die Intrige das Wesen des Stückes ausmacht und die
Verwirrung besteht in einem Wort, so ist das ganze Stück soviel wert
– als ein Wortspiel« (vgl. Landau, S. 66). Hinweis bei Renker (S. 95)
auch auf Mussets *Fantasio* (II, 1).

die fünf Vokale: wenn man das V in Valerio als Vokal rechnet.

Ihr Abkommen haben Sie gefunden und Ihr Fortkommen werden Sie jetzt zu suchen ersucht: Bei Brentano (*Ponce de Leon*, I, 13) finden sich ähnliche Wortspiele:

> *Porporino:* O weh, Ihr wiederholt Euch – ich bitte, sagt mir, ist das Wiederholen Herkommen bei Euch? Dann geht nur fort, ich will Euch nicht wieder holen.
>
> *Sarmiento:* Du sollst mein Herkommen besser kennen, denn ich gab dir eine Ohrfeige, als ich im Begriffe war herzukommen.

O Shandy, alter Shandy, wer mir deine Uhr schenkte!: Anspielung auf eine Stelle in Lawrence Sternes (1713–1768) Roman *Tristram Shandy* (Book 1, Chapter 4): Der Vater des Helden oblag seinen ehelichen Pflichten im gleichen monatlichen Abstand, in dem er die Uhr aufzog. (Vgl. Majut, S. 344; Benn, Büchner und Gautier, S. 202 f.).

a priori? oder a posteriori?: Wieder eine Ironisierung der idealistischen Philosophie.

Lazarethfieber: In Jean Pauls *Flegeljahren* (Nr. 62) soll auf das »Kanonenfieber ... das Lazareth-Fieber« folgen (vgl. Renker, S. 84).

Alexanders- und Napoleonsromantik: Leonce attackiert hier die Heldenbewunderung für Alexander den Großen (König von Makedonien, 336–323 v. Chr.) und Napoleon (französischer Kaiser, 1804 bis 1814/15).

Demission: Rücktritt (gebräuchlich im Hinblick auf Minister und Staatshäupter).

Ach der Teufel ist nur des Contrastes wegen da: Renker (S. 98) verweist hier auf eine Stelle in Mussets *Fantasio* (I, 2) und Mayer (Prince Leonce und Doktor Faust, S. 312) vermutet eine Faust-Reminiszenz.

Der große Pan schläft: Pan, ursprünglich ein arkadischer Hirtengott, wurde eine Lieblingsfigur bukolischer Dichter (z. B. Ovid, Vergil). Er hat Füße, Bart und Hörner eines Bockes, Ähnlichkeit mit den Satyrn und Silenen. Wenn in der Mittagshitze Mensch und Tier ruhen, schreckt Pan sie durch unerwartete Laute (= panischer Schrecken).

Virgil: Maro Publius Vergilius (70–19 v. Chr., der berühmte römische Dichter, Verfasser der *Bucolica, Georgica* und *Aeneis*.

Lazzaroni: neapolitanischer Bettler (vgl. B, S. 658).

Wir gehen nach Italien: Parodie auf die Italiensehnsucht des 18. Jahrhunderts. Auch in Mussets *Fantasio* (I, 2) ergeht die Aufforderung, doch nach Italien zu reisen (Renker, S. 98).

I, 4

sieh, jetzt bin ich eingekleidet und habe Rosmarin im Haar: Schröder verweist auf die Doppelbedeutung von »Rosmarin« als Symbol der Hochzeit (Hochzeitskranz) und des Todes (Totenkränzlein); vgl.

Schröder, S. 87, Anmerkung 25. Mit einem Wort setzt Büchner dergestalt die Problematik von Lenas erster Replik ins Bild.

Auf dem Kirchhof will ich liegen etc.: Schluß des Volkslieds *Soviel Stern am Himmel* (vgl. B, S. 630; Fink, S. 444).

er soll ja ein wahrer Don Carlos sein: Die Gouvernante in Mussets *Fantasio* (II, 1) sagt: »On dit que c'est un Amadi« (Renker, S. 100; Plard, S. 292; Sieß, S. 77). Bei dieser Replik handelt es sich eindeutig um eine Eindeutschung (Schillers Don Carlos gegen Amadis) Mussets.

Morgen ist aller Duft und Glanz von mir gestreift. Bin ich denn wie die arme, hülflose Quelle, etc.: In der Thematik berührt sich diese Stelle mit einer Replik Mariannes in Mussets Komödie *Les Caprices de Marianne* (II, 1), nachgewiesen bei Renker, S. 106; Sieß, S. 123, Anmerkung 25.

Ist denn die Tochter eines Königs weniger, als eine Blume?: Die natürliche Freiheit der Blumen gegenüber den Verhaltenszwängen, unter denen die Prinzessin leidet, drückt auch Fantasio aus, der dann diese Folgerung nachschickt: »C'est pour quoi je fais plus de cas d'une violette que d'une fille de roi« (vgl. Plard, S. 294).

du bist doch ein wahres Opferlamm: Die Quelle ist hier wieder Mussets *Fantasio* (II, 1), in dem die Gouvernante zur Prinzessin sagt: »Vous êtes un vrai agneau pascal« (Renker, S. 102; Plard, S. 292; Sieß, S. 80 f., dort ausführlicher Beleg).

Mein Gott, mein Gott, ist es denn wahr etc.: Vgl. *Dantons Tod* I, 6 (L 1, S. 31); die Replik spielt auf Matthäus 26, 39 und Matthäus 26, 46 (Schröder, S. 83) an. Sieß (S. 123 f., Anmerkung 33) verweist außerdem auf Repliken aus Mussets *André del Sarto* (I, 3). Einen Anklang an diese Replik enthält auch folgende Stelle in Jean Pauls *Siebenkäs* (2. Blumenstück, »Traum im Traum«): »Christus hob die entfallene Erdkugel wieder auf, und das Körpergewebe, aus dem die Seele geflogen war, lag noch mit allen Wundenmalen eines zu langen Lebens auf der Erde ... Oh! wie bin ich allein! Jetzo hört mich nichts mehr ... aber morgen will ich ihr und ihren treuen Händen ... mit einem solchen Schmerz nachsehen, daß er mein schwaches Leben schließt ... Warum legt sich noch im Alter, wo der Mensch schon so gebückt und müde ist, noch auf den untersten Stufen der Gruft das Gespenst des Kummers so schwer auf ihn und drückt das Haupt, in welchem schon alle Jahre ihre Dornen gelassen haben, mit einem neuen Schauder hinunter?« (Jean Paul, Werke in zwölf Bänden, Reihe Hanser, hrsg. v. Norbert Miller, Bd. 3, München 1975, S. 278 f.)

II, 1

Wie ist mir eine Stimme doch erklungen etc.: nicht ganz exaktes Zitat aus Adelbert von Chamissos (1781–1838) Gedicht *Die Blinde*, 2. Gedicht, 1. Strophe (vgl. Renker, S. 84):

> Wie hat mir einer Stimme Klang geklungen
> Im tiefsten Innern,
> Und zaubermächtig alsobald verschlungen
> All mein Erinnern!

die Welt ist ... ein ... weitläuftiges Gebäude: in N korrigiert zu »weitläufiges Gebäude«; ebenso bei Bergemann (S. 130).

Nicht doch! Nicht doch! Ich wage kaum die Hände auszustrecken etc.: Diese Antwort auf die vorausgehende Replik Valerios korrespondiert mit der Antwort Lenas auf folgende Replik der Gouvernante: *Es muß ein bezauberter Tag sein* etc. (L 1, S. 120, 15–18). Die Parallelität dieser Dialogstücke ist ein Paradigma für das von Rosemarie Zeller nachgewiesene *Prinzip der Äquivalenz bei Büchner* (S. 226).

Ich werde mich nächstens in den Schatten meines Schattens stellen: Echo aus Shakespeares *Hamlet* (II, 2):

> *Güldenstern*: ... denn das eigentliche Wesen des Ehrgeizes ist nur der Schatten eines Traumes.
> *Hamlet*: Ein Traum ist selber nur ein Schatten.
> *Rosenkranz*: Freilich, und mir scheint der Ehrgeiz von so luftiger und loser Beschaffenheit, daß er nur der Schatten eines Schattens ist.

(Vgl. auch Sieß, S. 54–64, S. 117 f., Anmerkungen 2 und 11).

Du verflüchtigst dich ganz an der Sonne etc.: Diese Replik läßt sich auf folgende Stellen aus *Hamlet* beziehen (vgl. auch Sieß, S. 54, 118, Anmerkung 11):

> *König*: Wie? Hängen stets noch Wolken über Euch?
> *Hamlet*: Nicht doch, mein Fürst, ich habe zu viel Sonne. (I, 2)

— — —

> *Hamlet*: Seht Ihr die Wolke dort, beinah in Gestalt eines Kamels?
> *Polonius*: Beim Himmel, sie sieht auch wirklich aus wie ein Kamel.
> *Hamlet*: Mich dünkt, sie sieht aus wie ein Wiesel.
> *Polonius*: Sie hat einen Rücken wie ein Wiesel.
> *Hamlet*: Oder wie ein Walfisch?
> *Polonius*: Ganz wie ein Walfisch. (III, 2)

Sie sieht ganz wohlbehaglich auf deine gröbere materielle Stoffe herab: in N korrigiert zu »auf deine gröberen materiellen Stoffe«; ebenso bei Bergemann (S. 130).

Die Wolke könnte Ihrem Kopf nichts schaden, wenn man Ihnen denselben scheeren und sie Tropfen für Tropfen darauf fallen ließ.: in N gekürzt: »Die Wolke könnte Ihrem Kopfe nichts schaden, wenn man sie Ihnen Tropfen für Tropfen darauf fallen ließe«; ebenso bei Bergemann (S. 130). Die Replik spielt auf eine grausame Folter an, bei der dem Gefangenen, ohne daß er sich rühren konnte, in bestimm-

ten Abständen Wasser auf den glattrasierten Kopf getropft wurde
(vgl. Sieß, S. 119, Anmerkung 17).

Wir sind schon durch ein Dutzend Fürstenthümer etc.: Die Klein-
staatssatire taucht auch bei Tieck des öftern auf (vgl. Majut, S. 22). In
Der gestiefelte Kater (I, 3) tritt beispielsweise eine Figur ab und eine
andere bemerkt gleich darauf: »Nun ist er schon in seinem Lande ...
man kann von hier alles sehn, was im Lande dort vorfällt.« In Tiecks
Erzählung *Die Vogelscheuche* spricht Syndikus Spener von einem der
»allerkleinsten Staaten«.

Arsenik: Arsentrioxyd, arsenige Säure (As_2O_3), graues Giftmehl;
diente auch zur Herstellung von Farben und als Mittel gegen Syphilis.

Ich habe das Ideal eines Frauenzimmers in mir: Brentanos Ponce
meint in II, 4: »Der Gedanke, der Ruf, das Bild eines Weibes, diese
ferne Strahlen ihrer Sonne können mich allein erwärmen und stärken
...« In Tiecks *Zerbino* (IV) sagt der alte König: »Ich habe jetzt ein
Ideal im Kopf, das mich weder bei Tage noch in der Nacht ruhig
schlafen läßt ...« (Vgl. Renker, S. 92, 110.)

dieser geistige Tod in diesem geistigen Leib: Bei Bergemann heißt
es gegen die Überlieferung von J und N »geistlosen Leib«. Meinerts
(S. 498) korrigierte dann als erster in die antiklassische Pointe zurück (vgl. auch Lehmann, Noten, S. 35). Büchner ironisiert hier das
klassizistische Ideal der Schönheit, wie es nicht zuletzt von Winckel-
mann (1717–1768) aus den antiken Darstellungen abgelesen wurde.

das ist ein Land, wie eine Zwiebel, nichts als Schaalen: In Bonaventuras *Nachtwachen* taucht die Zwiebel-Metapher häufiger auf. In
der 9. Nachtwache etwa heißt es: »Die Menschheit organisiert sich
gerade nach der Art einer Zwiebel, und schiebt immer eine Hülse in
die andere bis zur kleinsten, worin der Mensch selbst denn ganz
winzig steckt« (S. 77).

hätte nicht geschwitzt und mir keine Leichdörner gelaufen: Vgl.
dazu die Äußerung des Bettlers in *Dantons Tod* (II, 2): »Ihr habt
Euch gequält um einen Genuß zu haben ...« (L 1, S. 35, 6) *Leichdörner* = Hühneraugen.

Ei ihr lieben Hosen: Sieß (S. 121, Anmerkung 7) verweist auf Anklänge in Mussets Komödie *Les Caprices de Marianne* (II, 1); siehe
auch S. 144.

die langen schweren Trauben hängen mir ins Maul: bei Bergemann
(S. 131) nach N: »... hängen mir in den Mund« (vgl. auch Lehmann,
Noten, S. 33).

Es muß ein bezauberter Tag sein etc.: Vgl. Anmerkung zu *Nicht
doch! Nicht doch! Ich wage kaum die Hände auszustrecken* (S. 145).

Wir haben Alles wohl anders geträumt mit unsern Büchern ...: Elsbeth macht es in Mussets *Fantasio* (II, 7) ihrer Gouvernante zum Vorwurf, daß sie ihr so viele Romane und Märchen zu lesen gab und in
ihren armen Kopf so viele fremde und seltsame Blumen pflanzte (Renker, S. 104).

Was ein rother Schein über den Wiesen spielt von den Kukusblumen: Bei Bergemann (S. 132) heißt die Stelle: »Ein roter Blumenschein spielt über die Wiesen ...«

Odilia: bei Bergemann »Ottilia« (in N: »Otilia«). Romanisierter Name einer elsässischen Heiligen; nach der elsässischen Sage mußte Odilia, wie August Stöber berichtet, vor ihrem Vater, Herzog Eticho I, fliehen, weil sie ihrem himmlischen Bräutigam die Treue halten und nicht den ihr zur Ehe bestimmten Mann heiraten wollte (B, S. 665).

II, 2

Nimm diese Glocke, diese Taucherglocke und senke dich in das Meer des Weines etc.: ähnliche Stelle in Mussets *Fantasio* (I, 2):

Fantasio: Qu'on me donne une cloche! une cloche de verre!

Spark: A propos de quoi une cloche?

Fantasio: Jean-Paul n'a-t-il pas dit qu'un homme absorbé par une grande pensée est comme un plongeur sous sa cloche, au milieu du vaste Océan? Je n'ai point de cloche, Spark, point de cloche, et je danse comme Jésus-Christ sur le vaste Océan.
(vgl. Renker, S. 98; Sieß, S. 72).

Cymbeln: im Altertum Schlaginstrument aus kleinen Metallbecken; im frühen Mittelalter ein Glockenspiel.

Komm Valerio, wir müssen was treiben ... Wir wollen uns mit tiefen Gedanken abgeben etc.: Die Replik erinnert entfernt an diese Äußerung Porporinos in *Ponce de Leon* (I, 9): »Ich fühle Wißbegierde, und müßte ich in Alkala Bettelstudent werden und meinem eigenen Nebenbuhler das Heft abschreiben. Ich wollte Kreide essen, blaß zu werden, Butter schlingen, wild zu singen, mit den Füßen Trommelschläger werden, gut zu tanzen; zwei Pfennige wollt ich jedem geben, der mich angähnte, um die lange Weile zu lernen; nachdem sein Maul größer wäre, auch vier. Bin ich so auf guten Wegen?« (Vgl. Renker, S. 92)

daß man sich die Nase mit Hülfe der Hände putzt und nicht wie die Fliegen mit den Füßen: fehlt bei Bergemann und den auf ihn fußenden Editionen.

zu irgend einer fürstlichen Liebhaberei: In N steht bezeichnenderweise nur »zu einer Liebhaberei« (vgl. Lehmann, Noten, S. 32).

wenn ich Flocken lese und an der Decke zupfe: Flocken lesen und an der Decke zupfen gehören nach dem »Prognostikon« im *Corpus Hippocraticum* zum Erscheinungsbild des Sterbenden (vgl. Jancke, S. 265).

Ergo bibamus etc.: Wahlspruch vieler Studentenlieder (»Also laßt uns trinken«). Kobel (S. 253) weist auf eine Stelle in Goethes *Farbenlehre* hin; Basedow behauptet hier, »die Conclusion ergo bibamus passe zu allen Prämissen«. Nach Sieß (S. 69 f.) arbeitete Büchner in diese Replik Elemente eines längeren Dialogs aus Mussets *Les Caprices de Marianne* (II, 1) ein.

Die Hälfte meines Lebens soll ein Gebet sein, wenn mir nur ein

Strohhalm bescheert wird, auf dem ich reite ...: Es ist nicht ausgeschlossen, daß Büchner hier auf den des Atheismus angeklagten Lu-
cilio Vanini anspielt, der aus dem Scheiterhaufen einen Strohhalm
zog und sagte: »Wär' ich so unglücklich, an dem Daseyn Gottes zu
zweifeln, so würde dieser Strohhalm mich überzeugen.« Die Geschichte
wurde von Fichte in der *Appelation an das Publikum* berichtet (vgl.
Kobel, S. 247 f.), die Büchner sehr wahrscheinlich gekannt hat.

   Die Erde hat sich ängstlich zusammengeschmiegt ...: Fischer (S. 12)
verweist auf eine Stelle in Heines *Harzreise*: »Ein wildes, wüstes
Meer! über das gärende Wasser jagten ängstlich die Gespenster der
Verstorbenen, ihre weißen Totenhemden flatterten im Winde, hinter
ihnen her, hetzend ...«

   mit denen Gott und der Teufel aus Langerweile eine Parthie machen
etc.: Zum thematischen Zusammenhang vergleiche *Dantons Tod* (IV,
5), L 1, S. 71 f. Bei Bergemann statt »Langerweile« (J) nach N:
»Langeweile« (Lehmann, Noten, S. 31).

   *Warum schreiten Sie, Wertheste, so eilig, daß man Ihre weiland
Waden* ...: Parallelstelle für diese Replik in Mussets *On ne badine
pas avec l'amour* (I, 1): »D'où venez-vous, Pluche, ma mie? vos faux
cheveux sont couverts de poussière ... et votre chaste robe est retrous-
sée jusqu'à vos vénérables jarretières'« (vgl. Plard, S. 292; Benn,
Büchner und Gautier, S. 206, Anmerkung 12). Schröder (S. 101) sieht
in dem Dialog zwischen Valerio und Gouvernante den Einfluß der
Begegnung zwischen Mercutio und Wärterin aus Shakespeares *Romeo
und Julia* (II, 4).

   *Ihre Nase ist wie der Thurm auf Libanon, der gen Damascum
steht:* bei Bergemann (S. 134): »solch eine Nase«, bei Meinerts außerdem noch die Korrektur: »der gen Damaskus sieht« (S. 159, 498). Die
wörtliche Quelle dieser Replik ist das *Hohelied* Salomos 7, 5 (»Deine
Nase ist wie der Turm auf dem Libanon, der gen Damaskus sieht«).
Zum Motiv der Nase in *Leonce und Lena* vgl. auch Anton, S. 50 f.

   *Und für müde Augen jedes Licht zu scharf und müde Lippen jeder
Hauch zu schwer*: bei Bergemann: »Und müden Augen jedes Licht zu
scharf, und müden Lippen jeder Hauch zu schwer« (S. 135).

   Sollte nicht dies und ein Wald von Federbüschen ...: Zitat aus
Hamlet (III, 2): »Sollte nicht dies und ein Wald von Federbüschen
... nebst ein paar gepufften Rosen auf meinen geschlitzten Schuhen
...« (vgl. Lehmann, Noten, S. 11).

   Sie ruht auf mir wie der Geist, da er über den Wassern schwebte:
Anspielung auf 1. Mose 2.

   Vicinalwege (Vizinalwege): Landstraßen, Landwege.

II, 3

*Er war so alt unter seinen blonden Locken. Den Frühling auf den
Wangen* etc.: wohl angeregt durch eine Stelle in Mussets *Fantasio* (I, 2):
   Hartmann: Tu as le mois de mai sur les joues.

Fantasio: C'est vrai; et le mois de janvier dans le cœur.
(Zuerst nachgewiesen von Renker, S. 96; vgl. Plard, S. 293). Thematische Anklänge auch in Jean Pauls »Der Traum im Traum« (*Siebenkäs*, Zweites Blumenstück).

ein Schlafkissen: bei Bergemann nach N: »sein Schlafkissen« (S. 135).

Aber, liebe Mutter: Diese Anrede benutzt auch Prinzessin Elsbeth gegenüber ihrer Gouvernante in Mussets *Fantasio* (Renker, S. 104; Plard, S. 292); vgl. auch *Lorenzaccio* (I, 6): Gespräch zwischen Marie Soderini und Katharina (Renker, S. 106).

Scherbe: hier Blumentopf.

Wie die Grillen den Tag einsingen und die Nachtviolen ihn mit ihrem Duft einschläfern!: Renker (S. 110) verweist auf eine Stelle in Tiecks *Zerbino* (V):

Die Blumen:

> Der Abend sinkt hernieder,
> Die Nachtviolen wachen auf
>
> . . . .
>
> und strömen süße Düfte
> Durch die Lüfte.

II, 4

Der Garten, Nacht und Mondschein: Baumann (S. 107) nimmt hier ein Echo aus Shakespeares *Der Kaufmann von Venedig* (V, 1) und *Romeo und Julia* (II, 2) an. Majut (Studien, S. 44 f.) verweist auf entsprechende Stellen in Goethes *Werther*.

Es ist eine schöne Sache um die Natur, sie ist aber doch nicht so schön, als wenn es keine Schnaken gäbe: in N: »sie wäre aber doch noch schöner, wenn es keine Schnaken gäbe« (Lehmann, Noten, S. 32 f.), was Bergemann übernimmt (S. 136).

die Todtenuhren nicht so in den Wänden pickten: Vgl. Danton: »Will denn die Uhr nicht ruhen? Mit jedem Picken schiebt sie die Wände enger um mich, bis sie so eng sind wie ein Sarg« (IV, 3; L I, S. 66, 15 ff.) und vorher Leonce: »Das Picken der Todtenuhr in unserer Brust ist langsam . . .« (II, 2; L I, S. 122, 35 f.) Brentanos *Godwi* (Erster Teil, Werdo Senne an Lady Hodefield) enthält ein Gedicht, dessen letzten Verse an die Replik anklingen:

> Schwermut glänzt des Mondes Helle
> In mein tränenloses Aug,
>
> . . . .
>
> . . . .
>
> Horchend heb ich nun die Hand,
> Und es pochen, Trost im Leiden,
> Totenuhren in der Wand.

(Clemens Brentano, *Werke*, hrsg. v. Friedhelm Kemp, Bd. 2, München 1963, S. 70; zuerst nachgewiesen bei Renker, S. 94).

Armes Kind, kommen die schwarzen Männer bald dich holen? Wo ist deine Mutter? Will sie dich nicht noch einmal küssen?: fehlt in N und auch bei Bergemann (S. 136) und den auf ihn fußenden Editionen. Die Replik liest sich wie ein Echo auf Jean Pauls Zweites Blumenstück im *Siebenkäs* (vgl. S. 144): »Ist es nicht eine Mutter, die jetzo sich bückt und die Arme weit aufschließt und mit entzückter Stimme ruft: ›Mein Kind, komm wieder an mein Herz!‹«

Steh auf in deinem weißen Kleide und wandle hinter der Leiche durch die Nacht ...: Das überlieferte Bruchstück (L 1, S. 141) markiert den biblischen Bezugsort deutlicher: »Steh auf in deinem weißen Kleid und schwebe durch die Nacht und sprich zur Leiche steh auf und wandle.« Vgl. dazu Matth. 9, 5 und Mark. 5, 41 (Schröder, S. 113 f.; Kobel, S. 231 ff.). Im Traum von Lenz symbolisiert das »weiße Kleid« ebenfalls den Tod (L 1, S. 85, 14 ff.) wie übrigens auch in den *Nachtwachen,* wo beispielsweise von der »weißen Rose des Todes« (10. Nachtwache, S. 88) oder der »weißen Maske« des Todes (14. Nachtwache, S. 123) gesprochen wird.

Der Tod ist der seligste Traum: Diese Aussage gehört eng in den Kontext der vorhergehenden Repliken. In der 10. Nachtwache des Bonaventura wird unter der Überschrift »Der Traum der Liebe« (S. 88) eben der Traum der Liebe über die Liebe gestellt und mit dem Tod in Verbindung gebracht. Wenn es heißt: »Die weiße Rose des Todes ist schöner als ihre Schwester«, so berührt sich das mit der Replik Lenas: »Der Tod ist der seligste Traum.« Der Zusammenhang erinnert auch an Jean Pauls »Der Traum im Traum« (in *Siebenkäs,* Zweites Blumenstück, vgl. S. 144), wo Christus die Erde als einen »Traum voll Träume« bezeichnet; der Traum, wünscht sich Maria, soll »die Liebe der Menschen« zeigen, »wenn sie sich wiederfinden nach einer schmerzlichen Trennung«. Indem Maria das sagte, »stand der Todesengel hinter ihr, und sie sank mit zufallenden Augen an seine kalte Brust zurück«.

So laß mich dein Todesengel sein etc.: Auch Danton sieht Julie als »schöne Leiche«. »Du süßes Grab«, so redet er sie am Anfang von I, 1 an, »deine Lippen sind Todtenglocken, deine Stimme ist mein Grabgeläute, deine Brust mein Grabhügel und dein Herz mein Sarg.« Zum Motiv »Glocke« in der Verbindung mit »Wiege« und »Grab« vgl. Lenas Replik am Anfang von I, 4 (dazu Schröder, S. 69, Anmerkung 4).

Mein ganzes Sein ist in dem einen Augenblick. Jetzt stirb.: Anspielung auf die Wette Fausts mit Mephistopheles (*Faust,* Erster Teil, Studierzimmer; Zweiter Teil, V, Großer Vorhof des Palasts) und auf Goethes *Prometheus*-Fragment (II), wo es heißt:

Prometheus: Da ist ein Augenblick, der alles erfüllt,
                Alles, was wir gesehnt, geträumt, gehofft,
                Gefürchtet, meine Beste, – das ist der Tod!

Pandora: Der Tod?

Prometheus: Wenn aus dem innerst tiefsten Grunde
Du ganz erschüttert alles fühlst,
Was Freud und Schmerzen jemals dir ergossen,
Im Sturm dein Herz erschwillt,
In Tränen sich erleichtern will und seine Glut vermehrt,
Und alles klingt an dir und bebt und zittert,
Und alle Sinne dir vergehn,
Und du dir zu vergehen scheinst
Und sinkst, und alles um dich her
Versinkt in Nacht, und du, in inner eigenem Gefühle,
Umfassest eine Welt:
Dann stirbt der Mensch.

Das Bewußtsein von der Totalität der eigenen Vermögen ist ein verbreitetes Ziel im 18. Jahrhundert von Lenz bis Schiller (vgl. zur Problematik auch Heinz Otto Burger, die Geschichte der unvergnügten Seele, in: H. O. B., Dasein heißt eine Rolle spielen, München 1963, S. 120–143; ebenso Majut, Studien, S. 46 f. und Mayer, Prince Leonce und Doktor Faust, S. 306–314). Der Ausruf, der diese Replik abschließt (*Hinab heiliger Becher!*), kann als Reminiszenz des Liedes *Es war ein König in Thule* interpretiert werden, das Margarethe in Goethes *Faust* singt.

Meine Lippen saugen sich daran: fehlt in N und bei Bergemann (S. 137).

Halt Serenissime!: In Brentanos *Ponce de Leon* (III, 20, 21) hält Aquilar Ponce vom Selbstmord ab wie hier Valerio Leonce.

von den Flöhen gestochen: in N: »von dem Ungeziefer gestochen« (Bergemann hält sich hier an J).

Mensch, du hast mich um den schönsten Selbstmord gebracht etc.: Büchner parodiert in dieser Szene das berühmte Wertherfieber. Valerio, der die Werther-Farben trägt (*gelbe Weste* und *himmelblaue Hosen*), verdirbt dadurch Leonce die ganze Selbstmordstimmung (vgl. Mayer, Prince Leonce und Doktor Faust, S. 311; Benn, Büchner und Gautier, S. 203).

III, 1

ewigen Kalender: Hochzeitstag als ständig wiederkehrender Festtag, so interpretiert Bergemann (S. 644); aber es könnte auch eine Anspielung auf die auf Dauer angelegte Verbindung in der Ehe sein.

daß selbst der Geringste unter den Menschen so groß ist: klingt an Lenzens Forderung an, man solle »sich in das Leben des Geringsten« (L 1, S. 87, 6 ff.) versenken, die sowohl zum Programm des historischen Lenz als auch Büchners gehörte. Die »Arroganz«, von der Leonce in dieser Replik spricht, ist der Idealismus, »die schmählichste Verachtung der menschlichen Natur« (vgl. Einleitung, S. 38 ff., 43 ff.).

philobestialisch: tierliebend (B, S. 666).

Signalement: Personenbeschreibung (auch im Drama), Steckbrief;

die Stelle verweist indirekt auf die Polizeidienerszene in dem hand-
schriftlich überlieferten Bruchstück (L 1, S. 139 f.), in der es heißt:
»Wo ist der Steckbrief, das Signalement, das Certifikat?« Büchner parodiert hier vermutlich die von Georgi am 13. Juni ausgeschickte
Personal-Beschreibung (Vgl. Zeittafel, S. 79 f.).

Was will der Kerl? Ich kenne ihn nicht. Fort Schlingel!: Anspielung
auf die letzte Szene von Shakespeares *König Heinrich IV.* (Zweiter
Teil, V, 5), wo der König zu Falstaff sagt: »Ich kenn' dich ... nicht«,
und ihm erklärt, daß er sein »vor'ges Selbst hinweggetan«. Aber gerade darin unterscheidet sich Valerio von Falstaff – er wird Staatsminister und spricht im Stück das letzte Wort. Das Zitat funktioniert
Büchner in dieser Replik ironisch um: Valerio von Valerienthal ver-
leugnet seine frühere Existenz als Valerio.

III, 2

Freier Platz vor dem Schlosse ...: Anklänge dieser Szene an Brentanos
Ponce de Leon (V, 2).

eure hirschledernen Hosen der Mondschein darin: In Eichendorffs
Roman *Dichter und ihre Gesellen* (2. Buch, 16. Kapitel) ist von dem
»eigensinnigen Lord« die Rede, »der niemals seine prallen hirschledernen Hosen ablegen mochte, die nun in dem Mondschein von weitem
leuchteten« (vgl. Renker, S. 121). Fischer (Georg Büchner, S. 13) verweist auf Heines *Harzreise,* wo ein Jüngling »seine Arme sehnsuchts-
voll nach dem Kleiderschrank« ausstreckte und »zu einer gelbledernen
Hose, die er für den Mond hielt, ... mit wehmütiger Stimme« sprach.

Ihr stehet vor die Nüchternheit: wörtlich in *Ponce de Leon,* V, 2;
auch die nächste Replik nimmt Bezug auf die Antwort des Schul-
meisters Alonso in Brentanos Stück.

Seid standhaft! ...: Anklänge dieser Replik auch in Tiecks *Fortunat*
(Zweiter Teil, V, 2):

Erster Mann: Nun, Brüder, Freunde, haltet euch gerade.
         Respekt nun vor der hohen Herrschaft! Hört,
         Um Gottes willen torkelt nicht! Hübsch ehrbar!
         Betraget euch edel, menschlich, nicht wie Säue,
         Sonst leidet die Reputation der Stadt.

Für diese Replik und die ganze Szene gibt es auch eine thematische
Parallele in der 13. Nachtwache des Bonaventura: »Weise Einrichtung
des Staates, der lieber gute brauchbare Maschinen, als kühne Geister unter seinen Bürgern duldet, der den Fuchs selbst zum Balge
herauspeitscht, um den Balg zu benutzen, der die Hände und Füße,
als dauerhafte Dreh- und Tretmaschinen, höher anschlägt, als die
Köpfe seiner Landeskinder« (S. 111).

mit den Fingern: fehlt in N und bei Bergemann (S. 140).

Erkennt was man für euch thut: Smeed (S. 30 f.) vermutet hier eine
Anregung Jean Pauls: »Höchstderoselben verfügten gnädigst, daß von
der Kammer Summen hergeschossen und auf landesherrliche Kosten

jedem Dorfe eine reichliche Mahlzeit gegeben werden sollte, jedoch dergestalt, daß man ihnen nicht gewöhnliche rohe Bauernspeisen, sondern ... lauter Schaugerichte vorsetzte ...«

Wir geben aber auch heut Abend einen transparenten Ball mittelst der Löcher in unseren Jacken und Hosen ...: Vgl. *Dantons Tod* (I, 2): »... ihr habt Löcher in den Jacken und sie haben warme Röcke, ihr habt Schwielen in den Fäusten und sie haben Sammthände« (L 1, S. 14); ebenso *Dantons Tod* (II, 6): »über all den Löchern, die wir in andrer Leute Körper machen, ist noch kein einziges in unsern Hosen zugegangen« (L 1, S. 42).

III, 3

Vatermörder: Herrenhemdkragen mit steif emporstehenden Spitzen (Mode von ca. 1820–1840); der Ausdruck beruht auf einem Hörfehler: in Frankreich nannte man den Kragen »parasite«, was als »parricide« (Vatermörder) mißverstanden wurde.

Sage doch dem Herrn Candidaten, er möge seine Buben einmal das Wasser abschlagen lassen. – Der arme Herr Hofprediger! Sein Frack läßt den Schweif ganz melancholisch hängen. Ich glaube er hat Ideale und verwandelt alle Kammerherrn in Kammerstühle. Er ist müde vom Stehen: Bei Bergemann (S. 140 f.) fehlt nicht nur diese Stelle (und die folgende Replik des ersten Bedienten: *Alles Fleisch verdirbt vom Stehen. Auch der Hofprediger ist ganz abgestanden, seit er heut Morgen aufgestanden.*), sondern ein Teil der Ceremonienmeisterreplik wird nach N dem ersten Bedienten zugeschlagen. Lehmann gibt die Lesart nach J.

Gradirbäue: Gradirwerk = ein Gerüst mit Reisigwänden (auch aus Schwarzdornästen), über die man Salzsole leitete. Durch Verdunsten von Wasser wurde der Salzgehalt der Sole erhöht (auch als Kur bei Atemkrankheiten verwandt). Vgl. dazu B, S. 648.

Dardanellen: Meerenge zwischen Ägäis und dem Marmarameer (hier: »Marmormeer«).

Werden die Grenzen beobachtet? etc.: Vgl. Anmerkung zu II, 1 (*Wir sind schon durch ein Dutzend Fürstenthümer* etc., S. 146). Die ganze Szene ist eine Satire auf die deutschen Duodezfürstentümer.

Das ist noch weniger: bei Bergemann (S. 141) »ebensowenig«.

habe ich nicht den Beschluß gefaßt, daß meine königliche Majestät sich an diesem Tage freuen ...: Ähnlich sagt der Baron in Mussets *On ne badine pas avec l'amour* (I, 3): »J'avais compté depuis longtemps, – j'avais même écrit, noté sur mes tablettes de poches, que ce jour devait être le plus agréable de mes jours ...« (Vgl. Renker, S. 108; Plard, S. 294)

Dann können sie sich allerdings ...«: bei Bergemann statt »allerdings« = »eben« (S. 142).

Tröste Eure Majestät sich mit andern Majestäten. Ein königliches

Wort ist ein Ding, – ein Ding, – ein Ding, – das nichts ist: Zitatadaption aus *Hamlet*, IV, 2:

> *Hamlet*: Die Leiche ist beim König, aber der König ist nicht bei der Leiche. Der König ist ein Ding –
> *Güldenstern*: Ein Ding . . .?
> *Hamlet*: Das nichts ist: bring mich zu ihm . . .

(Vgl. dazu Lehmann, Noten, S. 11; Sieß, S. 55 f.).

(Er nimmt langsam hintereinander mehrere Masken ab.) Bin ich das? oder das? etc.: Die Replik enthält mehrere literarische Bezugsorte. (Vgl. dazu auch Anmerkung zu *Dantons Tod* (IV, 5), Replik Camilles: *wir sollten einmal die Masken abnehmen*, S. 125). In Jean Pauls *Titan* (50. Zykel) wird erzählt, wie Schoppe seine Larve vor Bouverot herabzieht, und es heißt dann: »aber eine Unterzieh-Maske saß darunter – er zog diese aus – eine Unterzieh-Maske der Unterzieh-Maske erschien – er trieb fort bis zur fünften Potenz – endlich fuhr sein eignes höckeriges Gesicht hervor, aber mit Goldschlägergold bronziert . . .« (vgl. Smeed, S. 34). Die in der Replik angespielte Problematik berührt sich auch mit dieser Stelle aus der 14. Nachtwache: »Sieh, da kann ich mich nimmer herausfinden, ob ein Traum – ob es nur Spiel, oder Wahrheit, und ob die Wahrheit wieder mehr als Spiel – eine Hülse sitzt über der andern . . . Hilf mir nur meine Rolle zurücklesen, bis zu mir selbst. Ob ich denn selbst wohl noch außer meiner Rolle wandle, oder ob alles nur Rolle, und ich selbst eine dazu.« (S. 118 f.) In der 9. Nachtwache wird festgestellt: »denn je mehr Masken übereinander, um desto mehr Spaß, sie eine nach der andern abzuziehen« (S. 76). Büchner konnte die Fragestellung aber auch in den Werken und Essays von Jakob Michael Reinhold Lenz finden. Als Paradigma sei eine Stelle aus dem Bruchstück *Über Götz von Berlichingen* zitiert: »Wir sind alle, meine Herren! in gewissem Verstand noch stumme Personen auf dem großen Theater der Welt, bis es den Direkteurs gefallen wird, uns eine Rolle zu geben.«

Aber meine Herren hängen Sie alsdann die Spiegel herum etc.: Vgl. dazu diese Stelle in der 10. Nachtwache (»Lauf durch die Skala«): »Und die Larven drehen sich im tollen raschen Tanze um mich her – um mich der ich Mensch heiße – und ich taumle mitten im Kreise umher, schwindelnd von dem Anblicke und mich vergeblich bemühend eine der Masken zu umarmen und ihr die Larve vom wahren Antlitz wegzureißen . . . Wer bin ich denn, wenn die Larven verschwinden sollten? Gebt mir einen Spiegel, ihr Fastnachtsspieler, daß ich mich selbst einmal erblicke – es wird mir überdrüssig nur immer eure wechselnden Gesichter anzuschauen . . .« (S. 92 f.)

wer ich eigentlich bin: bei Bergemann (S. 143): »was ich eigentlich bin«.

Aber eigentlich wollte ich . . . verkündigen, daß hiemit die zwei weltberühmten Automaten angekommen sind . . .: Ähnlich sagt Porporino in *Ponce de Leon* (I, 18): »Ich mache hiermit bekannt, daß

Herr Pantalon von Venedig hier mit seinen berühmten Automaten
angekommen ist ...« (zuerst nachgewiesen von Renker, S. 92 f.).

und es eigentlich nichts als Walzen und Windschläuche sind: In
Tiecks *Der gestiefelte Kater* (II, 4) meint der König: »Wie ein solcher
Mensch inwendig muß beschaffen sein! Ob es eine Walze sein mag,
die sich umdreht, oder ob es nach der Art der Klaviere eingerichtet
ist?« (vgl. Renker, S. 110). Leander entgegnet etwas später, daß er
nicht glaube, daß der Mensch »eigene Walzen oder ein Orgelwerk in
seinem Leibe besitze«.

*Sehen Sie hier meine Herren und Damen ... Nichts als Kunst und
Mechanismus, nichts als Pappendeckel und Uhrfedern ...* etc.: Für
den Zusammenhang vgl. Büchners kritische Notizen über »Cartesius«
(L 2, S. 179 f.) und dessen Versuch, eine Physiologie aus mathematischen und physikalischen Prinzipien zu begründen (»der *homme
machine* wird vollständig zusammengeschraubt«, heißt es hier etwa
und weiter: »Der ächte Typus des Intermechanismus«, »Die Thiere
sind nichts als seelenlose Maschinen, Automaten ...«); siehe auch
Briefe an die Braut (Nr. 17 und 18; L 2, S. 424 f.). Kobel (S. 261 ff.,
270 ff.) geht dem Thema weiter nach und verweist außerdem auf dieses Bruchstück in Pascals *Pensées*: »Car il ne faut pas se méconnaître:
nous sommes automate autant qu'esprit; et de là vient que l'instru-
ment par lequel la persuasion se fait n'est pas la seule démonstration«
(Br. 252). Der Satz: *Jede hat eine feine, feine Feder von Rubin unter
dem Nagel der kleinen Zehe am rechten Fuß ...* läßt sich (vgl. Renker, S. 104; Plard, S. 294; Sieß, S. 89 ff.) auf eine Replik Fantasios
(in Mussets *Fantasio*, II, 5) zurückführen: »Elles [les jeunes filles bien
élevées] ont un petit ressort sous le bras gauche, un joli ressort en
dimant fin, comme la montre d'un petit-maître.« Zum Thema Automaten vgl. auch E. T. A. Hoffmanns Erzählung *Die Automate,* wo es
z. B. heißt: »Durch Ventile, Springfedern, Hebel, Walzen und was noch
alles zu dem mechanischen Apparat gehören mag, musikalisch wirken
zu wollen, ist der unsinnige Versuch, die Mittel allein das vollbringen
zu lassen, was sie nur durch die innere Kraft des Gemüts belebt
und von derselben in ihrer geringsten Bewegung geregelt ausführen
können.«

zu Mitgliedern der menschlichen Gesellschaft ...: Es folgt eine Parodie auf »die abgelebte moderne Gesellschaft«, über die Büchner in
dem Brief an Gutzkow (Nr. 54; L 2, S. 455) folgendes Urteil fällt:
»Zu was soll ein Ding, wie diese, zwischen Himmel und Erde herumlaufen? Das ganze Leben derselben besteht nur in Versuchen, sich die
entsetzlichste Langeweile zu vertreiben.« Valerio ironisiert sie hier in
ihrem sanktionierten Rollenverhalten, in ihrer Papageienhaftigkeit,
wie Jakob Michael Lenz die Imitation äußerer Rollen in dem Essay
*Über die Bearbeitung der deutschen Sprache im Elsaß, Breisgau und
den benachbarten Gegenden* nannte.

Glaube, Liebe, Hoffnung!: Vgl. 1. Kor. 13, 13: »Nun aber bleibet

Glaube, Hoffnung, Liebe, diese drei; aber die Liebe ist die größte unter ihnen« (siehe dazu auch Kobel, S. 241 f.). Die Formel »Glaube, Liebe, Hoffnung« war im 18. und 19. Jahrhundert verbreitet, und Büchner parodiert hier vermutlich die leere Formelhaftigkeit dieser Begriffe. Es läßt sich allerdings auch nicht ausschließen, daß er in diesem Kontext auf E. T. A. Hoffmanns Anselmus (*Der goldene Topf*, 6., 8., 10. und 12. Vigilie) anspielt, der von seiner »inneren Stimme« Serpentina immer wieder aufgefordert wird: »glaube, liebe, hoffe!« (10. Vigilie).

accordirt: als ob sie durch einen Ehevertrag zusammengegeben worden seien.

In effigie: symbolisch, im Bilde (Bergemann verweist auf den Gebrauch bei Jean Paul und Platen, S. 653; vgl. auch Renker, S. 86). Bedeutung: symbolischer Strafvollzug bei Abwesenheit des Verurteilten.

Fang' an! Laß deine vermaledeiten Gesichter und fang' an!: von J so überliefert: »Fang an! Laß Deine fatalen Gesichter und fang an!« Wörtliche Zitatadaption aus *Hamlet*, III, 2:

    Hamlet: So wählt ihr eure Männer. – Fang an, Mörder! Laß
    deine vermaledeiten Gesichter und fang an! Wohlauf:
    Es brüllt um Rache das Gekrächz' des Raben –.

(Vgl. dazu auch Lehmann, Noten, S. 10 ff.).

Gott lange Weile hatte: klingt an den »Monolog des wahnsinnigen Weltschöpfers« der 9. Nachtwache des Bonaventura an, der »alles Neue ... hier oben in der langen Ewigkeit willkommen« heißt, »wo es gar keinen Zeitvertreib gibt« (S. 80), und sich überlegt, was er tun soll, um den Kreislauf der Langeweile zu durchbrechen (S. 82).

sich beiderseitig einander zu wollen, so sagen Sie ...: Diese Parodie auf die Trauformel bei Bergemann nach N: »sich beiderseitig einander haben zu wollen, so sprechen Sie ...« (S. 145)

Ei, Lena, ich glaube das war die Flucht in das Paradies bis *O Vorsehung!*: Die Repliken lauten in N folgendermaßen:

    Leonce: Ei Lena, ich glaube, das war die Flucht in das Para-
    dies.
    Lena: Ich bin betrogen.
    Leonce: Ich bin betrogen.
    Lena: O Zufall!
    Leonce: O Vorsehung!

Von Zufall und Vorsehung ist auch in den entsprechenden Repliken zwischen Fürst und Fantasio, Elsbeth und Fantasio in Mussets *Fantasio* (II, 2, 6, 7) die Rede (vgl. Renker, S. 104; Sieß, S. 126, Anmerkung 9).

Daß meine alten Augen das sehen konnten!: ähnliche Replik der Gouvernante in Mussets *Fantasio* (II, 7); vgl. Renker, S. 106.

und werde sogleich ungestört jetzt bloß nur noch zu denken an-

fangen: bei Bergemann (S. 146): »und werde sogleich ungestört zu denken anfangen«.

denn morgen fangen wir in aller Ruhe und Gemüthlichkeit den Spaß noch einmal von vorn an: vielleicht ein Echo auf den Epilog in Tiecks *Der gestiefelte Kater*, wo der König gleich zu Anfang vermerkt: »Morgen werden wir die Ehre haben, die heutige Vorstellung zu wiederholen.« Vgl. auch die bekannte Stelle aus Machel de Montaignes Essay *Philosophieren heißt sterben lernen*: »Höchstens in einem Jahre läuft alles ab, was die Akte meiner Komödie an Abwechslungen und Verschiedenheiten aufweisen; wenn ihr aufmerksam zugesehen habt, wie meine vier Jahreszeiten vorüberziehen, so habt ihr erkennen können, daß darin Kindesalter, Jünglingsalter, Mannesalter und Greisenalter der Welt dargestellt sind. Das Spiel der Welt ist damit aus; es fällt ihr keine andre Idee ein, als es noch einmal ablaufen zu lassen; es bleibt immer das gleiche« (Michel de Montaigne, *Die Essais*, ausgewählt, übertragen und eingeleitet von A. Franz, Stuttgart 1969, S. 61).

infusorische Politik und Diplomatie: Infusorien = Kleinstlebewesen; also: Politik und Diplomatie im kleinsten Maßstab.

und zählen Stunden und Monden nur nach der Blumenuhr etc.: Von der Blumenuhr ist mehrmals bei Jean Paul die Rede. In einer Anmerkung im letzten Kapitel *Des Quintus Fixlein Leben bis auf unsere Zeiten* erläutert er: »Linné legte in Upsal eine Blumenuhr an, deren Blumen durch ihre verschiedenen Zeiten, einzuschlafen, die Stunden sagen.« Die Anmerkung bezieht sich auf folgende Stelle: »Und doch ists schöner, wenn sie ihre Jahre nicht nach der *Wasseruhr* fallender Tränen, sondern nach der *Blumenuhr* einschlafender Blumen ausmessen, deren Kelche, ach! vor uns Armen von Stunde zu Stunde zufallen.« Im 13. Kapitel des *Siebenkäs* stellt Jean Paul das Modell seiner »Uhr aus Menschen« vor, das er auf »Linné's Blumenuhr« zurückführt, »deren Räder die Sonne und Erde, und deren Zeiger Blumen sind«, und beschreibt humorvoll die verschiedenen Zeiten (zum Beispiel: »Um 7 Uhr sind schon viele Garderobejungfern im Schlosse und der zahme Salat in meinem botanischen Garten wach, auch viele Kaufrauen – Um 8 Uhr machen alle ihre Töchter das gelbe Mausöhrlein, die sämtliche Kollegien die Blumen-, Kuchen- und Aktenblätter auf – Um 9 Uhr regt sich schon der weibliche Adel und die Ringblume; ja viele Landfräulein, die zu Besuch kamen, sehen schon *halb* zum Fenster heraus . . .«). In *Flegeljahre* (Nro. 7 Violenstein) beschreibt Jean Paul Vults Sanduhr folgendermaßen: »Seine Sanduhr der Julius-Tagszeiten waren die gemähten Wiesen, eine Linnäische Blumenuhr aus Gras: stehendes zeigte auf 4 Uhr morgens – liegendes auf 5 bis 7 – zusammengeharkte Ameishaufen daraus auf 10 Uhr – Hügel aus Heu auf 3 – Berge auf den Abend.« Er nennt dies auch ein »Zifferblatt der Arbeits-Idylle« (Nachweis dieser Stellen auch bei Renker, S. 82, 125; siehe ebenso Kobel, S. 266 ff.).

es wird ein Dekret erlassen, daß wer sich Schwielen in die Hände schafft unter Kuratel gestellt wird etc.: Diese »Flucht in das Paradies« erinnert etwas an diese Passage in E. T. A. Hoffmanns *Prinzessin Brambilla*: Arlecchino und Colombine »werden von reichgekleideten Ministern auf den Thron geführt, Arlecchino erhebt die Peitsche als Szepter, alles huldigt ihm kniend, auch Pantalon mit seinem Anhange erblickt man unter dem huldigenden Volke auf den Knien. Arlecchino herrscht, gewaltiger Kaiser, mit seiner Colombina über ein schönes, herrliches, glänzendes Reich! –«. Zur ganzen Vorstellung vgl. auch *Das Märchen vom Schlaraffenland*. Smeed (S. 30) verweist in diesem Zusammenhang auf Jean Pauls *Hesperus*: »Ich würde meinen Land-sassen und allen durch ein Generalreglement auf alle Zeiten strenge befehlen, glücklich und wohlhabend zu sein, und wer arm würde, den setzte ich zur Strafe auf halben Sold ...« Hinter der Aufforderung *und dann legen wir uns in den Schatten und bitten Gott um Makka-roni, Melonen und Feigen* etc. vermutet Plard (S. 301, Anmerkung 14) eine Satire auf den St.-Simonismus, dem Büchner, wie auch sein Brief an die Familie (Nr. 9; L 2, S. 418, 18 ff.) und eine Stelle in den Me-moiren Mustons (Fischer, Georg Büchner, S. 81) beweisen, kritisch gegenüberstand. Zum Kontext gehört auch diese Replik von Leonce in einem der überlieferten Bruchstücke: »Denn wer arbeitet ist ein sub-tiler Selbstmörder, und ein Selbstmörder ist ein Verbrecher und ein Verbrecher ist ein Schuft, also, wer arbeitet ist ein Schuft« (L 1, S. 139; ähnlicher Wortlaut auch in dem Brief an Gutzkow vom März 1835, L 2, S. 436).

Für den Passus *kommode Religion* (in älteren Ausgaben fälschlicher-weise »kommende Religion«; dazu Beißner, Kleiner Beitrag, S. 17) zieht Kobel (S. 269 f.) ein Bruchstück aus Pascals *Pensées* (Br. 252) heran: »Il faut acquérir une créance plus facile, qui est celle de l'habi-tude, qui, sans violence, sans art, sans argument, nous fait croire les choses, et incline toutes nos puissances à cette croyance, en sorte que notre âme y tombe naturellement.«

Dekret: Beschluß, Verordnung, behördliche Verfügung.

unter Kuratel: unter Vormundschaft, Pflegschaft.

III. LENZ

Entstehung:

Im Frühjahr 1835 begann sich Büchner mit dem biographischen Mate-rial über den Sturm-und-Drang-Dichter Jakob Michael Reinhold Lenz zu beschäftigen. Er schreibt im Oktober der Familie aus Straßburg (Nr. 47): »Ich habe mir hier allerhand interessante Notizen über einen Freund Goethes, einen unglücklichen Poeten Namens *Lenz* verschafft, der sich gleichzeitig mit Goethe hier aufhielt und halb verrückt wurde.

Ich denke darüber einen Aufsatz in der deutschen Revue erscheinen zu lassen.« Der Herausgeber der *Deutschen Revue*, Karl Gutzkow, hatte schon früher (L 2, S. 478) Nachricht von »einer Novelle Lenz« erhalten, die »den gestrandeten Poeten zum Vorwurf haben« soll, und einen »besseren Verleger« als Sauerländer in Aussicht gestellt (L 2, S. 479 f.). Aber am 28. September 1835 spricht Gutzkow von »Erinnerungen an Lenz« (L 2, S. 481), die Büchner der *Deutschen Revue* bald übergeben solle. Das demonstriert, wie das Projekt in der Vorstellung Büchners mehrere Veränderungen erfahren hat (vgl. auch B, S. 589, und besonders Thieberger, Situation II, S. 407 f.). Am 6. Februar 1836 meint der immer noch interessierte Gutzkow: »Ich höre gern von Ihren Beschäftigungen. Eine Novelle Lenz war einmal beabsichtigt. Schrieben Sie mir nicht, daß Lenz Goethes Stelle bei Friederiken vertrat. Was Goethe von ihm in Straßburg erzählt, die Art, wie er eine ihm in Commission gegebene Geliebte zu schützen suchte, ist an sich schon ein sehr geeigneter Stoff« (L 2, S. 487). Die Erzählung *Lenz* veröffentlichte Gutzkow schließlich im Januar 1839 im *Telegraph für Deutschland* unter dem Titel: »Lenz. Eine Reliquie von Georg Büchner.« Er signalisiert darin den Inhalt folgendermaßen:
»Sie hat den Straßburger Aufenthalt des bekannten Dichters der Sturm- und Drangperiode, *Lenz*, zum Vorwurf und beruht auf authentischen Erkundigungen, die Büchner an Ort und Stelle über ihn eingezogen hatte. Leider ist die Novelle Fragment geblieben. Wir würden Anstand nehmen, sie in dieser Gestalt mitzuteilen, wenn sie nicht Berichte über Lenz enthielte, die für viele unsrer Leser überraschend sein werden. Sollte man glauben, daß Lenz, Mitglied einer als frivol und transzendent bezeichneten Literaturrichtung, je in Beziehung gestanden hat zu dem durch seine pietistische Frömmigkeit bekannten Pfarrer *Oberlin* in Steinthal, von dem Steffens in seinem sonst so verwerflichen Romane: die *Revolution*, ein nicht mißlungenes Bild gegeben hat? Büchner hat alles, was auf dieses Verhältnis Bezug hat, glaubwürdigen Familienpapieren entnommen.«
Am Ende der Erzählung faßt Gutzkow dann die eigenen Leseeindrücke dergestalt zusammen:
»Welche Naturschilderungen: welche Seelenmalerei! Wie weiß der Dichter die feinsten Nervenzustände eines, im Poetischen wenigstens, ihm verwandten Gemüts zu belauschen! Da ist alles mitempfunden, aller Seelenschmerz mitdurchdrungen; wir müssen erstaunen über eine solche Anatomie der Lebens- und Gemütsstörung. G. Büchner offenbart in dieser Reliquie eine *reproduktive Phantasie*, wie uns eine solche selbst bei Jean Paul nicht so rein durchsichtig und wahr entgegentritt.«
Eine Wahlverwandtschaft zwischen dem Livländer Dichter und Büchner hatte schon der Bruder Ludwig Büchner behauptet. Nicht von ungefähr arrangierte der Verfasser der Erzählung Teile von Lenzens Gedicht *Liebe auf dem Lande* zu einem beziehungsreichen Spiel in

einem Brief an die Braut (Nr. 20). Außer Tiecks Edition der *Gesammelten Schriften* von Lenz (Berlin 1828) verdankte Büchner vor allem seinen elsässischen Freunden, den Gebrüdern Stöber, die »authentischen Erkundigungen ... an Ort und Stelle«. Es handelte sich neben Oberlins tagebuchartigem Bericht um einige unveröffentlichte unbekannte Briefe von Lenz (darunter vor allem um die Briefe an Salzmann, die August Stöber von Oktober bis Dezember 1831 im Stuttgarter *Morgenblatt für gebildete Stände* veröffentlicht hatte) und vermutlich um den Essay *Versuch über das erste Principium der Moral* (von August Stöber 1874 veröffentlicht) und vielleicht die Predigt *Über die Natur unseres Geistes* (vgl. auch die Hinweise bei Thieberger, Situation II, S. 407 f.).

Erstdrucke:

a) *Lenz.* Eine Reliquie von Georg Büchner (Herausgegeben mit Vorwort und Nachwort von Karl Gutzkow). In: »Telegraph für Deutschland«, Januar 1839, Nr. 5, 7–11, 13, 14. (J)

b) *Lenz. Leonce und Lena.* In: Karl Gutzkow (Hg.), »Mosaik. Novellen und Skizzen«, Leipzig: Lorck 1842.

c) *Lenz.* In: »Nachgelassene Schriften von Georg Büchner«, hrsg. v. Ludwig Büchner, Frankfurt/Main: J. D. Sauerländer 1850. (N)

Quellen:

Daniel Ehrenfried Stöber, Vie de Frédéric Oberlin, Strasbourg 1831.

August Stöber, Der Dichter Lenz, in: »Morgenblatt für gebildete Stände«, Stuttgart 1831 (vom 19. Oktober bis 15. Dezember).

Oberlins Aufzeichnungen über Lenz. Zuerst in Zeitschrift »Erwinia«, Nr. 1–3 (1839); abgedruckt bei Lehmann (L 1, S. 436–482).

August Stöber, Der Dichter Lenz und Friederike von Sesenheim, Basel 1842.

August Stöber, Johann Gottfried Röderer von Straßburg und seine Freunde: Biographische Mitteilungen nebst Briefen an ihn von Goethe, Kayser, Schlosser etc. Mit einem Nachtrag von Briefen an Röderer und Lenz, Colmar 1874.

Ludwig Tieck (Hg.), Gesammelte Schriften von J. M. R. Lenz, 3 Bde., Berlin 1828 (war im Besitz Büchners).

Ideengeschichtliche und literarische Bezugsorte (Auswahl):

Jakob Michael Reinhold Lenz, Werke und Schriften, hrsg. v. Britta Titel und Hellmut Haug, Bd. 1, Stuttgart 1966 (darin besonders *Anmerkungen übers Theater, Versuch über das erste Principium der Moral, Über die Natur unseres Geistes*).

Johann Wolfgang von Goethe, Die Leiden des jungen Werther, in:
Goethes Werke, Hamburger Ausgabe, Bd. VI, hrsg. v. B. v. Wiese
u. E. Trunz, 7. Aufl., Hamburg 1968.
Bonaventura, Nachtwachen, hrsg. v. W. Paulsen, Stuttgart 1964.
Immanuel Kant, Anthropologie in pragmatischer Hinsicht, in: I. K.,
Werke in zehn Bänden, hrsg. v. W. Weischedel, Darmstadt 1964,
Bd. 10 (vor allem die Kapitel »Von der sinnlichen Lust«, »Von der
langen Weile und dem Kurzweil«).
Friedrich Schlegel, Lucinde, hrsg. v. K. K. Polheim, Stuttgart 1964
(vor allem »Idylle über den Müßiggang«, »Sehnsucht und Ruhe«).
Ludwig Tieck, Der Aufruhr in den Cevennen.

Überlieferung:

Der Erstdruck (J) von Gutzkow stützt sich auf eine »saubere Abschrift« Minna Jaeglés (h), während Ludwig Büchner möglicherweise
bei seiner Edition (N) entweder die verschollene Handschrift H oder h
zu Rate ziehen konnte (vgl. Herrmann, S. 252 f.; Lehmann, Noten,
S. 24). Außer J und N existiert nur der Bericht des Pfarrers Oberlin
über den Aufenthalt Lenzens in Waldersbach im Elsaß vom 20. 1. bis
zum 8. 2. 1778 (O). Da weder J noch N einen zuverlässigen Text bieten (obwohl Lehmann mit Recht J bevorzugt), greifen die Emendationen Bergemanns (zuweilen recht eigenwillig), Herrmanns und Lehmanns auf O zurück. Im Falle der Erzählung Lenz ist jedoch die von
Bergemann erarbeitete Textgestalt und aller auf ihn fußenden Editionen als überholt (vgl. dazu besonders Herrmann, S. 251–267; Knapp,
S. 59 ff.) zu bezeichnen. In den Erläuterungen wird auf die obso-
leten Lesarten nur in signifikanten Fällen verwiesen.

Literatur zur Text- und Quellengeschichte:

Kurt Voss, Georg Büchners »Lenz«. Eine Untersuchung nach Gehalt
und Formgebung. Diss. Bonn 1922.
Herbert Fellmann, Georg Büchners Lenz. Jahrbuch der Wittheit zu
Bremen, Bd. VII (1963), S. 7–124.
Heinz Peter Pütz, Büchners »Lenz« und seine Quelle. Bericht und Er-
zählung. In: Zeitschrift für deutsche Philosophie 84 (1965), S. 1–22.
Hans Peter Herrmann, »Den 20. Jänner ging Lenz durchs Gebirg«.
Zur Textgestalt von Georg Büchners nachgelassener Erzählung. In:
Zeitschrift für deutsche Philosophie 85 (1966), S. 251–267.
Werner R. Lehmann, Textkritische Noten. Prolegomena zur Hambur-
ger Büchner-Ausgabe. Hamburg 1967, bes. S. 23–27.
Richard Thieberger, Situation de la Buechner-Forschung (II), in: Etu-
des Germaniques 23 (1968), S. 405–409.
Gerhard P. Knapp, Georg Büchner. Eine kritische Einführung in die
Forschung. Frankfurt a. M. 1975, besonders S. 59–62, S. 141–145.

Erläuterungen:

Die Erzählung von Lenz, dem ebenso unglücklichen wie begabten
»poetischen Zwillingbruder« Goethes, beschränkt sich auf den Aufenthalt in Waldersbach im Steintal bei dem damals bekannten Pietisten
und Philanthropen Johann Friedrich Oberlin (1740–1826). Jakob
Michael Reinhold Lenz (1751–1792), der bekannte Verfasser des *Hofmeister* (1774), der *Soldaten* (1776) und der *Anmerkungen übers
Theater* (1774), hatte wegen einer immer noch nicht aufgeklärten
»Eselei« trotz der Vermittlungsversuche Herders und Knebels den
Musenhof in Weimar verlassen müssen. Zunächst suchte er Zuflucht
bei der Schwester und dem Schwager Goethes, Cornelia (1750–1777)
und Johann Georg Schlosser (1739–1799) in Emmendingen, reiste dann
nach Basel, Zürich und Schaffhausen, bis gegen Ende 1777 in der Um-
gebung des »Gottespürhundes« und »Kraftapostels« Christoph Kaufmann (1753–1795) der physische und seelische Zusammenbruch er-
folgte. Im Januar 1778 wanderte Lenz allein über die Vogesen zu
Oberlin, der den Kranken genau beobachtete und ihm zu helfen versuchte. Als er keinen anderen Ausweg mehr sah, ließ er Lenz schließlich im Februar 1778 wieder nach Straßburg, das heißt Emmendingen,
zu Schlosser (Cornelia war am 8. Juni 1777 gestorben) bringen, der
Lenz auch aufopfernd pflegte, bis diesen 1779 endlich ein Bruder zur
Familie nach Riga zurückbrachte.

Den 20. Januar ging Lenz durch's Gebirg: Bei Bergemann (S. 85)
heißt es den »20. Jänner« (in früheren Ausgaben: den »20. Hartung«);
sowohl in J als auch in N fehlt die Monatsangabe. Die Emendation
stammt aus *Oberlins Aufzeichnungen* (vgl. im folgenden dazu L 1,
S. 436–483), die so beginnen: »Den 20. Januar 1778 kam er hierher«,
während in J und N nur steht: »Den 20. ging Lenz durch's Gebirg.«
Vgl. zur Diskussion Herrmann, S. 251 f., 258; Thieberger, S. 406;
Knapp, S. 61. Am 20. Januar 1778 traf Lenz bei Oberlin ein.
  Wie revisionsbedürftig die Textgestalt Bergemanns ist, zeigen neben
manchen willkürlichen Konjekturen vor allem die Interpunktion und
die eigenmächtige Gliederung (abweichend von J und N, die nur wenige Absätze enthalten), die nicht Büchners ästhetischer Konzeption entsprechen (vgl. dazu vor allem Herrmann, S. 261 ff.; Knapp, S. 59–62).
  *nur war es ihm manchmal unangenehm, daß er nicht auf dem Kopf
gehn konnte*: In der 14. Nachtwache des Bonaventura wird kommentiert: »so sehr liegt alles in uns selbst und ist außer uns nicht Reelles,
ja wir wissen nach der neuesten Schule nicht, ob wir in der Tat auf
den Füßen, oder auf dem Kopfe stehen, außer daß wir das erste durch
uns selbst auf Treu und Glauben angenommen haben« (S. 117).
  Waldbach: eigentlich Waldersbach (im Steintal), wo Oberlin Pfarrer
war (B, S. 677).

die blonden Locken etc.: Hier erst setzt der Bericht Oberlins ein
(vgl. die Gegenüberstellung bei L 1, S. 438).

Oberlin: Johann Friedrich Oberlin (1740–1826), Elsässischer Philanthrop, Theologe und Pädagoge; seit 1767 protestantischer Pfarrer in
Waldersbach (Vogesen). Anhänger der Ideen der Französischen Revolution, versuchte Lebensstandard und Bildung der armen Steintalbe-
völkerung zu heben, förderte Baumwollspinnerei und die Einrichtung
von Kindergärten, Volks- und Fortbildungsschulen. Über ihn schrieb
der Vater von Büchners Freunden, Daniel Ehrenfried Stöber (1779 bis
1835), eine Biographie (Straßburg 1831); die Grabrede auf Oberlin
hielt der Vater seiner Verlobten, der Straßburger Pfarrer Johann Jakob Jaeglé (1771–1837).

Kaufmann: Bei J und N stellt sich Lenz nur als »Freund von . . .«
vor. August Stöber ergänzte beim Abdruck von Oberlins Bericht
(»Freund K. . .'s«) in einer Fußnote, daß es sich um »Kaufmann aus
Winterthur« handele (vgl. Herrmann, S. 256 f., Anmerkung 27).
Nichtsdestoweniger scheint mir angesichts der authentischen Lenz-
Kenntnisse der Stöbers und Pfarrer Jaeglés für die Vermutung Herr-
manns, daß Büchner nicht realisiert habe, daß es sich bei dem Freund
um Kaufmann handle, wenig zu sprechen.

Christoph Kaufmann (1753–1795), mit Herder, Goethe, Merck bekannt und mit Lavater (der ihm in seinen *Physiognomischen Fragmenten* eine ausführliche Darstellung widmete) und Lenz befreundet, vertrat, angeregt von Rousseau, »kraftgenialische«, angeregt von Basedow,
philanthropische und im Gefolge seines Freundes Lavater religiös-
schwärmerische Ideen. Von ihm stammt eigentlich der Begriff »Sturm
und Drang« (er benannte so Klingers Drama *Wirrwarr*). Lenz hatte
Kaufmann, dem Goethe und Herder bald zu mißtrauen begannen, in
Weimar kennengelernt und vom November 1777 bis Januar 1778 bei
diesem Aufnahme gefunden. Kaufmann schickte Lenz zu Oberlin und
besuchte ihn bald darauf mit seiner Braut Lisette Ziegler im Steintal
(vgl. B, S. 655). Der Besuch Kaufmanns wird auch mitgeteilt in O,
nicht jedoch, daß Kaufmann Lenzens Vater kannte. Die in der Erzählung angedeutete Kunstauffassung von Kaufmann ist eine Zutat
Büchners.

Ja, aber belieben Sie mich nicht darnach zu beurtheilen: historisch,
auch in O überliefert.

Mutter: Marie Salome Oberlin, geb. Witter, Frau des Pfarrers Oberlin.

Trachten: In O heißt es genauer: »er zeichnete uns verschiedene Klei-
dungen der Russen und Liefländer vor . . .« (L 1, S. 438).

Mit Oberlin zu Pferde: Ausflug in O zwar erwähnt, aber bis zur
Abreise Kaufmanns (L 1, S. 89) und Oberlins stammt das Folgende
von Büchner (abgesehen von Lenzens Predigt, die auch in O erwähnt
wird).

wie ein fliegendes silbernes Gespinnst: Bei Bergemann steht statt

»Gespinnst« → »Gespenst« (B, S. 89; ebenso in den anderen auf B fu-ßenden Ausgaben). Bereits Baumann (S. 123) argumentierte überzeu-gend für die Emendation »Gespinnst«. Vgl. Fellmann, S. 35, 113; Herr-mann, S. 260; Lehmann, Noten, S. 26.

die mächtige Ruhe: Wenn Hasubek in der Erzählung die Dichoto-mie von Ruhe und Bewegung analysiert, so hat das eine Parallele oder Voraussetzung im Werk des historischen Lenz. Im *Versuch über das erste Principium der Moral* (der Essay wurde zuerst von August Stö-ber publiziert) definiert und bestimmt dieser »in der ganzen Schöpfung« als die »nur zween möglichen Zustände ... die Ruhe und die Bewe-gung« (Bd. 1, S. 492). Vgl. Schlegels *Lucinde*, S. 104 ff., und für den Zusammenhang Hinderer, S. 475 ff.

das Leben wich aus ihm und seine Glieder waren ganz starr: In der Predigt *Über die Natur unsers Geistes* (Bd. 1, S. 572–578) äußert Lenz, daß gegen die Vertaubung durch das Denken die Schmerzer-fahrung das beste Antidot sei. »Der Schmerz«, so definiert Immanuel Kant in seiner *Anthropologie* (1798), »ist der Stachel der Tätigkeit und in dieser fühlen wir allererst unser Leben; ohne diesen würde Leblosigkeit eintreten« (Bd. 10, S. 551 f.).

Baden: Emendation nach O (schon bei Bergemann).

das neue Testament trat ihm hier so entgegen, und ...: In J und N schließt sich an: »und eines Morgens ging er hinaus«; da dieser Satz auf der folgenden Seite wiederkehrt, muß er versehentlich nicht elimi-niert worden sein (vgl. Meinerts, S. 469; Herrmann, S. 260, Anmer-kung 31).

wie ihn eine unsichtbare Hand: In J, N steht »unaufhaltsam«, was Bergemann richtig in »unsichtbar« korrigierte (B, S. 90); ebenso in Daniel Ehrenfried Stöbers Oberlin-Biographie (es heißt dort: »invi-sible«). Vgl. Meinerts, S. 496; Herrmann, S. 254, Anmerkung 13.

»Sind Sie Theologe?«: Lenz hatte von 1768–1771 in Dorpat und Königsberg Theologie studiert. Vgl. für das Folgende Lenzens Predigt *Über die Natur unsers Geistes* (Bd. 1, S. 572 ff.) über den Propheten-ausspruch »Ich will meinen Geist ausgießen über alles Fleisch vom Laien« (Joel 3, 1).

sein ganzer Schmerz wachte jetzt auf: Vgl. dazu Anmerkung zu *Das Leben wich aus ihm* ... (S. 164); ebenso Hinderer, besonders S. 482 ff.

Er war fester geworden, wie er schloß, da fingen die Stimmen wie-der an: Bergemann trennt das letzte Satzglied durch Bindestrich (S. 92), während J und N eindeutig Komma setzen. Vgl. Herrmann, S. 264, Anmerkung 41.

Laß in mir die heil'gen Schmerzen etc.: Quelle noch unbekannt, doch wies August Langen die beiden letzten Verse in dem pietistischen Erbauungsbuch *Der leidende Christ, wie er am Kreuz überwindet* (1735) von Wilhelm Hoffmann nach (vgl. Kobel, S. 153, Anmerkung

34). Gedankliche Parallelen auch bei Lenz (z. B. in *Über die Natur unsers Geistes*). Vgl. auch Goethes *Werther* (S. 86, 15 ff.).

Das All war für ihn in Wunden: Vgl. *Leonce und Lena*, I, 4 (L 1, 118, 11 ff.) und *Dantons Tod*, III, 7 (L 1, 61, 15).

göttliche, zuckende Lippen bückten sich über ihm nieder: In J und N steht »bückten über ihm aus«. Bergemann (S. 92) verbesserte deshalb sinnvoll nach der Parallelstelle in Büchners Brief an seine Braut (Nr. 18): »... und Hände und Lippen bückten sich nieder«. Vgl. Meinerts, S. 496; Herrmann, S. 254.

Ströme brachen aus seinen Augen: Der eingangs und auch später erwähnte »Starrkrampf« löst sich.

Somnambulismus: Schlafwandeln (beliebtes Thema der Romantik).

um so abgestumpfter würde dieser elementarische Sinn: Vgl. Lenz, der in *Über die Natur unsers Geistes* von den Denkern und Philosophen meint, daß sie noch stolz darauf seien, »wenn sie ihre Seele stumpf machen und einschläfern« (Bd. 1, S. 574). Die naturphilosophische Spekulation klingt an die Auffassungen der Romantiker an, die ja noch Büchners Förderer, Lorenz Oken (1779–1851), vertrat. Erwähnenswert mag in diesem Zusammenhang auch diese Stelle aus Schlegels *Lucinde* sein: »... je göttlicher ein Mensch oder ein Werk des Menschen ist, je ähnlicher werden sie der Pflanze; diese ist unter allen Formen der Natur die sittlichste, und die schönste. Und also wäre ja das höchste vollendetste Leben nichts als ein *reines Vegetieren*« (S. 35).

wie in Allem eine unaussprechliche Harmonie etc.: Vgl. für diese Ausführungen auch Büchners Probevorlesung *Über Schädelnerven* (L 2, S. 292, 26 ff.).

Farbentäfelchen: Darstellung der wichtigsten Farbarten, die seit dem Mittelalter ikonographisch (liturgische Farben) bestimmte Personen (hier die 12 Apostel) charakterisieren. Das Verfahren gehört in den Bereich der Farbensymbolik und Farbenmystik, auf die sich auch Andeutungen in Goethes Farbenlehre finden. Büchner wurde zu dieser Stelle wahrscheinlich von Daniel Ehrenfried Stöbers Biographie *Vie de J.-F. Oberlin* angeregt, wo es heißt: »Le rouge signifie la foi; le jaune, l'amour; le bleu, la science ... Chacun des douze apôtres de notre Seigneur et Sauveur Jésus-Christ a sa couleur, qui le distingue particulièrment« (vgl. auch Benn, S. 192).

Stilling: Johann Heinrich Jung (1740–1817), Arzt und Schriftsteller, pietistische Erziehung, studierte 1769–1772 Medizin in Straßburg, wo er Herder und Goethe kennenlernte, wurde bekannt durch seinen autobiographischen Roman *Heinrich Stillings Jugend* (1777); veröffentlichte u. a. auch *Gemeinnützige Erklärung der Offenbarung Johannis* (B, S. 654).

Apocalypse: Offenbarung des Johannes, schildert Weltuntergang.

idealistische Periode: Büchner meint vermutlich nicht nur den Sturm und Drang, der in manchem die spätere Bewußtseinsphilosophie von Fichte bis Hegel antizipiert, sondern wohl auch anachronistisch die von

Heine so etikettierte ganze »Kunstperiode« (Klassik und Romantik), der er (nicht zuletzt auch der Ästhetik Schillers) seine eigene Kunstauffassung entgegensetzt (vgl. dazu Büchners Briefe an die Familie, Nr. 15, 42, und *Dantons Tod*, II, 3). Allerdings finden sich ähnliche Äußerungen des historischen Lenz (wie später auch des jungen Schiller) gegen den Klassizismus seiner Zeit z. B. in den *Anmerkungen übers Theater*: Es gehöre, so meint hier Lenz, »zehnmal mehr dazu, eine Figur mit eben der Genauigkeit und Wahrheit darzustellen, mit der das Genie sie erkennt, als zehn Jahre an einem Ideal der Schönheit zu zirkeln, das endlich doch nur in dem Hirn des Künstlers ... ein solches ist« (Bd. 1, S. 342). Vgl. für den Zusammenhang auch Mayer, Büchner, S. 415–429, und Einleitung, S. 40.

Shakespeare: Büchner entscheidet sich im Brief an die Familie (Nr. 42) in der fürs 19. Jahrhundert symptomatischen Stilalternative Schiller/Shakespeare eindeutig für Shakespeare (und Goethe). Vgl. Mayer, S. 423 ff.

Holzpuppen: Lenz spricht ähnlich in den *Anmerkungen übers Theater* von »Marionettenpuppen«. Vgl. auch Schillers Vorrede zur ersten Auflage der *Räuber,* wo alle »idealische Affektationen« und »Kompendienmenschen« in der Dichtung abgelehnt werden.

Dieser Idealismus ist die schmählichste Verachtung der menschlichen Natur: ähnlich in Büchners Brief an die Familie (Nr. 15): »Der Aristocratismus ist die schändlichste Verachtung des heiligen Geistes im Menschen.«

Leben des Geringsten: Parallele in dem Fragment *Die Kleinen* (das in Tiecks Ausgabe enthalten war), in dem sich Lenz von den »großen Männern« bewußt ab und zu den »armen Sterblichen« in »Demut« hinwendet (vgl. Hinderer, S. 493). Andeutungen auch in Goethes *Die Leiden des jungen Werther,* S. 10, 31 f., 78 f.

»Hofmeister« und den »Soldaten«: die beiden bekanntesten Dramen von Lenz aus den Jahren 1774 und 1776.

altdeutschen Schule: Maler aus dem 15. und 16. Jahrhundert (z. B. Dürer, Altdorfer).

Medusenhaupt: Wer das Haupt der Medusa anblickte, wurde der griechischen Sage zufolge zu Stein.

Nur eins bleibt: eine unendliche Schönheit etc.: Vgl. dazu *Über Schädelnerven* (L 2, S. 292, 26 ff.).

radotiren: schwatzen (B, S. 667).

Apoll von Belvedere: die berühmte Skulptur im Vatikan, Rom.

Raphaelische Madonna: Raphael (Raffael), eigentlich Raffaello Santi (1483–1520), berühmter italienischer Maler der Renaissance, bekannt wegen seiner Madonnenbilder (z. B. Sixtinische Madonna, Madonna della Sedia, Madonna Colonna).

Die Holländischen Maler: Gemeint ist die realistische Schule (z. B. Hals, Vermeer, de Hooch) im Gegensatz zur italienischen Renaissance (besonders geschätzt von der Romantik).

Christus und die Jünger von Emaus: ein Bild von Carel van Savoy (ursprünglich Rembrandt zugeschrieben), das sich im Darmstädter Landesmuseum befindet. Büchners Freund Alexis Muston überlieferte, wie Fischer (S. 39) nachwies: »Un Christ à Emmaus m'a également frappé, mais je ne me souviens pas de l'auteur.« Vgl. zum Bildthema Luk. 24, 13 ff.

Dann ein anderes. Eine Frau etc.: Gemälde von Nicolaes Maes (1632–1693), Schüler Rembrandts, malte mit Vorliebe häusliche Szenen und alte Frauen. Von den vier Bildern, die eine lesende Frau darstellen, kommt nach Viëtor (Lenz, S. 195) nur das im Museum in Gotha befindliche in Betracht.

Briefe von Lenzens Vater: Kaufmann hatte 1777 auf einer Rußlandreise Lenzens Vater, den Pastor und späteren Generalsuperintendenten Christian David Lenz (1720–1798), kennengelernt, dessen schädlicher Einfluß auf den Dichter-Sohn auch beispielsweise in der immer noch umfassendsten Lenz-Biographie Rosanows (Leipzig 1909) betont wird.

wenn ich nicht manchmal auf einen Berg könnte und die Gegend sehen könnte: Jancke (S. 250) verweist hier auf den Brief Nr. 18, der so beginnt: »Hier ist kein Berg, wo die Aussicht frei sei.«

Hier weg? ... mit den zwei Worten ist die Welt verhunzt: Bergemann konjiziert: »Weg, weg?«, um die zwei Worte zu erklären (S. 97); dagegen schlug Herrmann (S. 260, Anmerkung 31) einleuchtend die Lesart »Hier weg« vor; Lehmann schließt sich dem an.

Kann er mehr geben?: In J und N heißt es »Kann er mir geben«; Bergemann konjiziert zu »Kann er mehr geben« (Lehmann übernimmt die Konjektur).

Am folgenden Tag wollte Kaufmann weg etc.: Die Abreise Kaufmanns und Oberlins ausführlicher in O begründet (L 1, S. 452); die folgenden Szenen sind von Büchner frei erfunden. Erst die Szene mit dem *Kind in Fouday* ist wieder bei O verzeichnet.

Lavater: Johann Kaspar Lavater (1741–1801), Pfarrer, philosophischer Schriftsteller und Philanthrop, berühmt vor allem wegen seiner *Physiognomischen Fragmente.* Freund Goethes, Herders, Kaufmanns und Lenz', interessierte sich auch für Erscheinungen wie Magnetismus, Trancezustände, Somnambulismus.

in eine Gestalt: Wahrscheinlich ist hier Friederike Brion (1752 bis 1813), die Sesenheimer Pfarrerstochter und Jugendliebe Goethes, gemeint.

gerungen wie Jakob: Vgl. 1. Mose, 32.

Madame Oberlin: Frau Oberlin, die während der Abwesenheit ihres Mannes mehr und mehr in den Mittelpunkt rückt.

Auf dieser Welt hab' ich kein' Freud' etc.: Volksliedzeilen (B, S. 630 f.).

was das Frauenzimmer macht: Friederike Brion.

ich war immer ruhig, wenn ich sie ansah: Vgl. Büchners Brief an seine Braut (L 2, S. 426, 9; S. 425, 12 ff.).

je sterbender er sich innerlich fühlte, desto mehr drängte es ihn, eine Gluth in sich zu wecken: Vgl. dazu Lenzens *Versuch über das erste Principium der Moral*, wo er für den »höchsten Zustand der Bewegung« plädiert. Auch Goethes Werther leidet daran, daß sein Herz tot ist und »aus ihm keine Entzückungen mehr fließen« (vgl. S. 84, 33 ff.; S. 65, 24 ff.); ähnlich gilt in Kants *Anthropologie* (wie überhaupt im 18. Jahrhundert) die psychische Schwungkraft als positiver Wert. »Leere der Empfindungen« bedeutet nach Kant »gleichsam das Vorgefühl eines langsamen Todes«. (Vgl. für den ganzen Zusammenhang Kant, Bd. 10, S. 551–557; ebenso Hinderer, S. 475 ff., 486 ff.)

Fouday: Dorf, das Oberlin als Pfarrer mitbetreute.

das Friederike hieß: In J und N fehlt diese Ergänzung, die Bergemann nach O einfügt, um die Beziehung zu Friederike Brion zu motivieren (vgl. Herrmann, S. 256).

fixe Idee: Wahnvorstellung; vgl. Anm. zu *Dantons Tod*, S. 124.

wie er schwach und unglücklich sey, daß Gott ein Zeichen an ihm thue, und das Kind beleben möge: In J und N steht der Satzteil »wie er schwach und unglücklich sey« an anderer Stelle, bei Bergemann (S. 102) fehlt er seit 1958 ganz (vgl. Meinerts, S. 496; Herrmann, S. 260, Anmerkung 31). Lehmann stellt diese Passage nach dem pietistischen Gebetstypus um und erhält sie so dem Text (Noten, S. 26).

»Stehe auf und wandle!«: nach den Worten Jesu (vgl. Markus 2, 9).

die Sünde wider den heiligen Geist: In J und N steht »die Sünde und der heilige Geist«; Bergemann konjiziert den obigen Wortlaut (so auch bei Lehmann). Vgl. Meinerts, S. 497; Herrmann, S. 254, Anmerkung 13.

Einige Tage darauf etc.: Hier setzt der Bericht Oberlins wieder ein.

Pfeffel: Gottlieb Konrad Pfeffel (1736–1809), elsässischer Dichter, Erzieher und Philanthrop, schrieb Fabeln und volkstümliche Verserzählungen. Wenn er hier das Leben eines Landgeistlichen glücklich preist, so geht das auf Oberlins Bericht zurück.

der ewige Jude: Nicht in O. Vgl. Anmerkung zu *Dantons Tod*, III, 7 (»Die Welt ist der ewige Jude ...«), S. 120. Zum Thema Ahasver-Tragödie als »Qual der Verzweiflung ... daß man nicht sterben kann« (Kierkegaard) siehe Mühlher, S. 274 ff.

»Ach sie ist todt!« etc.: Bergemann veränderte frei nach O: »Ach, ist sie tot? Lebt sie noch? Der Engel!« (Vgl. kritisch dazu Herrmann, S. 260, Anmerkung 31). Lehmann gibt die richtige Lesart nach J und N. Mit dem »Engel« ist natürlich wieder Friederike Brion, Goethes Jugendliebe gemeint.

noch einen andern: Goethe.

gute Mutter: Dorothea Lenz, geb. Neoknapp, starb erst 1778.

Habergeise: In J und N ist »Haberpfeife« überliefert, woran sich in diesem Fall Bergemann hält; in O steht »Habergeise«. Lehmann

(Noten, S. 26 f.) hat aus überzeugenden Gründen die Lesart »Habergeise« bevorzugt; das Wort »Habergeiße« wurde im Volksglauben auf
die Bekassine angewandt, die man wegen des Fluggeräusches, das sie
in der Balzzeit verbreitet, auch Himmelziege nannte. Im Oberdeut-
schen ist das Wort nach Kluge für verschiedene Vögel und Dämonen
seit dem 15. Jahrhundert belegt.

die Langeweile: Vgl. *Dantons Tod,* II, 1; *Leonce und Lena,* I, 1.
Vgl. für den Zusammenhang auch Wolf Lepenies, *Melancholie und
Gesellschaft,* Frankfurt am Main 1969, besonders S. 104–117. Kant
bezeichnet in seiner *Anthropologie* die »lange Weile« auch als »Leere
der Empfindung« (S. 553 f.) und verweist ähnlich wie Goethe auf die
Engländer, die sich angeblich aus Langeweile das Leben nehmen. Blaise
Pascal reflektiert dergestalt über das Thema »Langeweile«: »Nichts ist
dem Menschen unerträglicher als völlige Untätigkeit, als ohne Leidenschaften, ohne Geschäfte, ohne Zerstreuungen, ohne Aufgabe zu sein.
Dann spürt er seine Nichtigkeit, seine Verlassenheit, sein Ungenügen,
seine Abhängigkeit, seine Unmacht, seine Leere. Allsogleich wird dem
Grunde seiner Seele die Langeweile entsteigen und die Düsternis, die
Trauer, der Kummer, der Verdruß, die Verzweiflung« (Br. 131). In
der 14. Nachtwache des Bonaventura heißt es: »Die Abwechslung war
zugleich mit der Zeit verschwunden, und es herrschte eine fürchterliche
ewige öde Langeweile« (S. 122).

alle Figuren: Bergemann konjiziert unnötig »allerlei Figuren«.

Alles aus Müßiggang: Das Thema der »Langeweile« wird hier weiter
variiert. Vgl. dazu vor allem die Äußerung von Leonce in I, 1 (L 1,
S. 106, 6 ff.); ebenso Friedrich Schlegel, *Lucinde,* S. 32.

O Gott in Deines Lichtes Welle etc.: Die Quelle dieser Verse in
pietistisch-mystischer Tradition ist noch unbekannt (nicht in O enthalten). Fink (S. 451, Anmerkung 26) vermutet, daß Büchner diese
Verse verfaßt hat, und verweist auf das Ende der 11. Nachtwache
des Bonaventura: »O Nacht, Nacht, kehre zurück. Ich ertrage all das
Licht und die Liebe nicht länger.«

Sebastian Scheidecker: Lehrer im Steintal; in J und N steht nur der
»Schulmeister von Bellefosse«; doch bereits Bergemann ergänzte nach
O »Schulmeister Sebastian Scheidecker von Bellefosse« (vgl. Herr-
mann, S. 256 f.).

riß Etwas von der auf dem Grab stehenden Blume ab: In O steht:
»riß etwas von der auf dem Grabe stehenden Krone ab« (L 1, S. 466,
20). In J ist »Krone« durch »Blume«, in N durch »Blumen« ersetzt.
Bergemann (ihm folgen die andern auf ihn zurückgehenden Editionen,
einschließlich Meinerts) korrigierte hier nach O zurück: »riß etwas
von der auf dem Grab stehenden Krone ab« (B, S. 106). Lehmann
gibt wieder den Text nach J und N (vgl. Herrmann, S. 254 f.).

Er zog sie wacker herum: so in O; in J und N lautet die Stelle: »Er
zog sie weiter herum«. Bergemann korrigiert nach O zurück in
»wacker« (vgl. dagegen die Kritik Herrmanns, S. 255); dem schließt

sich Lehmann (vgl. Noten, S. 27) an, der »weiter« ebenfalls auf einen Lesefehler beim Abschreiben zurückführt. Da sich Büchner an dieser Stelle ziemlich genau an O hält (z. B. »kehrte er wie ein Blitz um und sprang wie ein Hirsch gen Fouday zurück«), ist dieser Konjektur der Vorzug zu geben.

das Frauenzimmer: Friederike Brion, aber auch gleichzeitig Anspielung auf das Mädchen in Fouday.

Hieroglyphen: Stelle so auch in O. Bedeutung hier im Sinne von »geheimnisvollem Rätsel«.

einige Zeilen dazu zu setzen. Siehe die Briefe: Bergemann (S. 107) hielt »Siehe die Briefe« (nur in J und N) für eine Erinnerungsnotiz Büchners und verzichtete deshalb darauf. Nach Oberlins Bericht war ein Brief an eine adelige Dame in W. und ein andrer an Friederike Brions Mutter gerichtet (L 1, S. 468; vgl. Meinerts, S. 497, 513); beide sind jedoch nicht erhalten, und über ihren Inhalt vermitteln nur die Andeutungen Oberlins eine ungefähre Vorstellung. Büchner hatte offensichtlich geplant, Stellen aus diesen Briefen hier einzurücken. Oberlins Andeutungen: »In dem einen [Brief] an eine adelige Dame in W. schien er sich mit Abadonna zu vergleichen; er redete von Abschied. – ... In dem andern an die Mutter seiner Geliebten, sagt er, er könne ihr dießmal nicht mehr sagen, als daß ihre Friedericke nun ein Engel sey und sie würde Satisfaktion bekommen.« Mir scheint die Auslassung Bergemanns hier in der Tat gerechtfertigt zu sein.

Sein Zustand war indessen immer trostloser geworden: Bis zu der Stelle, wo Oberlin zu einem Kranken nach Bellefosse (L 1, S. 473, 25) abberufen wird, stammt der nun folgende Text ausschließlich von Büchner. Vgl. Beschreibung Werthers bei Goethe, Bd. 6, S. 93, 7–20.

die Welt ... hatte einen ungeheuern Riß: Vgl. Anmerkung zu *Dantons Tod*, III, 1, S. 111 f., im folgenden Beschreibung der absoluten »Leere der Empfindungen«, die nach Kant »ein Grauen (horror vacui)« erregt (Bd. 10, S. 555). Vgl. für diese Stelle auch Tiecks *Der Aufruhr in den Cevennen* (zitiert bei Benn, S. 210).

Was er that, that er mit Bewußtsein: bei Bergemann aus nicht überzeugenden Gründen: »tat er nicht mit Bewußtsein« (B, S. 107; vgl. Meinerts, S. 497).

das Ding, das er gerade im Sinne hatte, auszuführen: Der Einschub: »das er gerade im Sinne hatte« nur von N überliefert, woran sich Bergemann und Lehmann halten. Bei Meinerts steht ohne Einschub: »das Ding auszuführen« (wie in J).

noch die schreckliche Leere: in J: »die noch schreckliche Leere« (vgl. dazu Meinerts, S. 497); aber alle Ausgaben halten sich an die Lesart von N.

ich könnte das Leiden nicht ertragen: Vgl. die entsprechenden Äußerungen in *Dantons Tod* (I, 6; III, 1) und in *Leonce und Lena* (I, 4).

ich will ja nichts als Ruhe: Vgl. Anmerkung zu *die mächtige Ruhe*, S. 164

Profanation: Entweihung, Lästerung.

keine Ruhe und Hoffnung im Tod: Vgl. die thematischen Parallelen in *Dantons Tod*, II, 4; III, 7.

wahnwitzigen Idee: Augenblicke der wahnwitzigen Ideen waren noch seine glücklichsten. Dieser Gedanke findet sich schon in Goethes *Werther*; vgl. Anmerkung zu *Dantons Tod*, IV, 5, S. 124.

Gegen Abend wurde Oberlin zu einem Kranken nach Bellefosse gerufen: Hier setzt Oberlins Bericht wieder ein. Allerdings verwertete Büchner nur wenige Teile davon.

nicht zu weit zu gehen: In J und N heißt die Stelle: »nicht zurück zu gehn«, in O: »nicht weit zu gehen«. Bergemann und Lehmann korrigieren nach O (vgl. Herrmann, S. 254, Anmerkung 11) in »nicht zu weit zu gehen«.

hören Sie denn nicht die entsetzliche Stimme: Dieser Dialog, der schon Woyzecks Visionen antizipiert, ist nicht in O enthalten.

Die Kindsmagd kam todtblaß und ganz zitternd: Hier folgt eine große Lücke im Text. In Oberlins Bericht erzählte die Kindsmagd, »Herr L ... hätte sich zum Fenster hinausgestürzt« (L 1, S. 472, 42). Viele Einzelheiten schließen sich an, die in Büchners Erzählung ausgelassen sind. Diese setzt nach der Textlücke gleich mit der Wagenfahrt Lenz' nach Straßburg ein (die Schilderung berührt sich mit dem Schluß von Oberlins Aufzeichnungen).

So lebte er hin: Bei Bergemann (B, S. 111) drei Pünktchen, die weder in J noch in N überliefert sind. Sie fehlen deshalb auch bei Lehmann. Lenz wurde nach mehrmaligem Ansuchen Schlossers von einem seiner Brüder 1779 nach Riga geholt; er lebte dann in Petersburg und in Moskau, wo man ihn am 24. Mai 1792 tot auf der Straße fand.

IV. WOYZECK

Entstehung:

Büchners letztes und wirkungsgeschichtlich zweifellos ebenso folgenreichstes wie erfolgreichstes Drama konfrontiert den Philologen, der eine authentische Textgestalt herstellen möchte, mit einem Labyrinth von Problemen; nicht viel besser geht es dem Interpreten und selbst dem Dramaturgen oder Regisseur, der sich um eine spielbare Bühnenfassung bemüht; denn wer auch immer sich mit dem Drama *Woyzeck* auseinandersetzt, hat es zunächst und eigentlich nur mit einer Reihe von Entwürfen und Bruchstücken zu tun. »Die *Woyzeck*-Forschung«, so bemerkt deshalb Lothar Bornscheuer in seiner »neuen Beurteilung« der Handschriften vollkommen zu Recht, »tut sich schwer, seit es sie gibt.« Nicht von ungefähr hatte es Ludwig Büchner angesichts des Standes der Dinge vorgezogen, in den *Nachgelassenen Schriften* (1850),

der ersten Ausgabe von Georg Büchners Werken, auf den Abdruck dieser Dramenfragmente zu verzichten. Er begründete seine Resignation folgendermaßen: »Was das erwähnte Trauerspielfragment anlangt, so ist dasselbe zum größten Theile mit blasser Tinte geschrieben und durchaus unleserlich; die einzelnen Scenen, die entziffert werden konnten, sind durch das Ausfallende so wenig unter einander in Zusammenhang zu bringen, daß nichts davon in der Sammlung mitgetheilt werden konnte.«

Wenn auch Ludwig Büchner zu den »zwei Dramen«, die Bruder Georg in einem Brief an die Familie im September 1836 (Nr. 59) erwähnt, das legendäre Drama *Pietro Aretino* rechnet, so neigt man heute der begründeten Ansicht zu, daß es sich bei den »zwei Dramen« neben *Leonce und Lena* (die Abschrift des Konzepts und deren Versendung datierte Ludwig Büchner irrtümlicherweise auf Anfang Juli 1836) eben um die nicht fertiggestellte Leidensgeschichte des Mörders Friedrich Johann Franz Woyzeck handelte. Von Interesse mag es in diesem Zusammenhang sein, daß Wilhelm Schulz in seinem *Nachruf* vom 23. Februar 1837 unter Büchners »hinterlassenen Schriften« nicht nur »ein beinahe vollendetes Drama« (was nur der *Woyzeck* sein konnte) erwähnt, sondern dieses auch zu den Schriften zählt, die »demnächst im Druck erscheinen« werden (B, S. 585). Büchner selbst hat offensichtlich an eine baldige Fertigstellung seines Stückes *Woyzeck* geglaubt, wie die Mitteilung an seine Braut im Jahre 1837 beweist, daß er »in längstens acht Tagen Leonce und Lena mit noch zwei anderen Dramen erscheinen lassen« (Nr. 67) wolle. Ob man hier nun das legendäre *Aretino*-Drama einschließt oder es vorzieht, einen beabsichtigten Neudruck von *Dantons Tod* zu vermuten, als sicher kann gelten, daß mit einem der »zwei andern Dramen« der *Woyzeck* gemeint war.

Über die Entstehungszeit des Stücks läßt sich nichts Genaues ausmachen. Egon Krause (S. 74 f.) datiert die erste Fassung auf den wegen verschiedener naturwissenschaftlicher und philosophischer Studien recht hektischen Straßburger Sommer und Maurice B. Benn (S. 221 f.) auf Frühjahr 1836. Auch wenn man mit guten Gründen die saloppe Äußerung Georg Büchners an Bruder Wilhelm (vom September 1836), daß er gerade dabei sei, »sich einige Menschen auf dem Papier todtschlagen oder verheirathen zu lassen« (Nr. 58), nicht auf den *Woyzeck* beziehen will, scheint es angesichts der Arbeitsbelastung unwahrscheinlich, daß er mit dem Drama vor Herbst 1836 begonnen hat (vgl. dazu etwa die unterschiedlichen Auffassungen von Krause, S. 74 f.; Bornscheuer, Kritische Lese- und Arbeitsausgabe S. 90; Benn, S. 309). Als Büchner jedoch am 18. Oktober 1836 nach Zürich übersiedelte, befand sich gewiß ein großer Teil der Entwürfe in seinem Reisegepäck; am letzten Entwurf, der vermeintlichen Reinschrift, hat er bis kurz vor seinem Tode am 19. Februar 1837 gearbeitet.

Wie schon *Dantons Tod* und die Erzählung *Lenz* beruht auch *Woyzeck* auf historischen Quellen. Bei dem Stoff handelt es sich um Tat-

sachenberichte und gerichtsmedizinische Gutachten über die ähnlichen
Mordfälle Daniel Schmolling (erstach 1817 seine Geliebte Henriette
Lehne in der Hasenheide bei Berlin), Johann Dieß (erstach 1830 seine
Geliebte Elisabetha Reuter in der Nähe von Darmstadt) und vor
allem Johann Christian Woyzeck (erstach 1821 seine Geliebte Johanna
Christiane Woost in Leipzig). An Übereinstimmungen zählt Krause
auf: »die Zugehörigkeit der Personen zu den unteren und ärmeren
Schichten des Volkes, ihre Armut und Bedürftigkeit; jeder der drei
Mörder ist Soldat gewesen; sie haben eine Geliebte, mit der sie in
engem Verkehr stehen, aber nicht verheiratet sind; die Bedeutung
eines unehelichen Kindes; im Fall Schmolling wird es erwartet; im
Fall Woyzeck ist nur von einem Kind die Rede, das mit einer früheren
Geliebten, also nicht mit der Ermordeten, gezeugt wurde; im Fall Dieß
ist das Kind etwa viereinhalb Jahre alt; die Ermordung der Geliebten
mit einem Messer (nur im Fall Woyzeck spielt Untreue dabei eine
Rolle); herbeieilende Leute nach dem Mord, Festnahme des Mörders,
Gerichtsverhandlungen« (S. 162 f.).

Erstdruck:

In: Sämmtliche Werke und handschriftlicher Nachlaß. Erste kritische
Gesammtausgabe. Eingeleitet und herausgegeben von Karl Emil Franzos. Frankfurt/Main: J. D. Sauerländer 1879 (dieser erste Druck bietet
eine äußerst zweifelhafte Textgestalt; von ihr wurde nichtsdestoweniger Alban Berg zu seiner Oper *Wozzeck* angeregt).

Weitere Ausgaben (bis 1922):

a) Wozzek. Lenz. 2 Fragmente. Leipzig: Insel 1913.
b) Wozzeck. Ein Fragment. Mit Bildern von Wilhelm Plünneck.
Berlin: A. Juncker 1919.
c) Woyzeck. Nach den Handschriften des Dichters herausgegeben
von Georg Witkowski. Leipzig: Insel 1920 (erste kritische Einzelaus-
gabe des Dramas).
d) Wozzeck. Ein Trauerspiel-Fragment. Freiburg i. Br., Stuttgart:
E. Guenther 1922.
e) In: Sämtliche Werke und Briefe. Auf Grund des handschriftlichen Nachlasses Georg Büchners herausgegeben von Fritz Bergemann.
Leipzig: Insel 1922 (vorausgingen Editionen von Paul Landau, Berlin
1909; Rudolf Franz, München 1912; Wilhelm Hausenstein, Leipzig
1916. Die Ausgabe Bergemanns bot die einflußreichste und für lange
Zeit maßgebliche Textgestalt; vgl. dazu auch Lehmann, Noten, S.
36 ff.).
f) Woyzeck. Eine Tragödie. Nach den neu entzifferten Handschriften für Leser und Bühne hergestellt von Ernst Hardt. Leipzig: Insel
1924/25 (= Insel-Bücherei 92).

Uraufführung:

8. November 1913, Residenztheater München (Regie: Eugen Kilian).
14. Dezember 1925, Uraufführung der Oper Wozzeck von Alban Berg, Staatsoper Berlin.

Aufführungen (Auswahl bis 1927)

17. Dezember 1913, Lessing-Theater Berlin (Regie: Victor Barnowsky).
26. März 1914, Schauspielhaus Frankfurt a. M.
5. Mai 1914, Kammerspiele Wien.
20. November 1918, Nationaltheater München.
16. September 1919, Neues Theater Frankfurt a. M.
24. September 1919, Landestheater Darmstadt.
13. Dezember 1920, Lessing-Theater Berlin (Regie: Victor Barnowsky).
6. April 1921, Deutsches Theater Berlin (Regie: Max Reinhardt).
23. September 1922, Nationaltheater Mannheim (Regie: Eugen Felber).
12. Mai 1923, Schauspielhaus Köln (Regie: Dr. Liebscher).
15. Dezember 1927, Schillertheater Berlin (Regie: Jürgen Fehling).

Zur Theaterrezeption:

Ingeborg Strudthoff, Die Rezeption Georg Büchners durch das deutsche Theater, Berlin-Dahlem 1957.
Wolfram Viehweg, Georg Büchners ›Dantons Tod‹ auf dem deutschen Theater, München 1964, S. 386 f.
Günther Penzoldt, Georg Büchner, Friedrichs Dramatiker des Welttheaters, Velber bei Hannover 1968, S. 86–93.
Werner Schlick, Das Georg Büchner-Schrifttum bis 1965, Hildesheim 1968, S. 161–194.
Dietmar Goltschnigg (Hrsg.), Materialien zur Rezeptionsgeschichte Georg Büchners, Kronberg 1974 (vgl. auch Bibliographie, S. 264).

Quellen:

Fall Schmolling

Gutachten über den Gemüthszustand des Tobacksspinnergesellen Daniel Schmolling, welcher den 25. September 1817 seine Geliebte tödtete. In: Archiv für medizinische Erfahrung im Gebiete der praktischen Medizin und Staatsarzneikunde. Hrsg. von Dr. Horn in Berlin, Dr. Nasse in Bonn und Dr. Henke in Erlangen. Jg. 1820 (März/April) Berlin 1820, S. 292–367.
    Bode, Vertheidigungsschrift, in: Vertheidigungsschrift zweiter Instanz für den Tobacksspinnergesellen Daniel Schmolling welcher seine Ge-

liebte ohne eine erkennbare Causa facinoris ermordete. Ein Beitrag zur Lehre von der Zurechnungsfähigkeit. In: Zeitschrift für die Criminal-Rechts-Pflege in den Preußischen Staaten mit Ausschluß der Rheinprovinzen … Hrsg. von Julius Eduard Hitzig. Bd. 1, Heft 2. Berlin 1825, S. 261–376; darin auch: Ausführung der Criminaldeputation des Stadt-Gerichts; Ausführung des Criminal-Senats des Kammer-Gerichts; Ausführung des Ober-Appelations-Senats des Kammergerichts, S. 263–319, 349–367.

Fall Woyzeck

Früheres Gutachten des Herrn Hofrath Dr. Clarus über den Gemüthszustand des Mörders Joh. Chris. Woyzeck, erstattet am 16. September 1821. Nebst einem Vorworte des Herausgebers. In: Zeitschrift für die Staatsarzneikunde. Hrsg. von Adolph Henke, 5. Ergänzungsheft. Erlangen 1826, S. 129–149 (*Erstes Clarus-Gutachten*).

Die Zurechnungsfähigkeit des Mörders Johann Christian Woyzeck, nach Grundsätzen der Staatsarzneikunde aktenmäßig erwiesen von Dr. Johann Christian August Clarus … In: Zeitschrift für die Staatsarzneikunde. Hrsg. von Adolph Henke …, 4. Ergänzungsheft. Erlangen 1825, S. 1–97 (*Zweites Clarus-Gutachten*).

Dr. C. M. Marc, War der am 27ten August 1824 in Leipzig hingerichtete Mörder Johann Christian Woyzeck zurechnungsfähig? Enthaltend eine Beleuchtung der Schrift des Herrn Hofrath Dr. Clarus »Die Zurechnungsfähigkeit des Mörders Johann Christian Woyzeck …« Bamberg 1825.

D. Johann Christian August Heinroth, Über die gegen das Gutachten des Herrn Hofrath D. Clarus von Herrn Dr. C. M. Marc in Bamberg abgefaßte Schrift: War der am 27. August 1824 zu Leipzig hingerichtete Mörder J. C. Woyzeck zurechnungsfähig? Leipzig 1825.

B. H. (G.): Über die Zurechnungsfähigkeit des Mörders Johann Christian Woyzeck. Zusammenstellung und Beleuchtung der hierwegen von drei angesehenen Ärzten erschienenen Schriften. In: Zeitschrift für die Civil- und Criminal-Rechtspflege im Königreiche Hannover. Hrsg. von (S.) P. Gans. 1. Bd. Hannover 1827, S. 126 ff.; abgedruckt in: C. H. Richter (Hrsg.), Ausgewählte Abhandlungen und Gutachten aus dem Gebiete der gerichtlichen Medicin. Stuttgart 1838, S. 408–432.

Fall Dieß

Zurechenbarkeit oder nicht? Actenstücke und Verhandlungen. Mitgetheilt von Advokat Bopp in Darmstadt. In: Zeitschrift für die Staatsarzneikunde. Hrsg. von Adolph Henke. 16. Jg., 1836, 2. Vierteljahrheft. Erlangen 1836, S. 378–398 (Nachwort des Herausgebers Henke S. 398 f.).

Ideengeschichtliche und literarische Bezugsorte (Auswahl):

Die Bibel oder die ganze Heilige Schrift des Alten und Neuen Testament nach der deutschen Übersetzung D. Martin Luthers, Stuttgart 1912.

Gottlieb Conrad Pfeffel, Poetische Versuche. Dritter Teil. 4. Auflage Tübingen 1803.

Des Knaben Wunderhorn. Alte deutsche Lieder, gesammelt von L. Achim von Arnim und Clemens Brentano, Heidelberg 1806–1808.

Kinder- und Hausmärchen, gesammelt durch die Brüder Grimm, 1812–1815.

Elsässisches Volksbüchlein. Kinder- und Volksliedchen, Spielreime, Sprüche und Mährchen, herausgegeben von August Stöber. Straßburg 1842 (zweite, stark vermehrte Auflage unter leicht verändertem Titel, Mühlhausen 1859).

Deutscher Liederhort. Auswahl der vorzüglicheren Deutschen Volkslieder, nach Wort und Weise aus der Vorzeit und Gegenwart gesammelt und erläutert von Ludwig Erk ..., neubearbeitet und fortgesetzt von Franz M. Böhme. 3 Bde., Leipzig 1893 f.

Überlieferung:

1) Handschriften

Von Büchners *Woyzeck* haben sich drei Handschriften oder Überlieferungsträger (vgl. Lehmann, Noten, S. 38 f.; Krause, S. 80 f.; Ullman, S. 258 ff.; Kanzog, S. 422 ff.) erhalten:

1) Fünf Bogen im Folioseitenformat mit dreißig Szenen (*Foliofassung*):

→ Siglierung nach Bergemann und Krause:
  h 1 (21 Szenen) und h 2 (9 Szenen)

→ Siglierung nach Lehmann:
  H 1 (21 Szenen) und H 2 (9 Szenen)

→ Siglierung (nach Buch) und Bornscheuer:
  Ha (H 1, Szenen 11–20), Hb (H 1, Szenen 1–10; Szene 21) und Hc (H 2, Szenen 1–9)

2) Ein Blatt im Quartformat mit zwei Szenen (*Quartblatt*):

→ Siglierung nach Bergemann: hH

→ Siglierung nach Lehmann: H3

→ Siglierung nach Krause: h3

→ Siglierung (nach Buch) und Bornscheuer: He

3) Sechs Bogen im Quartseitenformat mit siebzehn Szenen (*Quartfassung*):

→ Siglierung nach Bergemann: H

→ Siglierung nach Lehmann und Krause: H4

→ Siglierung (nach Buch) und Bornscheuer: Hd

Die Manuskripte befanden sich bis zum Ankauf durch den Insel Verlag im Jahr 1918 im Besitz der Familie Büchner und wurden 1924 dem Goethe- und Schiller-Archiv in Weimar übergeben. Von den drei handschriftlichen Entwürfen, die äußerst mühsam zu entziffern sind, enthält die erste Szenengruppe (H 1, 1–21) einen einigermaßen durchgeführten Handlungsverlauf; die zweite Szenengruppe (H 2, 1–9) motiviert und ergänzt einen Teil dieses Handlungsverlaufs und die letzte (H 4, 1–17) »verwertet ›kritisch‹ das Material der Fassungen H 1 und H 2, um neue Szenen bereichert« (Ullman, Textkritische Probleme, S. 258). Das Verhältnis der Fassungen oder Entwürfe (vgl. Bornscheuer, Neue Beurteilung, S. 123) läßt sich graphisch nach Bo Ullman (Textkritische Probleme, S. 258) folgendermaßen darstellen:

H 1 ————————————————→ (21 Szenen)

H 2 ——————————→ (9 Szenen)

H 3 ———→ (2 Szenen)

H 4 ———————————————→ (17 Szenen)

Wenn auch in der Forschung die zeitliche Einordnung der Entwürfe und der Stellenwert von H 3 umstritten sind, daß H 4 die »letzte Fassung« oder vorläufige Reinschrift (Lehmann, Noten, S. 40 f.; Kanzog, S. 423) darstellt, die stilistisch und kompositorisch auf die »Vorentwürfe« (Bornscheuer, Neue Beurteilung, S. 123) H 1 und H 2 aufbaut, wird gleichermaßen von Lehmann bis Bornscheuer und Kanzog als gesichertes Ergebnis anerkannt. Es hätte wenig Sinn, im Kontext dieses Kommentars im einzelnen auf die Diskussion der Handschriftenprobleme einzugehen, aber es soll wenigstens angedeutet sein, daß sich von der naheliegenden Einteilung in vier Überlieferungsstränge (H1, H2, H3, H4) prinzipiell nur die Interpretation von Buch und Bornscheuer unterscheidet. Wilfried Buch löst die Fassungen in vier Motivkomplexe auf: in eine Mord-Fassung (Ha), Eifersuchts-Fassung (Hb), Grotesk-Fassung (Hc) und Leidens-Fassung (Hd). Lothar Bornscheuer übernimmt für seine Edition den Grundgedanken und begreift die *Woyzeck*-Handschriften als einen »motivisch-szenischen Anbauvorgang«, als einen »sprunghaften Wechsel von einer ›Fassung‹ zur andern« (Bornscheuer, Kritische Lese- und Arbeitsausgabe, S. 10). So vorteilhaft manche Ansätze in Bornscheuers Konzeption auch sein mögen, seine *Kritische Lese- und Arbeitsausgabe* trägt kaum zu einer unbedingt notwendigen übersichtlichen Anordnung und einer einheitlichen Siglierung des Editionsproblems *Woyzeck* bei. Ich beziehe deshalb für diesen Kommentar die wichtigsten *Woyzeck*-Ausgaben auf das Grundmodell mit folgender Anordnung: H1 (bei Lehmann auch als »Szenengruppe 1«), H2 (bei Lehmann auch als »Szenengruppe 2«), H3 (bei Lehmann auch als »verstreute Bruchstücke«) und H4 (bei Lehmann auch als »Vorläufige Reinschrift«). Um die Handschriften von H 1 bis H 4 sowohl in der Szenenfolge als auch in ihren Beziehungen zueinander überschaubar zu machen, versuche ich nachstehend zuerst die Szenenfolgen der Fassungen (*Tabelle 1*) und dann die Beziehungen der Fassungen untereinander (*Tabelle 2*: Synopse nach Kanzog, S. 424 f.) graphisch zu veranschaulichen.

Tabelle 1

(die Ziffern vor den Schauplatzstichworten bezeichnen die Szenen)

H 1	H 2	H 3	H 4
	1 Freies Feld Die Stadt in der Ferne		1 Freies Feld. Die Stadt in der Ferne
	2 Die Stadt. (Louise. Margreth am Fenster)		2 Marie mit ihrem Kind am Fenster. Margreth
1 Buden. Volk	3 Öffentlicher Platz. Buden. Lichter		3 Buden. Lichter. Volk [Szene nicht ausgeführt]
2 Das Innere der Bude	4 Handwerksburschen		4 Marie sitzt, ihr Kind auf dem Schoß, ein Stückchen Spiegel in der Hand
3 Margreth allein	5 Unterofficier. Tambourmajor.		5 Der Hauptmann. Woyzeck
			6 Marie. Tambourmajor
			7 Marie. Woyzeck
	6 Woyzeck. Doctor	1 Der Hof des Professors	8 Woyzeck. Der Doctor
	7 Straße (Hauptmann. Doctor)		9 Hauptmann. Doctor
	8 Woyzeck. Louisel		
4 Der Casernenhof			
5 Wirtshaus			
6 Freies Feld			
7 Ein Zimmer			
8 Casernenhof			

H 1	H 2	H 3	H 4
9 Der Officier. Louis			
10 Ein Wirtshaus			10 Die Wachstube
11 Das Wirtshaus			11 Wirtshaus
12 Freies Feld			12 Freies Feld
13 Nacht. Mondschein			13 Nacht
14 Margreth mit Mädchen vor der Haustür			14 Wirtshaus
15 Margreth und Louis	9 Louisel allein. Gebet		15 Woyzeck. Der Jude
16 Es kommen Leute			16 Marie. Der Narr
17 Das Wirtshaus			17 Caserne
18 Kinder		2 Der Idiot. Das Kind. Woyzeck	
19 Louis allein			
20 Louis an einem Teich			
21 Gerichtsverhandlung			

Tabelle 2

(die senkrechten Pfeile deuten die Entstehungsfolge der Fassungen an, die waagrechten markieren die Beziehung der Fassungen zu H 4)

$$\downarrow \qquad\qquad \downarrow$$
[H 2,1] $\longrightarrow$ H 4,1: Freies Feld. Die Stadt in der Ferne.
[H 2,2] $\longrightarrow$ H 4,2: Marie mit ihrem Kind am Fenster. Margret

$\downarrow$
H 1,1 $\longrightarrow$ H 2,3 $\longrightarrow$ H 4,3: Buden. Lichter. Volk. $\boxed{+ 1\frac{1}{2} \text{ S. frei}}$
[H 2,4] (vgl. H 4,11)
[H 2,5]

H 1,2 $\boxed{+ \frac{1}{4} \text{ S. frei}}$

H 4,4: Marie sitzt, ihr Kind auf dem Schoß, ein Stückchen Spiegel in der Hand.

[H 1,3]

H 4,5: Der Hauptmann. Woyzeck. $\frac{1}{3}$ leer
H 4,6: Marie. Tambour-Major. $\frac{1}{3}$ leer
H 4,7: Marie. Woyzeck (vgl. H 2,8). $\frac{1}{5}$ leer

[H 2,6]	→	H 4,8: Woyzeck. Der Doctor. $^1/_3$ leer.
H 2,7	→	H 4,9: Hauptmann. Doctor $\boxed{+ \, ^3/_4 \text{ S. frei}}$
[H 2,8]		
[H 1,4]	――――――→	H 4,10: Die Wachtstube
[H 1,5]	――――――→	H 4,11: Wirtshaus.
[H 1,6]	――――――→	H 4,12: Freies Feld.
[H 1,7]	――――――→	H 4,13: Nacht.
H 1,8		
[H 1,9]		
[H 1,10]	――――――→	H 4,14: Wirtshaus.
H 1,11		
		H 4,15: Woyzeck. Der Jude. $^1/_3$ leer
H 1,12		
H 1,13		
[H 2,9]	→	H 4,16: Marie. Der Narr.
$\boxed{+ \, ^2/_3 \text{ S. frei}}$	↓	
		H 4,17: Caserne (sog. Testamentsszene).
H 3,1		
H 1,14		
H 1,15		
H 1,16		
H 1,17		
H 1,18		
H 1,19		
H 1,20		
H 1,21		
H 3,2		

Man stellt bei *Tabelle 1* sofort die unterschiedliche Namensgebung (Margreth und Louis in H 1, Louise und Woyzeck in H 2, Marie und Woyzeck in H 4) und die verschiedene Motivierung fest. Die Synopse (*Tabelle 2*) zeigt auf einen Blick die Arbeitsweise Büchners: H 4 (Szenen 1–3, 8–9, 10–13, 14, 16) beruhen auf Vorstufen sowohl in H 1 (Szenen 1, 4–7, 10) als auch in H 2 (Szenen 1–3, 6–7, 9).

2) *Editionen*

Obwohl seit den ersten textkritischen Editionen Georg Witkowskis (1920) und Fritz Bergemanns (1922 ff. und 1958 ff.) über die Ausgaben von Hans Jürgen Meinerts und Walter Müller-Seidel, die beide noch in manchem Bergemann verpflichtet sind, bis hin zu den wissenschaftlichen Auseinandersetzungen Werner R. Lehmanns (1967), Egon Krauses (1969) und Lothar Bornscheuers (1972) mit den *Woyzeck*-Handschriften entscheidende Fortschritte zu verzeichnen sind, scheint das Ziel einer authentischen, allgemein anerkannten Textgestalt immer noch nicht erreicht zu sein. Nach dem Stand der Diskussion bietet die

Edition von Lehmann, von einigen wenigen verbesserungsbedürftigen Entzifferungen, Emendationen und Konjekturen abgesehen, den bisher überzeugendsten und übersichtlichsten Lösungsversuch. Sind die Ausgaben von Bergemann (seit 1958), Meinerts und Müller-Seidel vornehmlich Lese- und Bühnenfassungen, die auf den Kontaminationen oder Konstruktionen des jeweiligen Herausgebers beruhen, so bietet Lehmann im Falle des *Woyzeck*-Dramas neben einer solchen Lese- und Bühnenfassung und den Handschriften in der Reihenfolge von H 1 bis H 4 (diese sind auch bei Bergemann und Müller-Seidel dokumentiert; vgl. S. 221) eine Synopse, die eine bequeme Parallelisierung der vergleichbaren Szenen in H 1, H 2 und H 4 erlaubt (vgl. dazu die kritische Anmerkung von Kanzog, S. 426). Trotz aller Unterschiede in den editionsinterpretatorischen Befunden repräsentiert Krause die handschriftlichen Entwürfe im Gegensatz zu Bornscheuer in der ähnlichen Anordnung wie Lehmann; er teilt allerdings mit Bornscheuer die Abneigung gegen eine Lese- und Bühnenfassung. Es würde zu weit führen, die Unterschiede und Vor- und Nachteile der einzelnen Ausgaben hier kritisch zu erörtern (vgl. dazu die Arbeiten von Paulus, Richards, Lehmann, Bornscheuer, Ullman, Kanzog und Knapp). Für unseren Zweck genügt der Hinweis, daß die meisten Ausgaben entweder vollständig auf der in vielem überholten Fassung Bergemanns beruhen (wie etwa die von Henri Poschmann und Hans Mayer) oder sich teilweise auf diese stützen (wie die von Meinerts und Müller-Seidel) oder aber eigene Wege gehen (wie die von Lehmann, Krause und Bornscheuer), so daß sich der Kommentar bei dem Stand der Dinge auf keine einheitliche Textgestalt beziehen kann; denn selbst Editionen, die sich auf die bloße Präsentation der handschriftlichen Entwürfe beschränken (wie die von Krause und Bornscheuer), unterscheiden sich nicht nur in der Textgestalt, sondern auch (sogar beträchtlich) in der Anordnung der Szenenfolge. Leuchtet es angesichts der Überlieferung ohne weiteres ein, warum es von Büchners *Woyzeck* keine authentische Bühnenfassung geben kann, so mag man nichtsdestoweniger über die Tatsache erstaunt sein, daß selbst über eine authentische Textgestalt der handschriftlichen Entwürfe die Meinungen immer noch auseinandergehen und die kritische Diskussion anzuhalten scheint. Ich habe mich deshalb entschlossen, die Typen der verschiedenen Lese- und Bühnenfassungen bis hin zu der differierenden Anordnung der Szenenfolge bei Bornscheuer auf ein Grundmodell (das durch die Editionen Lehmanns und Krauses vorgegeben ist) zurückzubeziehen. Der Benutzer des Kommentars kann sich auf diese Weise schnell informieren, wie in seiner Ausgabe die Szenenfolge arrangiert wurde. Die Erläuterungen in dem vorliegenden Kommentar beginnen mit der letzten Stufe der handschriftlichen Überlieferung (H 4), beschäftigen sich dann mit der ersten (H 1) und der zweiten (H 2), um mit den »verstreuten Bruchstücken« (H 3), welche die meisten Lese- und Bühnenfassungen verwenden (zu H 3 vgl. Elema, S. 140; Krause, S. 88 f.; Kanzog,

S. 438 f.), abzuschließen. In den Erläuterungen wird auch immer wieder auf bezeichnende Unterschiede der verschiedenen Ausgaben in der
Textgestalt hingewiesen.

3) *Szenensynopse der heute noch gebräuchlichen Lese- und Bühnenfassungen*

In der folgenden Synopse sind die vier wichtigsten Lese- und Bühnenfassungen in die Handschriftensiglen von H 1 bis H 4 zurückübersetzt. Unter dem Namen des Herausgebers steht der Seitennach-
weis für die betreffende Ausgabe des *Woyzeck*. Bei den Ziffern der
linken Spalten handelt es sich jeweils um die durchnumerierte Szenenfolge einer Edition (in Ausgaben, bei denen die Szenen nicht durchnumeriert sind, kann das leicht nachgeholt werden); in den rechten
Spalten sind dann die Handschriftenverweise aufgeführt.

Szenensynopse der Lese- und Bühnenfassungen

Bergemann (1958 ff.) S. 150–175		Meinerts (1963) S. 176–204		Müller-Seidel (1964) S. 270–315		Lehmann (1968) S. 408–431	
1	H 4,5	1	H 4,1	1	H 4,1	1	H 4,1
2	H 4,1	2	H 4,2	2	H 4,2	2	H 4,2
3	H 4,2 (unter Ver-wendung von H 2,2)	3	⌠H 2,3 H 1,1 (zwei Schluß- repliken) ⌡H 2,5	3	H 2,3	3	⌠H 2,3 (die vier ersten Repliken) H 1,1 H 2,5 ⌡H 1,2
4	⌠H 2,3 ⌡H 1,1 ⌡H 2,5	4	H 1,2	4	H 2,5	4	H 4,4
5	H 1,2	5	⌠H 1,3 ⌡H 4,4	5	H 4,4	5	H 4,5
6	⌠H 1,3 ⌡H 4,4	6	H 4,5	6	H 4,5	6	H 4,6
7	H 4,8	7	H 4,6	7	H 4,6	7	H 4,7
8	H 4,6	8	H 4,8	8	H 4,7	8	H 4,8
9	Kombi-nation aus H 2,7 + H 4,9	9	H 4,7	9	H 4,8	9	⌠H 4,9 H 2,7 (ein großer Teil)
10	H 4,7 (unter Ver-wendung eines Teils von H 2,8)	10	H 4,9	10	H 4,9	10	H 4,10

Bergemann		Meinerts		Müller-Seidel		Lehmann	
11	H 4,10	11	H 4,11	11	H 2,7 (die letzten drei Repliken)	11	H 4,11
12	H 4,11 (unter Verwendung eines Replikteils aus H 1,5)	12	H 4,11 (unter Verwendung eines Replikteils aus H 1,5)	12	H 4,10	12	H 4,12
13	H 4,12 (unter Verwendung von H 1,6)	13	H 4,12	13	H 4,11 (unter Verwendung eines Replikteils aus H 1,5)	13	H 4,13
14	H 4,13 (unter Verwendung von H 1,7)	14	H 4,13	14	H 4,12	14	H 4,14
15	H 3,1	15	H 3,1	15	H 4,13	15	H 4,15
16	H 1,8	16	H 1,8	16	H 4,14	16	H 4,16
17	H 4,14	17	H 4,14	17	H 4,15	17	H 4,17
18	H 4,15	18	H 4,15	18	H 4,16	18	H 3,1
19	H 4,16	19	H 4,16	19	H 4,17	19	H 1,14
20	H 4,17	20	H 4,17	20	H 1,14	20	H 1,15
21	H 1,14	21	H 1,14	21	{H 1,15 / H 1,16}	21	H 1,16
22	H 1,15	22	{H 1,15 / H 1,16}	22	H 1,17	22	H 1,17
23	H 1,17 (1. Liedeinlage aus H 1,10)	23	H 1,17	23	H 1,18	23	H 1,19
24	{H 1,19 / H 1,20 / H 1,16}	24	H 3,2	24	H 1,19	24	H 1,20
		25	H 1,18	25	H 1,20	25	H 1,18
		26	H 1,19	26	H 3,2	26	H 1,21 (die erste Replik)
		27	H 1,20	27	H 1,21 (die erste Replik)	27	H 3,2

In den *Erläuterungen* wird bei jeder der überlieferten Szenen außerdem noch eigens auf die Seitenzahl der Parallelszenen in den vier verschiedenen Ausgaben verwiesen, so daß die relevanten Stichworte für jede der Editionen ohne allzu große Mühe aufzufinden sein sollten. Im Registerteil findet man zusätzlich ein Register für die *Woyzeck*-Leseausgaben. Die Seitenangaben verweisen dort auf die Stellen des Kommentars, in denen die betreffenden Szenen der vier grundlegenden Leseausgaben erläutert oder erwähnt werden.

4) *Szenensynopse der handschriftlichen Entwürfe*

Da die Editionen Lehmanns und Krauses, wenn auch nicht immer in der Textgestalt, wenigstens in der Szenenanordnung der handschriftlichen Entwürfe übereinstimmen, genügt hier ein Parallelverzeichnis, das die Siglierung und Szenenfolge Bornscheuers (rechte Spalte) durch die Gegenüberstellung mit dem bewährten Grundmodell (linke Spalte) veranschaulicht.

Szenenfolge der handschriftlichen Entwürfe nach Lehmann (S. 145–181) und Krause (S. 31–72)		Szenenfolge der kritischen Lese- und Arbeitsausgabe Bornscheuers (S. 12–65) und in der von ihm gebrauchten Siglierung		
H 1	1	H b	1	E
	2		2	E
	3	E = Einzel-	3	
Erste Fassung	4	szenen	4	von Büchner
Szenengruppe 1	5		5	gestrichene
				Szenenentwürfe
	6		6	(Bornscheuer, Erläuterungen,
	7		7	S. 37f.)
	8		8	
	9		9	von Büchner
	10		10	gestrichene
				Szenenentwürfe (S. 39f.)
	11	H a	1	E
	12		2	E
	13		3	E
	14		4	
	15		5	H a, 4–10
	16		6	bezeichnet
	17		7	Bornscheuer
	18		8	(nach Buch)
	19		9	als **Mord-**
	20		10	**Komplex**

H 1	21	H b	11	E
H 2	1	H c	1	Von Büchner gestrichene Szenen (Born- scheuer, Erläu-
Erste Fassung				terungen,
Szenengruppe 2	2		2	S. 41 ff.)
	3		3	
	4		4	Von Büchner gestrichene
	5		5	Szenenentwürfe (Bornscheuer,
	6		6	Erläuterungen, S. 44 ff.)
	7		7	E
	8		8	Von Büchner gestrichene
	9		9	Szenenentwürfe (Bornscheuer, S. 47 f.)
H 3	1	H e	1	E
Verstreute Bruchstücke	2		2	E
H 4 **Vorläufige Reinschrift** Szenen 1–17		H d		**Letzter Entwurf** Szenen 1–17

Literatur zur Text- und Quellengeschichte:

Hans Winkler, Georg Büchners ›Woyzeck‹. Diss. Greifswald 1925; ebenso Bamberg 1925.

Hans Mayer, Georg Büchner, Woyzeck. Dichtung und Wirklichkeit, Frankfurt/Main–Berlin 1963.

Ursula Paulus, Georg Büchners ›Woyzeck‹. Eine kritische Betrachtung zu der Edition Fritz Bergemanns. In: Jahrbuch der deutschen Schillergesellschaft, 1964, S. 226–246.

Walter Müller-Seidel, Woyzeck. In: Klassische Deutsche Dichtung, hrsg. von Fritz Martini und Walter Müller-Seidel, Freiburg – Basel – Wien 1964, S. 264–269.

Hans Elema, Der verstümmelte Woyzeck. In: Neophilologus 49 (1965), S. 131–156.

Werner R. Lehmann, Textkritische Noten. Prolegomena zur Hamburger Büchner-Ausgabe, Hamburg 1967, S. 35–66.

Wulf Segebrecht, E. T. A. Hoffmanns Auffassung vom Richteramt und vom Dichterberuf. In: Jahrbuch der deutschen Schillergesellschaft (1967), bes. S. 97 ff. (Gutachtenteil Hoffmanns zum Fall Schmolling).

Richard Thieberger, Situation de la Buechner-Forschung II, In: Etudes Germaniques (1968), S. 411 ff.

Egon Krause (Hg.), Woyzeck. Texte und Dokumente. Frankfurt am Main 1969 (Materialien zur Editionsgeschichte, zu den Quellen und der Bedeutung der Bibelstellen).

Wilfried Buch, Woyzeck. Fassungen und Wandlungen. Dortmund 1970.

Bo Ullman, Georg Büchner. Textkritische Probleme. In: Moderna Språk (1970), S. 257–265.

David G. Richards, Zur Textgestaltung von Büchners ›Woyzeck‹. In: Euphorion 65 (1971), S. 49–57.

Werner R. Lehmann, Repliken. Beiträge zu einem Streitgespräch über den Woyzeck. In: Euphorion 65 (1971), S. 58–83.

Lothar Bornscheuer, Neue Beurteilung der ›Woyzeck‹-Handschriften. In: Germanisch-Romanische Monatsschrift 53 (1972), S. 113–123.

Lothar Bornscheuer (Hg.), Woyzeck. Kritische Lese- und Arbeitsausgabe. Stuttgart 1972 (kritischer Kommentar zu den Handschriftenverhältnissen und zur Einordnung der Einzelszenen).

Lothar Bornscheuer, Erläuterungen und Dokumente. Georg Büchner, ›Woyzeck‹. Stuttgart 1972 (Dokumentation zu den Mordfällen Schmolling, Woyzeck, Dieß, S. 49–67).

Klaus Kanzog, Wozzeck, Woyzeck und kein Ende. Zur Standortbestimmung der Editionsphilologie. In: DVJ 47 (1973), S. 420–442.

Gerhard K. Knapp, Georg Büchner. Eine kritische Einführung in die Forschung. Frankfurt a. Main 1975 (besonders S. 30–53, S. 64–81, S. 145–148).

David G. Richards, Georg Büchners Woyzeck. Interpretation und Textgestaltung. Bonn 1975.

Erläuterungen:

In Büchners Zeit erregten drei Mordfälle besonderes Aufsehen, die von medizinischen Gutachtern auch eifrig in Fachzeitschriften diskutiert wurden, welche Georg Büchner (teilweise vielleicht sogar in der väterlichen Bibliothek) zur Verfügung standen. Es handelte sich um folgende Fälle:

1) Am 25. September 1817 erstach der 38 Jahre alte Tabakspinnergeselle Daniel Schmolling seine Geliebte Henriette Lehne in der Hasenheide bei Berlin. In der Selbstdarstellung Schmollings heißt es: »Der Gedanke [die Lehne zu ermorden] fiel mir ganz auf einmal ein, als ich bei der Arbeit war, und gerade im Gedanken stand, ohne daß ich zu sagen wüßte, woher mir dieser Gedanken in den Kopf gekom-

men sey. Er fiel mir so ganz plötzlich ein, daß ich selbst darüber er-
staunte, wie ich einen solchen Gedanken haben könnte … Seit mir
jener Gedanke, die Lehne zu ermorden, in den Sinn gekommen war
[etwa drei Wochen vor der Tat], so fühlte ich mich, so oft ich hieran
dachte, immer so beängstlich, und diese Beängstlichkeit wurde besonders groß, seit der letzten drei Tage, ehe ich die That vollbrachte.«

Im März-April-Heft der Zeitschrift »Archiv für medizinische Erfahrung« (1820) kommt der Stadtphysicus Dr. Merzdorff zu dem Urteil, daß der Angeklagte »den Todtschlag in einem Anfall von amen-
tia occulta beschlossen und vollführt habe, daß er also im Moment der
Entschließung zu der That, der Freiheit, sich selbst nach Vernunft-
gründen zu bestimmen, völlig beraubt war, ohne sich selbst durch
Trunkenheit oder leidenschaftlichen Affect um diese Freiheit gebracht
zu haben«. Neben dem Gutachten Dr. Merzdorffs beschäftigten sich die
Ausführungen Dr. Horns, zwei Verteidigungsschriften des Justiz-Com-
misarius Bode und schließlich ein Grundsatzartikel des Criminal-Rats
Hitzig in seiner »Zeitschrift für Criminal-Rechts-Pflege in den Preußischen Staaten« (1825) ausführlich mit dem Fall (vgl. Krause, S.
172–184; Bornscheuer, Erläuterungen, S. 52–56).

2) Am 21. Juni 1821 erstach der 41 Jahre alte Johann Christian
Woyzeck seine Geliebte Johanna Christiane Woost in Leipzig. Am
27. August 1824 fand die öffentliche Hinrichtung in Leipzig statt. Der
Königlich Sächsische Hofrat Dr. Johann Christian August Clarus hatte
den Mörder untersucht, sich mit ihm mehrmals unterhalten (vgl. L 1,
S. 491) und ihn in einem Gutachten für die Tat voll verantwortlich erklärt. Am 28. Februar 1823 erstellte Clarus sein zweites Gutachten; er
veröffentlichte es am 18. August 1824 in Buchform, dann noch einmal
1825 in der »Zeitschrift für die Staatsarzneikunde« (wo der Vater
Büchners zuweilen ebenfalls Gutachten publizierte).

Der Bamberger Landgerichtsphysicus Dr. Carl Moritz Marc veröffentlichte 1825 eine Gegenschrift zu Clarus' Gutachten unter dem
Titel *War der am 27. August 1824 hingerichtete Mörder Johann Christian Woyzeck zurechnungsfähig?* Dieser Gegenschrift folgte 1825 eine
schriftliche Verteidigung des Clarus-Gutachtens durch Professor Heinroth aus Leipzig. Im Frühjahr 1825 erschien dann in der »Zeitschrift
für die Criminal-Rechts-Pflege in den Preußischen Staaten« nicht nur
Bodes Verteidigungsschrift (*Fall Schmolling*), sondern diskutierte auch
der Herausgeber Dr. Hitzig die unterschiedlichen Standpunkte von
Clarus und Marc im *Fall Woyzeck*. Wie sehr es bei dieser ganzen
Auseinandersetzung um Grundsatzfragen ging, zeigte 1827 der zusam-
menfassende Kommentar zu den Schriften von Clarus, Marc und
Heinroth in einer neuen juristischen Fachzeitschrift, wo außerdem zusätzlich auf den Fall Schmolling hingewiesen wurde (vgl. Mayer, Woyzeck, S. 75–146; Krause, S. 184–198; Bornscheuer, S. 58–65; L 1, S.
487–549). Da in den Erläuterungen auf einige signifikante Parallelen
von Drama und dem Quellenmaterial verwiesen wird, sei hier nur die

Beschreibung des Mordes in dem zweiten Gutachten von Clarus mitgeteilt:

»Am 21. Juni des Jahres 1821, Abends um halbzehn Uhr, brachte
der Friseur *Johann Christian Woyzeck*, ein und vierzig Jahr alt, der
sechs und vierzig jährigen Wittwe des verstorbenen Chirurgus
Woost, Johannen, Christianen, gebornen *Otto'in* in dem Hausgange
ihrer Wohnung auf der Sandgasse, mit einer abgebrochenen Degenklinge, an welche er desselben Nachmittags einen Griff hatte befestigen lassen, sieben Wunden bei, an denen sie nach wenigen Minuten
ihren Geist aufgab, und unter denen eine penetrirende Brustwunde,
welche die erste Zwischenrippenschlagader zerschnitten, beide Säcke
des Brustfelles durchdrungen, und den niedersteigenden Theil der
Aorta, an einem der Kunsthülfe völlig unzugänglichen Orte, durch-
bohrt hatte, bei der am folgenden Tage unternommenen gerichtlichen Section, so wie in dem darüber ausgefertigten Physikatsgut-
achten (den 2. Juli 1821), für *unbedingt* und *absolut tödtlich* er-
achtet wurde.

Der Mörder wurde gleich nach vollbrachter That ergriffen, bekannte
selbige sofort unumwunden, recognoscirte vor dem Anfange der
gerichtlichen Section, sowohl das bei ihm gefundene Mordinstru-
ment, als den Leichnam der Ermordeten, und bestätigte die Aussagen der abgehörten Zeugen, so wie seine eigenen, nach allen Umständen bei den summarischen Vernehmungen und im artikulirten
Verhöre.«

3) Am 15. August 1830 erstach der 37 Jahre alte Leinwebergeselle
Johann Dieß seine Geliebte Elisabetha Reuter in der Nähe von Darmstadt. Er wurde zu lebenslänglichem Zuchthaus verurteilt und nach
seinem Tod (Mai 1834) der Anatomie in Gießen übergeben, wo Georg
Büchner nach Krause (S. 161) im Sommersemester 1834 ein Kolleg mit
anatomischen Übungen belegt hatte; ob er allerdings an der Leiche
des Mörders Dieß präpariert hat, muß vorläufig Spekulation bleiben
(vgl. Bornscheuer, S. 66 ff.).

Während im Falle von Dieß die eingeholte Verteidigungsschrift im
Jahr 1831 auf Unzurechnungsfähigkeit plädierte, bescheinigte das Gutachten des Großherzoglichen Medizinal-Collegs Zurechnungsfähigkeit.
Das Urteil vom 7. 12. 1831, das auf achtzehnjährige Zuchthausstrafe
lautete, wurde am 11. 1. 1833 durch das Großherzogliche Oberappel-
lations- und Cassationsgericht in Darmstadt bestätigt (vgl. Bornscheuer, Erläuterungen, S. 66 ff.). Im Frühjahr 1836 veröffentlichte der
Darmstädter Jurist Bopp in der »Zeitschrift für die Staatsarzneikunde«
einen Artikel über den Prozeß und die Unzurechnungsfähigkeit des
Mörders Dieß und verwies in den Fußnoten auf die Sachdiskussion
der Fälle Schmolling und Woyzeck (vgl. Krause, S. 198–203; Bornscheuer, Erläuterungen, S. 65–67). Advokat Bopp schildert Mord und
Mörder folgendermaßen:

»Elisabeth R. wurde Vormittags den 15. August 1830 von ihrem Liebhaber am Walde vor K. überfallen (welcher schon im Anfang des Jahres 1826 ihrer Mutter mit einem Ziegelstein den Kopf einzuschlagen versucht hatte, was auch beinahe geglückt war) und mit vielen Messerstichen verwundet. Sie blieb auf der Stelle liegen, doch lebte sie noch nach Angabe eine kleine Stunde.

In seinem zwanzigsten Jahre wurde der Angeschuldigte zum Militär gezogen, aber wegen zweimaliger Desertion und seines sonstigen Betragens im April 1818 zu einjähriger Correctionshausstrafe verurtheilt und nach deren Verbüßung vom Militär entfernt. Bei seiner zweiten Desertion begab er sich in seine Heimath, verfolgte daselbst seinen Vormund mit seinem Seitengewehr und hieb nach der Landwehrmannschaft, die ihn verhaften wollte. Sein Hauptmann spricht sich über ihn berichtlich dahin aus, er sey ein, durch seine Liederlichkeit und Zügellosigkeit im ganzen Bataillon berüchtigtes Subject etc. Diesem fügt der Obrist als weiterer Beleg von des Angeschuldigten zügellosem Betragen und ›jeweiliger Geistesabwesenheit‹ noch die Bemerkung bei, daß derselbe bereits einigemal wegen auf offener Straße gegen Weibspersonen zum Theil mit dem Seitengewehr unternommener Anfälle bestraft worden sey.«

Überblickt man die drei Mordfälle nach Motiven und Geschehen, so fällt auf, daß besonders der letzte Entwurf (H 4) deutlich von dem historischen Woyzeck-Material angeregt worden ist, während sich die Mordhandlung des ersten Entwurfs (H1) mit den Hauptpersonen Louis/Margreth eher an dem Gutachten über den Fall Schmolling orientiert. So wie die biblischen Anspielungen (vgl. Krause, S. 204 bis 226), die Volkslied-Einlagen (Fink, *Volkslied und Verseinlage*, S. 443–487) und die soziale Thematik (Ullman, *Sozialkritische Thematik*, S. 34 ff.; Benn, S. 238 ff., 252) sich von H 1 über H 2 offensichtlich in H 4 verstärken, nimmt im Hinblick auf die historischen Quellen der Einfluß des Falles Woyzeck auf die Gestaltung des Dramas beträchtlich zu. Erinnert man an die Quellentreue des Dichters im Hinblick auf den Handlungsverlauf in *Dantons Tod* und *Lenz*, so kann man mit an Sicherheit grenzender Wahrscheinlichkeit behaupten, daß Georg Büchner bei der Weiterarbeit an H 4 zum Mord-Komplex zurückgekehrt wäre, obwohl natürlich die Tatsache bestehen bleibt, daß das Ende des Dramas nicht überliefert ist.

Um die Motivverteilung des Quellenmaterials auf die einzelnen handschriftlichen Entwürfe zu veranschaulichen, sei nachstehend eine vergleichende Tabelle von Krause (S. 164–166) abgedruckt; sie verzeichnet nacheinander in Stichworten die Thematik der drei Mordfälle Schmolling, Woyzeck, Dieß, und zwar nach den vier Handschriften (H 1, H 2, H 3, H 4) in vier Spalten aufgeteilt:

H1	*H2*	*H3*	*H4*
FALL SCHMOLLING *nächtliche Angst; Unruhe, Mordgedanken; Aufsuchen einer Schenke; die Mordhandlung mit Abholung der Geliebten, Spaziergang, Niedersetzen, Ortsbeschaffenheit, Ermordung mit einem Messer; herbeieilende Leute; Flucht nach dem Mord und Rückkehr zur Suche nach dem Messer.*	–	–	FALL SCHMOLLING *nächtliche Angst; Unruhe, Mordgedanken;*
FALL WOYZECK	FALL WOYZECK	FALL WOYZECK	FALL WOYZECK
	Wahn der Verfolgung durch Freimaurer;		*Wahn der Verfolgung durch Freimaurer;*
Hinauslaufen aufs freie Feld;			*Hinauslaufen aufs freie Feld;*
	Visionen draußen vor der Stadt;		*Visionen draußen vor der Stadt;*
Untreuevorgänge;	*Untreuevorgänge; Tambourmajor;*		*Untreuevorgänge; Tambourmajor;*
als zukünftiger Stadtsoldat gemeinsame Unterkunft mit einem Tambour in einem Bett; Träume und Stimmen in der Kammer;			*als zukünftiger Stadtsoldat gemeinsame Unterkunft mit einem Tambour in einem Bett; Träume und Stimmen in der Kammer;*

FALL WOYZECK	FALL WOYZECK	FALL WOYZECK	FALL WOYZECK
Träume und Stimmen mit dem Aufruf zum Mord; abends im Bett Vorstellungen von der zum Tanz gegangenen Geliebten und Hören der Musikinstrumente; Antreffen der Geliebten mit dem Nebenbuhler auf dem Tanzboden; Tanz in einer Schänke;			*Träume u. Stimmen mit dem Aufruf zum Mord; abends im Bett Vorstellungen von der zum Tanz gegangenen Geliebten und Hören der Musikinstrumente; Antreffen der Geliebten mit dem Nebenbuhler auf dem Tanzboden;*
	Streit mit der Geliebten;		*Streit mit der Geliebten; Streit und Prügelei mit dem Wohnungsvermieter Warnecke; Kauf eines zerbrochenen Degens; Verteilung der Almosen;*
	Doktor; Untersuchungen, Pulsfühlen.	*Doktor; Untersuchungen, Pulsfühlen, Zittern.*	*Doktor; Untersuchungen, Pulsfühlen.*
	FALL DIESS	FALL DIESS	FALL DIESS
	das Kind; Streit mit der Geliebten; Hauptmann.	*das Kind.*	*das Kind; Streit mit der Geliebten; Hauptmann und dessen Ermahnungen.*

Vorläufige Reinschrift oder letzter Entwurf: H 4 (bei Bornscheuer Hd)

Im folgenden weise ich für jede Szene dieses letzten Entwurfs die
entsprechende Szenennummer und Seitenzahl in den vier wichtigsten
Lese- und Bühnenfassungen nach. Bei Ausgaben, in denen die Szenenfolge nicht durchnumeriert ist, kann es der Benutzer des Kommentars leicht nachtragen. Da die Editionen Krauses und Bornscheuers mit
der Szenenanordnung unseres Grundmodells (H 4, 1–17) übereinstimmen, verweise ich nur dann auf sie, wenn entscheidende Unterschiede
in der Textgestalt (Lesarten etc.) vorliegen.

    Szene 1:   Bergemann (Szene 2, S. 153)
                Meinerts (Szene 1, S. 177)
                Müller-Seidel (Szene 1, S. 271)
                Lehmann (Szene 1, S. 409)

    Freies Feld. Die Stadt in der Ferne: Zum Gegensatz Stadt/Land,
freies Feld/Stadt vgl. Müller-Seidel, Natur und Naturwissenschaft,
S. 219. Lipmann (S. 44 f.) verweist auf Berührungspunkte des Dramas *Woyzeck* mit Justinus Kerners Schattenspiel *Der Totengräber von
Feldberg* (in dem Band *Reiseschatten*, Heidelberg 1811).

    Woyzeck und Andres schneiden Stöcke: für die Herstellung von ge-
flochtenen Körben.

    *Ja Andres; den Streif da über das Gras hin, da rollt Abends der
Kopf, es hob ihn einmal einer auf ...*: Bergemann kombiniert diese
Stelle recht willkürlich mit H 2, 1 zu folgender Version: »Ja, Andres,
der Platz ist verflucht. Siehst du den lichten Streif da über das Gras
hin, wo die Schwämme so nachgewachsen? Da rollt abends der Kopf.
Es hob ihn einmal einer auf, er meint' es wär ein Igel: drei Tag und
drei Nächt, und er lag auf den Hobelspänen. *Leise*: Andres, das waren die Freimaurer! ich hab's, die Freimaurer!«

    den Streif da über das Gras hin: Elemente dieser und späterer Re-
pliken (z. B. *Freimaurer, es geht hinter mir, Alles hohl da unten, Ein
Feuer fährt um den Himmel*) sind vom zweiten Gutachten des Hofrats Clarus (vgl. L 1, S. 509 ff.) angeregt. Es heißt hier, daß Woyzeck
»von jeher an die Bedeutung der Träume geglaubt und sie nach seiner
Art auszulegen gesucht« (S. 509) und daß er »auf seinen Wanderungen
... von reisenden Handwerksburschen allerhand nachteilige Gerüchte
über die Freimaurer gehört« habe, »unter anderem, daß sie durch
heimliche Künste, zu denen sie nichts als eine Nadel brauchten, einen
Menschen ums Leben bringen könnten« (S. 510). Woyzeck erzählte
Clarus auch von seinen Visionen, unter anderem auch über den »Vorfall am Schloßberge in Graudenz«, der sich folgendermaßen zugetra-
gen haben soll: Woyzeck verließ an einem Oktober in der Frühe die
Festung Graudenz, um nach der nahen Stadt zu gehn, als er »am
Himmel drei feurige Streifen« sah, die nachher wieder verschwunden
waren. »Als er sich umgesehen«, so schildert Woyzeck, »habe er an der

entgegengesetzten Seite des Himmels einen einzelnen ähnlichen Streifen gesehen, und dabei Glockengeläute gehört, was ihm unterirdisch geschienen hätte. Weil er sich nun damals immer noch mit dem Gedanken an die Freimaurer beschäftigt und geglaubt habe, daß ihm schon einmal durch die drei feurigen Gesichter hierüber eine Offenbarung zu Theil geworden sey, so habe er sich eingebildet, daß dieses wohl ähnliche Beziehung haben könne, und daß wohl die Freimaurer ihr Zeichen verändert, und ein anderes gewählt haben möchten, worauf das Verschwinden der drei Streifen und das Erscheinen des Einzelnen hindeute« (S. 511 f.).

da rollt Abends der Kopf ... Drei Tag und drei Nächt ...: Diese Stelle knüpft wahrscheinlich an folgenden Traum Woyzecks im zweiten Clarus-Gutachten an: »er sehe drei feurige Gesichter am Himmel, von denen das mittlere das größte gewesen. Er habe diese drei Gesichter auf die Dreieinigkeit bezogen und das mittlere auf Christus, weil diese die größte Person in der Gottheit sey. Zugleich habe er gedacht, daß in dieser Zahl auch das Geheimnis der Freimaurer liegen könne, das ihm auf diese Art offenbart werden solle ...« (L 1, S. 510). Die *Hobelspäne* sind eine Metapher für Sarg (vgl. auch Bornscheuer, Erläuterungen, S. 4); das schon in H 1, 14 enthaltene Motiv greift Büchner in H 4, 17 (vgl. dazu die Erläuterungen zu *wenn der Schreiner die Hobelspän ...*, (S. 220 f.) wieder auf.

Freimaurer: Die Freimaurerei oder Masonerie ist eine kosmopolitische Bewegung; der säkulare Kern ihrer geheimgehaltenen symbolischen Rituale bilden Humanitätsideal und natürliche Ethik. Der Name geht auf mittelalterliche Bauhütten zurück. In Deutschland wurde die erste Freimaurerloge 1737 in Hamburg gegründet.

Saßen dort zwei Hasen etc.: Seit 1820 war folgende Volksliedstrophe bekannt (Erstdruck 1843):

Zwischen Berg und tiefem, tiefem Tal
Saßen einst zwei Hasen,
Fraßen ab das grüne, grüne Gras,
Fraßen ab das grüne, grüne Gras,
Bis auf den Rasen.

(Vgl. dazu B, S. 670; Winkler, S. 128; Fink, S. 444; Bornscheuer, Erläuterungen, S. 4).

Still! Es geht was!: bei Bergemann die frei konstruierte Version: »Still! Hörst du's, Andres? hörst du's? Es geht was.«

Es geht hinter mir, unter mir ... Alls hohl da unten: Bornscheuer (Erläuterungen, S. 4) bezieht die Stelle auf Woyzecks Bericht: »es gehe die Sage, daß ehedem an dieser Stelle ein Schloß versunken sey« (zweites Clarus-Gutachten, L 1, S. 512). Vorher spricht Woyzeck von »Glockengeläute ...«, was ihm unterirdisch geschienen hätte«. Zweifelsohne wird bei dieser Stelle die Vision des Abgründigen gegenüber H 2 gestisch wirksamer gestaltet (vgl. Benn, S. 246 f.).

Red was!: Vgl. dazu folgenden Bericht Woyzecks: »er habe die Gewohnheit gehabt, bald *heimlich*, bald, wenn er allein gewesen, *laut*
mit sich selbst zu sprechen und ... allerhand bei sich *auszufechten*«
(zweites Clarus-Gutachten, L 1, S. 510). Andres würde hier dann als
eine Art alter ego fungieren. Bornscheuer (S. 5) verweist noch ergänzend auf eine Stelle in dem Horn-Gutachten (Fall Schmolling), wo
erwähnt wird, daß Schmolling seine »Mitarbeiter« aufgefordert habe,
»ein wenig zu singen«, um sich von seinen Mordgedanken zu befreien.

*Wie hell! Ein Feuer fährt um den Himmel und ein Getös herunter
wie Posaunen*: Krause (S. 230 f.) verweist auf folgende Stellen in der
Offenbarung als mögliche Quellen: 1, 10; 1, 12; 8, 5–7; 8, 8; 8, 10;
16, 18. Das Bildfeld signalisiert die Vorstellung vom Weltuntergang,
von Sodom und Gomorrha (1. Mose, 19, 24–26). Vgl. zum Kontext
vor allem Offenbarung 8, 7 f.: »Und der erste Engel posaunte: und es
ward ein Hagel und Feuer, mit Blut gemengt, und fiel auf die Erde ...
und der andere Engel posaunte: und es fuhr wie ein großer Berg mit
Feuer brennend ins Meer ...« In den Zusammenhang gehören auch
die im zweiten Clarus-Gutachten berichteten Visionen Woyzecks (L 1,
S. 511, 36 f.).

Sieh nicht hinter dich: Vgl. 1. Mose 19, 26, wo es von Lots Frau
heißt: »Und sein Weib sah hinter sich und ward zur Salzsäule« (siehe
auch Krause, S. 203 f., Bornscheuer, Erläuterungen, S. 5; Kobel, S. 301).

Sie trommeln drin: Zapfenstreich

SZENE 2:   Bergemann (Szene 3, S. 154 f.)
            Meinerts (Szene 2, S. 177 ff.)
            Müller-Seidel (Szene 2, S. 272 f.)
            Lehmann (Szene 2, S. 409 ff.)

Marie: Manche Züge erinnern an Mariane in *Die Soldaten* von
Lenz (über die Beziehungen zu Marion vgl. Martens, S. 375 f.). Die
Namensänderung gegenüber den früheren Entwürfen (Margreth,
Louise) rückt die weibliche Hauptgestalt deutlich in die Nähe der bib-
lischen Sünderin Maria Magdalena (vgl. Benn, S. 249; ebenso Ha-
mann, S. 259 f.).

Tambourmajor: Im zweiten Clarus-Gutachten ist zwar von einem
»Tambour Vitzthum« (L 1, S. 500) die Rede, aber dieser Hinweis war
sicher nicht für die Gestaltung des Gegenspielers von Büchners Woyzeck (zur Charakterisierung vgl. Mautner, S. 514 f.) verantwortlich.

Soldaten das sind schöne Bursch ...: Bergemann verwies auf das
Volkslied (dagegen Winkler, S. 129 f.) »Soldaten das sein lust'ge
Brüder ...« usw., das erst 1880 aufgezeichnet wurde. Aber Büchner
waren durchaus Lieder vor ihrer schriftlichen Aufzeichnung bekannt
(vgl. auch Bornscheuer, Erläuterungen, S. 5 f.).

honette Person: eine ehrliche anständige Person (im Sinne der bürgerlichen Tugendideologie der deutschen Aufklärung). Auch Musikus
Lehaar in *Der Hofmeister* (IV, 6) von Lenz spricht beispielsweise von
seiner Tochter als einem »honetten Mädchen«.

Sie guckt 7 Paar lederne Hose durch: Winkler (S. 222) zitierte die mundartliche Redensart: »Der koh durch neu Pöer Ladern Hosen gegloatz« (auch bei Bornscheuer, S. 6).

Komm mein Bub: Die Beziehung zu den drei Mordfällen ist hier folgende: der historische Woyzeck hatte von seiner ersten Geliebten, der Wienbergin, ein lediges Kind (siehe zweites Clarus-Gutachten, L 1, S. 496). Auch Schmolling besaß ein lediges Kind von einer früheren Geliebten. Dieß dagegen hatte ein lediges Kind (das zur Zeit der Mordtat etwas über vier Jahre alt war) von der ermordeten Geliebten Elisabetha Reuter (vgl. auch Bornscheuer, Erläuterungen, S. 6).

deim unehrliche Gesicht: Krause liest »deim uneheliche Gesicht« (S. 58, 24). Vgl. zu dieser Lesart die kritische Stellungnahme Lehmanns (Repliken, S. 64, Anmerkungen 27).

Mädel, was fangst du jetzt an? etc.: Diese Strophe ist mit der Schlußstrophe des Volkslieds »Sitzt e schöns Vogerl« (vgl. B, S. 660) identisch.

Hansel spann deine sechs Schimmel an: Diese Strophe wurde als Schlußstrophe des hessischen Fuhrmannsliedes »Hat mir mein Vater vierzig Gulden geb'n« nachgewiesen (vgl. B, S. 650). Die Strophe ist auch bei Erk/Böhme (vgl. Bornscheuer, S. 7) aufgeführt, allerdings in leicht verändertem Wortlaut:

> Hansel spann meine sechs Schimmel aus!
> Gieb ihn' zu fressen aufs Neu!
> Kein Hafer saufens nit,
> Kein Wasser fressens nit,
> Lauter kühler Wein muß es sein, juchhe!
> Lauter kühler Wein muß es sein.

Bergemann hat diese Strophe nicht in seine Ausgabe übernommen, weil er annahm, daß Büchner nur eine der beiden Liedstrophen für die endgültige Fassung vorgesehen hatte.

Verles: Appell, Zapfenstreich.

Was hast du Franz? bei Bergemann hier eine willkürliche Erweiterung aus H 2, 2 (ebenso bei Meinerts mit Ausnahme des letzten Satzes der Schlußreplik):

> *Marie*: Hast du Stecken geschnitten für den Hauptmann?
> *Woyzeck*: Ja, Marie
> *Marie*: Was hast du, Franz? Du siehst so verstört.

und sieh da ging ein Rauch vom Land, wie der Rauch vom Ofen: Zitat aus 1. Mose 19, 28: Abraham »wandte sein Angesicht gegen Sodom und Gomorra und alles Land der Gegend und schaute; und siehe, da ging ein Rauch auf vom Lande wie ein Rauch vom Ofen« (vgl. Zitat nach Bibelausgabe von 1756 bei Krause, S. 231; ebenso Erläuterung zu *Ein Feuer fährt um den Himmel,* S. 194).

Was soll das werden?: Bergemann fügt vorher noch einen veränderten Replikenteil aus H 2, 2 ein: »Etwas, was wir nicht fassen, begreifen, was uns von Sinnen bringt«.

Ich muß fort: Bergemann fügt ganz unvermittelt wieder einen Replikenteil aus H 2, 2 ein, was Meinerts übernimmt: »Heute abend auf die Meß! Ich hab wieder was gespart.«

vergeistert: verstört, erschreckt. Winkler (S. 221) vermutet dahinter das elsässische Wort »vergelstert« (vgl. auch Bornscheuer, Erläuterungen, S. 7).

Er schnappt noch über mit den Gedanken: Clarus berichtet in seinem zweiten Gutachten davon, daß Woyzeck »zuweilen auf halbe Stunden lang, oft auch nur kürzere Zeit, die Gedanken vergangen seyen«. Mit dieser Gedankenlosigkeit habe sich dann ein »Groll gegen einzelne Personen verbunden, so daß er, gegen alle Menschen überhaupt erbittert, sich von ihnen zurückgezogen und deßwegen oft ins Freie gelaufen sey« (L 1, S. 496). Seit »seinem 30sten Jahre« war er »manchmal sehr ärgerlich und desperat« und geriet öfters, »wenn er über irgend eine Arbeit lange nachgedacht, in einen Zustand, ..., in dem er gar nichts mehr gedacht habe« (L 1, S. 507). Clarus spricht auch von »periodischen Exacerbationen«, die »mit Benommenheit des Kopfes ..., mit Unfähigkeit etwas anders zu denken und überhaupt mit einer finstern, hypochondrischen Stimmung und mit einer erhöhten Reizbarkeit des Gemüthes verbunden ...« (L 1, S. 518). Bei einem dieser »Zustände von Gedankenlosigkeit« wurde ihm auch einmal gesagt: »du bist verrückt und weißt es nicht« (L 1, S. 491). Schmolling schien, nach dem Gutachten zu schließen, von diesen »Zuständen der Gedankenlosigkeit« frei gewesen zu sein, während Bopp von einer »Geistesabwesenheit« bei Dieß (Krause, S. 199) spricht.

Sonst scheint doch als die Latern herein ...: Bei Bergemann und Krause (S. 59, 19) fehlt »doch«. Krause setzt außerdem die Regieanweisung nicht wie die anderen Ausgaben an den Schluß, sondern unmittelbar nach »die Latern herein« (S. 59, 20). Woyzeck kann also in der Version Krauses die beiden letzten Sätze Maries (»Ich halt's nicht aus. Es schauert mich«) nicht mehr hören. Die Stimmung Maries berührt sich mit der Marianes in Lenz' *Die Soldaten* (I, 6); letztere sagt in Vorahnung der kommenden Ereignisse: »Das Herz ist mir so schwer. Ich glaub es wird gewittern die Nacht. Wenn es einschlüge –«.

SZENE 3: von Büchner leer gelassen. Von den Herausgebern der Lese- und Bühnenfassungen wird diese Szene mit Kombinationen aus H 1, 1/H 1, 2/H 2, 3/H 2, 5 aufgefüllt.

SZENE 4: Bergemann (Szene 6, S. 157 f.)
Meinerts (Szene 5, S. 181)
Müller-Seidel (Szene 5, S. 274 f.)
Lehmann (Szene 4, S. 413)
die Steine: bezieht sich auf die später erwähnten *Ohrringlein*. Die Anspielung dieser Szene auf Goethes *Faust,* Erster Teil, ist offenkundig: Margarete entdeckt dort das Schmuckkästchen, öffnet es und staunt:

Ein Schmuck! Mit dem könnt' eine Edelfrau
Am höchsten Feiertage gehn.
Wie sollte mir die Kette stehn?
. . . .
          (Sie putzt sich damit auf und
           tritt vor den Spiegel)
Wenn nur die Ohrring' mein wären!
Man sieht doch gleich ganz anders drein.
Was hilft euch Schönheit, junges Blut?
. . . .
. . . .
. . . .
Nach Golde drängt,
Am Golde hängt
Doch alles. Ach wir Armen!

(Vgl. Goethes Werke, Hamburger Ausgabe, Bd. III, S. 89 f., S. 92 f.)

Schlaf Bub! Drück die Auge zu . . .: Fink (S. 478) hält diese Bruchstücke für ein Wiegenlied, das Schlummerlied und die eigene Sehnsucht Maries verbindet.

Mädel mach's Ladel zu etc.: Das Vorbild für diese Strophe wurde
von Bergemann (S. 660) in August Stöbers *Elsässisches Volksbüchlein.
Kinderwelt und Volksleben in Liedern, Sprüchen, Rätseln, Spielen etc.*
(Straßburg 1842) als Nr. 185 (S. 70) nachgewiesen:

Maidel, mach's Fenster zue,
s'kummt e Dragunersbue!
Hebt di am Ehrel
Fiehrt di an's Dehrel
Hebt di am Händel
Fiehrt di in's Schwitzerländel

*Unseins hat nur ein Eckchen in der Welt . . . und doch hab' ich
einen so rothen Mund als die großen Madamen*: Selbst die »polemische
Wendung gegen die Moral der bürgerlichen Welt, gegen die Herren
und Madamen« (Viëtor, S. 205) knüpft noch an die oben zitierte
Gretchen-Szene an. Gretchens Ausruf »Ach wir Armen!« entspricht die
Feststellung Maries: »ich bin nur ein arm Weibsbild« (vgl. dazu auch
Benn, S. 251 f.). Bo Ullman (S. 169) verweist in diesem Zusammen-
hang auf eine Parallele in dem von Büchner übersetzten Drama *Maria
Tudor* (I, 3) Victor Hugos hin: Jane muß hier den Vorwurf einstecken,
daß es ihr zu viel Freude mache, »die Aufzüge und das Gefolge der
Königin vorbeiziehen und alle die schönen Kleider von Seide und
Sammet zu sehen, worunter es so wenig Herzen und so wenig Seelen
gibt« (L 1, S. 271 f.); wie später Marie (*Ich bin doch ein schlecht
Mensch . . .*) drückt auch Jane den Zwiespalt ihrer Gefühle (allerdings in umgekehrter Reihenfolge) aus: »Ich Arme, in wessen Händen
bin ich jetzt? O, ich bin sehr undankbar und schuldbeladen« (L 1, S.
272). – Zum Wortmotiv *rothen Mund* vgl. Ullman, S. 122 f.

das Schlafengelchen: Bei dem Schlafengelchen handelt es sich wie beim Sandmann und ähnlichen Gestalten um zum Teil auf Volksglauben beruhende »erzieherische« Erfindungen (vgl. auch Bornscheuer, S. 8).

Sie fährt auf mit den Händen nach den Ohren: Baumann (S. 158) sieht in dieser Gebärde Maries eine Parallele zu Lenz' *Die Soldaten* (I, 6): »Der Vater tritt herein, sie fährt auf und sucht die Zitternadel zu verbergen.«

Mensch: hier im abwertenden Sinne von »schlechter Mensch«.

Alles Arbeit unter der Sonn, sogar Schweiß im Schlaf: Das Thema »Armut« zu Anfang der Szene ist hier noch intensiviert worden (vgl. Benn, S. 249); später im Gespräch mit dem Hauptmann (L 1, S. 172, 19 ff.) wird dann Woyzeck sagen: »Unsereins ist doch einmal unseelig in der und der andern Welt, ich glaub' wenn wir in Himmel kämen so müßten wir donnern helfen.«

Büchner knüpft hier wohl weniger an Gilbert (»O Wuth! Aus dem Volke sein! Nichts bei sich haben, weder Degen, noch Dolch!«) in Victor Hugos *Maria Tudor* (L 1, S. 282; vgl, Ullman, S. 170) als vielmehr an folgende eigene Auffassung an: »Es ist keine Kunst, ein ehrlicher Mensch zu sein, wenn man täglich Suppe, Gemüse und Fleisch zu essen hat« (B, S. 463).

Hauptmann: Vor Martens (Zur Karikatur, S. 66, Anmerkung 2) sah schon Landau (S. 77) in der Figur des Hauptmanns ein Echo auf den Hauptmann Pirzel aus *Die Soldaten* (II, 2; III, 4) von Lenz, während Winkler (S. 121) auf einen von Büchners ehemaligem Kommilitonen Vogt in seiner Autobiographie erwähnten »kleinen Major« als mögliches Vorbild verweist. In dem Bericht des Advocaten Bopp über den Mörder Dieß ist von einem Hauptmann die Rede, der den Soldaten Dieß »der Liederlichkeit und Zügellosigkeit« zieh (Krause, S. 199; vgl. auch Bornscheuer, Erläuterungen. S. 8 f.).

Ich bin doch ein schlecht Mensch: Siehe Erläuterung zu *Unseins hat nur ein Eckchen in der Welt* etc. (S. 197).

Geht doch Alles zum Teufel, Mann und Weib: Diese Trotzgebärde erinnert an den Schluß von Szene I, 6 in *Die Soldaten* von Lenz. Nach dem oben zitierten Ausdruck der Angst (S. 196) sagt Mariane: »Trifft mich's so trifft mich's, ich sterb nicht anders als gerne.«

Das erste Clarus-Gutachten vom 16. 9. 1821 berichtet von der Gleichgültigkeit Woyzecks gegenüber dem Ausgang seines Prozesses. Er soll mit rauher Stimme gemeint haben: »Es kann mir den Kopf kosten! Aber da mache ich mir nichts draus; – Sterben muß ich einmal!« (L 1, S. 544) Büchner könnte diese Haltung auf Marie übertragen haben.

Szene 5:   Bergemann (Szene 1, S. 151 ff.)
            Meinerts (Szene 6, S. 182 f.)
            Müller-Seidel (Szene 6, S. 275 ff.)
            Lehmann (Szene 5, S. 414 f.)

Der Hauptmann. Woyzeck: Im Hinblick auf die Figur des Hauptmanns und die satirischen Züge, die sie aufweist, wird nicht selten der Brief an die Familie (Nr. 15) vom Februar 1834 zitiert, in dem Büchner den »Aristocratismus« als die »schändlichste Verachtung des heiligen Geistes im Menschen« brandmarkt (L 2, S. 423) und das Motto »Spott gegen Spott« ausgibt. Zur Figur des Hauptmann vgl. Ullman, S. 45 f., 156, Anmerkung 22.

Franz H. Mautner (S. 521 f.) veranschaulicht in Stichworten, auf welche Weise sich in der Konfrontation Hauptmann/Woyzeck zwei unterschiedliche Weltanschauungen gegenübertreten. Er stellt dabei folgende Details einander gegenüber:

Hauptmann	*Woyzeck*
Hat Überfülle an Zeit	Ist in Hast
liebt Langsamkeit	ist »verhetzt«
frei	gedrückt
geschwätzig	lakonisch
sentimental	sachlich
»ich«	»wir arme Leut«, »unsereins«
konventionell-zufrieden	sozial-kritisch (sprachlich
(sprachlich affirmativ)	hypothetisch)
»moralisch«	»natürlich«
»Tugend«	»Fleisch und Blut«
Kirche = Moral	Kirche = Institut der Reichen
Gebote der Kirche	Wort der Bibel (»der Herr«)
(»Garnisonsprediger«)	
sexuell lüstern	sexuell sachlich
denkt nicht	»denkt zuviel«

Langsam, Woyzeck, langsam: In der Untersuchung des körperlichen und geistigen Zustands von Woyzeck berichtet Clarus in seinem ersten Gutachten, daß »der Gang und die übrigen Bewegungen« des Inquisiten »rasch und lebhaft« seien (L 1, S. 546).

Es wird mir ganz angst um die Welt etc.: Diese indirekte Frage nach dem Sinn des Daseins, die auch Danton, Lenz und Leonce beschäftigten, diese Symptome von Langeweile und Melancholie spielt Büchner in dieser Szene ins Groteske hinüber (vgl. Martens, Zur Karikatur, S. 69 f.; Kayser, Das Groteske in Malerei und Dichtung, S. 72 f.).

was n'e Zeitverschwendung: bei Krause (S. 61): »was n Zeitverschwendung«, bei Bornscheuer (S. 19): »was n' Zeitverschwendung«.

verhetzt: abgehetzt.

Ein guter Mensch thut das nicht: das heißt ein Mensch mit einem guten Gewissen. Das zweite Clarus-Gutachten analysiert unter anderem auch die Ursache von Woyzecks »beständiger Unruhe« (L 1, S. 509). Sein »vorher guter Charakter« sei »verbittert« worden, weil er verschiedener Umstände wegen seine erste Geliebte, »die Wienbergin habe sitzen lassen« müssen. Dann machte er sich auch Vorwürfe

wegen seines Verhältnisses zur Woostin, »da er doch eigentlich die
Wienbergin habe heirathen sollen«. Deshalb habe sich Woyzeck auch
geärgert, so überliefert Clarus, »wenn die Leute von ihm gesagt hätten, daß er ein guter Mensch sey, weil er gefühlt habe, daß er es nicht
sey«.

wir haben so was aus Süd-Nord: für den Zusammenhang Wetter/
Gefühlsstimmung vgl. *Leonce und Lena* (I, 1), Erläuterung zu *Daß
die Wolken schon seit drei Wochen . . .*, S. 136.

Er ist ein guter Mensch, ein guter Mensch: Wiederholung fehlt bei
Bergemann (S. 152); ebenso bei Meinerts (S. 182) und Müller-Seidel
(S. 276).

Lasset die Kindlein zu mir kommen: bei Bergemann (S. 152) statt
»die Kindlein« = »die Kleinen« (ebenso bei Meinerts, S. 183 und
Müller-Seidel, S. 276). Das Bibel-Zitat stammt aus Markus 10, 14
oder Lukas 18, 16 oder Matthäus 19, 4 (»Lasset die Kindlein zu mir
kommen, und wehret ihnen nicht«). Kobel (S. 300) sieht in dieser
Replik ein Gegenstück zur Aufforderung »Kommt ihr klei Krabben!
Großmutter erzähl« in H 1, 14 (L 1, S. 151).

Wir arme Leut etc.: Diese bekannte Replik intensiviert das Motiv
der Armut (vgl. Erläuterung zu *Alles Arbeit unter der Sonn* und vorher, S. 198) und knüpft in der Thematik an den *Hessischen Landboten*
an: »Aber tretet zu dem Menschenkinde und blickt durch seinen Fürstenmantel. Es ißt, wenn es hungert, und schläft wenn sein Auge dunkel wird. Sehet es kroch so nackt und weich in die Welt, wie ihr und
wird so hart und steif hinausgetragen, wie ihr, und doch hat es seinen
Fuß auf eurem Nacken . . .« (L 2, S. 44; vgl. dazu auch Kobel, S. 287,
Anmerkung 18). Ullman (S. 170) verweist auf die thematisch verwandte Replik Gilberts in Victors Hugos *Maria Tudor* (I, 7): »O
Wuth! Aus dem Volke sein! Nichts bei sich haben, weder Degen, noch
Dolch!« (L 1, S. 282)

Unseins ist doch einmal unseelig in der und der andern Welt . . .:
Dieser Redeteil wurde von Krolop (S. 3) als Zitatadaption aus einem Gedicht des elsässischen Dichters, Erziehers und Philantropen
Gottlieb Konrad Pfeffel (1763–1809; vgl. auch Erläuterung zu *Lenz*,
S. 168) nachgewiesen. Es handelt sich dabei besonders um folgende
Antwort des Bauern Jost: »Wir armen Bauern werden wohl / Im Himmel fronweise donnern müssen.« Das Gedicht wurde am 5. November 1792 auf der Titelseite der »Mainzer National-Zeitung« der Jakobiner abgedruckt. Die Bedeutung »er werde [im Himmel] ›ta brav
tonnern‹ helfen müssen« findet sich auch in Achim von Arnims Roman *Die Kronenwächter* (Sämtliche Romane und Erzählungen, Bd. 1,
München 1962, S. 679; vgl. Majut, Büchner und Arnim, Germanisch-
Romanische Monatsschrift (1934), S. 481; ebenso Ullman, S. 165, Anmerkung 73). Dieser Redeteil war offenbar ein damals verbreitetes
politisches Schlagwort (vgl. Bornscheuer, S. 10, und Ullman, S. 165,
Anmerkung 73). Lehmann (Repliken, S. 81) interpretiert das Motiv

des »Donnernhelfens« als Teil eines Bildfeldes, das mit dem apokalyptischen »Getös am Himmel« im Zusammenhang stehe (H 4, 1;
H 2, 1).

Er hat keine Tugend: Das bekannte Gespräch über Tugend zwischen
Woyzeck und dem Hauptmann erinnert an die Unterhaltung zwischen
Robespierre und Danton (*Dantons Tod*, I, 6). Ähnlich wie Robespierre glaubt der Hauptmann an ein abstraktes Prinzip der »Tugend«
(vgl. Benn, S. 248 f.).

*aber wenn ich ein Herr wär und hätt ein Hut und eine Uhr und
eine anglaise . . .*: Vgl. die existentialistische Konnotation im Ausruf
von Leonce: »O wer einmal jemand Anders sein könnte!« (I, 1) Aus
der Perspektive Woyzecks ist das ein Luxus, den sich nur Mitglieder
der vornehmen Gesellschaft leisten können. Die Replik steht im thematischen Zusammenhang mit Büchners Feststellung, daß es keine
Kunst sei, »ein ehrlicher Mann zu sein, wenn man täglich Suppe, Gemüse und Fleisch zu essen hat« (B, S. 463).

eine anglaise: bei Krause (S. 62) »en angleise« und Bornscheuer
(S. 21) »en Anglaise«. *Anglaise* ist eine Art Gehrock (B, S. 630), den
vor allem kleine Beamte und Schulmeister trugen. Jacobs (S. 138)
illustriert das mit einer Stelle aus Jeremias Gotthelfs *Erlebnisse eines
Schuldenbauern*: »Man sieht Anglaises, Fracks und halbleinerne, mäu-
segraue und pechschwarze Kutten, gewöhnlich nach dem Stande, dem
jedes Individuum entwachsen ist.« Hut, Uhr und Anglaise bezeichnen hier Statussymbole. Schon in H 1, 2 (L 1, S. 146; vgl. Erläuterungen, S. 225) hat die Uhr diese Status anzeigende Funktion (vgl. auch
Kobel, S. 302).

Es muß was Schönes seyn um die Tugend: Die unterschiedliche Akzentsetzung bei Woyzeck zeigt die ähnliche Bemerkung des Leonce:
»Warum kann ich mir nicht wichtig werden und der armen Puppe
einen Frack anziehen und einen Regenschirm in die Hand geben, daß
sie sehr rechtlich und sehr nützlich und sehr moralisch würde?« (L 1,
S. 106)

Aber du denkst zuviel . . .: Im zweiten Gutachten teilt Clarus folgenden Bericht Woyzecks mit: »Übrigens habe er einen Gedanken, den
er einmal gefaßt habe, nicht leicht wieder los werden können, besonders unangenehme Vorstellungen, und dabei öfters lange hinter
einander immer auf einen einzigen Gegenstand hingedacht . . .« (L 1,
S. 509).

Diskurs: Gespräch, Unterhaltung.

SZENE 6:   Bergemann (Szene 8, S. 160)
            Meinerts: (Szene 7, S. 183 f.)
            Müller-Seidel (Szene 7, S. 277)
            Lehmann (Szene 6, S. 415 f.)

Tambour-Major: Führer einer Militärmusik, Unteroffiziersrang (B,
S. 674). Landau (S. 80) kommentiert: »Die Tamboure wurden schon

mit 14 Jahren beim Regiment eingestellt; sie waren die schönsten stolzesten Burschen, die recht eigentlich nur zu Prunk und Zierde des Heeres da waren ... Sie hatten einen sprichwörtlich schlechten Ruf.« So meint etwa die ehrsame Frau Püttel in dem Lustspiel *Des Burschen Heimkehr* von Ernst Niebergall, dem Schulkameraden Büchners, daß das Schlimmste, was ihrer sittsamen Tochter passieren könnte, wäre, »wann se en Dambohr heirothe deht« (Landau, S. 80).

Ich bin stolz vor allen Weibern: Bornscheuer (S. 10) vermutet eine »blasphemische« Zitatadaption aus der Preisung Judith 13, 23: »Gesegnet bist du Tochter vom Herrn, dem Gott in der Höhe, vor allen Weibern auf der Erde.« Der Dialog zwischen Marie und dem Tambour-Major scheint mir aber eher eine bewußt vergröberte, vielleicht sogar parodistisch gemeinte Anlehnung an das Hohelied Salomons (1–8) darzustellen, in dem ebenfalls die Qualitäten der Geliebten einzeln aufgeführt und gepriesen werden. Dort beschreibt zum Beispiel die Geliebte ihren Freund dergestalt (Hohelied 5, 8 ff.): »Was ist dein Freund vor andern Freunden, o du schönste unter den Weibern? Was ist dein Freund vor andern Freunden, daß du uns so beschworen hast? ... Sein Haupt ist das feinste Gold. Seine Locken sind kraus, schwarz wie ein Rabe. Seine Backen sind wie Wurzelgärtlein, da Balsamkräuter wachsen ... Seine Beine sind wie Marmorsäulen, gegründet auf goldenen Füßen. Seine Gestalt ist wie Libanon, auserwählt wie Zedern ... Ein solcher ist mein Freund; mein Freund ist ein solcher, ihr Töchter Jerusalems!«

Donnerwetter, Marie: Der Name Marie fehlt bei Bergemann (S. 160), bei Meinerts (S. 184) und bei Müller-Seidel (S. 277).

Er ist ein Kerl bis *Es ist Alles eins*: Kerl hier im Sinne von »Mannsbild«. Die Bezeichnung korrespondiert deutlich mit der Replik des Tambourmajors: »Und du bist auch ein Weibsbild.« Vorbereitet ist diese Auffassung auch durch den Schluß von Szene 4, wo Marie sagt: »Geht doch Alles zum Teufel, Mann und Weib.« In dieser Szene greift der Tambourmajor unbewußt diese Äußerung Maries auf, dabei wird allerdings die Bedeutung bewußt auf den erotischen Bereich verschoben: »Sieht dir der Teufel aus den Augen?« Marie jedoch lenkt mit ihrer Antwort auf den allgemeineren Zusammenhang von Szene 4 zurück: »Es ist alles eins« (vgl. Erläuterung zu dieser Stelle, S. 198).

SZENE 7:   Bergemann (Szene 10, S. 163 f.)
            Meinerts (Szene 9, S. 186)
            Müller-Seidel (Szene 8, S. 277 f.)
            Lehmann (Szene 7, S. 416)

Marie. Woyzeck: Das Eifersuchtsmotiv und die Veränderung von Woyzecks Gefühlszustand läßt sich thematisch auf einige Stellen des Clarus-Gutachtens zurückführen. Im zweiten Gutachten ist von einer »Veränderung in seinem Gemüthszustande« die Rede als Folge der Untreue seiner ersten Geliebten, der Wienbergin (L 1, S. 496).

Woyzeck wurde still, zum Menschenfeind, seine Gedankenlosigkeit und seine Träume von den Freimaurern setzten ein, seine Unruhe vermehrte sich. Sein vorher guter Charakter wurde »verbittert« (L 1, S. 509), weil er die Mutter seines Kindes nicht heiraten konnte. Seine gedankliche Abwesenheit zog ihm »allerhand Neckereien von seinen Kameraden« zu (L 1, S. 508) und »mancherlei unverdiente Kränkungen« von seiten der Offiziere. Woyzeck selbst faßte seine Situation dergestalt zusammen: »Er habe sich immer zwingen müssen, freundlich gegen die Menschen zu seyn, und es sey ihm gewesen, als ob ihn alle für den Narren halten wollten. Daher sey er sehr empfindlich geworden, so daß ihn das Geringste habe aufbringen können. Bei geringeren Veranlassungen zum Unwillen habe er am ganzen Körper gezittert . . .; bei stärkeren Anreizungen aber sey ihm der Zorn in den Kopf und vor die Stirne gefahren, und habe ihn dergestalt überwältigt, daß er seiner nicht mehr mächtig gewesen. Namentlich habe er diese Abstufungen des Zornes bei seinen Zänkereien mit der Woostin wahrgenommen, und sich bei Verübung der Mordtat in einem solchen Zustande von Überwältigung befunden, daß er darauf losgestochen habe, ohne zu wissen, was er thue« (L 1, S. 508 f.).

hirnwüthig: wahnsinnig, verrückt. Vgl. die von Clarus erwähnte Äußerung gegenüber Woyzeck: »Kerl, du bist verrückt und weißt es nicht« (L 1, S. 497). Diese Äußerung scheinen neben Samson Schwabe auch andere Leute (L 1, S. 491) gemacht zu haben. Schon im ersten Clarus-Gutachten heißt es: »so habe ihn [Woyzeck] doch einmal bei einer solchen Gelegenheit Jemand, auf den er sich aber nicht besinnen könne, gesagt: ›Du bist verrückt und weißt es nicht‹. Auch müsse der jüdische Kaufmann Schwabe . . . diesen Zustand an ihm bemerkt haben« (L 1, S. 545).

daß man die Engelchen zum Himmel hinaus rauche könnt: bei Bergemann (S. 163), Meinerts (S. 186), Müller-Seidel (S. 278), Krause (S. 63), Bornscheuer (S. 23) statt »hinaus rauche« = »hinaus räuchern«.

rothe Mund: vgl. Erläuterung zu Szene 4, S. 197.

Adieu, Marie: bei Bergemann (S. 163), Meinerts (S. 186), Müller-Seidel (S. 278), Krause (S. 63) heißt es: »Wie, Marie.« Bornscheuer (S. 23) verzichtet auf eine Entzifferung und beschränkt sich auf die Lesart: »Marie, du bist schön wie die Sünde.«

Todsünde: Nach der katholischen Lehre hat die Todsünde drei Merkmale: a) Versündigung in einer wichtigen Angelegenheit; b) volle Erkenntnis der Sündhaftigkeit; c) völlige Einwilligung. Ohne Reue und Buße bedeutet die Todsünde den Verlust der Gnade.

und man nicht blind ist: »man« fehlt bei Bergemann (S. 165), Meinerts (S. 186) und Müller-Seidel (S. 278).

Mit dießen Augen: Bergemann (S. 164) füllt von hier an die Szene aus H 2,8 folgendermaßen auf:

> *Woyzeck.* Mensch! *Geht auf sie los.*
> *Marie.* Rühr mich an, Franz! Ich hätt lieber ein Messer in den

Leib als deine Hand auf meiner. Mein Vater hat mich nit an-
zugreifen gewagt wie ich zehn Jahr alt war, wenn ich ihn ansah.

Woyzeck. Weib! – Nein, es müßte was an dir sein! Jeder
Mensch is ein Abgrund; es schwindelt einem, wenn man hinabsieht. – Es wäre! Sie geht wie die Unschuld. Nun, Unschuld, du
hast ein Zeichen an dir. Weiß ich's? weiß ich's Wer weiß es? *Er
geht.*

Meinerts (S. 186) verzichtet auf eine Entzifferung dieser Stelle und
setzt drei Pünktchen; ansonsten folgt er der handschriftlichen Fassung
von H 4, 7. Müller-Seidel (S. 278) schließt sich bei seiner Lesart dem
Vorschlag (S. 268 f.) von Karl-Heinz Hahn (Direktor des Goethe-
und Schiller-Archivs in Weimar) an: »Wirst sehn lernen.« Krause
(S. 64) entscheidet sich zu der für Büchner viel zu plumpen Lesart:
»Mußt sterben Luder –« (obwohl Krause einerseits [S. 167] »vor der
Überbewertung der ›Quellentreue‹ bzw. ›Geschichtstreue‹ Büchners«
warnt, stützt er andererseits seine Lesart [S. 185] gläubig auf das
zweite Clarus-Gutachten). Bornscheuer (S. 23) sieht von einer Entzifferung ab und verzichtet in seinem Lesetext auf die Schlußreplik
Maries (*Und wenn auch*). Zur Kritik an der Lesart von Müller-Seidel
und Hahn vgl. Lehmann, Noten, S. 75 f., Anmerkung 183; zur Kritik
an der Lesart Krauses siehe Ullman, Textkritische Probleme, S. 262 f.

SZENE 8:   Bergemann (Szene 7, S. 158 ff.)
            Meinerts (Szene 8, S. 184 f.)
            Müller-Seidel (Szene 9, S. 278 f.)
            Lehmann (Szene 8, S. 417 f.)

Der Doctor: Landau (S. 79 f.) und Viëtor (S. 159 f.) vermuten
hier als Vorbild den Anatomen Wilbrand, bei dem Büchner wohl
ebenso wie der Kommilitone Carl Vogt (*Aus meinem Leben,* Stuttgart
1896) hörte, und führt aus: »Wie der Doktor Wozzeck (!) vor den
Studenten mit den Ohren wackeln läßt, so bildete auch hier bei dem
klapperdürren, hageren Wilbrand, der sich zudem in eine tiefsinnig
abstruse Naturphilosophie verrant hatte, die Demonstration der Ohrmuskeln den Glanzpunkt seiner anatomischen Vorlesung.« Sein eigener Sohn mußte dabei »mit den Ohren wedeln« (vgl. Version in H 3, 1,
Verstreute Bruchstücke, L 1, S. 167). Andere Eigenschaften scheinen
»von dem nur zum Ruhm der Wissenschaft rastlos tätigen, genial
rücksichtslosen Justus Liebig entlehnt zu sein, der damals als junger
Professor in Gießen höchst anregend, aber auch sehr originell wirkte«
(Landau, S. 80; vgl. dazu auch Müller-Seidel, Natur und Naturwissenschaft, S. 210 f.). Ebenso wahrscheinlich ist der Verweis (siehe auch
Bornscheuer, Erläuterungen, S. 11) auf den Universitätsprofessor und
Leipziger Stadtphysikus Dr. Johann Christian August Clarus (vgl.
Erläuterung zu *Den Puls Woyzecks, den Puls, klein, hart hüpfend*
etc., S. 251 f.). Man kann die satirische Szene mit Gernot Rath (Georg

Büchners ›Woyzeck‹ als medizinisches Zeitdokument, In: Grenzgebiete der Medizin [1949], S. 469 f.) folgendermaßen zusammenfas-
sen: »Büchner verwendet ... die neuesten Erfahrungen der Medizin,
wenn auch in ironisierter Form.«

musculus constrictor vesicae: Blasenschließmuskel. Wie Rath (S.
469 f.) vermerkt, knüpft Büchner mit dem Experiment des Doktors an
Liebig an, dessen Interesse sich damals von »der reinen Chemie auf
chemisch-physiologische Fragen verlagerte« (vgl. Müller-Seidel, Natur
und Naturwissenschaft, S. 210 f.).

*der Mensch ist frei, in dem Menschen verklärt sich die Individuali-
tät zur Freiheit*: Viëtor (Georg Büchner, S. 197; Woyzeck, S. 159 f.)
bezieht diese Stelle auf die »idealistischen« Salbadereien Johann Bernhard Wilbrands über die Unvergleichlichkeit des Menschen gegenüber
dem Tier. In Wilbrands *Handbuch der Naturgeschichte des Thierreichs*
(Gießen 1829) steht beispielsweise: »Es ist von selbst klar, daß der
Mensch, als das gemeinsame Haupt, an der Spitze des gesammten Thierreichs steht ..., weil sich in ihm das geistige Leben zur Vernunft und
zur geistigen Freiheit aufgeschlossen hat ...« (zitiert bei Winkler,
S. 120; ebenso bei Bornscheuer, S. 11). Wilbrands Ansicht enthält sowohl Elemente der romantisch-idealistischen wie der analytisch-experi-
mentellen Auffassung der Zeit. Mayer (Woyzeck, S. 67) verweist in
diesem Zusammenhang auch auf die idealistische deutsche Philosophie
Kants, welche die Prinzipien geistiger Freiheit und die Autonomie der
Person in den Mittelpunkt des Denkens und Handelns stellt. Georg
Büchner selbst sah sich mit »zwei Quellen der Erkenntnis« konfrontiert: »der Anschauung des Mystikers und dem Dogmatismus der Vernunftphilosophen« (*Über Schädelnerven*, L 2, S. 292 f.). Er formuliert
das Problem folgendermaßen: »Daß es bis jetzt gelungen sei, zwischen letzterm und dem Naturleben, das wir unmittelbar wahrneh-
men, eine Brücke zu schlagen, muß die Kritik verneinen.« Die Szene
Woyzeck/Doktor stellt im Modell »den weiten Weg« zwischen der
Philosophie a priori »und dem frischen grünen Leben« dar (vgl. auch
Kobels Hinweis auf Büchners Kritik am mechanistischen Materialismus in der Biologie, S. 284 f.), und entlarvt die fragwürdigen »Grund-
werte einer erstarrten bürgerlich-idealistischen Ideologie« (Martens,
Zur Karikatur, S. 67; zur Desillusionierung der Illusion der Willens-
freiheit vgl. auch Müller-Seidel, Natur- und Naturwissenschaft,
S. 218).

Nichts als Erbsen, cruciferae, merk' Er sich's!: Einfügung Bergemanns (S. 159) aus H 2, 6, die Meinerts (S. 184) übernimmt.

Harnstoff 0,10, salzsaures Ammonium, Hyperoxydul: wörtliche
Übernahme aus H 2, 6. Professor Dr. Eckhart Buddeckes (mitgeteilt
von Bornscheuer, Erläuterungen, S. 10–15) Ausführungen machen es
aus sachlichen Gründen wahrscheinlich, daß statt »Hyperoxydul« entweder »Hippuroxydul« oder »Hydrooxydul« zu lesen ist. Die in der
Replik genannten chemischen Verbindungen stellen »eine exakte Bilanz

der chemischen Zusammensetzung der aufgenommenen Nahrungsmittel und der ausgeschiedenen Stoffwechselprodukte« dar (S. 13). Liebig hatte zu der Zeit, als Büchner in Gießen studierte, »ernährungsphysiologische Experimente an Soldaten der Großherzoglichen Leibkompagnie durchgeführt ...«, wobei Erbsen ausdrücklich als Verpflegungsbestandteil genannt werden und ihr durchschnittlicher täglicher Verbrauch angegeben wird« (S. 15). Buddecke folgert aus seinen fundierten Darlegungen, daß »der Doktor nicht als der wissenschaftliche Scharlatan, sondern als ehrgeiziger und erfolgbesessener Experimentalphysiologe« erscheint, »für den der Mensch nicht mehr als ein manipulierbares und manipuliertes Versuchsobjekt ist, durch dessen Einsatz ernährungsphysiologische Theorien zu beweisen sind« (S. 15).

den Akkord: Abmachung, Vertrag.

Ärger ist ungesund, ist unwissenschaftlich: Diese Äußerung und die Feststellung *wer wird sich über einen Menschen ärgern* zeigen deutlich die menschliche Indifferenz und »Kaltblütigkeit« des Doktors, eine Haltung, die Danton auch an den Darstellungen Davids (*Dantons Tod*, II, 3) kritisiert (vgl. dazu Kobel, S. 310).

Wenn es noch ein proteus wäre, der einem krepirt!: Krause (S. 65) liest: »der einen betrügt«, während Bornscheuer (S. 25) auf eine Entzifferung verzichtet. *Proteus* = Olm, froschartige Eidechse (nach Wilbrands *Handbuch der Naturgeschichte*; vgl. B. S. 667; Winkler, S. 232; Bornscheuer, S. 15).

Aber Er hätte doch: bei Bergemann (S. 159): »Aber, Woyzeck, Er hätte doch«; ihm folgen Meinerts (S. 185) und Müller-Seidel (S. 279).

manchmal hat einer so n'en Character, so n'e Structur etc.: Krause (S. 65) liest: »manchmal hat man so n'en Character ...«; Bornscheuer (S. 25) übernimmt diese Lesart. *Character, Structur* bezeichnen hier die angeborenen persönlichen Eigenschaften im Gegensatz zur *Natur,* dem Bereich der Triebmächte (vgl. dazu Völker, S. 630).

doppelten Natur: Damit knüpft Woyzeck sicher nicht an den in der vorangehenden Replik angesprochenen Gegensatz an; vielmehr wird ein zweiter Naturbegriff eingeführt, die höhere Natur, das Übernatürliche, wie das Folgende zeigt. Vgl. auch die Mitteilung des zweiten Clarus-Gutachtens, daß Woyzeck geglaubt habe, daß Geister »durch Gottes Schickung auf den Menschen wirken und allerhand Veränderungen hervorbringen könnten« (L 1, S. 509 f.).

Wenn die Sonn in Mittag steht und es ist als ging die Welt in Feuer auf ...: Vgl. Offenbarung 16,8: »Und der vierte Engel goß aus seine Schale in die Sonne, und ihm ward gegeben, den Menschen heiß zu machen mit Feuer.« (Krause, S. 229 f., weist noch auf eine Reihe anderer Stellen hin: Offenbarung 10,3; 14,15; 14,18; 16,1; 16, 17 f.) Siehe auch Erläuterung zu *Ein Feuer fährt um den Himmel,* S. 194, und die unter dem Stichwort *den Streif da über das Gras hin* aufgeführten Stellen aus dem zweiten Clarus-Gutachten, S. 192 f. Woyzeck berichtete auch in den fünf Unterredungen, die Clarus mit ihm führte, immer wieder, daß er Stimmen gehört und Erscheinungen gehabt habe (z. B. L 1, S. 496, 498 f., 501, 510 ff., 513 f., 516, 520 ff., 523, 527, 529).

legt den Finger an die Nase: Die aus *Die Soldaten* (III, 4) bekannte Geste Pirzels, als er stark nachdenkt, parodiert Büchner in *Leonce und Lena* (I, 2; III, 3) mit der Gestalt des Königs Peter (L 1, S. 109, 10 f.; S. 132, 1); er wiederholt sie hier im *Woyzeck*. Die Unterredung Pirzel/Eisenhardt in *Die Soldaten* (II, 2; III, 4) hat darüber hinaus manchen Berührungspunkt mit dem Diskurs Woyzeck/Doktor. Wenn Eisenhardt bei Lenz über Pirzel sagt: »Der philosophiert mich zu Tode« (III, 2), so entspricht das der Ermahnung des Doctors: »Woyzeck, Er philosophirt wieder«. Auch Woyzecks stokkende Rede: »Da, da steckts« hat in der Feststellung Pirzels eine Entsprechung: »da, da steckt es . . .« (II, 2). Vgl. für den Zusammenhang auch Ullman, S. 91 f.

Die Schwämme bis *Wer das lesen könnt*: Die Schwämme (= Pilze), die in Figuren auf dem Boden wachsen, werden Woyzeck zu Hieroglyphen (vgl. *Lenz*, L 1, S. 97, 32), die zu entziffern sind. Büchner denkt hier gewiß nicht an die »Chiffernschrift« eines Novalis (so Völker, S. 627), sondern knüpft an den zweiten Bericht von Clarus über den historischen Woyzeck an, der »sehr geneigt gewesen ist, die natürlichen Veranlassungen zu übersehen und sich irgend etwas Ungewöhnliches und Übernatürliches dabei zu denken« (L 1, S. 520) und die wechselnden Zeichen der Freimaurer (L 1, S. 510 f.) zu enträtseln versuchte (Zu Woyzecks »pathischer Projektion« vgl. Ullman, S. 85 f.).

aberratio mentalis partialis . . . etc.: eine teilweise Geistesgestörtheit in Form einer »fixen Idee mit allgemein vernünftigem Zustand« (B, S. 629). Der Begriff *fixe Idee* taucht im Werk Büchners öfter auf (vgl. z. B. unter Erläuterungen, S. 124, S. 168) und war in dieser Zeit durchaus gebräuchlich, wie auch die häufige Verwendung in Bonaventuras *Nachtwachen* belegt (»Treten Sie immer herein und schauen Sie sich um, sind wir doch vor Gott alle gleich und laboriren bloß an verschiedenen fixen Ideen, wo nicht an einem totalen Wahnsinn . . .«, 9. Nachtwache, S. 84). Bornscheuer (S. 16 f.) weist auf den Gutachten-Teil E.T.A. Hoffmanns zum Fall Schmolling hin, in dem »der partielle Wahnsinn, den eine fixe Idee erzeugt« definiert und vom »periodischen Wahnsinn« unterschieden wird (E.T.A. Hoffmann stützte sich dabei auf das französische Standardwerk *Traité medico-philosophique sur l'aliénation mentale*; deshalb findet sich nach Bornscheuer auch in H 2, 6 noch der Begriff *alienatio mentis*). Statt »die zweite Species« liest Krause (S. 65, 25) »in der zweiten Species« (zur »fixen Idee« bei Dieß siehe auch Krause, S. 199 f.).

Geld für die Menage: sinngemäß → das Geld, das er für das Experiment erhält, bekommt seine Frau für den Haushalt als Haushaltsgeld.

Thut sei Dienst?: Clarus berichtet, wie Woyzeck nach eigenen Aussagen und denen von Zeugen trotz seiner fixen Ideen »sich in allen

Verhältnissen des Lebens, als ein gesetzter, verständiger und beson-
nener Mensch« gezeigt hat (L 1, S. 525). Vgl. auch den Hinweis
Bornscheuers (S. 17).
Subject: hier im Sinne von Untertan, Untergebener, Diener.

SZENE 9:   Bergemann (Szene 9, S. 161 f.; Kombination aus H 2, 7
            und H 4, 9)
            Meinerts (Szene 10, S. 186 f.)
            Müller-Seidel (Szenen 10, S. 280)
            Lehmann (Szene 9, S. 418–420; anschließend Teil von
            H 2, 7)

die Pferde machen mir ganz Angst bis *zu Fuß gehen müssen*: fehlt
bei Bergemann (S. 161).

Er erwischt den Doktor am Rock: Krause (S. 66, 8) liest hier (wie
auch später: S. 66, 12) statt »Rock« → »Stock«; Bornscheuer folgt
dieser Lesart (S. 27) in beiden Fällen. Im Text Krauses und Bornscheuers erwischt also der Hauptmann den Doktor »am Stock«, und
der Hauptmann weint, wenn er seinen »Stock an der Wand hängen«
sieht (vgl. dazu Lehmann, Repliken, S. 64, Anmerkung 27).

ich bin so schwermüthig, ich habe so was Schwärmerisches: Büchner
spielt hier zweifelsohne wie ähnlich in *Leonce und Lena* (II, 2, 4; L 1,
S. 123, 7 ff.; 125, 29 ff.) ironisch auf die verbreiteten Weltschmerzge-
fühle der »gebildeten Klasse« und auf die dekadente Innerlichkeit der
»abgelebten modernen Gesellschaft« (Brief Nr. 54, L 2, S. 455) an.
Nichtsdestoweniger wird in der Gestalt des Hauptmanns, wie Martens
näher ausführt (Zur Karikatur, S. 69 f.), ein Kernthema Büchners
sichtbar: die Existenzangst.

*Hm! aufgedunsen, fett, dicker Hals, apoplectische Constitution ...
eine apoplexia cerebralis*: Die Art der Diagnose erinnert an die Beschreibung von Woyzecks körperlichen Zustand im ersten (L 1, S.
546 f.) und im zweiten Clarus-Gutachten. Clarus konstatiert etwa:
»Blicke, Miene, Haltung, Gang und Sprache völlig unverändert, die
Gesichtsfarbe ... etwas blässer, Athemholen, Hautwärme und Zunge
völlig natürlich« (L 1, S. 504) oder er erklärt Ursachen und Symptome
der »krankhaften Anlage« zur Vollblütigkeit, der »Neigung zu Wal-
lungen und Congestionen des Bluts« (vgl. L 1, S. 517). Bei der apo-
plektischen Konstitution handelt es sich um die Anlage zum Schlagan-
fall; *apoplexia cerebralis* (bei Krause, S. 66: *apoplexia cerebri*) →
Gehirnschlag. Auch der Hauptmann wird in dieser Szene zum Objekt
der »unsterblichsten Experimente« des Doktors wie vorher Woyzeck.

Citronen in den Händen: mit Citronen sind Zylinder gemeint, die
man bei Beerdigungen trug.

hält ihm den Hut hin: von Bergemann zum besseren Verständnis
der Stelle aus H 2, 7 konjiziert. Neben Müller-Seidel (S. 280) verzichtet nur noch Krause (S. 66) auf diese Konjektur (vgl. dazu die Kritik
Lehmanns, Repliken, S. 65 f.; ebenso Lehmann, Noten, S. 61).

Exercirzagel: Exerzierzopf (vgl. Bornscheuer, S. 18). Ob in diesen Wortspielen, die nicht eben zu den gelungensten Büchners gehören, der feudale oder bürgerliche Komplementierstil (Ullman, S. 52 f.) parodiert und ins Lächerliche gezogen wird, erscheint mir fraglich. Die gegenseitige Verspottung der beiden Repräsentanten der bürgerlichen Gesellschaft hat vielmehr eine generell satirische und sozialkritische Funktion und bildet ein Pendant zu der Szene Woyzeck/Doktor.

Bergemann, Müller-Seidel, Lehmann ergänzen ihre Leseausgaben mit Fragmenten aus H 2, 7.

SZENE 10:   Bergemann (Szene 11, S. 164 f.)
                 Meinerts (Szene 11, S. 187 f.)
                 Müller-Seidel (Szene 12, S. 281 f.)
                 Lehmann (Szene 10, S. 420 f.)

Frau Wirthin hat n'e brave Magd etc.: Siehe auch die Fortsetzung dieser Verszeilen acht Repliken weiter unten (*Sie sitzt in ihrem Garten* etc.). Diese auch schon in einem Bruchstück zu *Leonce und Lena* (I, 1; L 1, S. 139) aufgeführten Verse stellen eine Variante zur vierten Strophe des Studentenlieds »Es steht ein Wirtshaus an der Lahn« (B, S. 646; vgl. auch Winkler, S. 129, und Bornscheuer, Erläuterungen, S. 18) dar, dessen Wortlaut bei Erk/Böhme (Bd. 2, Nr. 858, S. 653) folgendermaßen überliefert ist:

Die Wirthin hat auch eine Magd,
Die sitzt im Garten und pflückt Salat;
Sie kann es kaum erwarten,
Bis daß das Glöcklein zwölfe schlägt,
Da kommen die Soldaten.

Die Variante Büchners stellt die erste Aufzeichnung dieses Liedes dar; sie hat zweifellos die zeitliche Priorität für sich. Da auch Carl Vogt in seinem Lebensbericht eine lokale Variante erwähnt, ist es durchaus wahrscheinlich, daß Büchner das Lied zum ersten Mal in der Gießener Fuhrmannskneipe »Gasthaus zum Hirsch« gehört hat (Bornscheuer, Erläuterungen, S. 18). Fink (S. 447 f., Anmerkung 18) machte darauf aufmerksam, wie Büchner mit den ersten drei Versen des Liedes eine (wie sich nachher zeigt: falsche) Erwartung erweckt, um sie dann mit den folgenden Versen ironisch zu enttäuschen: die brave Magd wartet also nicht auf ihren Geliebten, wie man annahm, sondern »paßt auf die Soldaten«. Das Lied ist auch in H 1, 4 und H 1, 17 aufgeführt (wie in dem Bruchstück *Leonce und Lena* übrigens ohne die ironische Enttäuschung der Leseerwartung).

die Weibsbilder hinaus: bei Krause (S. 67, 10): »die Weibsbilder hin«; ebenso bei Bornscheuer (S. 29).

Im Rössel und im Sternen: beides Wirtshausnamen.

Ich muß hinaus. Es dreht sich mir vor den Augen. Tanz. Tanz: Diese alptraumhafte Fixierung, das Eifersuchtsmotiv wird in dem zweiten Clarus-Gutachten erwähnt. Clarus protokolliert, wie der

historische Woyzeck »im Bette an der Kirmse und an seine dort an-
wesende Geliebte ... dachte, Violinen und Bässe durcheinander zu hören
glaubte, und, nach dem Rhythmus der gewöhnlichen Tanzmusik, ihr
die Worte unterlegte: *immer drauf, immer drauf*« (L 1, S. 522, ebenso
L 1, S. 514; vgl. dazu das Stichwort *Immer zu!* in Szene 12). Auch
von Schwindelanfällen (es »sey ihm ... dunkel vor den Augen geworden«, L 1, S. 508) Woyzecks und seinem Drang, ins Freie zu laufen (L 1, S. 496), spricht das Clarus-Gutachten.

Ich muß fort ... Mit dem Mensch: Bei Bergemann (S. 165) lauten
diese beiden Repliken so: »Ich muß fort, muß sehen ... Du Unfried!
Wegen dem Mensch?« Meinerts (S. 188) übernimmt davon nur den
ersten Teil (»Ich muß fort, muß sehen«), ebenso Müller-Seidel (S. 282).

Szene 11:   Bergemann (Szene 12, S. 165 f.)
           Meinerts (Szene 12, S. 188 f.)
           Müller-Seidel (Szene 13, S. 282 f.)
           Lehmann (Szene 11, S. 421 f.)

Wirtshaus: Vorstufe für diese Szene in H 2, 4; Anfang zum Teil
nach H 1, 5.

Ich hab ein Hemdlein an ...: Diese nicht identifizierbaren Verse
leiten das »Vanitas- und memento mori-Motiv« (vgl. Lehmann, Repliken, S. 72) ein, das dann in den »blasphemischen Rodomontaden
des predigenden Handwerksburschen« aufgegriffen und fortgesetzt
wird (*Meine Seele ... stinkt nach Brandewein. Selbst das Geld geht
in Verwesung über*).

Vorwärts! Ich will ein Loch in die Natur machen: Statt »Vorwärts!«
entziffert Krause (S. 68, 2): »Verdammt ich will ein Loch ...« Bornscheuer (S. 31) läßt das erste Wort als unentzifferbar aus.

voll greinen: voll weinen.

zwei Bouteille: zwei Weinflaschen.

Andre im Chor: Krause (S. 68, 13) liest: »Die Andern im Chor.«

Ein Jäger aus der Pfalz: Eine Variante der ersten Strophe des in
Hessen-Darmstadt verbreiteten Volksliedes, das auch von Erk/
Böhme (allerdings viel später) aufgezeichnet wurde (Bd 3, Nr. 1454,
S. 315. Vgl. auch Bornscheuer, Erläuterungen, S. 19). Nach Ullman
(S. 122) begibt sich dieses Lied wie das vom Lichtmeßtag (H 1, 14)
»vom rein Kontrastierenden in den versteckten Kommentar« (vgl.
dazu auch den Exkurs »Lied im Drama« bei Volker Klotz, Geschlos-
sene und offene Form im Drama, München 1969, S. 194 ff.).

gar lustig: bei Bergemann, Meinerts, Müller-Seidel, Krause (S. 68)
und Bornscheuer (S. 31): »ha lustig«.

Immer zu, immer zu: in den anderen Ausgaben (außer Lehmann
und Bornscheuer): »immer zu, immer zu«. Bergemann schiebt vorher
noch die Replik ein: *Woyzeck: Er! Sie! Teufel!* (die Meinerts und
Müller-Seidel übernehmen).

Zum Stichwort *Immer zu* vgl. auch Mautner, S. 517 ff. Angeregt wurde dieses Stichwort zweifellos durch das zweite Clarus-Gutachten (vgl. Erläuterungen, S. 209 f.), wo berichtet wird, wie Woyzeck im Takte die Worte »Immer drauf, immer drauf!« hörte (L 1, S. 514). Daß Woyzecks Eifersucht auch zuweilen in Tätlichkeiten umschlug, erwähnt das Gutachten an einer anderen Stelle (L 1, S. 501, 42 ff.). Vgl. auch die Affektregie dieser Szene mit der in *Die Soldaten* (III, 2) von Lenz, vor allem die Wirkung der Eifersucht auf Woyzeck mit der auf Stolzius.

Warum bläßt Gott nicht die Sonn aus: Krause (S. 231 f.) führt diese Stelle auf Offenbarung 8, 12 (auch 9, 2) zurück (Bornscheuer verweist im Hinblick auf den thematischen Zusammenhang noch auf Offenbarung 2, 20 f.). Der apokalyptische Ton ist nicht zu überhören, obwohl man in diesem Falle wohl kaum von einer direkten Zitatadaption reden kann.

daß Alles in Unzucht sich übernanderwälzt, Mann und Weib, Mensch und Vieh: Mit *Mann und Weib* wird hier von Woyzeck unbewußt ein Stichwort Maries (Szene 4) und des Tambourmajors (Szene 6) aufgegriffen und in einen anderen Bedeutungszusammenhang gestellt. Die Replik erinnert – obwohl die Adelskritik fortfällt – an den *Hessischen Landboten* (L 2, S. 44): »Der Fürstenmantel ist der Teppich, auf dem sich die Herren und Damen vom Adel und Hofe in ihrer Geilheit übereinander wälzen . . .«. Der Satz *Thut's am hellen Tag, thut's einem auf den Händen* . . . steht ähnlich schon in *Dantons Tod* (I, 5; L 1, S. 23, 6 ff.) als eine Replik Lacroixs (vgl. dazu auch Mautner, S. 518 f.).

Wie er an ihr herumtappt: bei Bergemann »herumgreift«; ihm folgen Meinerts und Müller-Seidel.

er hat sie wie ich zu Anfang: Krause (S. 68, 29 f.) liest hier: »er hat sie wie immer zu Anfang«; Bornscheuer (S. 33) übernimmt diese Lesart.

1. Handwerksbursch predigt . . .: Diese Predigt-Parodie (vgl. Bornscheuer, Erläuterungen, S. 20), gespickt mit biblischen Redewendungen und Anspielungen (»Aber wahrlich ich sage euch« = Matth. 6, 16; »Darum zweifelt nicht« = Matth. 6, 34; »es ist lieblich und fein« = Psalm 133, 1; »aber alles Irdische ist eitel« = Pred. 1, 2), und theologisch-philosophische Ideologie-Karikatur (vgl. Ullman, S. 58) setzt sich mit der nach Büchner müßigen Frage »Warum ist der Mensch?« auseinander. In *Über Schädelnerven* hatte Büchner bereits folgende Antwort gegeben: »Die Natur handelt nicht nach Zwecken . . .; sondern sie ist in allen ihren Äußerungen sich unmittelbar selbst genug. Alles, was ist, ist um seiner selbst willen da« (L 2, S. 292). Die Zirkelhaftigkeit des teleologischen Standpunktes, für den jeder Organismus »eine verwickelte Maschine« (L 2, S. 291) ist, gibt Büchner in der Argumentation des Handwerksburschen der Lächerlichkeit preis: der Mensch wurde nur geschaffen, damit »der Landmann, der Weißbinder [= Maler], der Schuster, der Arzt« leben können. Fischer (S. 12 ff.) verweist auf zwei nicht gerade überzeugende Parallelstellen bei Heinrich Heine: in der *Harzreise* und *Italien. Die Stadt Lucca*.

aber Alles Irdische ist eitel: Bei Bergemann, Meinerts, Müller-Seidel und Krause (S. 69, 8) steht die Lesart »Alles Irdische ist übel«, obwohl die Stelle deutlich auf Pred.1, 2 anspielt (»Es ist alles ganz eitel«).

selbst das Geld geht in Verwesung über: Das steht als eine Art Leitmotiv schon am Anfang dieser Szene. Bornscheuer (Erläuterungen, S. 20) führt die Stelle auf Pred. 5, 9 zurück: »Wer Geld liebt, wird vom Geld niemals satt, und wer Reichtum liebt, wird keinen Nutzen davon haben ...« Der Redeteil läßt sich auch auf die Bergpredigt beziehen, auf die in dieser Replik ja mehrmals angespielt wird, und zwar auf diese Stelle (Matth. 6, 19 f.): »Ihr sollt euch nicht Schätze sammeln auf Erden, da sie die Motten und der Rost fressen und da die Diebe nachgraben und stehlen.« Siehe auch Erläuterung zu *Wo ist mei Schatten...*, S. 247.

Zum Beschluß meine geliebten Zuhörer: Homiletische Schlußformel der protestantischen Predigttradition. Bornscheuer (Erläuterungen, S. 21) verweist in diesem Zusammenhang auch auf die Anredeformel der Paulus-Briefe (»meine lieben Brüder« etc.).

laßt uns noch über's Kreuz pissen, damit ein Jud stirbt: das »Handwörterbuch des deutschen Aberglaubens« (Berlin 1927 ff.) von Hanns Bächtold-Stäubli verzeichnet diese antisemitische Zote (vgl. Bornscheuer, Erläuterungen, S. 21; zum thematischen Zusammenhang siehe Ullman, S. 86, und Jancke, S. 273 f.). Sie weist auf Szene 15 voraus, in der Woyzeck das Mordmesser kauft und ihm der Jude zu einem »wohlfeilen«, »ökonomischen Tod« verhilft (der Fluch erfüllt sich also gerade umgekehrt).

SZENE 12:   Bergemann (Szene 13, S. 166)
             Meinerts (Szene 13, S. 189)
             Müller-Seidel (Szene 14, S. 283)
             Lehmann (Szene 12, S. 422)

Immer zu! immer zu!: Vgl. Erläuterung, S. 210 f. Bergemann schaltet danach den Zusatz aus H 1, 6 ein: »Hisch, hasch! so gehn die Geigen und die Pfeiffen.«

Die Szene stellt eine korrigierte Neufassung von H 1, 6 dar und berührt sich im Zusammenhang mit H 1, 12 (vgl. Lehmann, Noten, S. 56).

stich, stich die Zickwolfin todt?: Clarus berichtet in seinem zweiten Gutachten, daß Woyzeck die Stimme »Stich die Frau Woostin todt!« auf der Treppe »nach seinem Logis gehört« habe, »als er eben die Degenklinge gekauft gehabt« (L 1, S. 515). Der Sachverhalt wird überdies noch mehrere Male erwähnt (L 1, S. 501, S. 527; S. 529), so daß er im Gutachten geradezu eine leitmotivische Funktion bekommt (vgl. auch Erläuterung zu *Immer zu*, S. 210 f.).

Zickwolfin = in H 1, 6 steht statt »Zickwolfin« → »Woyzecke«

(L 1, S. 147, 17). Bergemann (S. 679) versteht das Wort nach Jacobs (S. 142 f.) als einen ursprünglich aus ›Sigiwolf‹ verderbten Sippennamen (vgl. auch Lindenberger, S. 111, der von »a rapacious she-wolf« spricht). Einleuchtender erscheint die Erklärung des Wortes als Zusammensetzung aus Zick (= Ziege) und Wölfin, also: Ziegenwölfin (vgl. Bornscheuer, Erläuterungen, S. 21; Ullman, S. 122 f.). Das Wort verbildlicht die in Szene 11 signalisierte Wahnvorstellung, mit der Woyzeck Marie als animalisches Geschöpf sieht (alles wälzt sich in Unzucht übereinander, »Mann und Weib, Mensch und Vieh«, vgl. Erläuterung dieser Stelle, S. 211.

Soll ich? Muß ich?: deutet eine Art Gewissenskonflikt in Woyzeck an, was mit der Erzählung des historischen Woyzeck korrespondiert, »daß es ihm, als er einen zerbrochenen Degen gekauft, zugerufen habe: Stich die Frau Woostin todt! wobei er gedacht: Das thust du nicht, die Stimme aber erwidert habe: Du thust es doch« (zweites Clarus-Gutachten, L 1, S. 501). Einen Gewissenskonflikt deutet Woyzeck auch gegenüber Clarus an zwei anderen Stellen an: a) er spricht von zwei miteinander streitenden Stimmen, einer warnenden und einer andren, »die ihn wolle auf Abwege führen« (L 1, S. 513); b) er habe, um den Gedanken, »die Woostin zu erstechen ... los zu werden, den Degen in den Teich vor dem grimmaischen Thore werfen wollen« (L 1, S. 515). Mit »Hör ich's da auch« und den folgenden Wortmotiven bringt Büchner dann die Zwanghaftigkeit der Mordtat zum Ausdruck.

SZENE 13: Bergemann (Szene 14, S. 166)
Meinerts (Szene 14, S. 189 f.)
Müller-Seidel (Szene 15, S. 283 f.)
Lehmann (Szene 13, S. 423)

Nacht: Diese Szene hat Vorstufen in H 1, 7; H 1, 11; H 1, 13 (vgl. Lehmann, Noten, S. 56). Bergemann setzt den Anfang wie auch die Schlußreplik von H 1, 7 in die Textfassung seiner Ausgabe ein, beginnt also erst mit der Replik Woyzecks (*Ich kann nit schlafen*) nach H 4, 13 und endet mit der Replik (*Schlaf Narr!*) nach H 1, 7 und dem Stichwort *Immer zu* aus H 1, 13. Daß das eine ebenso verwirrende wie unbegründete Textsynthese ist, braucht nicht eigens erläutert zu werden.

Andres und Woyzeck in einem Bett: Clarus berichtet, daß Woyzeck einige Zeit im Hause des Unteroffiziers Pfeiffer untergebracht war, wo er »mit dem Tambour Vitzthum einige Wochen lang in einem Bett geschlafen« habe (zweites Clarus-Gutachten, L 1, S. 500).

dreht sich's immer und ich hör die Geigen ...: Vgl. Erläuterungen zu *Ich muß hinaus* etc., S. 209 f., und *Immer zu*, S. 210 f.

und dann spricht's aus der Wand: Vgl. dazu diese Stelle des zweiten Clarus-Gutachtens: »Ein andermal, als er [Woyzeck] am Tage in dieser Kammer gesessen, und eben eine Arbeit beendiget, habe er in der Nebenkammer eine Stimme gehört ...« (L 1, S. 513).

Ja, – laß sie tanze! Gott behüt uns, Amen: Zwischen »Laß sie tanze!« und »Gott behüt uns« restituierte Bergemann die von Büchner eigenhändig gestrichene Stelle: »Einer ist müd und dann ...«; ihm folgten Meinerts und Müller-Seidel.

Es redt immer: stich! stich!: fehlt bei Krause (S. 69, 26) und Bornscheuer (S. 33, 35). In allen anderen Ausgaben, einschließlich der von Lehmann, restituiert.

Du mußt Schnaps trinke und Pulver drin ...: Dieser Satz aus H 1, 13 wird von Büchner gleich zweimal in H 4 verwendet: in Szene 13 und in Szene 17, der letzten Szene der »vorläufigen Reinschrift« (vgl. Lehmann, Noten 56).

SZENE 14: Bergemann (Szene 17, S. 169)
Meinerts (Szene 17, S. 191 f.)
Müller-Seidel (Szene 16, S. 284)
Lehmann (Szene 14, S. 423)

Ich bin ein Mann: Zum Wortfeld »Mann« etc. vgl. Mautner, S. 513 f.

der laß sich von mir: der bleibe mir vom Hals (Bornscheuer erläutert: »der halte sich von mir entfernt«).

da Kerl, sauf, der Mann muß saufen, ich wollt die Welt ...: Bei Bergemann steht: »Du Kerl, sauf! Ich wollt, die Welt wär Schnaps, Schnaps – der Mann muß saufen!« Meinerts und Müller-Seidel folgen hier Bergemann.

Die Szene ist in Ansätzen durch das zweite Clarus-Gutachten vorgeprägt. In ihm gibt der Gelbgießer und Hausbesitzer Warnecke zu Protokoll, daß er einmal in der Jordanischen Schenkwirtschaft (die sich in Warneckes Haus befand, wo auch Woyzeck bei der Witwe Knoblochin, der Stiefmutter der Woostin, wohnte) zu Woyzeck gesagt habe: »›Hier, Woyzeck, Mordhahn, willst du ein Glas Schnaps trinken?‹ Woyzeck aber ihm hierauf eine pöbelhafte Antwort gegeben und als er sich selbst hierauf bestürzt gegen Jordan gewendet, mit den Worten: der Kerl pfeift dunkelblau, sich entfernt« (L 1, S. 497). Büchner verwendet diese Redewendung, einen damals in Leipzig gebräuchlichen »Provinzialismus«, wie Clarus anmerkt (L 1, S. 512), in der Replik des Tambourmajors:

Der Kerl soll dunkelblau pfeifen. Clarus erklärt die Bedeutung mit: »er macht sich gewaltig breit«, während Bergemann (S. 643) erläutert: »pfeifen, bis er dunkelblau wird.« Winkler führt aus (S. 101), daß Büchner den Ausdruck entweder mißverstanden oder absichtlich zu folgender Bedeutung verändert habe: »nun wird ihm das Pfeifen schon vergehen.« Interessant mag in diesem Zusammenhang sein, daß offenbar dem historischen Woyzeck die Bedeutung dieser Redewendung ebenfalls nicht ganz klar war; denn Clarus überliefert: »Den Ausdruck: der pfeift dunkelblau, habe er [Woyzeck] mehrmals gehört, könne aber nicht mehr sagen, was er damals eigentlich damit gemeint habe« (L 1, S. 512). Büchner bezieht die Replik des Tambourmajors (*Der Kerl soll dunkelblau pfeifen*) eindeutig auf die Regieanweisung: *Woyzeck pfeift*. Der Tambourmajor versteht das Pfeifen Woyzecks als Herausforderung und ruft ihm, nachdem er ihn verprügelt hat, höhnisch zu: er solle sich doch dunkelblau (= zu Tode) pfeifen. Selbst die Handgreiflichkeit in dieser Szene könnte durch das zweite Clarus-Gutachten angeregt worden sein. Die oben berichtete Auseinandersetzung zwischen Woyzeck und Warnecke endete damit, daß ihm der letztere »einige Hiebe gegeben, und jener nach deren Empfang gesagt habe: das ist rechtschaffen gedacht, nun sind wir quitt, Wurst wider Wurst!« (L 1, S. 498).

Ha. Brandewein das ist mein Leben: stellt eine Variante der Zeile in Szene 11 dar, womit Szene 14 (»ich wollt die Welt wäre Schnaps«) in einen Motivzusammenhang mit Szene 11 und 13 (»Du mußt Schnaps trinke ...«) rückt. Die beiden Verszeilen stammen aus der Barbierszene (H 1, 10), in der »Courage« als Tugendbegriff satirisch entwertet wird (vgl. Erläuterungen, S. 228 f.). Daß Woyzeck, wie Szene 14 nahelegt, sich nicht viel aus Alkohol machte, bestätigte Büchners Quelle. Im ersten Clarus-Gutachten heißt es über Woyzeck: »Vergnügungen, Zerstreuungen, Tanz, Trunk u. dergl. habe er nicht sonderlich geliebt, sondern sich immer etwas abgesondert gehalten, seinen Dienst pünktlich verrichtet und sich in den Zwischenstunden ... am liebsten mit Versuchen in allerlei mechanischen Arbeiten beschäftiget« (L 1, S. 542).

Bei Bergemann fehlt das vorgestellte »Ha«; ebenso bei Meinerts und Müller-Seidel. Krause (S. 70, 15) stellt das »Ha« der oben erwähnten Redewendung *Der Kerl soll dunkelblau pfeifen* unmittelbar nach.

✗*Eins nach dem andern*: Vgl. die ähnliche Reaktion des Stolzius in *Die Soldaten* (III, 2) von Lenz. Stolzius sagt dort: »Ein Tag ist wie der andere, was nicht heut kommt, kommt morgen, und was langsam kommt, kommt gut« (siehe auch Bornscheuer, Erläuterungen, S. 23). Beide Äußerungen signalisieren die Mordabsicht. Für die Bedeutung dieser Woyzeck-Replik vgl. auch Mautner, S. 533, Anmerkung 25.

✗ vgl Hauptmann-Saul!

SZENE 15:   Bergemann (Szene 18, S. 169)
            Meinerts (Szene 18, S. 192)
            Müller-Seidel (Szene 17, S. 284 f.)
            Lehmann (Szene 15, S. 424)

Woyzeck. Der Jude: Die Tatsache, daß der historische Woyzeck eine gewisse Zeit bei dem Juden Samson Schwabe in Dessau gewohnt und diesen »in einer Krankheit gewartet hat« (L 1, S. 497), kann bestimmt nicht als Keimzelle dieser Szene (wie Bornscheuer, Erläuterungen, S. 24, nahezulegen scheint) reklamiert werden. Der Messerkauf des historischen Woyzeck spielte sich folgendermaßen ab: W. kaufte »einen zerbrochenen Degen« (L 1, S. 501) und ließ »die Degenklinge in ein Heft stoßen« (L 1, S. 502) in der Absicht, »die Woostin damit zu erstechen«. Nicht so eindeutig wird diese Absicht im ersten Clarus-Gutachten mitgeteilt (vgl. L 1, S. 544), aber ansonsten stimmt der Bericht über die Beschaffung der Mordwaffe mit dem zweiten Gutachten überein.

S'ist ganz grad: Krause (S. 70, 25) liest: »S'ist goud, grad« und merkt an (S. 157), daß »goud« → »wahrscheinlich oberhessisch mundartlich statt gut« stehe.

ökonomischen Tod: wohlfeiler Tod. Die in anderem Kontext stehende Prophezeiung des 1. Handwerksburschen (Szene 11), daß Geld in Verwesung übergehe, wird hier auf eine wörtliche Weise erfüllt, die ursprünglich eben nicht im Bedeutungshorizont der Aussage impliziert war, und legt die Funktionsfolge Geld/Mord/Tod nahe. Diese Motivreihe gibt der Wendung »ökonomischer Tod« zudem einen kritischen Akzent (vgl. auch den Replikteil *Und s'is doch Geld*), der auf Szene 11 zurückweist.

SZENE 16: Bergemann (Szene 19, S. 170)
          Meinerts (Szene 19, S. 192 f.)
          Müller-Seidel (Szene 18, S. 285)
          Lehmann (Szene 16, S. 424)

Marie. Der Narr: Diese Szene korrespondiert im Hinblick auf Thema und Motive mit Szene 4 (vgl. Erläuterungen, S. 197 f.). Bergemann stellt die Replik des Narren an den Anfang, während sie sich in Büchners Handschrift in der Mitte zwischen den beiden Repliken Maries befindet.

Und ist kein Betrug in seinem Munde erfunden: Zitat aus 1. Petrus 2, 22: »... welcher keine Sünde getan hat, ist auch kein Betrug in seinem Munde erfunden ...« (Krause, S. 230, verweist außerdem noch auf Jesaja 53, 9 und Offenbarung 14, 4 f.). Das Zitat bezieht sich auf Christus, von dem es heißt: »sintemal auch Christus gelitten hat für uns und uns ein Vorbild gelassen, daß ihr sollt nachfolgen seinen Fußstapfen« (1. Petrus 2, 21). Obwohl dieses Zitat wie auch die anderen Bibelzitate dieser Szene zunächst auf Maries Schuld zielen (Betrug, Ehebruch, Sünde), so lassen sie sich auch als auf Woyzeck als den Repräsentanten des Leidens anwenden, wie Mautner (S. 536 ff.) näher darlegt (vgl. auch Kobel, S. 300 f., und Krause, S. 214). Das Zitat aus 1. Petrus 2, 22 knüpft außerdem deutlich an Jesaja 53 an, den Höhepunkt der alttestamentarischen Messias-Verheißung. Der Gottesknecht wird hier so beschrieben: »Er war der Allerverachteste und Unwerteste, voller Schmerzen und Krankheit. Er war so verachtet, daß man das Angesicht vor ihm verbarg; darum haben wir ihn nicht geachtet ... Fürwahr, er trug unsre Krankheit und lud auf sich unsre Schmerzen. Wir aber hielten ihn für den, der geplagt und von Gott geschlagen und gemartert wäre ... Die Strafe liegt auf ihm, auf daß wir Frieden hätten, und durch seine Wunden sind wir geheilt ... Und man gab ihm bei Gottlosen sein Grab und bei Reichen, da er ge-

storben war, wiewohl er niemand Unrecht getan hat noch Betrug in
seinem Munde gewesen ist« (Jesaja 53, 3–9). Büchner steht wie der
fiktionalisierte und historische Lenz auf der Seite der »leidenden, ge-
drückten Gestalten« (L 2, S. 423) oder Kreatur. Sein Kernthema, die
Schmerzerfahrung (vgl. Einleitung, S. 43 f.) rückt auch – vor allem in
der letzten Fassung – in den Mittelpunkt des *Woyzeck*; es berührt
sich wie schon in der Erzählung *Lenz* eng mit der Predigt *Über die
Natur unseres Geistes* (Lenz, Werke und Schriften, Bd. I, S. 576 ff.),
wo beispielsweise festgestellt wird: »Jesus Christus wie unerkannt ist
deine göttliche Gestalt unter den Menschen, deine niedrige, verachtete,
zertretene Knechtgestalt.« Christus wird als ein Symbol für den voll-
kommenen Menschen dargestellt, »wie der nur durch allerlei Art Leiden und Mitleiden *werde* und *bleibe*«. Programmatisch heißt es dann
gegen Ende: »Nicht höher kann das Leiden irgend eines sterblichen
Menschen steigen als das Leiden Christi das er als ein gefährlicher
Mensch angesehen eingezogen und gestraft wurde und man doch nicht
mehr als dreißig Silberlinge auf seinen Kopf setzte« (S. 578). Daß
Woyzeck ein Leidensgefährte von Lenz ist, deutet Büchner auch indirekt damit an, daß er dieselben pietistischen Verszeilen (*Leiden sey
all mein Gewinst* etc.), die auch eine entscheidende Funktion in der
Erzählung haben (vgl. Erläuterungen, S. 164 f.), im Kontext Woyzecks
in Szene 17 zitiert. Die Zitatverflechtung demonstriert, wie Büchner
mit seinen Zitatmontagen aus Bibel, Volkslied, Märchen und historischen Quellen vielfältige Bedeutungszusammenhänge herstellt.

Aber die Pharisäer brachten ein Weib zu ihm bis *sündige hinfort
nicht mehr*: Wörtliche Zitate nach dem von Krause (S. 232 f.) heran-
gezogenen Bibeltext (Frankfurter Bibel von 1756 und der modernisier-
ten Ausgabe von Frankfurt a. M. 1830) aus Johannes 8, 3–11. Zum
Stellenwert »So verdamme ich dich auch nicht« vgl. Kobel, S. 300.

Karl, Das brüst sich in der Sonne: Krause (S. 71, 13) liest hier:
»Fort! Das läuft sich in der Sonne.« Bornscheuer (S. 37) verzichtet
auf Entzifferung und läßt den Satz aus.

erzählt sich Mährchen …: Krause (S. 71, 15) bietet die wenig ein-
leuchtende Lesart: »erzählt sich Wünsch …«, die Bornscheuer (S. 37,
11) übernimmt (vgl. dazu die Kritik bei Lehmann, Repliken, S. 63).

Der hat die golden Kron, der Herr König: Da alle folgenden Zitate sich auf entsprechende Märchen zurückführen lassen, geht ziemlich
sicher auch dieser Satz auf eine Märchenquelle zurück (vgl. B, S. 641;
Winkler, S. 130; Bornscheuer, Erläuterungen, S. 24). Vermutlich spielt
Büchner auf das später von Ludwig Bechstein mitgeteilte Märchen
Goldener an, in dem die hier relevante Passage folgendermaßen lautet: »Die Fischer warfen ihre Netze aus und fingen nichts. ›Laß sehen,
ob du glücklicher bist!‹ sprach ein alter Fischer mit silbernen Haaren
zu Goldener. Mit ungeschickten Händen senkte Goldener das Netz in
die Tiefe, zog und fischte – eine Krone von hellem Golde. ›Triumph!‹
rief der alte Fischer und fiel Goldener zu Füßen – ›ich begrüße dich

als unsern König! Vor hundert Jahren versenkte der alte König, welcher keine Erben hatte, sterbend eine Krone in das Meer, und so lange, bis irgendeinem Glücklichen das Schicksal bestimmt hätte, die Krone wieder aus der Tiefe zu ziehen, sollte der Thron ohne Nachfolger in Trauer gehüllt bleiben‹. ›Heil unserm König!‹ riefen die Fischer und setzten Goldener die Krone auf. Die Kunde von Goldener und der wiedergefundenen Königskrone erscholl bald von Schiff zu Schiff und über das Meer weit in das Land hinein.«

Morgen hol' ich der Frau Königin ihr Kind: Zitat aus dem Märchen *Rumpelstilzchen* in den *Kinder- und Hausmärchen* der Brüder Grimm. Die Stelle lautet vollständig:

> heute back ich, morgen brau ich,
> übermorgen hol ich der Königin ihr Kind;
> ach, wie gut ist, daß niemand weiß,
> daß ich Rumpelstilzchen heiß!

Blutwurst sagt: komm Leberwurst: Winkler (S. 130) und Bergemann (S. 633) verweisen auf das elsässische Märchen *Gevatter Mysel und Gevatter Läwwerwirstel* in August Stöbers Sammlung »Elsäßisches Volksbüchlein. Kinderwelt und Volksleben in Liedern, Sprüchen, Rätseln, Spielen etc.«, Straßburg 1842. Es kommt hier allerdings keine Blutwurst vor (vgl. Lindenberger, S. 88). Bornscheuer (S. 24) vermutet deshalb einen Einfluß der Clarus-Quelle (L 1, S. 498), derzufolge Woyzeck, nachdem er Prügel bezogen, zu Warnecke gesagt haben soll: »nun sind wir quitt, Wurst wider Wurst« (L 1, S. 498).

»Und trat hinein zu seinen Füßen und weinete und fing an seine Füße zu netzen ...: Wörtliches Zitat aus Lukas 7, 34 f. (»Die Salbung Jesu durch die dankbare Sünderin«; vgl. Krause, S. 233). Die katholische Überlieferung identifiziert diese »dankbare Sünderin« mit Maria Magdalena (Lukas 8, 2). Vgl. dazu Hamann, Zum Namen der weiblichen Hauptperson, S. 259 f., und Bornscheuer, Erläuterungen, S. 25.

Alles todt!: Das auch in der Erzählung *Lenz* öfters verwendete Wortmotiv taucht auf im Märchen der Großmutter (H 1, 14), in H 2, 1 (Woyzeck zu Andres: »Still, ganz still, wie der Tod«) und H 4, 1 (Woyzeck zu Andres: »Still, Alles still, als wäre die Welt todt«). Unter anderem signalisiert das Wortmotiv wie in *Lenz* das Stocken der »Gefühlsader« (vgl. auch Szene 17: »Mei Mutter fühlt nur noch, wenn ihr die Sonn auf die Händ scheint«). Für den Zusammenhang siehe auch Benn, S. 257, und Kobel, S. 299 f.

Heiland, Heiland ich möchte dir die Füße salben: Ullman (S. 170) verweist auf eine ähnliche Stelle in dem von Büchner übersetzten Victor Hugo-Drama *Maria Tudor* (I, 3). Jane sagt dort zu Gilbert: »Gilbert, ich möchte Eure Füße küssen« (L 1, S. 270). Der Schlußsatz in dieser Replik faßt den inneren Zustand Maries mit einem Minimum an Realitätsvokabeln zusammen.

SZENE 17: Bergemann (Szene 20, S. 170 f.)
          Meinerts (Szene 20, S. 193)
          Müller-Seidel (Szene 19, S. 285 f.)
          Lehmann (Szene 17, S. 425)

Woyzeck kramt in seinen Sachen: Anton (S. 78 ff.) stellt in diesem Zusammenhang fest, daß Woyzecks »Eigentum ... aus Kram« bestehe, während Marie die »›äußere Sphäre ihrer Freiheit‹ als Eckchen in der Welt mit einem Stückchen Spiegel« erfahre (Szene 4: Kammer). Wie für Mautner (S. 537, Anmerkung 31) steht auch für Anton (S. 79 f.) <u>Büchners Woyzeck eindeutig in der Christusnachfolge (imitatio)</u>.

In einem Schreiben an Henke erwähnt Clarus (mitgeteilt als Nachtrag zum zweiten Clarus-Gutachten), daß Woyzeck »mit der größten Gleichgültigkeit sich bis zum letzten Tage mit Fertigung von Papparbeiten beschäftigt, die Vertheilung der ihm in diesem Tage zugekommenen Almosen an seine Verwandte, an seine frühere Geliebte, an das mit dieser erzeugte Kind und *an dessen Lehrer* angeordnet ..., ein von ihm selbst aufgesetztes Gebet, um es auf dem Schaffot laut zu halten, noch am Morgen der Hinrichtung auswendig gelernt« (L 1, S. 537). Der gravierende Unterschied zwischen Fiktion und Wirklichkeit liegt schon in der Tatsache, daß in dieser Szene Woyzeck seinen »Kram« *vor* dem Mord verteilt.

Kamisolche: Kamisölchen, Kamisol = Hemd, kurzes Wams.

ist nit zur Montur: gehört nicht zur Uniform.

du kannst's brauche Andres: Bergemann unterbricht Woyzecks erste Replik gegen den handschriftlichen Text Büchners, in dem er zusätzlich einmal nach dieser Stelle und einmal nach *Das Kreuz ist meiner Schwester und das Ringlein* die Andres-Replik »Jawohl« einfügt.

ich hab auch noch ein Heiligen ...: Habseligkeiten wie das Kreuz, das Heiligenbild, das in der Bibel seiner Mutter lag, mit den pietistischen Versen darauf sind als Hinweise auf die Leiden Christi, als Symbol für alle menschlichen Leiden zu werten (vgl. Erläuterung zu *Und ist kein Betrug in seinem Munde erfunden*, S. 216 f.). Kobel (S. 300) betont zu Recht, daß diese Szene ein beabsichtigtes Gegengewicht (zum »Prinzip der Äquivalenz« bei Büchner siehe Zeller) zu der Predigt des 1. Handwerksburschen in Szene 11 darstellt. Er versteht im Gegensatz zu Mautner auch Szene 17 und 16 antithetisch: während Marie zur Bibel greife, tue Woyzeck Kreuz, Heiligenbild und Spruch von sich (S. 305, Anmerkung 48).

Leiden sey all mein Gewinst, / Leiden sey mein Gottesdienst: Bei Bergemann fehlen diese auch in der Erzählung *Lenz* (vgl. Erläuterungen, S. 164 f.) mitgeteilten Verszeilen (in der Erzählung *Lenz* gehen noch die beiden Zeilen »Laß in mir die heil'gen Schmerzen / Tiefe Bronnen ganz aufbrechen« voraus); ebenso bei Meinerts und Müller-Seidel.

Herr wie dein Leib war roth und wund ...: Die Quelle ist nicht bekannt, aber die Verse entstammen derselben pietistisch-mystischen Vorstellungswelt und fügen sich in den thematischen Zusammenhang

des Erbauungsbuches *Der leidende Christ, wie er am Kreuze überwindet* ... (1735) von Wilhelm Hoffmann ein (vgl. Erläuterungen, S. 164).

  Mei Mutter fühlt nur noch ...: Jacobs (S. 144) identifiziert Woyzecks Mutter mit der Großmutter, die in H 1, 14 das Märchen erzählt.
Vgl. Erläuterung zu *Alles todt* (Szene 16), S. 218.

  Friedrich Johann Franz Woyzeck, Wehrmann, Füsilir im 2. Regiment
...: Die Vornamen des wirklichen Woyzeck waren Johann Christian,
als Beruf wird im zweiten Clarus-Gutachten Friseur angegeben, sein
Alter mit 41 Jahre (im Gegensatz zu Büchners Woyzeck, dessen Alter
hier mit 30 Jahre angegeben wird). Er war zur Zeit des Mords nicht
mehr beim Militär, schlug sich mit allen möglichen Berufen (»Bedie-
nungen von Fremden, Haarschneiden, Kleiderausbessern und Papparbeiten«) notdürftig durch. »In der letzten Zeit«, so heißt es im ersten
Clarus-Gutachten, »sey es ihm sehr übel ergangen, weil es ihm öfters
an Arbeit gefehlt habe« (L 1, S. 543).

  Füsilier: Infanterist.

  im 2. Regiment, 2. Bataillon ...: Im »Gutachten über den Gemütszustand des Tobacksspinnergesellen Daniel Schmolling ...« von Dr.
Horn steht die Beschreibung: »Während des Krieges 18. diente er zuerst als Gefreiter im zweiten Westpreußischen Landwehr-Infanterie-
Regimente, und während des letzten Feldzuges 18. als Gemeiner beim
vierten Churmärkischen-Landwehr-Infanterie-Regiment« (Krause, S.
172).

  *geb.   d.   i.   ich bin heut alt 30 Jahr, 7 Monat und
12 Tage*: Bergemann konjiziert folgendermaßen: »geboren Mariä Ver-
kündigung, den 20. Juli ...« Dieser Lesart schließen sich Meinerts,
Müller-Seidel und Krause (S. 72, 13 f.) an. Bornscheuer (S. 39, 3 f.)
liest die Stelle so: »geboren ... [Auslassung] ich bin heut Mariä Ver-
kündigung den 20. Juli ...« Der historische Woyzeck beging den Mord
mit 41. Es ist allerdings im zweiten Clarus-Gutachten davon die Rede,
daß Woyzeck den Beginn seines »Zustandes der Gedankenlosigkeit«
(L 1, S. 496) auf das dreißigste Lebensjahr ansetzt und daß er »unmittelbar vor und nach dem 30sten etwas vollblütig gewesen und habe
dabei zuweilen ... ein Stechen im Kopfe gefühlt« (L 1, S. 507). Mir
erscheint wahrscheinlicher, daß Büchner mit dem dreißigsten (genau:
30 Jahre, 7 Monate, 12 Tage) Jahr eher von dem »Krisenjahr« des
historischen Woyzeck beeinflußt war, als daß er damit eine weitere
Beziehung zu Christus hätte herstellen wollen (wie Krause S. 223 f.,
behauptet).

  Armer du mußt Schnaps trinke ...: Vgl. Erläuterung zu Szene 13,
S. 214. Benn (S. 304, Anmerkung 63) versteht die Wiederholung als
»a link with the murderous impulses of H 4, 13«.

  wann der Schreiner die Hobelspän sammelt ...: Dieser Satz knüpft
an den Anfang von Szene 1 an, wo Woyzeck von seinen Gesichten
erzählt: »da rollt Abends der Kopf, es hob ihn einmal einer auf, er
meint' es wär' ein Igel. Drei Tag und drei Nächt und er lag auf den

Hobelspänen« (vgl. Benn, S. 304, Anmerkung 63). Das Bildfeld mit
den Hinweisen auf Sarg und Tod stammt aus H 1, 14, wo Louis zu
Andres sagt: »Ja Andres grobe Hobelspäne sind auch noch Polster.
Wenn alle Leut wüßten wieviel Uhr es ist, sie würde sich ausziehn,
und ei seidens Hemd anthun und sich die Hobelspän schütteln lassen«
(L 1, S. 150). Mit dieser Replik in H 4, 17 wird auf den Tod Maries
und Woyzecks angespielt. Aus dem Satz geht jedoch nicht hervor, daß
Büchner Woyzeck durch Selbstmord habe enden lassen wollen. Angesichts solcher müßigen Überlegungen hat Lehmann (Repliken, S. 82)
zu Recht gefragt: »Aber warum in aller Welt soll denn auch nur mit
dieser Möglichkeit gerechnet werden.« Zur Diskussion vgl. auch Kobel,
S. 307 f., Anmerkung 49, und Benn, S. 235 f. Wie Büchners Arbeitsweise im Falle von *Dantons Tod* und von *Lenz* demonstriert, spricht
alles dafür, daß er auch im Falle Woyzecks nicht »von den grundlegenden historischen Fakten« abgewichen wäre.

Erste Fassung

Für die folgenden Entwürfe und Bruchstücke (von H 1, H 2 und H 3)
weise ich zunächst wie für H 4 die einzelnen Szenen in den vier Lese-
und Bühnenfassungen nach (a). Außerdem wird wegen der ganz anderen Szenenfolge hier auch die Edition Bornscheuers (b) berücksichtigt.
Um ein zusätzliches Hilfsmittel bei der Identifikation der Stichworte
für H 1, H 2 und H 3 an die Hand zu geben, führe ich anschließend
die Belegstellen für die *Paralipomena* der Ausgaben Bergemanns (c)
und Müller-Seidels (d) an. Sowohl Bergemann als auch Müller-Seidel
dokumentieren in diesem Teil vollständig die handschriftlichen Entwürfe des *Woyzeck,* und zwar in derselben Reihenfolge wie Lehmann
und Krause:

Überblick:

c) H 1, 1–21	———————	Bergemann, S. 485–496
H 2, 1–9	———————	Bergemann, S. 496–506
H 3, 1–2	———————	Bergemann, S. 507 f.
d) H 1, 1–21	———————	Müller-Seidel, S. 293–303
H 2, 1–9	———————	Müller-Seidel, S. 303–313
H 3, 1–2	———————	Müller-Seidel, S. 313–315

Meinerts (e) dagegen druckt in einem *Anhang* nur die Szenen 5, 7, 10,
11, 12 und 21 von H 1 (auf S. 199–207) und die Szene 7 von H 2
unter Auslassung der ersten 11 Repliken (auf S. 202–204) ab.

Szenengruppe 1: H 1 (für Anordnung und Siglierung bei Bornscheuer vgl. die Szenensynopse auf S. 184 f.).

SZENE 1:   a) Bergemann (Teil von Szene 4, S. 155 f.)
               Meinerts (nur die zwei Schlußrepliken in Szene 3,
               S. 179 f.)

Lehmann (nur die zwei Schlußrepliken in Szene 3, S. 411)
b) Bornscheuer (Hb 1, S. 51)
c) Bergemann (Paralipomena, S. 485)
d) Müller-Seidel (Paralipomena, S. 293)

Buden. Volk: Von einer Kirmes ist auch in dem zweiten Clarus-Gutachten (L 1, S. 522) die Rede. Landau (S. 79 f.) weist darauf hin, daß die Jahrmarktsszene mit dem Ausrufer generell ein beliebtes Motiv der Genieperiode (z. B. Goethes *Jahrmarktsfest zu Plundersweilern*) gewesen ist; man faßte ohnedies damals die Welt als »Schönraritätenbude« auf. Aber die Szene kann auch ebensogut durch die hessische Wirklichkeit angeregt worden sein, eine Vermutung, die durch einen Abschnitt Carl Vogts *Aus meinem Leben* (Stuttgart 1896) gestützt wird (Landau, S. 79). Vgl. die Fassung der Szene in H 2, 3.

Sehn Sie die Creatur, wie sie Gott gemacht etc.: Der Marktschreier demonstriert an einem Tier (in H 2, 3 heißt es noch deutlicher: »Der Aff ist schon Soldat . . ., unterst Stuf von menschliche Gesellschaft!«) die Äußerlichkeit sozialer Unterschiede (Ullman, S. 59 f.). Wie in der Ankleideszene (Attribute: Hemd, Hose etc.) in *Leonce und Lena* (I, 2) werden hier satirisch die Statussymbole (Rock, Hosen, Säbel) eines Standes abgewertet und ganz allgemein das Rollenverhalten (»Mach Compliment«), das ein künstliches Produkt einer bestimmten Gesellschaft ist und nichts mit der »Creatur, wie sie Gott gemacht« zu tun hat, einer Kritik unterzogen. Eine verwandte Thematik läßt sich auch bei Büchners dichterischem Vorbild, dem Sturm-und-Drang-Dramatiker Lenz beobachten. Die Diskrepanz von Natur und Kunst, Selbstbestimmung und äußerem Zwang signalisiert Lenz in dem Bruchstück *Über Götz von Berlichingen* beispielsweise so: »Wir werden geboren – unsere Eltern geben uns Brot und Kleid – unsere Lehrer drücken in unser Hirn Worte, Sprachen, Wissenschaften . . .« (Werke und Schriften, Bd. 1, S. 378) Martens dagegen erklärt die Szene folgendermaßen: »Der brutalen Vertiertheit des Menschen entspricht in ironischer Verkehrung die gauklerische Vermenschlichung des Tiers durch Marktschreier und Dressurkünstler« (S. 377 f.).

So bist Baron: Krause (S. 31, 6) liest hier »So bist brav«. Der »Baron« macht hier aber im Kontext des höfischen Komplementierstils, den das Bürgertum imitierte (»Mach Compliment! . . . Gieb Kuß . . . favori von alle gekrönte Häupter . . .«) durchaus Sinn. Von welchen »lächerlichen Äußerlichkeiten« der Aufstieg in die höhere Gesellschaft (vgl. Büchners Brief an die Familie, Nr. 15; L 2, S. 422 f.) abhängt, demonstriert noch deutlicher H 2, 3.

Wicht ist musikalisch: Krause (S. 31, 7) liest hier: »Michl ist musikalisch.«

astronomische Pferd: mit besonderen Fähigkeiten begabtes Pferd.

kleine Canaillevögele: Kanarienvögelchen; möglicherweise auch Anspielung auf franz. »Canaille« (= Schurke), wie überhaupt die ganze

Szene bewußt im Ausländerdeutsch abgefaßt ist (vgl. Jacobs, S. 141).
Eine von Woyzecks früheren Geliebten sagte übrigens aus, daß er ihr
mit den Worten »Höre, Canaille, du willst mir untreu werden, mehrere Schläge an den Kopf gegeben« (L 1, S. 495).
favori: Günstling.
repräsentation: Repräsentation, Vorstellung (wahrscheinlich auch
eine zusätzliche Anspielung auf die Rollen-Repräsentation).
commencement von commencement: Wiederholung des vorausgehen-
den Satzes auf Französisch (»Man macht Anfang von Anfang«).
Was der Mensch Quasten hat und die Frau hat Hosen: Bergemann
(S. 155) konjiziert aus diesen Angaben die Regieanweisung: »Marktschreier vor einer Bude mit seiner Frau in Hosen und einem kostü-
mierten Affen«. Margreths/Maries Bewunderung für solche Äußerlichkeiten oder Statussymbole wird schon hier angedeutet (aber das zielt
ebenso gegen eine Gesellschaft, in der es wichtig ist, eine Uhr, einen
Hut, einen Gehrock usw. zu besitzen). Dieser Schluß von Margreths
Replik faßt das Thema der Szene in einem Satz zusammen.

SZENE 2:   a)   Bergemann (Szene 5, S. 156 f.)
               Meinerts (Szene 4, S. 180)
               Lehmann (Szene 3, S. 412)
        b)   Bornscheuer (Hb 2, S. 51 f.)
        c)   Bergemann (Paralipomena, S. 485 f.)
        d)   Müller-Seidel (Paralipomena, S. 293 f.)

Marktschreier: Bergemann schickt der Replik diese Dialogteile
voraus:
    Marie: Was Licht!
    Woyzeck: Ja, Marie, schwarze Katzen mit feurige Augen. Hei,
    was ein Abend!

menschlich Societät: Vgl. Leonce, der – zumindest verbal – mit der
»Demission als Mensch« (I, 3) spielt. »Societät« ist eine Gesellschaft,
die hier durch die »viehische Vernünftigkeit« ironisiert wird. Dieser
satirische Seitenhieb auf den Vernunftglauben (vgl. später *doppelte
Räson*) wird dann zu einem Angriff auf den Professoren- und Aka-
demikerstand verstärkt. Büchner attackiert hier den »Aristocratismus«
der Bildungsbürger, die, wie es in dem Brief an die Familie vom Februar
1834 (L 2, S. 423) heißt, »im Besitze einer lächerlichen Äußerlichkeit, die
man Bildung, oder eines todten Krams, den man Gelehrsamkeit heißt,
die große Masse ihrer Brüder ihrem verachtenden Egoismus opfern«.
gelehrte Societät: gelehrte Akademie (einer solchen gehörte Büchner
selbst seit 1836 an, der ›Société d'histoire naturelle de Strasbourg‹).
schlage lerne: Seitenhieb auf die schlagende Verbindung, die hier
mit dem mit den Hufen ausschlagenden Pferd assoziiert wird. Die Aussage Pferd = Professor führt dann zu der Anspielung: »Ist unter der
gelehrte Société da ein Esel?«
Viehsionomik: Die Schreibweise bringt mehrere Bedeutungen ins

Spiel (Physiognomik = menschliche Ausdruckslehre, mit der Lavater berühmt wurde; Viehsionomik: Lehre vom Vieh oder Ausdruckslehre des Viehs), die durch den Kontext erläutert werden (»Ei Mensch, ei thierisch Mensch und doch ei Vieh . . .«).

viehdummes Individuum/Person: Auch diese Ausdrücke sind gegen die idealistische Verfälschung der Wirklichkeit – in diesem Fall: der menschlichen Natur – gerichtet. Büchner illustriert hier wie in der Szene mit dem Doktor (H 4, 8) die Unfähigkeit des »Dogmatismus der Vernunftphilosophen«, eine Brücke zum »Naturleben« zu schlagen (*Über Schädelnerven,* L 2, S. 292 f.). Die Verschiebung der Akzente in dieser Szene und in H 4, 8 interpretiert Anton (S. 66 f.) so: Das Pferd »wird nicht als ›Individuum‹, als besonderes Exemplar der Gattung, sondern als ›Person‹, zur Schau gestellt, während eine ›Person‹, der Friseur Franz Woyzeck, lediglich als ›Individuum‹, als Gattungswesen, Beachtung findet«. (Zum Thema Erniedrigung des Menschen zum Tier vgl. Martens, S. 378 f.) In der *Anthropologie in pragmatischer Hinsicht* definiert Kant die Person als die menschliche specifica differentia: nur der Mensch kann »in seiner Vorstellung das Ich haben« (Werke, Bd. 10, S. 407).

ei bête: ein Tier.

unineale Natur: gemeint ist die unverfälschte Natur im Sinne des Kunstgesprächs im *Lenz* (L 1, S. 87), wo Büchner pro domo den »Idealismus« als »die schmählichste Verachtung der menschlichen Natur« brandmarkt. Der Gegensatz von Kreatur und Kunst (Erziehung) in Szene 1 taucht in Szene 2 als Gegensatz von Natur und Ideal (Raison), Individuum und Person, Tier und Mensch auf. In *Über Schädelnerven* formulierte Büchner das Problem im Hinblick auf die Epistemologie so: »Die Philosophie a priori sitzt noch in einer trostlosen Wüste; sie hat einen weiten Weg zwischen sich und dem frischen grünen Leben . . .« (L 2, S. 293). Solcher Idealismus und Dogmatismus der Vernunft geht nach Büchner an der »menschlichen Natur« vorbei, und er gibt deshalb in der Erzählung *Lenz* den Rat: »Man versuche es einmal und senke sich in das Leben des Geringsten . . .« (L 1, S. 87). Die uninneale Natur ist es auch, mit der Woyzeck in H 4, 8 gegen die Autonomie der Person, den freien Willen argumentiert (vgl. zum Thema auch Völker, S. 611 ff.).

Mensch sey natürlich: eine zentrale Forderung der Genieperiode nach dem Vorbild Rousseaus (vgl. Bornscheuer, Erläuterungen, S. 31).

Du bist geschaffe Staub, Sand, Dreck: Anklang an die Rede Pirzels in *Die Soldaten* (II, 2) von Lenz, der zu Eisenhardt sagt: »Sehen Sie, das ist Ihre Hand, aber was ist das, Haut, Knochen, Erde.« Vgl. auch Hiob 10, 9: »Bedenke doch, daß du mich aus der Erde gemacht hast, und läßt mich wieder zum Staub zurückkehren?« (Bornscheuer, Erläuterungen, S. 31, verweist noch auf 1. Mose 2, 7 und 3, 19) Bekanntlich sollen Büchners letzte Worte gewesen sein: »Wir sind Tod, Staub, Asche, wie dürften wir klagen?« (B, S. 580).

kann doch nit an de Finger herzählen: alle anderen Editionen (außer eben Lehmann) schreiben »nit an den Fingern«. Lehmann löst das »de« bewußt nicht ins Hochdeutsche auf, sondern argumentiert, daß Büchner an zahlreichen Stellen »im Manuskript Hochdeutsches in Mundartliches zurückverwandelt« (Lehmann, Noten, S. 49) habe.

explicirn: verständlich machen.

ist ein verwandelter Mensch: Krause (S. 32, 9) liest: »verwandter Mensch«; ihm schließt sich Bornscheuer (S. 52, 1) an.

eine Uhr, eine Uhr: Vgl. Erläuterung zu Szene 1, *Sehn Sie die Creatur . . .*, S . 222. Die Uhr als Statussymbol findet sich auch im Gespräch Woyzeck/Hauptmann (H 4, 5).

guckt siehe Paar lederne Hose durch: Vgl. Erläuterung zu Szene 2 von H 4, S. 195.

SZENE 3: a) Bergemann (Anfang von Szene 6, S. 157)
               Meinerts (Anfang von Szene 5, S. 181)
          b) Bornscheuer (Hb 3, Erläuterungen, S. 37)
          c) Bergemann (Paralipomena, S. 486)
          d) Müller-Seidel (Paralipomena, S. 294)
Ein Mann vor einem Andern: Ansatz zu H 4, 4; der Besitzerstolz taucht in H 4, 6 wieder auf (»Ich bin stolz vor allen Weibern«).

SZENE 4: b) Bornscheuer (Hb 4, Erläuterungen, S. 37 f.)
          c) Bergemann (Paralipomena, S. 486)
          d) Müller-Seidel (Paralipomena, S. 294 f.)
Der Casernenhof: Vorstufe zu H 4, 10.

Frau Wirthin hat n'e brave Magd: Vgl. Erläuterung zu H 4, 10, S. 209.

Was glaubst du wohl, daß . . .: Was glaubst du wohl, warum . . .
Mensch: hier im Sinne von Dirne, Hure.

SZENE 5: a) Bergemann (erster Satz in Szene 12, S. 165)
               Meinerts (erster Satz in Szene 12, S. 189)
               Müller-Seidel (erster Satz in Szene 13, S. 282)
          b) Bornscheuer (Hb 5, Erläuterungen, S. 38)
          c) Bergemann (Paralipomena, S. 487)
          d) Müller-Seidel (Paralipomena, S. 295)
          e) Meinerts (Anhang, S. 199)
Wirtshaus: Nach Bornscheuer (Erläuterungen, S. 38, Anmerkung 6) stellt diese Szene eine Bearbeitung von H 1, 11 und eindeutig eine Vorstufe für H 4, 11 dar.

Er späht, tritt an's Fenster: Bei Bergemann: »Er späht von [da] am Fenster«; dieser Lesart schließen sich Müller-Seidel und Meinerts an. Krause (S. 33, 16) liest: »Er geht wieder an's Fenster«, Bornscheuer: »Er [späht wieder] an's Fenster«.

Ja wälzt euch . . . immer zu: vgl. Erläuterungen zu Szene H 4, 11, S. 210 f.

Carl, was witterst du so?: Krause (S. 33, 20) liest: »Kerl, was witterst du so«. Auch Lehmann (Repliken, S. 64, Anmerkung 27) neigt
nun dieser Lesart zu und korrigiert damit seine eigene Lesung und die
Witkowskis.

Ich riech, ich riech Blut: Lehmann (Repliken, S. 73) zufolge weisen
diese Worte »nicht nur auf den Mord hin, sondern auch auf die Mär-
chenmotive, die der Märchenkontrafaktur der Großmutter zugrunde
liegen«. In H 1, 17 sagt der Narr: »Und da hat der Ries gesagt: ich
riech, ich riech Menschefleisch.« Die letzte Replik ist eine Anspielung
auf das Grimmsche Märchen *Die sieben Raben,* in dem der böse Mond
zum Kind sagt: »ich rieche, rieche Menschenfleisch.«

Meer von Blut ... Ha rothes Meer: Die Assoziationsreihe »ich riech
Blut« / mir »wird ... so roth vor den Augen« / »wälzten sie sich in
einem Meer von Blut« → führt zur Vorstellung vom rothen Meer
(vielleicht eine Anspielung auf das Grimmsche Märchen *Das singende
springende Löweneckerchen*). Sie führt dann in H 1, 15 zur Herodes-
Metapher, die nach Lehmann (Noten, S. 61) »in den Bildkreis *roth,
Blut, rothes Meer*« gehört (vgl. auch Erläuterungen zu Szene 14,
S. 233 f.).

SZENE 6:   a) Bergemann (Anfang in Szene 13, S. 166)
              b) Bornscheuer (Hb 6, Erläuterungen, S. 38)
              c) Bergemann (Paralipomena, S. 487)
              d) Müller-Seidel (Paralipomena, S. 295)

Freies Feld: Nach Bornscheuer (Erläuterungen, S. 38, Anmerkung 8)
handelt es sich hier um die szenische Ausarbeitung von H 1, 12 und
die korrigierte Vorstufe zu H 4, 12. Ein Vergleich der beiden ziemlich
ähnlichen Szenen gibt einen Einblick in Büchners Arbeitsweise – in die
Intensivierung der Sprachgestik. Die Szene wurde durch eine Stelle im
zweiten Clarus-Gutachten angeregt (L 1, S. 514). Vgl. Erläuterung zu
H 4, 12, S. 212 f.

Stich die Woyzecke todt!: in H 4, 12 verändert zu: »stich die Zickwolfin todt«.

das zischt und rumort und donnert: Bergemann (S. 487) schlug als
Lesung vor: »das zischt und wimmert und donnert«; Müller-Seidel
(Paralipomena) schloß sich hier an. Krause (S. 33, 31) dagegen liest:
»das zischt und verrinnt und dauert«; Bornscheuer vermittelt zwischen
der Lesart Lehmanns und Krauses: »das zischt und [verrinnt und don-
nert].«

SZENE 7:   a) Bergemann (Die ersten vier Repliken und die letzte
                Replik in Szene 14, S. 166 f.)
              b) Bornscheuer (Hb 7, Erläuterungen, S. 38 f.)
              c) Bergemann (Paralipomena, S. 487 f.)
              d) Müller-Seidel (Paralipomena, S. 295 f.)
              e) Meinerts (Anhang, S. 199)

Ein Zimmer: Eine Bearbeitung von H1, 13 und Vorstufe zu H4, 13. Im Horn-Gutachten heißt es von Schmolling: den »Gedanken, die L. zu ermorden, habe er während der letzten 3 Wochen vor Ausführung desselben mit sich herumgetragen . . .« (Krause, S. 173) und sich seitdem »immer so beängstlich« gefühlt; »diese Beängstlichkeit wurde besonders groß, seit der letzten drei Tage, ehe [er] die That vollbracht« (Krause, S. 182). Als Mordwaffe wird ein »Tischmesser« (Krause, S. 173) erwähnt, das Schmolling gefunden hat. Das Opfer rief »in dem nach dem K-Thore führenden Kieselgange« (Krause, S. 172) um Hilfe. Als Quelle für diese Szene kommt auch der zweite Clarus-Bericht in Frage, wo erzählt wird, wie Woyzeck im Bette liegt und daran denkt, daß die Woostin wohl mit einem andern zum Tanzen gegangen ist. »Da sey es ihm ganz eigen gewesen«, so erinnert sich Woyzeck, »als ob er die Tanzmusik, Violinen und Bässe durcheinander, höre, und dazu im Takte die Worte: *Immer drauf, immer drauf!*« (L 1, S. 514) In dem Bericht wird auch erwähnt, daß Woyzeck, als er beim Unteroffizier Pfeiffer untergebracht war, »mit dem Tambour Vitzthum einige Wochen lang in einem Bette geschlafen« habe (L 1, S. 500).

Und dann wann ich die Augen zumach, da blitzt es mir immer, es ist ei groß breit Messer und das liegt auf eim Tisch am Fenster . . .: dieser Satz ist wiederum ein Paradigma für Lehmanns Versuch, dem von Büchner geplanten mundartlichen Sprachduktus gerecht zu werden, während Bergemann beispielsweise »die ganze Passage ins Umgangssprachliche und Hochdeutsche« (Lehmann, Noten, S. 50) stilisiert. Bornscheuer (S. 39, Anmerkung 11) sieht hier eine motivische Vorstufe zu H 4, 15 (Messerkauf).

in einer eng dunkel Gaß: Krause (S. 34, 12) dagegen liest nur: »in n'er dunkeln Gaß«; Bornscheuer (S. 39) schließt sich ihm an, korrigiert allerdings »n'er dunkeln Gaß« zu »einer dunkel Gaß«.

SZENE 8:   a) Bergemann (Szene 16, S. 168)
                 Meinerts (Szene 16, S. 191)
              b) Bornscheuer (Hb 8, S. 53)
              c) Bergemann (Paralipomena, S. 488)
              d) Müller-Seidel (Paralipomena, S. 296)

Casernenhof: Teile der Szene sind verarbeitet in H 4, 10.

Er ist da noch mit einem Kamraden: Krause (S. 34, 18) liest hier: »Er ist da vorbey mit einem Kameraden.«

ein köstlich Weibsbild: Schmolling, so berichtet Horn, behauptete von der Ermordeten: »Ich hatte die L. so lieb, daß ich sie nicht lieber haben konnte, und so lieb hatte ich sie auch noch nach ihrem Tode« (Krause, S. 174).

Alles so heiß: Krause (S. 34, 22) liest: »Alles so fest«; Bornscheuer schließt sich dieser Lesart an.

SZENE 9: b) Bornscheuer (H b 9, Erläuterungen, S. 39)
c) Bergemann (Paralipomena, S. 488)
d) Müller-Seidel (Paralipomena, S. 296)

Der Officier. Louis: Das Szenenfragment bildet mit der nächsten Szene (H 1, 10) die Keimzelle zu H 4, 14 (*Tambour-Major. Woyzeck, Leute*). Dort heißt die Schlußreplik: »Eins nach dem andern«, hier: »Ja es ist noch nicht aller Tag Abend.« Vgl. Hinweis auf das zweite Clarus-Gutachten in den Erläuterungen zu H 4, 14, S. 215.

SZENE 10: a) Bergemann (erste Liedeinlage in Szene 23, S. 173)
b) Bornscheuer (Hb 10, Erläuterungen, S. 39 f.)
c) Bergemann (Paralipomena, S. 488 f.)
d) Müller-Seidel (Paralipomena, S. 296 f.)
e) Meinerts (Anhang, S. 200 f.)

Ein Wirtshaus: Die Szene bildet eine Vorstufe zu H 4, 11 und H 4, 14 (vgl. auch H 1, 9).

Barbier: Seit Martens (Der Barbier, S. 361 ff.) wird in der Forschung der Barbier nicht mehr mit Franz oder Louis identifiziert (mit Ausnahme von Buch), sondern als eine eigene Figur (vgl. Mautner, S. 531) betrachtet. Kobel (S. 300) vermutet hinter der Gestalt des Barbiers Maries Vater und charakterisiert: »was bei der Großmutter zur Versteinerung geführt hat, ist bei ihm ins Schlaffe, Weinerliche, Geschwätzige gewendet.«

Ach Tochter, liebe Tochter etc.: Wie schon bei den Liedeinlagen »Hansel, spann deine sechs Schimmel aus« (H 2, 2) und »Ach Scheiden, ach Scheiden . . .« (*Dantons Tod*, II, 3) handelt es sich auch hier um ein hessisches Lied. Der Kommilitone Carl Vogt zitiert in *Aus meinem Leben. Erinnerungen und Rückblicke* (Stuttgart 1896) Verse dieser lokalen Version des bekannten Liedes »Es steht ein Wirtshaus an der Lahn« (vgl. Fink, S. 444, Anmerkung 6; ebenso Benn, S. 220). Vogt hatte dieses Lied im »Gasthaus zum Hirsch«, einer größeren Wirtschaft im damaligen Gießen, in der Fuhrleute und Soldaten verkehrten, gehört. Dort war diesen Fuhrmannsversen wahrscheinlich auch Büchner zum ersten Mal begegnet. Bornscheuer (S. 39) weist darauf hin, daß die Fuhrmannsverse eine Strophe des Volkslieds »Es waren zwei Königskinder« (Erk/Böhme, Bd. 1, Nr. 84, S. 292 ff.) variieren.

Branntewei das ist mein Leben: in H 4, 14 singt diese beiden Verse der Tambour-Major; vgl. die Erläuterung dazu, S. 215.

ein tugendhafter Mensch hat keine Courage. Wer Courage hat ist ein Hundsfott: Ganz ähnlich sagt Musikus Lehaar in *Der Hofmeister* (IV, 6) von Lenz: »Mein seliger Vater pflegt' immer zu sagen, ein Musikus muß keine Courage haben und ein Musikus der Herz hat, ist ein Hundsfut« (vgl. auch V, 2: »Ei laß die gegen bewehrte Leute ziehen, die Courage haben. Ein Musikus muß keine Courage haben . . .«). Die Persiflage auf die soldatische Haupttugend (*Courage, Tapferkeit*) zielt in dieser Szene gegen den Unteroffizier; aber auch die Tugendvor-

stellung des Bürgers (*Lebensliebe, Ordentlichkeit*) wird indirekt ironisiert (vgl. dazu Ullman, S. 42). Der Scheingegensatz von egoistischer
Bürgertugend und fragwürdiger Soldatenmoral wird noch deutlicher in
H 2, 7 (*Hauptmann. Doctor*), wo erstaunlicherweise der Hauptmann,
ein Repräsentant des Soldatenstandes, meint: »ein guter Mensch hat
keine Courage nicht! ein Hundsfott hat courage! Ich bin blos in Krieg
gegangen um mich in meiner Liebe zum Leben zu befestigen« (L 1,
S. 164). Die Äußerlichkeit und Willkürlichkeit der bürgerlichen Moralvorstellungen thematisierte Büchner auch in *Dantons Tod* (I, 6) und
Leonce und Lena (I, 2). Das Thema erhält dann in H 4, 5 (*Hauptmann. Woyzeck*) einen deutlich sozialkritischen Akzent: an die Stelle
von »Courage« tritt generell die bürgerliche Tugendvorstellung (vgl.
Erläuterung dazu, S. 201).

ich spreche nicht mit Rücksicht, wie die Franzose spreche: Der Barbier behauptet ambivalent und nicht ohne Herausforderung, mit diesem Satz (»Wer Courage hat ist ein Hundsfott«) nicht den Unteroffizier zu meinen; andererseits lehnt er ab, mit französischer Höflichkeit
zu sprechen.

Krause (S. 35, 21) liest statt »wie die Franzose spreche« (Bergemann: »sprechen«): »wie die Franzose sprache«.

Herr Er thut sich Unrecht: Der Monolog des Barbiers bildet die
Keimzelle von H 2, 7 (auch H 2, 6) und H 3, 1 (Doctor zu Woyzeck:
»Courage!«). Teile des Monologs gingen auch in H 2, 4 und H 4, 11
(Monolog des 1. Handwerksburschen) ein (vgl. auch Bornscheuer, Er-
läuterungen, S. 40, Anmerkung 15).

schlag Er mich nicht grad: bei Bergemann: »schlag Er mich nicht
entzwei«; ebenso bei Meinerts und Müller-Seidel. Krause (S. 36, 1)
schreibt: »Schlag er mich nicht zwei« (Bornscheuer: »(ent)zwei«). Vgl.
Jancke (S. 282) zu Lehmanns angeblicher »lectio difficilior«.

Spinosa pericyclyda: Bergemann, Meinerts, Müller-Seidel, Krause
(S. 36) lesen »spinosa pericyclica«. Für Krause (S. 74 f.) liegt hier
»über die gestaltete pseudogebildete Barbiersprache hinaus eine Anspielung auf Spinoza« vor, dessen Name in portugiesischer Schreibweise d'Espinosa laute. *Pericyclica* erklärt Krause aus griechisch *peri*
= um, herum, und lateinisch *cyclica* = kreisartig. Krause (S. 75)
sieht darin nicht nur eine satirische Anspielung auf die Philosophie
Spinozas, sondern auch auf die Parallelität der Lebensläufe (Spinoza/
Büchner). Buch (S. 29) hält »spinosa« für eine Verballhornung von
»spina nodosa« (= Knochenerweichung des Rückgrats). Bornscheuer
(Erläuterungen, S. 40, Anmerkung 16) verweist auf den Ausdruck
»Spinalknoten« in der Vorlesung *Über Schädelnerven* (L 2, S. 295),
die in zeitlicher Nähe zu *Woyzeck* entstanden ist, vor allem auf den
»Spinalknoten des vagus« (wörtlich: des Umherschweifenden = pericyclyda, pericyclica), den 10. Hirnnerv. So verstanden, wäre *spina
nodosa pericyclica* als der sich »herumwindende Rückenmarksknoten«
zu erklären. Mir scheint es sich hier eindeutig um eine Verballhornung

eines medizinischen Begriffs dieser Art zu handeln, worauf auch schon die ebenso prahlerische wie komische Behauptung des Barbiers »Ich bin die Wissenschaft« und der »lateinische Rücken« hinweist.

Die ganze Menschheit studirt an mir: deutet auf die Szene zwischen Doktor und Hauptmann (H 2, 7; H 4, 9) voraus, in welcher der letztere wie vorher Woyzeck zum wissenschaftlichen Objekt des ersteren wird (vgl. Erläuterungen, S. 208).

Was ist der Mensch? Knochen! Staub, Sand, Dreck: vgl. H 2, 3 und H 4, 11. Die Replik wurde durch Hauptmann Pirzel in *Die Soldaten* (II, 2) von Lenz angeregt (vgl. Erläuterungen, S. 211; ebenso Benn, S. 232, 301, Anmerkung 25).

Wir müssen Freunde seyn: Kobel (S. 312) sieht hier eine Anspielung auf Lessings *Nathan* (II, 5); Nathan sagt dort zum Tempelherrn: »Wir müssen, müssen Freunde sein!«

Nur Natur, keine Amputation (Lücke): Bei Bergemann lautet die Stelle: »Nur Natur, keine amputation, keine articulation«; dieser Lesart folgen Meinerts und Müller-Seidel. Krause (S. 36) liest: »kei Natur, kei amputation, kei articulation.«

Der Barbier macht »Courage« für die Wissenschaft verantwortlich und die Wissenschaft für die Amputation (und Artikulation). Der Barbier philosophiert in der Tat in der Manier des Hauptmann Pirzel (*Die Soldaten*, II, 2): »Sehen Sie, das ist Ihre Hand, aber was ist das, Haut, Knochen, Erde« oder: »Meine werten Brüder und Kameraden, tut niemand Unrecht. Eines Menschen Leben ist ein Gut, das er sich nicht selber gegeben hat. Nun aber hat niemand ein Recht auf ein Gut, das ihm von einem andern gegeben worden. Unser Leben ist ein solches Gut –.«

Laß ich den Arm so abschneide?: Bei Bergemann heißt es: »Müßte ich den Arm also abschneiden?« Dieser Lesart schließen sich Meinerts und Müller-Seidel an. Krause (S. 36) liest ähnlich: »Muß ich den Arm so abschneiden ...«

Der Mensch ist egoistisch, aber haut, schießt, sticht, hurt. Er schluchzt: Bei Bergemann lautet diese Stelle: »Nein, der Mensch ist egoistisch, aber haut, schießt, sticht seinesgleichen. *Er schluchzt.*« Ebenso bei Meinerts und Müller-Seidel. Krause (S. 36) liest: »nein, der Mensch ist egoistisch, aber haut, schießt, sticht hinein, so, jetzt.« Bornscheuer übernimmt die Lesart Krauses. Diese Stelle drückt die Grundfrage nach der Freiheit oder Determiniertheit menschlichen Handelns aus, wie sie in *Dantons Tod* (II, 5) und ähnlich im Brief an die Braut (Nr. 18; L 2, S. 425 f.) formuliert wird: »Was ist das, was in uns hurt, lügt, stiehlt und mordet?«

Wir müssen, Freunde ich bin gerührt: Bergemann liest hier: »Wir müssen Freunde [seyn], ich bin gerührt«; ebenso bei Meinerts und Müller-Seidel. Krause entscheidet sich zu dieser Lesart: »Wir müssen Freunde – ich bin gerührt.« Gerade vom thematischen Kontext her, in dem das Verdammungswort des Müssens die entscheidende Rolle

spielt, ist der Befund Lehmanns (vgl. Noten, S. 44 f.) einleuchtender.

Seht ich wollte unsre Nasen wärn zwei Bouteillen bis *die Welt
schön ist*: Büchner setzt diese Stelle in die Replik des 1. Handwerksburschen (H 4, 11; L 1, S. 177, 31 ff.) ein.

Freund! ein Freund!: Ironisierung des sentimentalen Freundschafts-
kults. Vermutlich Parodie auf eine Stelle in Schillers Lied *An die
Freude*: »Wem der große Wurf gelungen, / Eines Freundes Freund zu
sein.«

Seht die Sonn kommt zwischen de Wolke hervor . . .: hier ähnliche
Desillusionierung der Naturschwärmerei (Lehmann, Noten, S. 50) wie
in *Leonce und Lena* (II, 2): »Die Sonne sieht aus wie ein Wirtshaus-
schild und die feurigen Wolken darüber, wie die Aufschrift ›Wirtshaus
zur goldnen Sonne‹« (L 1, S. 122). Die Funktion des Wirtshauses
übernimmt hier unter Steigerung der parodistischen Pointe *e potchambre* → der Nachttopf.

SZENE 11: b) Bornscheuer (Ha 1, S. 47 f.)
            c) Bergemann (Paralipomena, S. 490)
            d) Müller-Seidel (Paralipomena, S. 297 f.)
            e) Meinerts (Anhang, S. 201 f.)

Das Wirtshaus: Die Szene ist eine Vorstufe zu H 4, 10 und H4, 11
(vgl. Erläuterungen, S. 209 ff.).

Was machst du da?: Krause (S. 36) liest: »Was willst du da?«

Is noch nicht mehr?: bei Bergemann: »So, noch nicht mehr?«; Meinerts, Müller-Seidel, Krause und Bornscheuer folgen dieser Lesart.

Ich meint': bei Bergemann (ähnlich die anderen Ausgaben) Präsens
(»Ich meine«).

Ich wollt es wär übermorgen Abend: bei Bergemann: »und ich will
es mir überlegen [vor]Abend«; Meinerts und Müller-Seidel übernehmen diese Lesart. Zum Befund vgl. Lehmann, Noten, S. 43.

Geh dei Wege: Bergemanns Lesart: »Jeh, das Vergn[ügen].« Übernommen von Meinerts und Müller-Seidel. Krause gibt die Stelle ganz
anders wieder: »Je die Wartezeit.«

*Ja Andres grobe Hobelspän sind ja auch noch Polster. Wenn alle Leut
wüßten . . .*: Der erste Satz fehlt bei Bergemann, der vorher die Replik »Louis, du hast Blut am Kopf« (von Büchner ursprünglich gestrichen) und den Replikteil »Im Kopf« einfügt. Meinerts und Müller-
Seidel folgen hier wieder Bergemann. Der erste Satz fehlt auch bei
Krause (S. 37); an seiner Stelle steht: »Je karger liegen lassen und je
länger würde so besser. Im Kopf? Wenn alle Leut . . .«. Bornscheuer
verzichtet auf Entzifferung und beginnt diese Woyzeck-Replik mit
dem gesicherten »Wenn alle Leut wüßten«. Zu dem Satz *Ja Andres
grobe Hobelspän . . .* mit der Sargmetapher vgl. Erläuterungen zu
H 4, 17, S. 220 f.

Was liegt denn da üben?: Vgl. das Horn-Gutachten über Schmol-

ling, wo der Inquisit berichtet, daß er das Messer gefunden und bei
sich behalten habe, »nachdem ihm eingefallen sey, die L. damit zu erstechen« (Krause, S. 173). Vgl. auch den letzteren Satz dieser Replik: »Ich muß das Ding haben.«

Es zieht mir immer so zwischen den Augen herum: den Satz über-
nahm Büchner in H 4, 13 (L 1, S. 179, 9 f.).

SZENE 12:   b) Bornscheuer (Ha 2, S. 49)
            c) Bergemann (Paralipomena, S. 490)
            d) Müller-Seidel (Paralipomena, S. 298)
            e) Meinerts (Anhang, S. 202)

Freies Feld: In H 4, 12 (die Vorstufe dafür ist H 1, 6) hat Büchner in abgeschwächter Form den Gewissenskonflikt Woyzecks wiederholt (vgl. Erläuterungen, S. 213).

Du sollst nicht tödten: Krause (S. 228) verweist auf die entsprechenden Belegstellen bei 2. Mose 20, 13; Matth. 5, 21; Luk. 18, 20;
Jak. 2, 11. Über die religiösen Vorstellungen Schmollings berichtet
das Horn-Gutachten: »Die Kenntniß des fünften Gebots habe ihm
[Schmolling], versichert er, nie gefehlt, vielmehr sei er sich bewußt,
gegen seinen Nächsten stets milde und sanftmüthig gewesen zu sein.«
(Krause, S. 178; vgl. auch Benn, S. 227: »In H 1, 7 Louis seems
about to *buy* his weapon as the historical Woyzeck had done; in
H 1, 11 he seems to *find* it, as Schmolling had done.«)

SZENE 13:   b) Bornscheuer (Ha 3, S. 49)
            c) Bergemann (Paralipomena, S. 491)
            d) Müller-Seidel (Paralipomena, S. 298 f.)

Nacht. Mondschein: Vorstufe zu H 4, 13 (vgl. Erläuterung zu
Andres und Woyzeck in einem Bett, S. 213 f.).

Da – halt! – Ich: bei Bergemann: »Da. Halt! – ja.« Ebenso bei
Müller-Seidel, Krause und Bornscheuer.

Wie?: Krause (S. 37, 21) liest hier: »Nu?«

Drückt dich der Alp?: Im ersten und zweiten Clarus-Gutachten ist
mehrmals von desperaten Zuständen und Anwandlungen Woyzecks
die Rede (z. B. L 1, S. 545), von Blutwallungen und Beängstigungen,
so daß er am liebsten alles zerrissen hätte (L 1, S. 527), von Visionen
(L 1, S. 520) und Alpträumen (L 1, S. 513 f.). Im Falle Schmollings
spricht ein Arzt (vgl. Krause, S. 180) von *insania occulta*.

hereingeguckt: bei Bergemann heißt es »hin[ein]geguckt« (ebenso
bei Müller-Seidel), bei Krause (S. 37): »hingeguckt« (ebenso bei Bornscheuer).

Immer zu: vgl. Erläuterungen zu H 4, 12, S. 212.

Du mußt Schnaps trinke . . .: vgl. Erläuterung zu H 4, 13, S. 214.

SZENE 14:   a) Bergemann (Szene 21, S. 171 f.)
            Meinerts (Szene 21, S. 194)

Müller-Seidel (Szene 20, S. 286 f.)
Lehmann (Szene 19, S. 426 f.)
  b) Bornscheuer (Ha 4, S. 39 f.)
  c) Bergemann (Paralipomena, S. 491 f.)
  d) Müller-Seidel (Paralipomena, S. 299 f.)
Wie scheint die Sonn St. Lichtmeßtag: Bergemann (S. 171 und 491)
schreibt: »Wie scheint die Sonn am Lichtmeßtag« (so auch Meinerts
und Müller-Seidel). Krause (S. 38) liest: »auf Lichtmeßtag«. In der
dritten Zeile steht bei Bergemann statt »Straße« → »Wiese« (ebenso
bei Meinerts und Müller-Seidel).
  Die Quelle dieses Liedes ist noch unbekannt (Bergemann vermutet
ein Kinderlied, S. 678).
  S' ist nit schön: Bei Bergemann (S. 171 und 491) lautet die Stelle:
»Das ist nit schön« (ebenso bei Meinerts und Müller-Seidel). Krause
(S. 38) liest: »Ist nit schön.«
  Was hast zuerst anfangen: In den Paralipomena markiert Bergemann den Schluß des Satzes als nicht lesbar mit drei Pünktchen
(»Was hast zuerst . . .«). In der Leseausgabe verzichtet er auf diesen
Replikenteil (nicht aber Meinerts und Müller-Seidel). Es handelt sich
bei diesen Redeteilen um ein Durcheinander von Stimmen (wie es
auch Meinerts, Lehmann und Bornscheuer adäquat in ihren Ausgaben
markiert haben).
  Warum? Darum! Aber warum darum?: vgl. folgenden Kinderspruch
aus *Des Knaben Wunderhorn*:

> *Wenn das Kind allzu wißbegierig ist*
> Warum?
> Darum.
> Warum denn darum?
> Um die Krumm.
> Warum denn nun die Krumm?
> Weil's nicht grad ist!

(Hinweis auch bei Bornscheuer, Erläuterungen, S. 26)
  Es muß singen: von Bergemann in der Leseausgabe ausgelassen.
Müller-Seidel liest: »Es muß sein.«
  Kommt ihr klei Krabben!: Zur mundartlichen Sprachdifferenzierung
vgl. Lehmann, Noten, S. 48.
  Ringle, ringel Rosenkranz: Bornscheuer (Erläuterungen, S. 26) weist
auf die in Hans Magnus Enzensbergers Kinderreim-Sammlung *Aller-
leirauh* (Frankfurt a. M. 1968) enthaltenen Abzählverse mit der Ein-
gangszeile »Ringel Ringel Rosenkranz« hin. Die Replik fehlt übrigens
in der Leseausgabe Bergemanns (vgl. nächstes Stichwort).
  König Herodes: Neben Bergemann, der dieses Wortmotiv zu den
»Schlagworten« rechnet, die Büchner nur für sich für eine eventuelle
Ausführung notiert habe (S. 492), verzichtet auch Müller-Seidel auf
diesen Redeteil. Lehmann (Noten, S. 61) wies jedoch zu Recht darauf

hin, daß »die Herodes-Metapher in den Bildkreis *roth, Blut, rothes Meer*« (vgl. Erläuterung zu Szene 5, S. 226) gehört. In dieser Szene »wird das Reigen-Motiv durch die Herodes-Metapher mit dem Todes-Motiv zu einer Einheit verbunden« (Lehmann, Noten, S. 61). Das Stichwort »König Herodes«, das übrigens eine ähnliche Funktion hat wie »Nero« in *Dantons Tod* (IV, 5; L 1, S. 70) und *Leonce und Lena* (I, 3; L 1, S. 112), assoziiert den bethlehemitischen Kindermord (vgl. Kobel, S. 299) und den Mord an Johannes dem Täufer.

Großmutter: Nach Kobel (S. 299 f.) spiegelt das Märchen auch den Gemütszustand der Großmutter wider. Für ihn ist sie Maries Mutter, die sich über ihre Tochter grämt. Sie hat übrigens eine ähnliche Funktion im Drama wie Weseners alte Mutter in *Die Soldaten* (Schluß von II, 3) von Lenz.

Es war einmal ein arm Kind etc.: Diese Märchenkontrafaktur bietet als »Integrationspunkt« die Möglichkeit der »Vor- und Rückdeutung«; es wird außerdem die »Situation des Märchenerzählens szenisch gestaltet (drittes Kind: ›Großmutter erzähl‹)« (Klotz, S. 207). Die Kontrafaktur bezieht sich auf die in der Sammlung der Brüder Grimm enthaltenen Märchen *Die Sterntaler* und *Die sieben Raben* (vgl. Winkler, S. 131; Lehmann, Repliken, S. 80 f.). Die Märchenlegende *Die Sterntaler* beginnt folgendermaßen: »Es war einmal ein kleines Mädchen, dem war Vater und Mutter gestorben, und es war so arm, daß es kein Kämmerchen mehr hatte darin zu wohnen und kein Bettchen mehr darin zu schlafen und endlich gar nichts mehr als die Kleider auf dem Leib und ein Stückchen Brot in der Hand, das ihm ein mitleidiges Herz geschenkt hatte.« In *Die sieben Raben* macht sich das Mädchen auf, ihre Brüder zu erlösen, und es heißt: »Nun ging es immer zu, weit, weit, bis an der Welt Ende. Da kam es zur Sonne, aber die war zu heiß und fürchterlich, und fraß kleine Kinder. Eilig lief es weg und lief hin zu dem Mond, aber der war gar zu kalt und auch grausig und bös, und als er das Kind merkte, sprach er ›ich rieche, rieche Menschenfleisch‹. Da machte es sich geschwind fort und kam zu den Sternen, die waren ihm freundlich und gut, und jeder saß auf seinem besondern Stühlchen. Der Morgenstern aber stand auf, gab ihm ein Hinkelbeinchen und sprach ›wenn du das Beinchen nicht hast, kannst du den Glasberg nicht aufschließen, und in dem Glasberg da sind deine Brüder‹.« In dem Grimmschen Märchen *Das singende springende Löweneckerchen* (Hinweis zuerst bei Klotz, S. 207) zieht eine Königstochter in die Welt, um ihren Geliebten zu erlösen. Sie steigt zur Sonne hinauf, befragt den Mond, den Nachtwind und die drei anderen Winde: den Ost-, West- und Südwind, bis sie von letzterem erfährt, daß die weiße Taube (ihr verwandelter Geliebter) zum Roten Meer geflogen und dort ein Löwe geworden sei. Aber die Erlösung verzögert sich, und es heißt: »Da stand die arme Weitgewanderte und war wieder verlassen und setzte sich nieder und weinte.« Von dieser Märchenquelle her wäre m. E. auch das Wortmotiv »rothes

Meer« in H 1, 5 (vgl. Erläuterung, S. 226) ergänzend zu erklären (Lehmann, Noten S. 61, Repliken, S. 81, geht nicht auf diese Beziehung ein). Szene 5 bereitet ohnedies Szene 14 vor: das Märchen oder Antimärchen (vgl. dazu Benno von Wiese, S. 332; Benn, S. 232 f.; Bergemann nennt es ein »parodistisches Märchen«; Höllerer, S. 142, ein »modernes ›Predigtmärlein‹«; Klotz, S. 207, ein »Unmärchen«; Lehmann eine »Kontrafaktur«) setzt eindeutig einen »tiefsinnigen Vorgangskommentar« (Lehmann, Repliken, S. 80) zu Woyzecks Situation und Handeln ins Bild, wobei spezifische Wortmotive (wie die Metaphern von *rothen Meer, König Herodes, Blut*) die verschiedenen Teile miteinander verbinden.

Im Gegensatz zu den Grimmschen Märchen wird in der Kontrafaktur Büchners keine Erlösung zuteil. Auch im Himmel findet das einsame Mädchen keinen Trost, was sich mit Woyzecks »Unseins ist doch einmal unseelig in der und der andern Welt« (H 4, 5; L 1, S. 172) berührt (vgl. Lehmann, Repliken, S. 81). Zentrale Wortmotive wie »Alles todt« erhalten vom Märchen her wieder Hinweischarakter auf H 4, 1, H 2, 1 und H 4, 16: »Still, alles still, als wär die Welt todt«; »Still, ganz still, wie der Tod«, »Alles todt« (vgl. dazu auch Kobel, S. 298 ff.). Oder einzelne Wortmotive borgen sich Motive aus der Vorlage der Kontrafaktur und beziehen sie auf den Kontext *Woyzeck*. So wird beispielsweise das Zitat aus *Die sieben Raben*: »ich rieche, rieche Menschenfleisch« im Märchen selbst ausgespart, aber ein paar Szenen weiter (H 1, 17) greift es der Narr auf und ergänzt damit die Motivreihe *Blut/rothes Meer/König Herodes* um ein weiteres Stichwort.

Die beliebte Märchendreizahl *Mond/Sonne/Sterne* führt in Büchners Märchen nicht zum Durchbruch, zum Wunder, zur Verzauberung, sondern im Gegenteil: zur Stagnation, zur Enttäuschung, zur Entzauberung (vgl. für den Zusammenhang auch Ullman, S. 131–139). Viëtor (Büchner, S. 208) kommentiert: »Kein Ausweg, kein Licht am Ende, keine Erlösung, nur hoffnungslose Einsamkeit.« Trotzdem läßt sich der Inhalt des Märchens nicht als »Mythos von der Sinnlosigkeit des Daseins« (Viëtor, S. 208) beschreiben; es behandelt vielmehr parabolisch auf kürzestem Raum das Kernthema der Dichtung Büchners: das menschliche Leiden und die Einsamkeit. Benn (S. 233) verweist auf eine thematische Verwandtschaft mit Jean Pauls *Rede des toten Christus vom Weltgebäude herab* ... (Siebenkäs, Erstes Blumenstück), in der festgestellt wird: »Wie ist jeder so allein in der weiten Leichengruft des All! ... Ach, wenn jedes Ich sein eigener Vater und Schöpfer ist, warum kann es nicht auch sein eigener Würgeengel sein?« (Zur Gegenüberstellung der *Rede des toten Christus* von Jean Paul mit dem Märchen der Großmutter vgl. Smeed, S. 33; hier sind auch die Parallelstellen aufgeführt.)

hat greint: bei Bergemann: »Hat gesucht«; ihm schließen sich Meinerts, Müller-Seidel und Bornscheuer an. Krause (S. 38, 22) dagegen liest: »hat gerufen«. Es bleibt abzuwarten, wie Lehmann seine Lesart begründet.

der Mond: Vgl. die Replik Camilles in *Dantons Tod* (IV, 3): »... der Mond sank herein, ganz nahe, ganz dicht, mein Arm erfaßt' ihn. Die Himmelsdecke mit ihren Lichtern hatte sich gesenkt, ich stieß daran, ich betastete die Sterne, ich taumelte wie ein Ertrinkender unter der Eisdecke« (L 1, S. 67). Lena (*Leonce und Lena*, II, 4; L 1, S. 124) spricht vom Mond als einem »schlafenden Kind« und fährt fort: »O sein Schlaf ist Tod.« Auf den Zusammenhang von Büchners Märchen und dem Bild des Henkerrads, das bei Grabbe zum Weltbild wird, verweist Höllerer (S. 400 f.). In *Gothland* (III, 1) findet sich folgende Stelle:

> ... Wie ein riesges Henkerrad
> Kreist dort der sogenannte Himmelsbogen;
> Die Tage und die Nächte, Sonne, Mond
> Und Sterne sind
> Wie *arme Delinquenten* drauf geflochten, und
> Mit ausgesparten Gnadenstößen
> Zerrädert und zermalmt es sie!

war's ein verreckt Sonneblum: Bergemann gibt diese Stelle folgendermaßen wieder: »war's ein verwelkte Sonnenblum.« An diese Lesart halten sich Meinerts, Müller-Seidel, Krause und Bornscheuer.

warens klei golde Mück: Bergemann hält sich an die hochdeutsche Version: »waren's kleine goldne Mücken«; ebenso Meinerts, Müller-Seidel und Krause. Vgl. dazu Lehmanns Begründung in: Noten, S. 48 f.

wie der Neundödter sie auf die Schlehe steckt: Neuntöter, Dorndreher oder Rotrücken-Würger ist ein Singvogel, der seine Beute bei Nahrungsüberfluß als Vorrat auf Dornen aufspießt, von dem er später zehrt. Die Schlehe, Schlehdorn oder Schwarzdorn (bei Bergemann Plural: »die Schlehen«; ebenso bei Meinerts, Müller-Seidel, Krause und Bornscheuer) ist eine auch in Hessen sehr verbreitete Strauchart (Kennzeichen: dornig, schwarze Rinde, weiße Blüten, schwarzblaue Steinfrüchte).

die Erd ein umgestürzter Hafen: die desillusionierende Erfahrung, daß die Erde wie ein umgestürzter Topf war, variiert die Replik des Barbiers in Szene 10 (vgl. Erläuterung zu H 1, 10, S. 231): »Seht die Sonn kommt zwischen de Wolke hervor, als würd e potchambre ausgeschütt« (L 1, S. 149).

SZENE 15:   a) Bergemann (Szene 22, S. 172 f.)
            Meinerts (Szene 22, S. 195)
            Müller-Seidel (Szene 21, S. 287 f.)
            Lehmann (Szene 20, S. 427 f.)
        b) Bornscheuer (Ha 5, S. 41 f.)
        c) Bergemann (Paralipomena, S. 492 f.)
        d) Müller-Seidel (Paralipomena, S. 300 f.)

Margreth und Louis: Die Szene stützt sich auf Einzelheiten des Falles Schmolling. Das Horn-Gutachten (Krause, S. 176 f.; vgl. auch Benn, S. 230) berichtet die Vorgänge folgendermaßen:

»Die L. gieng jetzt in das Haus ihrer Herrschaft zurück, das Abendbrod zu bereiten, doch bat ich sie, daß sie wieder heraus kommen, und mich begleiten möchte... Wir gingen hierauf zusammen die Allee hinunter, und die L. gab mir ein wenig von ihrem Butterbrodte ab. Der L. gab ich ein wenig von dem mitgenommenen Speck, und von meinem Schnaps zu trinken ... Ich bat die L. sich noch ein wenig bei mir zu setzen, weil ich sie im Sitzen besser als im Stehen ermorden konnte. Wir setzten uns an einen der Weidenbäume nieder, und als wir hier neben einander saßen, sie links von mir, umarmte ich sie mit meinem linken Arme, und fragte sie: Wenn ich hier so sterben thäte, würdest du dann wohl mit mir sterben? Da antwortete sie, daß ich mir doch solche Gedanken nicht machen sollte, doch setzte sie hinzu: wenn du stirbst, dann sollte kein Anderer mehr an meine Seite kommen.

Als die dieses antwortete, hatte ich mein Messer schon aus dem Aermel herausgenommen, und hielt es in der Hand. Dieses nahm ich jetzt, und stieß ihr dasselbe in die Herzgrube, wobei ich noch sagte: ›Nun so soll auch keiner an deine Seite kommen, und dann ist auch hier der Fleck, wo wir beide sterben wollen.‹

Ich suchte ihr das Messer gerade ins Herz zu stechen, damit sie sich nicht lange quälen, sondern gleich todt sein sollte. Ich stach das Messer ganz hinein, bis an die Schaale, woran ich es hielt ... Dann zog ich das Messer sogleich wieder heraus, da griff die L. nach dem Messer, hielt es und sagte mir: ich sollte sie nicht mehr stechen, und ich antwortete, ich wollte sie auch nicht mehr, sondern mich selbst erstechen, worauf sie das Messer loslies. Ich sprang auf, riß mir den Rock auf, um mich selbst zu erstechen.

Da sah ich von der andern Seite des Fahrweges, jenseits des Ganges, drei Leute, wie Soldaten, kommen. Ich sprang darum um die Ecke den Kieselgang hinein, und fand eine Art Durchweg über den Graben. Hier wollte ich durchspringen und dann jenseits des Grabens, der L. gegenüber, auch mich erstechen. Ich sprang aber gegen einen Strauch, der mir das Messer aus der Hand schlug. Ich suchte nach demselben im Gange, konnte es aber nicht finden.«

Wie bist du nur auch!: Krause (S. 39) liest hier: »Wie bist du wieder auch«, während sich Bornscheuer auf diese verkürzte Lesung beschränkt: »Wie bist du auch.«

Weißt du auch wie lang es just ist: »statt »just« liest Krause (S. 39) »jetzt«.

An Pfingsten 2 Jahr: bei Krause (S. 39): »Am Zwanzigsten 2 Jahr.«

Ich muß fort das Nachtessen richten: Vgl. den obigen Auszug aus dem Horn-Gutachten: »Die L. gieng jetzt in das Haus ihrer Herrschaft zurück, das Abendbrod zu bereiten.« Krause (S. 39) liest: »Nachtessen halten.«

Friert's dich Margreth etc.: Vgl. den obigen Auszug aus dem Horn-
Gutachten. Schmolling selbst gab zu Protokoll, wie sehr er die Ermor-
dete geliebt habe (»und so lieb hatte ich sie auch nach ihrem Tode«;
Krause, S. 174). Benn (S. 229) macht auf die parallele Situation in
Shakespeares *Othello* aufmerksam, wo die Hauptperson auch aus
Liebe und nicht aus Haß tötet.

[Lücke] *und wenn man kalt ist so friert man nicht mehr*: Bergemann gibt die Stelle so: »Wenn man kalt ist, so friert man nicht mehr«
(Meinerts und Müller-Seidel ähnlich wie Lehmann: »und wenn man
kalt ist so friert man nicht mehr«). Krause (S. 39) entziffert die Lücke
und schreibt: »Sterben und wenn man kalt ist, so ...«; Bornscheuer
folgt dieser Lesart.

Was der Mond roth auf geht. / Wie ein blutig Eisen: Vgl. Offenbarung 6, 12: »und siehe, da ward ein großes Erdbeben, und die Sonne
ward schwarz wie ein härener Sack, und der Mond ward wie Blut«.
Ebenso Apostelgeschichte 2, 20: »die Sonne soll sich verkehren in Fin-
sternis und der Mond in Blut, ehe denn der große und offenbare Tag
des Herrn kommt« (siehe auch Krause, S. 228).

Was hast du vor?: Im zweiten Clarus-Gutachten wird bei der Beschreibung der Mordtat unter anderem auch erwähnt, daß die Woostin
zu Woyzeck folgende Worte gesagt haben soll: »Ich weiß gar nicht,
was du willst! so geh doch nur nach Hause! Wenn nun mein Wirth
raus kommt« (L 1, S. 516). Diese Worte hätten Woyzeck, so heißt es
weiter, geärgert, »und da habe ihn der Gedanke an das Messer und
an seinen Vorsatz plötzlich wieder mit aller Macht ergriffen, und ihn
mit einem Male dergestalt überwältigt, daß er darauf zugestoßen
habe, ohne zu wissen, was er thue« (L 1, S. 516).

Louis halt!: bei Bergemann: »halt ein«; ebenso bei Meinerts und
Müller-Seidel.

Hülfe!: Im Horn-Gutachten (Fall Schmolling) wird erwähnt, daß
zwei Personen »in dem nach dem K-Thore führenden Kieselgange,
Jemand um Hülfe rufen« (Krause, S. 172) hörten.

Nimm das und das!: Mehrere Messerstiche sind bei den Mordfällen
Woyzeck und Dieß bezeugt. Die Zwanghaftigkeit der Mordtat (»noch
nicht, noch nicht? Immer noch?«) ist deutlich dem Fall Woyzeck entnommen (vgl. Erläuterung zu *Immer zu*, H 4, 11, S. 210 f.).

Es kommen Leute, läuft weg: Vgl. diese Passage des Horn-Gutach-
tens: »Jetzt kamen Leute herbei, ich [Schmolling] ging daher raschen
Schrittes nach der Wiese zurück, rechts um die Ecke, vor der L.
vorüber, die noch auf demselben Flecke lag, wo ich sie erstochen hatte,
und gieng, ohne mich bei ihr aufzuhalten, schnell, dann langsamen
Schrittes, um einen Stein zu suchen, und mir damit den Kopf einzuschlagen ...« (Krause, S. 177). Im Falle der Mordtat von Dieß heißt
es in dem Bericht des Advokaten Bopp: »Nach dieser in einiger Entfernung von mehreren Zuschauern verübten That floh D. [Dieß] in
den Wald und stellte sich nach einigen Tagen freiwillig zur Haft«

(Krause, S. 202). Auch Woyzeck erwähnt, wie das zweite Clarus-Gutachten vermerkt, die Gegenwart von »Leuten« (L 1, S. 516) nach der
Mordtat.

SZENE 16: a) Bergemann (Szene 24, und zwar als Schluß dieser
             Fassung, S. 175)
             Meinerts (Szene 22, nach H 1, 15, S. 195)
             Müller-Seidel (Szene 21, nach H 1, 15, S. 288)
             Lehmann (Szene 21, S. 428)
      b) Bornscheuer (Ha 6, S. 43)
      c) Bergemann (Paralipomena, zusammen mit H 1, 15,
         S. 493)
      d) Müller-Seidel (Paralipomena, mit H 1, 15, S. 301)

Es ist das Wasser, es ruft: Im zweiten Clarus-Gutachten wird berichtet, daß Woyzeck einmal beim Baden die Stimme gehört haben
soll: »Spring ins Wasser, spring ins Wasser!« (L 1, S. 514)

Es ist unheimlich, so dunstig, allenthalb Nebel: Krause (S. 40)
liest: »Es ist unheimlich, so duftig – halb Nebel«; ebenso Bornscheuer.

SZENE 17: a) Bergemann (Szene 23, S. 173 f.)
             Meinerts (Szene 23, S. 196 f.)
             Müller-Seidel (Szene 22, S. 288 f.)
             Lehmann (Szene 22, S. 428 f.)
      b) Bornscheuer (Ha 7, S. 43 ff.)
      c) Bergemann (Paralipomena, S. 493 f.)
      d) Müller-Seidel (Paralipomena, S. 301 f.)

Tanzt alle etc.: Vgl. Hinweis auf Quelle in Erläuterung zu *Immer zu / dreht euch, wälzt euch* (H 4, 1), S. 210 f.

Frau Wirthin hat 'ne brave Magd etc.: Bergemann (S. 173) setzt in
seiner Leseausgabe an die Stelle dieser Verse die Liedeinlage aus
Szene 10 (»Ach, Tochter, liebe Tochter«). Vgl. Erläuterung zu diesem
Studentenlied in H 4, 10, S. 209. In H 4 differenziert Büchner die
Funktion der Liedeinlage.

der Teufel holt die eine . . .: Vgl. auch den Schluß von Szene 17
(H 1, 17) und ähnliche Anspielungen am Schluß von H 4, 4 (»Geht
doch Alles zum Teufel . . .«), des Tambourmajors in H 4, 6 (»Sieht
dir der Teufel aus den Augen?«), von Franz in H 4, 7 (»Kann die
Todsünde so schön seyn? . . . Teufel!«) und H 4, 11 (»Warum bläßt
Gott nicht die Sonn aus . . .«).

Warum denn?: Krause (S. 40) liest hier: »Warum du.«

Ins Schwabenland das mag ich nicht etc. / *O pfui mein Schatz das
war nicht fein* etc.: Wie die Verse aus *Lenz* (L 1, S. 92): »Auf dieser
Welt hab' ich kein' Freud' . . .« stammt auch diese Liedeinlage aus dem
Volkslied *Auf dieser Welt* (vgl. die Varianten in *Des Knaben Wun-
derhorn* unter den Titeln »Bildchen« und »Liebeswünsche«; ebenso die
Fassung in Johann Lewalter, Deutsche Volkslieder. Cassel 1896, Heft 1,

Nr. 5, S. 10 ff.). Die letzte Strophe des Liedes lautet in der Aufzeichnung Lewalters so:

> Nach Schwabeland da mag ich nicht,
> Denn lange Kleider trag ich nicht
> Denn lange Kleider und spitze Schuh
> Die kommen keiner Dienstmagd zu.

Die vierte Strophe ist eine Variante der dritten Liedeinlage dieser
Szene: »Mein Schatz wollte mir ein Thaler geben, / Ich sollt mit ihm
zu Bette gehn. / Behalt dein Thaler, halte du ihn fest, / Allein schläft
sich's am allerbest.« (Vgl. auch Bornscheuer, Erläuterungen, S. 28 f.)

man kann auch ohne Schuh ...: Das Horn-Gutachten erwähnt, daß
Schmolling am Abend der Mordtat zur L. herauswollte, weil er »ihr
die Schuh zu bringen versprochen hatte; zugleich aber, weil [er] sie
erstechen wollte« (Krause, S. 175). Ob hier allerdings eine Anregung
durch die Quelle vorliegt, muß offen bleiben.

Käthe tanzt: Bei Bergemann steht in der Leseausgabe: »Käthe
singt« (in den Paralipomena fehlt das Tätigkeitswort). Meinerts ver-
zichtet auf die Konjektur »singt« oder »tanzt«, Müller-Seidel setzt die
Konjektur »singt« in eckige Klammer. Krause liest hier: »Chor dann«.
Bornscheuer beschränkt sich wie Meinerts auf die bloße Angabe des
Sprechers (*Käthe*).

Roth, Blut! vgl. Szene 5 (»ich riech Blut«, »Meer von Blut«, »rothes
Meer«), Szene 14 (»König Herodes«), Szene 20 (»Der Mond ist wie
ein blutig Eisen«), auch H 4, 16 (»Blutwurst, Leberwurst«). Siehe Erläuterung zu Szene 5 (H 1, 5), S. 226.

Ich riech Menschefleisch: Zitat aus dem Grimmschen Märchen *Die
sieben Raben* (das Zitat kommt allerdings auch in anderen Märchen
vor); vgl. für den Zusammenhang Erläuterung zum Märchen der
Großmutter (H 1, 14), S. 234 f.

Er läuft hinaus: Während Woyzeck kurz nach der Mordtat ergriffen
wurde, wollten Schmolling und Dieß Selbstmord begehen; als sie das
Vorhaben nicht ausführen konnten, stellten sie sich bald darauf freiwillig (Krause, S. 172, 202) der Polizei.

SZENE 18: a) Meinerts (Szene 25, S. 197)
               Müller-Seidel (Szene 23, S. 289)
               Lehmann (Szene 25, S. 430)
            b) Bornscheuer (Ha 8, S. 45)
            c) Bergemann (Paralipomena, S. 494 f.)
            d) Müller-Seidel (Paralipomena, S. 302)

Links über die Lochschanz in dem Wäldche: Nach Bergemann
(Paralipomena) lautet diese Ortsbezeichnung so: »Links über die Loh
in das Wäldchen«; ebenso bei Meinerts, während Müller-Seidel merk-
würdigerweise in den Paralipomena sich an die Lesart Bergemanns
hält, in der Leseausgabe aber diese Version vorschlägt: »Links über
die Loch [schlucht] in das Wäldchen.« Krause bringt die folgende

Lesart: »Links über die Lochschanz in die Weiddrift«. Bornscheuer beschränkt sich auf die verkürzte Version: »Links über die Lochschanz . . .«.

Fort, daß wir noch was sehen: bei Bergemann: »Kommt schnell, daß wir noch was sehen«; ebenso bei Meinerts und Müller-Seidel. Krause (S. 41) liest: »Kommt, daß wir noch was sehen«. Bornscheuer übernimmt diese Lesart.

Sie tragen's sonst hinein: Krause (S. 41) liest hier: »Sie tragen sie erst hinein«. Bornscheuer entscheidet sich offensichtlich für einen Kompromiß: »Sie trage [sie] sonst hinein«.

SZENE 19: a) Bergemann (Szene 24, S. 174)
                Meinerts (Szene 26, S. 198)
                Müller-Seidel (Szene 24, S. 289 f.)
                Lehmann (Szene 23, S. 430)
            b) Bornscheuer (Ha 9, S. 45 f.)
            c) Bergemann (Paralipomena, S. 495)
            d) Müller-Seidel (Paralipomena, S. 302 f.)

Das Messer? Wo ist das Messer?: Im Horn-Gutachten (Krause, S. 177) und in der »Vertheidigungsschrift zweiter Instanz« wird die Tatsache erwähnt, daß Schmolling nach der Mordtat das Messer verlor (»Ich sprang gegen einen Strauch, der mir das Messer aus der Hand schlug. Ich sucht nach demselben im Gange, konnte es aber nicht finden«; Krause, S. 177) und suchte (»Bei seiner Rückkehr kann man keine andere Absicht annehmen, als die, sein verlornes Messer zu suchen, zu finden, und solches mitzunehmen«; Krause, S. 183).

rothe Schnur: Mal der Verurteilten. Die Worte spielen auf das Thema *Sünde/Sünderin* (H 1, 5; H 2, 2; H 2, 8; H 2, 9; H 4, 2; H 4, 4; H 4, 7; H 4, 11; H 4, 16) an.

Da liegt was! kalt, naß, stille. Weg von dem Platz: Bergemann läßt diese Stelle in der Leseausgabe aus.

Leute: Das Horn-Gutachten erwähnt, daß Schmolling bei der Messersuche durch herbeikommende Leute gestört worden (Krause, S. 177) und dann »raschen Schrittes nach der Wiese« zurückgegangen sei, zum Tatort.

SZENE 20: a) Bergemann (Szene 24, S. 174)
                Meinerts (Szene 27, Schlußszene, S. 198)
                Müller-Seidel (Szene 25, S. 290)
                Lehmann (Szene 24, S. 430)
            b) Bornscheuer (Ha 10, S. 47)
                Bergemann (Paralipomena, S. 495)
            d) Müller-Seidel (Paralipomena, S. 303)

So da hinunter!: Weder Schmolling noch Dieß werfen die Mordwaffe in einen Teich. Nur im zweiten Clarus-Gutachten wird erwähnt, daß Woyzeck die Absicht gehabt habe, »den Degen in den Teich vor

dem grimmaischen Thore« zu werfen, um den Gedanken, »die Woostin
zu erstechen«, loszuwerden (L 1, S. 515).

*Der Mond ist wie ein blutig Eisen! Will denn die ganze Welt es
ausplaudern?*: In der Leseausgabe verzichtet Bergemann auf die Stelle.
Diese beiden Sätze nehmen die Motive von Szene 15 (H 1, 15) auf
(»Was der Mond roth aufgeht . . . Wie ein blutig Eisen«). Vgl. Erläuterungen, S. 238 (Offenbarung 6, 12; Apostelgeschichte 2, 20).

*Bin ich noch blutig? ich muß mich waschen. Da ein Fleck und da
noch einer*: Vgl. Shakespeares *Macbeth* (V, 1), wo die Kammerfrau
kommentiert, wie die nachtwandelnde Lady Macbeth die Hände reibt:
»Das ist ihre gewöhnliche Gebärde, daß sie tut, als wüsche sie die
Hände . . .«, und Lady Macbeth in einigen Repliken unbewußt folgendes mitteilt: »Da ist noch ein Fleck . . . Fort, verdammter Fleck! Fort,
sag ich! – Eins, zwei . . . Noch immer riecht es hier nach Blut . . . Wasch
deine Hände, leg dein Nachtkleid an; sieh doch nicht so blaß aus.«

SZENE 21:   a) Müller-Seidel (Szene 27, Erste Replik, S. 290)
                 Lehmann (Szene 26, Erste Replik, S. 431)
             b) Bornscheuer (Hb 11, S. 53)
             c) Bergemann (Paralipomena, S. 496)
             d) Müller-Seidel (Paralipomena, S. 303)
             e) Meinerts (Anhang, S. 202)

Gerichtsdiener. Barbier. Arzt. Richter: Die Szene ist nicht ausge-
führt. Zur Diskussion des Barbiers vgl. Buch (S. 71), der gegen Martens (Der Barbier, S. 361 ff.), allerdings keineswegs überzeugend, den
Barbier wieder mit Louis/Woyzeck identifiziert (siehe auch Benn, S. 228).

Ein schöner Mord: Das Grausame wird ästhetisiert (weitere Ästhe-
tisierungen: z. B. die Rede von der »schönen fixen Idee« in H 2, 6 und
der »schönsten aberratio« in H 4, 8) und das, was Woyzeck als Weltkatastrophe erlebt, in der beschränkten Berufsperspektive und -routine
verdinglicht (vgl. Lehmann, Repliken, S. 82). Das wirft wiederum ein
kritisches Schlaglicht auf die menschliche Indifferenz dieser Gesellschaft.

schlecht, Wissenschaftl.: bei Bergemann (Paralipomena): »gutmütig,
Wissenschaftl.« Ebenso bei Meinerts (Anhang) und Müller-Seidel (Paralipomena). Krause (S. 42) liest hier: »geflissentlich, Wissenschaft«.
Bornscheuer schließt sich der Lesart «Wissenschaft« an, spart aber das
vorausgehende Wort aus.

Szenengruppe 2: H 2 (bei Bornscheuer Hc)
SZENE 1:   b) Bornscheuer (H c 1, Erläuterungen, S. 41 ff.)
             c) Bergemann (Paralipomena, S. 496 f.)
             d) Müller-Seidel (Paralipomena, S. 303 f.)

Freies Feld. Die Stadt in der Ferne: Vorstufe zu der textverwandten
Fassung in H 4, 1; die Szene wurde deshalb von Büchner gestrichen.
Vgl. die Erläuterungen zu H 4, 1, S. 192 ff.

Da ist die schöne Jägerei etc.: die Variante eines hessischen Volkslieds, das bei Erk/Böhme (Bd. 3, Nr. 1461) verzeichnet ist (vgl. Winkler, S. 128; Bornscheuer, Erläuterungen, S. 41, Anmerkung 20). Es
lautet dort so:

> Drüben im Odenwald, da wächst ein schönes Holz,
> Da ist die Jägerei,
> Da ist das Schießen frei,
> Da möcht ich Jäger sein,
> Das wäre meine Freud!

> Zwischen Bergen durch da saßen zwei Füchs,
> Kam auch ein Has daher,
> Fragt ob ich ein Jäger wär?
> »Ja, Jäger bin ich g'wiß,
> Aber schießen kann ich nix.«

3 Tage und 3 Nächte: Krause (S. 43) liest hier: »3 Tage und 2
Nächte« (in H4, 1 dagegen auch bei Krause »Drei Tag und drei
Nächt«); Bornscheuer übernimmt die Lesart Krauses und schreibt:
»drei Tage und zwei Nächte«. Vgl. zweiter Clarus-Bericht (L 1, S.
511 f., 510), Erläuterungen, S. 192 f.

er wurde zwerch: Bergemann, Müller-Seidel und Bornscheuer enthalten sich einer Entzifferung dieser Stelle. Krause (S. 43) liest: »von
den Zeichen«.

Hörst du das fürchterliche Getös bis *Sieh nicht hinter dich*: vgl.
Offenbarung 1, 10; 1, 12; 8, 5; 16, 18 f., 17, 3; 2. Petrus 3, 10;
2. Petrus 2, 6 f.; 1. Mose 19, 24 ff. (zitiert bei Krause, S. 228 f.). Siehe
auch Erläuterung zu *Wie hell! Ein Feuer fährt um den Himmel*, S. 194.
Die Anspielung auf Sodom und Gomorra ist in dieser Szene noch
deutlicher (»Ueber der Stadt. Alles Gluth!«) formuliert als in H
4, 1.

Wie es hervorschießt, und Alles donnert: bei Bergemann »und alles
darunter stürzt«; ebenso bei Müller-Seidel und Krause (S. 44).

SZENE 2:   b)   Bornscheuer (Hc 2, Erläuterungen, S. 42 f.)
            c)   Bergemann (Paralipomena, S. 497 f.)
            d)   Müller-Seidel (Paralipomena, S. 304 ff.)

Die Stadt: Vorstufe der textverwandten Fassung in H4, 2; die
Szene wurde deshalb von Büchner gestrichen. Vgl. dazu die Erläuterungen zu H 4, 2, S. 194 ff.

Se kommen: fehlt bei Bergemann, Müller-Seidel und Bornscheuer.
Krause (S. 44) entziffert (wohl ebenfalls beeinflußt durch H 4, 2, wie
Lehmann): »Sa ra«.

unehrliche Gesicht: Auch Krause (S. 44), der für H 4, 2 die Lesart
»uneheliche Gesicht« vorschlägt, liest hier: »unehrliche Gesicht«.

Hansel spann deine sechs Schimmel an etc.: vgl. Erläuterungen zu
H 4, 2. Die beiden Strophen dieser Liedeinlage sind in H 4, 2 ver-

tauscht: dort wird zuerst die Strophe *Mädel, was fangst du jetzt an?*
zitiert, die in H 2, 2 an zweiter Stelle steht.

Es war ein fürchterliches Getös am Himmel und Alles in Gluth! etc.:
Vgl. Erläuterung zu H 2, 1 (*Hörst du das fürchterliche Getös*), S. 243,
vor allem den Hinweis auf Offenbarung 16, 18 f. und 1. Mose 19, 24 ff.
(Krause, S. 229). Die Replik knüpft auch an ein paar Stellen des zwei-
ten Clarus-Gutachtens an (zitiert in Erläuterungen zu H 4, 1, S. 192 f.);
L 1, S. 509 ff.

Etwas, was wir nicht fasse. Geht still, was uns von Sinnen bringt:
bei Bergemann: »Etwas, was wir nicht fassen, begreifen – still, was
uns von Sinnen bringt« (in Klammern setzt Bergemann noch den frag-
mentarisch entzifferten Satz: »Gott weg, alles weg ...«). Ebenso bei
Müller-Seidel. Krause (S. 45) schließt sich bei seiner Lesart ebenfalls
Bergemann an: »Etwas, was wir nicht fassen begreifen still, was uns
von Sinnen bringt ...«

Mess: im Sinne von Kirchweih, Kirmes.

Ach wir armen Leut: Dieser Satz taucht in der Replik Wozecks in H
4, 4 auf. Vgl. Stichwort *Alles Arbeit unter der Sonn*, S. 198, und vorher.

Und macht die Wiege knickknack etc.: eine Variante von Verszeilen
aus dem folgenden Frankfurter Kinderlied (abgedruckt bei Karl Wehr-
han, Frankfurter Kinderleben in Sitte und Brauch, Kinderlied und
Kinderspiel. Wiesbaden 1929, Nr. 265, S. 20):

> Wenn die Kinder schlafen gehn
> muß ich bei der Wiege stehn
> Macht die Wiege knickknack,
> schläft mein kleiner Dicksack.

(vgl. Bornscheuer, Erläuterungen, S. 43, Anmerkung 24).

SZENE 3:   a) Bergemann (Ein Teil der ersten Replik in Szene 4,
                S. 155)
                Meinerts (Hauptteil der Szene in Szene 3, S. 179)
                Müller-Seidel (Szene 3, S. 273; unter Auslassung der
                auf den Ausrufer folgenden Repliken)
                Lehmann (die erste Replik in Szene 3, S. 411)
            b) Bornscheuer (Hc 3, S. 55)
            c) Bergemann (Paralipomena, S. 498 f.)
            d) Müller-Seidel (Paralipomena, S. 306 f.)

Öffentlicher Platz. Buden. Lichter: Dieser Entwurf beruht auf H 1, 1
und H 1, 2; vgl. die relevanten Erläuterungen, S. 222 ff.

Auf der Welt ist kein Bestand ...: Bergemann vermutet in diesen
Versen einen »alten Leierkastensang« (S. 630). Lehmann (Repliken,
S. 72) verweist auf die thematische Korrespondenz des in diesem Lied
auftauchenden »Vanitas- und memento-mori-Motivs« mit den »blasphemischen Rodomontaden des predigenden Handwerksburschen« (vgl.
Erläuterung zu H 4, 11, S. 211 f.). Benn (S. 244) hält diese Verse für
eine der wenigen nicht satirisch gemeinten Stellen von H 2.

Hey Louisel, soll ich dich [Lücke] *Ein Mensch muß auch der Narr von Verstand seyn, damit er sagen kann: Narrisch Welt! Schön Welt!*: In der Leseausgabe Bergemanns fehlt der Teil »Hey Louisel, soll ich dich«. Der Rest wird als Replik Marie (Louisel in den Paralipomena) zugeschrieben: »Mensch, sind noch die Narrn von Verstande, dann ist man selbst Narr. – Komische Welt! Schöne Welt!« Ebenso bei Meinerts und Müller-Seidel. Krause (S. 46) liest die Stelle so: »Hey Louisel, soll ich dich fragen? Ein Mensch muß auf den Narrnverstand, damit er erst kein Narrn vorstellt. Schöne Welt!« Bei Bornscheuer bleibt von dieser Replik nur noch folgende Verkürzung übrig: »Hei Marie ... Schöne Welt!«

Bei der Stelle *Ein Mensch muß auch der Narr von Verstand seyn ...* (Krause: *Ein Mensch muß auf den Narrenverstand ...*) verweist Krause (S. 229) auf 1. Korinther 3, 18: »Niemand betrüge sich selbst. Welcher sich unter euch dünkt weise zu sein, der werde ein Narr in dieser Welt, daß er möge weise sein.«

astronomische Pferd und *Canaillevogel*: siehe Erläuterung zu H 1, 1, S. 222 f.

Potentate: Machthaber, regierende Fürsten (in H 1, 1: »gekrönte Häupter«).

Alles Erziehung: Vgl. für die ganze Replik Erläuterung zu H 1, 2, S. 224. Dieses Stichwort thematisiert (wie in H 1, 1 und H 1, 2) den Gegensatz von Natur und Kunst, von Kreatur und den Verhaltenszwängen der Gesellschaft. So wie der Unterschied zwischen Woyzeck und Doktor/Hauptmann nur auf Äußerlichkeiten beruht, läßt sich der zwischen Mensch und Tier auf die Erziehung (Kunst, Zivilisation, Gesellschaftsnormen), auf programmierte »Affektregulierung« (vgl. Jancke, S. 281) zurückführen.

Herein. Es wird sein, die repräsentation: Bei Bergemann (Paralipomena) fehlt »Herein«, ansonsten: »Es wird gleich die repraesentation, das commencement ...«. Ebenso bei Meinerts und Müller-Seidel. Krause (S. 46) liest hier: »Beym Himmel. Es wird fein, die representation, das commencement ...«. Bornscheuer entscheidet sich zu dieser verkürzten, leicht veränderten Fassung: »Hier! Es wird fein, die Repräsentation, das Commencement ...«.

Sehn Sie die Fortschritte der Civilisation ...: satirische Anmerkung zum Fortschrittsglauben der Aufklärung, der selbst aus Tieren schließlich Menschen macht, wie das Beispiel vom Affen zeigt, der schon ein Soldat wurde und damit die »unterste Stufe« der menschlichen Gesellschaft erreichte. Dabei handelt es sich wahrscheinlich um eine Reminiszenz aus E. T. A. Hoffmanns *Fantasiestücke in Callots Manier,* und zwar um die Erzählung »Nachricht von einem gebildeten jungen Mann«, der von »seiner Geburt und ursprünglichen Profession nach eigentlich – ein Affe ist, der im Hause des Kommerzienrates sprechen, lesen, schreiben, musizieren usw. lernte; kurz, es in der Kultur so weit brachte, daß er seiner Kunst und Wissenschaft, sowie der Anmut seiner

Sitten wegen, sich eine Menge Freunde erwarb und in allen geistreichen
Zirkeln gern gesehen wird« (E. T. A. Hoffmann, *Fantasie- und Nacht-
stücke*, Darmstadt 1968, S. 297). Vgl. auch Erläuterung zu H 1, 1,
S. 222.

Grotesk! Sehr grotesk! etc.: Bergemann (Paralipomena) teilte die
ganze Replik (die Bornscheuer dem *Publikum* zuschreibt) unter folgende Sprecher auf: *Herr* und *Franz*; ebenso bei Müller-Seidel (Paralipomena). Krause (S. 46) verteilt die Sprecherrollen zwischen *Ausrufer,
Studenten* und *Franz.*

Die Worte »Grotesk! grotesk!« kommen dann wieder bei H 2, 7 in
der Replik des Hauptmanns am Schluß der Szene vor. Das Thema des
Bizarren, Grotesken taucht bereits in *Dantons Tod* (II, 2) auf; in dieser Szene wird sogar festgestellt: »Ich bin ein Freund vom grotesken«.
Das Groteske im *Woyzeck* definiert Kayser (»Das Groteske in Malerei
und Dichtung«, Hamburg o. J., S. 74) als stilistischen Niederschlag des
Themas von der »schlechthinnigen Verfremdung der Welt«. Das Groteske ist für Kayser (S. 136 ff.) eine Struktur, deren Wesen er mit folgenden Charakterisierungen allgemein zu bestimmen sucht: »das Groteske ist die entfremdete Welt« (S. 136), »das Groteske ist die Gestaltung des ›Es‹« (S. 137), »ein Spiel mit dem Absurden« (S. 139) und
»der Versuch, das Dämonische in der Welt zu bannen und zu beschwö-
ren« (S. 139). Vgl. auch den Brief an die Braut (Nr. 17; L 2, S. 424),
wo Büchner seine Krisenstimmung schildert und fragt: »Ich hätte
Herrn Callot-Hoffmann sitzen können, nicht wahr, meine Liebe?«
Spuren dieser Callot-Hoffmannschen Manier zeigen sich ebenso in dieser Szene, H 2, 3 (vgl. Hinweis auf Hoffmanns Erzählung »Nachricht
von einem gebildeten jungen Mann«, S. 245 f.) wie in Szene 7 (H 2, 7).

Das Stichwort *Ich bin ein dogmatischer Atheist* beruht auf der fragmentarischen Replik des Barbiers in H 1, 21 (»Dogmatischer Atheist«).
Zum Thema »Groteske« in *Woyzeck* vgl. auch Ullman, S. 55 ff.

SZENE 4:   b) Bornscheuer (Hc 4, Erläuterungen, S. 44 f.)
            c) Bergemann (Paralipomena, S. 500 f.)
            d) Müller-Seidel (Paralipomena, S. 307 f.)

Handwerksburschen: Vorstufe zum ersten Teil und zur Schlußreplik
von H 4, 11 (vgl. Erläuterungen, S. 210 ff.). Der Entwurf wurde von
Büchner gestrichen.

Ich könnt ein Regenfaß voll greinen vor Wehmut: Krause (S. 47)
liest: »Ich könnt ein Regenfaß voll greinen. Wehmut!« Bornscheuer
übernimmt diese Lesart.

wann ich noch Rum hätt!: bei Krause (S. 47): »wenn ich noch einen
hätt«; ähnlich bei Bornscheuer (»wann ich noch eine hätt!«)

Brandewein, das ist mei Leben: wörtlich auch in der letzten Replik
des Tambourmajors in H 4, 14.

wann ihm's Kreuz über sei Nas guckt: Krause (S. 47) liest: »wann
er im Kreuz über sei Nas guckt«. Ebenso bei Bornscheuer.

und muß über mich springe: bei Bergemann »meine Füß über mich springen«; ebenso bei Müller-Seidel. Krause (S. 47) liest: »und laß über mich springe«. Bornscheuer übernimmt die Lesart Krauses.

Wo is mei Schatten hingekomm? etc.: vermutlich Anspielung auf Adelbert von Chamissos bekannte Erzählung *Schlemihls wundersame Geschichte*, in welcher der Titelheld dem Teufel seinen Schatten (aber nicht seine Seele) verkauft. Auch die in H 4, 11 ausgesprochene Abwertung des Geldes (»selbst das Geld geht in Verwesung über«) könnte thematisch an diese Erzählung anknüpfen, die mit folgender satirischer Zusammenfassung und Aufschlüsselung endet: »Du aber, mein Freund, willst du unter den Menschen leben, so lerne verehren zuvörderst den Schatten, sodann das Geld. Willst du nur dir und deinem bessern Selbst leben, o so brauchst du keinen Rat.« In dieser Replik wird das »Schatten«-Motiv in den sexuellen Bereich hinübergespielt (»Leucht mir einmal einer mit dem Mond zwische die Bein ob ich mei Schatte noch hab«).

Fraßen ab das grüne, grüne Gras: Vgl. Erläuterung zu H 4, 1, S. 193.

Das ist mir ein Geselle, die Handthierung, ist dir recht, Schaum, ei Thorheit, Thierisches Vergnügen meines seeligen Mannes ... [nicht entziffert] *und empfiehlt sich mit mehr ungezeugten Kindern*: Bergemann (Paralipomena) vermochte hier nur folgende einzelne Worte zu entziffern: »Gesellen, ... sandige, Mauer ... und empfiehlt sich mit ... Kindern«. Müller-Seidel (Paralipomena) folgt Bergemann. Krause dagegen (S. 47) entziffert: »Daß ich nit eim Gesellen, die Hand schneuz, ist die recht, schön, ein ... und empfiehlt sich nit mehr ... Kindern.« Bornscheuer markiert die ganze Passage als nicht entzifferbar.

Warum hat Gott die Mensche geschaffe? etc.: Vgl. für die folgenden Ausführungen die Erläuterung zur letzten Replik des 1. Handwerksburschen in H 4, 11, S. 211 f.

SZENE 5: a) Bergemann (Die letzten 4 Repliken in Szene 4, S. 156)
Meinerts (Die letzten 4 Repliken in Szene 3, S. 179 f.)
Müller-Seidel (Szene 4, S. 274)
Lehmann (Szene 3, S. 412)
b) Bornscheuer (Hc 5, Erläuterungen, S. 45)
c) Bergemann (Paralipomena, S. 501)
d) Müller-Seidel (Paralipomena, S. 308)

Unterofficier. Tambourmajor: Während Krause (S. 82) diese Szene zu den gestrichenen Szenen rechnet, betrachtet sie Lehmann (Noten, S. 58) als von Büchner nicht eliminiert (ebenso Szene 9). Bornscheuer folgt Krause, obwohl er eigens vermerkt, daß sich die Streichung Büchners nur »bis in die oberste Hälfte« von Szene 5 hinein fortsetzt (Erläuterungen, S. 45, Anmerkung 26a).

und Auge, schwarz: bei Bergemann nur: »Und Augen –« (in Paralipomena: »Und Augen, schw.«; ähnlich auch bei Krause, S. 48: »und Aug, schw.«). Meinerts und Müller-Seidel geben die Stelle so wieder:

»Und Augen, schwarz«. Bornscheuer verzichtet auf eine Entzifferung und schreibt: »und Aug . . .«

Was Lichter, mei Auge!: Die nächsten beiden Repliken fehlen in der Leseausgabe Bergemanns. In den Paralipomena liest er: »Was Licht, m« (ebenso in den Paralipomena Müller-Seidels). Meinerts gibt nur den ersten Teil (wie auch Krause, S. 48, und Bornscheuer) der Replik wieder, Müller-Seidel auch den zweiten (»meine Augen«).

Ja de Brandwein etc.: In den Paralipomena entziffert Bergemann Fragmente dieser Replik so: »Ja, ... schwarze Katzen mit feurige Augen. Hei, was ein Abend!« Ebenso bei Meinerts und Müller-Seidel. Krause (S. 48) liest die Stelle folgendermaßen: »Ja die bunten, ein Spaß scherzen. Lachen mit feuerigen Augen. Hey, was ein Abend.« Bornscheuer fällt hinter die Lesart Bergemanns zurück und verkürzt die Replik zu: »Ja ... mit feurigen Aug. Hei, was ei Abend.«

Szene 6: b) Bornscheuer (Hc 6, Erläuterungen, S. 45 f.)
c) Bergemann (Paralipomena, S. 501 ff.)
d) Müller-Seidel (Paralipomena, S. 308 ff.)

Woyzeck. Doctor: Vorstufe zu H 4, 8. Vgl. Erläuterungen dazu, S. 204 ff. Diese Szene (H 2, 6) wurde von Büchner gestrichen. Zum Thema »Enthumanisierung durch Wissenschaft« und zu den Sprachunterschieden zwischen Doktor/Hauptmann auf der einen Seite und Woyzeck/Louise auf der andern vgl. Benn, S. 241 ff.

Es ist Betrug Woyzeck: Der Doktor weist in H 4, 8 auf den Akkord (Vertrag, schriftliche Abmachung) hin, den Woyzeck verletzt und nach der Meinung des Doktors gebrochen habe (vgl. dazu Jancke, S. 278 ff.).

Hülsenfrüchte, cruciferae: (Krause, S. 49, schreibt: »cruciferen«) *cruciferae* = Kruziferen, Kreuzblütler (wozu allerdings nicht die Erbsen gehören). Vgl. Winkler, S. 231; Bornscheuer, Erläuterungen, S. 45, Anmerkung 28.

Muß er nicht aufs secret?: auf die Toilette.

salzsaures Ammonium ... (nicht entziffert): Krause (S. 49) liest hier (wohl mit Hilfe der Wortfolge in H 4, 8): »salzsaures Ammonium, Hyperoxydul«. Vgl. Erläuterungen zu dieser Stelle in H 4, 8, S. 205 f.

Kein Süßwasserpolyp? keine Hydra? Vestillen? Cristatellen? ... Infusionsthier?: »Hydra« ist eine Gattung der »Süßwasserpolypen« (vgl. Winkler, S. 232); bei den »Vestillen« könnte es sich um einen Lesefehler handeln (statt »Vixillen« = Schneckenart); die »Cristatellen« gehören zur Klasse der Weichtiere; »Infusionsthier« = mikroskopische Tiere, Geißel- oder Wimpertierchen, auch »Aufgußtierchen« genannt. Wie Winkler (S. 231) nachweist, scheint Wilbrand (vgl. Erläuterung zu H 4, 8, S. 205) für Polypen eine besondere Vorliebe gehabt zu haben. In seinen Schriften benützt er auch stets den Ausdruck »Infusionsthierchen« (vgl. Bornscheuer, Erläuterungen, S. 46, Anmerkung 34).

sie verrinnt zu Spinnweb!: bei Bergemann: »sie verrinnt wie Spinne-
web«; ebenso bei Müller-Seidel, Krause (S. 49) und Bornscheuer.

Esse: offene Feuerstelle mit Abzug (in neuerer Zeit auch Schorn-
stein).

lange Linien, krumme Kreise, Figuren ...: Krause (S. 50) liest:
»lange Linien, stumme Kreise, Figuren«. Vgl. Hinweis auf das zweite
Clarus-Gutachten in Erläuterungen zu H 4, 8, S. 206 f.

*Hören Sie Nichts? Ich meine dann als die Welt spricht, sehen Sie,
die langen Linien, und ist als ob einen mit fürchterlicher Stimme an-
redete*: bei Bergemann (Paralipomena) fehlt (nicht entziffert) die Stelle:
»Ich meine dann als die Welt spricht, sehen Sie, die langen Linien«;
ebenso bei Müller-Seidel (Paralipomena). Krause (S. 50) entziffert folgendermaßen: »Hören Sie nichts? stumm, wie immer, wenn als die
Welt spricht, sehen sie die langen Linien ...« Bornscheuer hält sich an
Krause, läßt jedoch die Stelle »stumm, wie immer« aus.

alienatio mentis: Geisteskrankheit; vgl. Erläuterung zu Stichwort
aberratio mentalis in H 4, 8, S. 207.

Und da zwischen die fixen Ideen, die W ... [nicht entziffert]: Krause
(S. 50) liest: »und da zwischen die fixe Idee, die Vernunft«. Zu *fixen
Ideen* vgl. Erläuterungen, S. 207.

meine Theorie, meine neue Theorie ...: Kobel (S. 245) vermutet hier
einen Angriff Büchners in der Nachfolge Pascals auf »fausse perpé-
tuité de nom«. Der Ruhm als Pseudoewigkeit (»Woyzeck, ich werde
unsterblich«) wird auch in dem bekannten Motto zu *Leonce und Lena*
in Frage gestellt.

SZENE 7:   a) Bergemann (kombiniert mit Fragmenten aus H 4, 9
in Szene 9, S. 161 ff.)
Müller-Seidel (die letzten zwei Repliken in Szene 11,
S. 281)
Lehmann (als zweiter Teil in Szene 9, S. 419 f.)
b) Bornscheuer (Hc 7, S. 57)
c) Bergemann (Paralipomena, S. 503 ff.)
d) Müller-Seidel (Paralipomena, S. 310 ff.)
e) Meinerts (Anhang, ab der zwölften Replik, S. 202 ff.)

Straße: Anfang dieses Entwurfs neu gestaltet in H 4, 9; vgl. Erläuterungen, S. 208 f. Da Büchner dort Platz für eine Fortsetzung der
Szene frei ließ, nehmen die Herausgeber zu Recht an, daß der Dichter
dabei auf H 2, 7 zurückgegriffen hätte.

Herr Sargnagel etc.: vgl. die letzten Repliken von H 4, 9 und die
Erläuterungen dazu, S. 209.

Hahaha, ein guter Mensch: Bergemann (Paralipomena) las hier:
»Geehrtester, ein guter Mensch«. Ebenso Müller-Seidel, Krause (S. 50)
und Bornscheuer.

Reiten Sie doch nicht auf ihrem Stock in die Luft: bei Bergemann
(Paralipomena): »Reiten Sie doch nicht auf ihrem Rock in der Luft«

(Bergemann weist darauf hin, daß die Abbildung auf dem Manuskript lange Rockschöße zeigt, S. 503, Anmerkung 3). Müller-Seidel schließt sich Bergemanns Lesart an.

via coronar congestionis, siebenten Monat: bei Bergemann (Paralipomena): »ein collaps congestaticus im siebenten Monat«. Er erläutert den Begriff mit »Zusammenbruch durch Blutandrang (zum Kopf oder Herzen)« (S. 639); beide Lesarten lassen sich jedoch auf das zweite Clarus-Gutachten beziehen, wo von einem »unregelmäßigen Blutumlauf und Congestionen des Blutes nach dem Kopfe« bei Woyzeck berichtet wird (L 1, S. 523). Krause (S. 51) liest: »ein conex operativus«. Müller-Seidel (Paralipomena) gibt die Lesart Bergemanns; Bornscheuer verzichtet auf eine Entzifferung des medizinischen Fachausdrucks.

Sie giebt ein interessant's Präparat: Auch der Hauptmann wird wie vorher Woyzeck in der Perspektive des Doktors zum Versuchskaninchen reduziert.

Daß dich das Wetter, ich halt Sie Herr Flegel: Bergemann (Paralipomena) schreibt: »Daß dich das Wetter, ich halt Sie beim Flügel« (Flügel = Rockschöße). Müller-Seidel (Paralipomena) reproduziert die Lesart Bergemanns; ebenso Krause (S. 51). Bornscheuer schließt sich Lehmann an und nimmt nur eine kleine Änderung vor (»ich halt Sie hier Flegel«). Für die Replik vgl. auch Erläuterungen, S. 209.

He Woyzeck, was hetzt Er sich so an uns vorbey?: bei Krause (S. 51): »was hetzt er sich so an mir vorbey«; ebenso bei Bornscheuer, der in diesem Zusammenhang (Erläuterungen, S. 32) auf die Gerichtsakte Schmolling verweist, in der eine Zeugin berichtet, daß sie den Angeklagten nach der Mordtat »am Pfaffenländerschen Hause vorbei laufen« gesehen habe; »denn ich wollte ihm noch nachrufen, warum er so liefe«. Im ersten Clarus-Gutachten wird der »körperliche Zustand« des Inquisiten folgendermaßen beschrieben: »Die Haltung und Stellung des Körpers ist zwar etwas nachläßig, aber nicht schlaff, der Gang und die übrigen Bewegungen sind rasch und lebhaft« (L 1, S. 546).

Regiment Kastrirte: die keinen oder nur schwachen Bartwuchs haben. Der Hauptmann spielt darauf an, daß Woyzecks geschäftige Eile nicht durch berufliche Notwendigkeit motiviert wird.

noch vorm Verschwinden: Krause (S. 51) liest hier: »nach einer Viertelstunde«. Bornscheuer übernimmt die Lesart Krauses.

Plinius: Die Quelle ist nach Jacobs (S. 141) nicht der römische wissenschaftliche Schriftsteller C. Plinius Secundus (23/24–79 n. Chr.), sondern der philosophische Schriftsteller Plutarch (ca. 45–125 n. Chr.) aus Böotien, der die Anekdote überliefert, daß Alexander der Große seinen Soldaten vor der Schlacht befohlen habe, sich die im Nahkampf hinderlichen Bärte abnehmen zu lassen.

ein Haar aus eim Bart in seiner Schüssel: Diese nicht gerade menschenfreundliche Anspielung auf die Untreue Maries stellt eine Variante des Wortmotivs »Mann, Männlichkeit« dar, das etwa in H 4, 2

(»Was ein Mann, wie ein Baum«), H 4, 4 (»Geht doch Alles zum Teufel, Mann und Weib«), H 4, 6 (»ein Bart wie ein Löw – So ist keiner«),
H 4, 14 (» Ich bin ein Mann«) als wichtiges Kompositionselement auf-
taucht. (Vgl. Erläuterung zu *Er ist ein Kerl*, S. 202; ebenso Mautner,
S. 513 f.).

sapeur: Pionier (B, S. 670).

er steckt ... [nicht entzifferte Stelle] *in den Himmel nein, muß nun
auch nicht in der Suppe seyn*: Bergemann (Paralipomena) entziffert:
»Er steckt Alchimisten – in den Himmel nein. Vielleicht nun auch nicht
in der Suppe ...« (in der Leseausgabe läßt Bergemann einen Teil dieser Stelle weg und beschränkt sich auf: »Vielleicht nun auch nicht in
der Suppe«). Meinerts (Anhang) und Müller-Seidel (Paralipomena)
folgen Bergemanns erster Lesart. Krause (S. 52) übernimmt Bergemanns Entzifferung »Alchymisten«, ansonsten gibt er die Lesart wie
Lehmann. Bornscheuer verzichtet auf den schwer entzifferbaren Teil
»steckt Alchymisten in den Himmel nein«.

ich habe auch die Liebe gefühlt: Dieses von Büchner ironisierte Ein-
geständnis des Hauptmanns lautet bei Bergemann: »ich habe auch das
Lieben gefühlt«. Ebenso bei Meinerts (Anhang) und Müller-Seidel (Paralipomena). Krause (S. 52) liest ähnlich: »ich habe wieder das Lieben
gefühlt«. Bornscheuer übernimmt die Lesart Krauses.

*Kerl er ist ja kreideweiß / Den Puls, Woyzeck, den Puls, klein, hart,
hüpfend, unregelmäßig / Gesichtsmuskeln starr, gespannt ... Haltung
aufgerichtet, gespannt*: Diese Beobachtungen erinnern an die Mitteilungen im ersten Clarus-Gutachten, welche die »Untersuchung des körperlichen und geistigen Zustandes des Inquisiten« betreffen: »Während
der ersten Minuten, nachdem er vorgeführt worden war, zitterte er
gemeiniglich am ganzen Körper, so daß er selbst den Kopf nicht still
zu halten vermögend war, und sein Puls- und Herzschlag war in diesem Zustande sehr beschleunigt und verstärkt, sobald er sich aber etwas beruhigt hatte, ließ das Zittern nach, und ich fand Puls- und
Herzschlag natürlich, ingleichen das Atemholen frei und gleichförmig.«
Woyzecks Gesicht wird hier als »blaß aber nicht eingefallen« beschrieben. Das zweite Clarus-Gutachten enthält folgende Schilderung von
Woyzecks »Äußerem und seiner körperlichen Gesundheit« (L 1, S.
504): »Blick, Miene, Haltung, Gang und Sprache völlig unverändert,
die Gesichtsfarbe, wegen Entbehrung der freien Luft und Bewegung,
etwas blässer, Atemholen, Hautwärme und Zunge völlig natürlich.«
Das Symptom des Zitterns wird gleich an zwei Stellen notiert: »Dagegen bemerkte ich, daß das schon früher während der ersten Minuten
der Unterredung an ihm wahrgenommene Zittern des ganzen Körpers,
besonders wenn mein Besuch ihm sehr unerwartet kam, etwas länger
anhielt, und daß der Puls- und Herzschlag zwar regelmäßig und gleichförmig, aber nicht nur voller und beschleunigter war, sondern daß
auch der Puls, so oft ich ihn im Laufe der Unterredung untersuchte,
immer etwas unruhig, der Herzschlag aber stärker und fühlbarer blieb

und einen größeren Umfang einnahm, als im natürlichen Zustande. Wenn er dagegen, wie es einigemal geschah, eine halbe Stunde vorher von meiner Ankunft unterrichtet war, bemerkte ich alles dieses in weit geringerem Grade.« Die zweite Stelle geht auch auf die Hitzewellen ein, die Woyzeck zuweilen befielen: »Zu gleicher Zeit ist bei gedachter Untersuchung bemerkt worden, daß der Inquisit gemeiniglich während der ersten Minuten der Unterredung am ganzen Körper gezittert habe, daß er den Kopf stille zu halten nicht vermögend und sein Puls- und Herzschlag in diesem Zustande sehr beschleunigt und verstärkt, ingleichen daß er seiner eignen Angabe nach etwas vollblütig und mit Nasenbluten behaftet gewesen sey.« Der Inquisit berichtet dann selbst: »Vor ungefähr sechs Jahren habe sich manchmal dazu ein Gefühl von schmerzhafter Zusammenziehung in der Gegend des Herzens, oder als ob das Herz mit einer Nadel berührt werde, und ein krampfhafter Schmerz in den Gliedern nach der Richtung der Blutgefäße gesellt, auf welchen Herzklopfen, Angst, Schlagen in den Adern und Hitze im Kopfe gefolgt sey. Während dieses Zustandes sey es ihm einmal vom Herzen ins Genicke und von da in den Kopf gefahren, wobei es ihm gedäucht, als ob es in der Gegend des Hinterkopfes sitzen bliebe, und wobei er in demselben Augenblicke ein Prasseln, Schnurren oder Brummen im Genicke verspürt habe. Dergleichen Anfälle habe er seitdem öfters und auch jetzt noch, zuweilen alle Tage, wobei ihn anfänglich, ohne alle äußere Veranlaßung, ein allgemeines Zittern anwandle. Durch Bewegung des Körpers und durch Richtung der Gedanken auf einen andern Gegenstand verliere sich dieser Zufall, und es sey ihm nachher ordentlich wohl.« (Vgl. für die Gestalt des Doktors auch Erläuterung zu H 4, 8, S. 204 f.)

Bei der zuerst aufgeführten Replik des Doktors über den Puls Woyzecks liest Krause (S. 52, 24) am Schluß statt »unregelmäßig« = »ungleich« (Bornscheuer übernimmt diese Lesart). Ein Teil der anschließend zitierten Replik des Doktors lautet bei Bergemann: »Haltung aufgeregt« (ebenso bei Meinerts, Müller-Seidel und Krause). Bornscheuer verzichtet auf die Entzifferung von »aufgerichtet« (Lehmann) oder »aufgeregt« (Bergemann) und gibt die Stelle nur so wieder: »Haltung gespannt«.

will Er erschossen werden: bei Bergemann (Paralipomena): »will Er Rechenschaft«. Meinerts (Anhang) und Müller-Seidel (Paralipomena) folgen dieser Lesart Bergemanns. Krause (S. 52) liest hier ähnlich wie Lehmann: »will er erschossen«. (Bornscheuer verzichtet wie Bergemann in der Leseausgabe auf eine Wiedergabe dieser Stelle.)

Sehn Sie so ein schön, festen groben Himmel ... nur wege des Gedankenstrichels zwischen Ja. und wieder ja – und nein etc.: Bei Bergemann ist von einem »grauen Himmel« die Rede (ebenso bei Meinerts, Müller-Seidel, Krause und Bornscheuer). Die vielzitierte Replik führt Krause (S. 230) auf folgende Bibelstellen zurück: Matthäus 5, 37 (»Eure Rede aber sei: Ja, ja, nein, nein. Was darüber ist, das ist von

Übel«), Jakobus 5, 12 und 2. Korinther 1, 17. Mir scheint diese Replik
eine im Kontext der Sprechweise und des Bewußtseinsstandes Woyzecks vielleicht zu anspruchsvolle Metapher für den Grundkonflikt und
den nicht aufzulösenden Widerspruch menschlicher Existenz zu sein.
Woyzeck sucht zweifelsohne nach dem Sinn des Daseins, er ist vielem
auf der Spur, findet aber keine Lösung, auch nicht im Privatbereich.
Er versteht beispielsweise nicht, wie Louisel ihn betrügen und dabei
noch so unschuldig und schön aussehen kann (H2, 8; H4, 7). Die
Entdeckung des Kontradiktorischen im Menschen veranlaßt Woyzeck
dann in H 2, 8 zu der bekannten Feststellung: »Jeder Mensch ist ein
Abgrund«.

Vgl. auch die Replik Dantons (*Dantons Tod*, I, 1): »Das *und* dazwischen ist ein langes Wort, es hält uns ein wenig weit auseinander
...« (L 1, S. 12). Diese Stelle erinnert an eine Notiz in Büchners *Cartesius* (L 2, S. 197): »Wie wenn nun Denken nichts andres ist als das
Verknüpfen zweier Worte, durch das Wörtchen *est*?«

es läuft der Schatten: bei Bergemann: »als läuft der Schatten« (Meinerts, Müller-Seidel und Krause übernehmen Bergemanns Lesart).

Das hab' ich nicht gern! ein guter Mensch ist ...: Die bisher voll-
ständigste Entzifferung dieser schwierigen Passage (von der Bergemann
den größten Teil in seiner Leseausgabe ausläßt) stammt von Krause
(S. 53, 8–14): »Das hab' ich nicht gern! ein guter Mensch ist dankbar
und hat sei Leben lieb, ein guter Mensch hat keine courage nicht! ein
Hundsfott hat courage! Ich bin blos in Krieg gegangen um mich in
meiner Liebe zum Leben zu befestigen. Von der Polizey zur Miliz, von
da zur Kompagnie, von da zur courage, wenn man zu seinen Soldaten
kommt, grotesk! grotesk!«

Zum Thema *courage* vgl. Erläuterung zu H 1, 10 (»und ein ordentlicher Mensch hat sein Leben lieb« etc.), S. 228 f. Das bürgerliche Tu-
gendsystem wird hier ad absurdum geführt, so daß die Beurteilung der
Situation mit »grotesk« am Schluß der Szene (vgl. dazu Erläuterung
zu Szene 3 [H 2, 3, S. 246] einen deutlichen gesellschaftskritischen Akzent erhält, der das in Szene 3 angeschlagene Thema bedeutungsmäßig
erweitert. Das Groteske als Stilart bildet auch, wie Victor Hugo im
Vorwort zum *Cromwell* (1827) ausführte (vgl. dazu Einleitung, S.
44; ebenso Müller-Seidel, Natur und Naturwissenschaft, S. 212 f.), den
bewußten Gegensatz zum Erhabenen; es dient nicht zuletzt zur Darstellung der »verhunzten Welt« (vgl. Büchners Lenz am Ende des
Kunstgesprächs).

SZENE 8: a) Bergemann (die letzten drei Repliken in Szene 10,
              S. 164)
          b) Bornscheuer (Hc 8, Erläuterungen, S. 47 f.)
          c) Bergemann (Paralipomena, S. 506)
          d) Müller-Seidel (Paralipomena, S. 312 f.)
Woyzeck. Louisel: Diese Vorstufe zu H 4, 7 wurde von Büchner ge-

strichen. Das in der vorigen Szene angesprochene Gegensatzerlebnis (*Ja und Nein*) wird hier zum Widerspruch von Sünde und äußerer Schönheit umformuliert. In H 4, 7 signalisiert Büchner das Problem mit der Frage Woyzecks: »Kann die Todsünde so schön seyn?«

Ach bist du's auch!: Bergemann (Paralipomena) liest: »Ach, bist du's noch!« (Ebenso bei Müller-Seidel, Krause und Bornscheuer).

Was siehst du so sonderbar Franz: Krause liest hier: »Was siehst du so finster Franz« (Bornscheuer übernimmt diese Lesart).

Leichdörn: Hühneraugen.

Und die Lippe nicht zu Haus lasse: Das Wortmotiv taucht schon in der Replik des Hauptmanns in H 2, 7 auf (»ein paar Lippen, Woyzeck ...«) und leicht verändert in H 4, 7: »Du hast ein rothe Mund, Marie. Keine Blase drauf?«

Ich hätt lieber ein Messer in de Leib, als dei Hand auf meine: Im zweiten Clarus-Gutachten wird berichtet, daß Woyzeck bei der Begegnung mit der Woostin sehr bald gemerkt habe, »daß sie seine Begleitung nicht gerne sehe, aus Furcht, sein Nebenbuhler möchte sie mit ihm gehen sehen ... endlich: daß ihm die Woostin, als sie miteinander ins Haus getreten, die Worte gesagt habe: ›Ich weiß gar nicht, was du willst! so geh doch nur nach Hause! ...‹« (L 1, S. 515 f.). Die Antwort ärgerte Woyzeck, und ihn ergriff aufs neue »der Gedanke an das Messer« und an den Mord.

Jeder Mensch ist ein Abgrund: Martens (Menschenbild, S. 385, Anmerkung 24) verweist auf eine Entsprechung bei Augustinus (»Si profunditas est abyssus, putamus non cor hominis abyssus etc?«). Kobel (S. 60, Anmerkung 42) nennt für das Thema der Widersprüchlichkeit des Menschen dieses Fragment aus Pascals *Pensées*: »Wir brennen vor Verlangen, einen festen Grund zu finden und eine letzte dauerhafte Basis, um darauf einen Turm zu bauen, der sich bis ins Unendliche erhebt; aber es kracht in allen unsern Fundamenten, und die Erde öffnet sich bis zu den Abgründen« (Nous brûlons de désir de trouver une assiette ferme, et une derrière base constante pour y édifier une tour qui s'élève à l'infini; mais tout notre fondement craque, et la terre s'ouvre jusqu'aux abîmes.) In Bonaventuras *Nachtwachen* findet sich nicht nur das Thema vom Widerspruch der menschlichen Existenz, sondern auch die folgende Passage, die m. E. Büchner hier adaptiert hat: »... dann schaue ich aber plötzlich tief in mich selbst hinein, wie in einen unermeßlichen Abgrund, in dem die Zeit, wie ein unterirdischer nie versiegender Strom dumpf dahinrauscht, und aus der finsteren Tiefe schallt das Wort *ewig* einsam herauf, und ich stürze schaudernd vor mir selbst zurück, und kann mir doch nimmer entfliehen« (4. Nachtwache, S. 40).

SZENE 9:   b) Bornscheuer (Hc 9, S. 48)
            c) Bergemann (Paralipomena, S. 506)
            d) Müller-Seidel (Paralipomena, S. 313)
Louisel allein. Gebet: Der fragmentarische und von Büchner ge-

strichene Monolog bildet die Keimzelle zu H 4, 16. Vgl. Erläuterung
zu dem Stichwort *Und ist kein Betrug*, S. 216 f. Diesem Stichwort geht
hier ein Hinweis Büchners (sehr wahrscheinlich eine Art Erinnerungs-
stütze in französischer Sprache) voraus, den er zur Hälfte wieder
durchgestrichen hat. Bei Bergemann (Paralipomena), Müller-Seidel und
Krause (S. 54) wird dieser Hinweis zu Anfang des Szenenfragments
aufgeführt: »La corruption du siècle est parvenue à ce point, que pour
maintenir la morale –« (übersetzt: »Die Verderbtheit des Zeitalters hat
den Punkt erreicht, daß, um die Moral zu erhalten . . .«).

Verstreute Bruchstücke: H 3 (bei Bornscheuer H e)

SZENE 1:   a) Bergemann (Szene 15, S. 167)
                  Meinerts (Szene 15, S. 190 f.)
                  Lehmann (Szene 18, S. 425)
            b) Bornscheuer (He 1, S. 61 f.)
            c) Bergemann (Paralipomena, S. 507)
            d) Müller-Seidel (Paralipomena, S. 313 f.)

Der Hof des Professors: Wie schon Bergemann (S. 507) anmerkte,
sind der Professor und der Doktor dieselbe Person, was als Argument
dafür dienen könnte, daß es sich hier um eine Persiflage auf den Universitätsprofessor Wilbrand handelt, der gleichzeitig praktizierender
Arzt war (vgl. Erläuterung zu *Der Doctor*, S. 204 f.). Da der Inhalt
dieser Szene bereits in H 4, 8 zur Gänze dargestellt wurde (siehe auch
Paulus, S. 240, Anmerkung 49), gehört diese Szene allenfalls, wie Richards (S. 57) kritisch zu Lehmanns Leseausgabe (das gilt ebenso für
Bergemann und Meinerts) anmerkt, in die Exposition. Kanzog (S.
439 f.) datiert deshalb diese Szene entstehungsmäßig vor H 2, 6 und
versteht H 3, 1 als »die erste Doktor-Konzeption des Stückes, den
Übergang von der Abbildung einer Person zu ihrer dichterischen Frei-
setzung im Werk«. Die Genese wäre also folgendermaßen darzustellen:
H 3, 1 → H 2, 6 → H 4, 8 (vgl. auch Krause, S. 88 f.).

Lehmann (Repliken, S. 78 f.) dagegen begreift diese Szene von ihrer
wirkungsspezifischen Funktion her (vgl. die Regieanweisung: »Studenten unten, der Professor am Dachfenster«; die Szene ist eine Dar-
bietung vor einem Publikum für ein Publikum) als eine Art Dreh-
und Angelpunkt für »die ganze sozialkritische Problematik dieses
Dramas«. H 3, 1 zeigt für Lehmann eine Radikalisierung der sozial-
und bewußtseinskritischen Tendenz; die Halluzinationen Woyzecks
erweisen sich als »wissenschaftlich kalkulierte Verstümmelung seiner
Existenz, die im Gesellschaftlichen ihre Ursache hat« (Lehmann, Noten, S. 54). Obwohl Lehmanns Interpretation hier adäquat ist, gehört
m. E. diese Szene nichtsdestoweniger eindeutig einer früheren Stufe im
Entstehungsprozeß der Entwürfe an.

ich bin auf dem Dach, wie David, als er die Bathseba sah: Anspielung auf 2. Samuel 11, 2: »Und es begab sich, daß David um den

Abend aufstand von seinem Lager und ging auf dem Dach des Königshauses und sah vom Dach ein Weib sich waschen; und das Weib
war sehr schöner Gestalt« (siehe Wortlaut bei Krause, S. 228). Bathseba war die Frau Urias, eines der Befehlshaber Davids.
culs de Paris: Gesäßpolster, das man im 18. und 19. Jahrhundert
unter dem Frauenrock trug. In dem 13. Kapitel des *Siebenkäs* von
Jean Paul, aus dem auch manche Anspielungen in *Leonce und Lena*
stammen, schwört Leibgeber: »Der Spitzbube ist keine wert, als die
statt des Kopfes eine *Schädelstätte* und statt des Herzens eine gorge
de Paris hat oder (die Richtung ist nur anders) einen cul de Paris«
(Jean Paul, Werke in zwölf Bänden, Bd. 3, Reihe Hanser, München
1975, S. 398).
Meine Herrn wir sind an der wichtigen Frage über das Verhältniß
des Subjects zum Object bis *und dem eigenen Instinkt verhalten*: Winkler (S. 119 ff.) wies für Stil und Struktur dieser Replik als Quelle die
Schriften des Gießener Anatomen Wilbrand nach, bei dem Carl Vogt
und ziemlich sicher Büchner gehört haben (vgl. Erläuterung zu H 4,
8, S. 204 f.). Der Titel einer Schrift von 1819 lautet beispielsweise: »Das
Gesetz des polaren Verhaltens in der Natur dargestellt in den mag-
netischen, electrischen und chemischen Naturerscheinungen; in dem
Verhalten der unorganischen Schöpfung; in den Erscheinungen des
Pflanzen- und Thierlebens; in dem Verhalten unsers Weltkörpers zu
dem umgebenden Planetensystem zur Begründung einer wissenschaftlichen Physiologie.« Besonders evident ist der parodistische Charakter
dieser Replik bei folgendem Zitat aus der Schrift »Über den Ursprung
und die Bedeutung der Bewegung auf Erden« (1813): »Im Leben erkennen wir die innere Beseelung alles dessen, was Daseyn hat; das Leben in seiner Ursprünglichkeit betrachtet, ist daher das Absolute in
seiner Selbstaffirmation« (vgl. auch Bornscheuer, Erläuterungen, S.
33 f.). M. E. nimmt diese Replik ebenso die idealistisch getönte wissenschaftliche Physiologie Wilbrands (vgl. Erläuterungen, S. 205; ebenso
Lehmann, Repliken, S. 79) aufs Korn wie die Physiologie des Cartesius »aus mathematischen und physikalischen Prinzipien« (L 2, S. 179).
»In der Abhandlung *De homine*« des Cartesius wird, so bemerkt
Büchner in seinen Notizen (L 2, S. 179) nicht ohne Ironie, der *homme*
machine »vollständig zusammengeschraubt«. Büchner zeichnet die Gedanken Descartes' über die »Centrifugalkraft« (L 2, S. 177 f.) und das
»Centralfeuer« (L 2, S. 179, 183) nach, faßt dessen »willkürlichste
und abentheuerlichste Hypothesen« über Kosmogonie, Physik und die
menschliche Physiologie zusammen und kritisiert die Unfähigkeit, »das
Verhältniß zwischen Körper und Geist, zwischen Seyn und Denken
mit seinem System in Einklang zu bringen« (L 2, S. 179 f.). In der
Replik des Doktors setzt sich Büchner gleichermaßen mit dem teleologischen wie dem idealistischen Standpunkt satirisch auseinander (vgl.
L 2, S. 291 ff.). Hinter der satirischen Absicht wird das Anliegen des
Dichters sichtbar, nämlich darzustellen, daß sowohl die zeitgenössische

Medizin als auch die Rechtswissenschaft unfähig ist, einen Fall wie Woyzeck menschlich adäquat und sachgetreu zu beurteilen.

centrum gravitationis: Schwerkraft (vgl. Büchners Ausführungen zu Descartes' Theorie der Bewegung, L 2, S. 173–191).

Herr Doctor ich hab's Zittern / Herr Doctor es wird mir dunkel: Wie Bornscheuer (Erläuterungen), S. 34 f.) anmerkt, sind in der Demonstration des Doktor-Professors die Ernährungsexperimente Liebigs an Gießener Soldaten (vgl. Erläuterung zu H 4, 8, S. 206) und die Beobachtungen des medizinischen Gutachters Clarus vereint worden. Über das Symptom des Zitterns berichtet Clarus im ersten (L 1, S. 546) und zweiten (L 1, S. 507 f.; siehe Erläuterung zu *Kerl er ist ja kreideweiß . . .*, S. 251 f.) Gutachten. Wenn in der ersten Replik der Doktor das *Verhältniß des Subjects zum Object* demonstrieren will, so spricht Clarus im Falle des historischen Woyzeck von der »Verwechslung des Objectiven mit dem Subjectiven« (L 1, S. 522). Clarus konstatiert bei Woyzeck auch außer dem Zittern »Herzklopfen, Benommenheit des Kopfes« (L 1, S. 523; vgl. auch die Replik *Herr Doctor es wird mir dunkel*).

Species Hasenlaus: »Hasenlaus« = Pelztierfresser (B, S. 650), lateinischer Name: *Ricinus* (Bornscheuer, Erläuterungen, S. 35).

enfoncé: eingegraben (im Pelz); fehlt bei Bergemann (ebenso bei Meinerts und Müller-Seidel).

Ricinus, herauf, die schönsten Exemplare, bringen Sie ihre Pelzkragen: Bei Bergemann fehlt diese Stelle noch (ebenso bei Müller-Seidel). Meinerts entzifferte sie bis auf ein Wort (»herauf«).

der Mensch, seit einem Vierteljahr ißt er nichts als Erbsen: Das Erbsenexperiment steht auch in H 4, 8 im Vordergrund (vgl. Erläuterung, S. 205 f.). Es spielt einerseits auf die ernährungsphysiologischen Experimente Liebigs an und macht andererseits die Fragwürdigkeit solcher Experimente deutlich. Der Mensch wird zum bloßen Forschungsobjekt reduziert und seiner natürlichen Fähigkeiten beraubt. Als Folge des Experiments stellen sich diese Symptome ein: ungleicher Puls, Seh- und Herzstörungen, Zittern, Schwindel und Haarausfall.

beachten Sie die Wirkung: Bergemann liest: »bemerken Sie die Wirkung« (ebenso Meinerts und Müller-Seidel). Krause (S. 55) entscheidet sich für das Praeteritum: »bemerkten«. Vgl. dazu Lehmann, Repliken, S. 78 f.

ungleicher Puls: vgl. H 2, 7; ebenso zweites Clarus-Gutachten, L 1, S. 504.

da und die Augen: bei Bergemann: »der und die Augen« (ebenso bei Meinerts und Müller-Seidel).

Courage!: Zu diesem Begriff (siehe H 1, 10; H 2, 7) vgl. vor allem die Erläuterung zu H 1, 10, S. 228 f.

beweg den Herrn doch einmal die Ohren: Diese Vorführung Wilbrands bestätigt Büchners Kommilitone Carl Vogt in seinen Lebenserinnerungen. (Vgl. Benn, S. 300, Anmerkung 5.) Es heißt dort (S. 55):

»Der Glanzpunkt dieser anatomischen Vorlesung war die Demonstration der Ohrmuskeln. Der Sohn, der die Ohren brillant bewegen konnte, mußte dann erscheinen und man erzählte, daß die Scene in folgender Weise sich abspielte. Nach der Beschreibung der Ohrmuskeln sagte der Professor: ›Diese Muskeln sind beim Mens-ken obsolet geworden. Der Mens-k kann die Ohren nicht bewegen, das können nur die äffken. Jolios, mach's mal!‹ Der unglückliche Jolios mußte dann aufstehen und mit den Ohren wedeln!«
    Allons: Auf geht's!

    das sind so Uebergänge zum Esel: knüpft an die Ausführungen des Marktschreiers in H 1, 2 und an die des Ausrufers in H 2, 3 an, vor allem an die Gedanken: »ei thierisch Mensch und doch ei Vieh, ei bête« (L 1, S. 145) und »Alles Erziehung, habe nur eine viehische Vernunft, oder vielmehr eine ganz vernünftige Viehigkeit« (L 1, S. 158). Die »Uebergänge zum Esel« interpretiert hier der Doktor-Professor als eine Folge »weiblicher Erziehung« und der »Muttersprache«, was beides für ihn offensichtlich nicht zum »hohen Standpunkte« gehört, zur »Selbstaffirmation des Göttlichen«, sondern zur »unidealen Natur«, die er zu verachten scheint (vgl. Büchners Brief an die Familie vom Februar 1834, L 2, S. 422 f.).
    Wieviel Haare hat dir die Mutter zum Andenken schon ausgerissen: Krause (S. 56) liest hier: »Alles Haar ...« (Bornscheuer übernimmt diese Lesart).

    SZENE 2:   a) Meinerts (Szene 24, S. 197)
                Müller-Seidel (Szene 26, S. 290)
                Lehmann (Szene 27, S. 431)
             b) Bornscheuer (He 2, S. 65)
             c) Bergemann (Paralipomena, S. 508)
             d) Müller-Seidel (Paralipomena, S. 315)
    Der Idiot. Das Kind. Woyzeck: Diese Szene steht in Lehmanns Leseausgabe am Schluß. Der Herausgeber verteidigt diese Wahl im »Rahmen der Motiv- und Themenkoordinaten« als eine nahezu »optimale Lösung« (Repliken, S. 79–82) gegen Richards' (S. 56 f.) Vorschlag, die Szene zwischen H 1, 16 und H 1, 17 einzufügen (zur Diskussion vgl. u. a. Paulus, S. 343 f.; Müller-Seidel, S. 290; van Dam, S. 89; Baumann, S. 187 f.; Lindenberger, S. 99 f.; Lehmann, Repliken, S. 79 f., Noten, S. 56; Krause, S. 88 f.; Kanzog, S. 438 f.).
    Der is in's Wasser gefallen: verbreiteter Abzählvers, der bei Stöber (Elsässisches Volksbüchlein, S. 43) und bei Wehrhan (Frankfurter Kinderleb , S. 14 f.) in verschiedenen Variationen überliefert ist. Im Frankf   Raum war diese Fassung bekannt:
                ›er ist ins Wasser gefallen,
             er hat ihn herausgezogen,
             er hat ihn heimgetragen,

der hat ihn ins Bett gelegt und schön zugedeckt,
und der kleine Schlingel hat ihn wieder aufgeweckt
(vgl. B, S. 641, und Bornscheuer, Erläuterungen, S. 35).

wie, der is in's Wasser gefalln: Bergemann (Paralipomena) liest:
»mir, der is ins Wasser gefallen« (ebenso bei Meinerts, Müller-Seidel
und Krause, S. 56).

Christian: einer der beiden Vornamen des historischen Woyzecks
(vgl. Erläuterung, S. 220). Im zweiten Clarus-Gutachten wird erwähnt,
daß Woyzeck erklärt habe, der »Gedanke an sein Kind und an diese
von ihm verlassene Person sey ganz allein die Ursache seiner bestän-
digen Unruhe geworden« (L 1, S. 509). Auch im Falle Dieß wird von
der »Liebe zu seinem Kinde« (Krause, S. 199) gesprochen (vgl. auch
Erläuterung zu H 4, 17, S. 219).

Reuter: Reiter.

Hop! hop! ...: Krause (S. 56) liest hier wenig einleuchtend: »Hoch!
hop! ...«

BIBLIOGRAPHISCHE HINWEISE

Die vorliegende Auswahl aus der Literatur soll als eine grundlegende Arbeitshilfe dienen und außerdem die in der Einleitung und in den Erläuterungen abgekürzt zitierten Titel vollständig dokumentieren. Eine alphabetische Anordnung erschien deshalb zweckmäßiger als eine chronologische Gliederung, die nur für die Rubrik *Ausgaben* und *Editionen* aus sachlichen Gründen gewählt wurde. Die Literaturhinweise sind, um die Orientierung zu erleichtern, in zehn Gruppen aufgeteilt. An weiteren bibliographischen Hilfsmitteln wäre an erster Stelle die internationale Bibliographie Werner Schlicks, dann der Bericht von Klaus-Dietrich Petersen, die Einführung Gerhard Knapps (siehe unter Gruppe 3) und eine Reihe von Monographien (Gruppe 4: Maurice B. Benn, Ronald Hauser, Gerhard Jancke, Ernst Johann, Arthur Harold John Knight, Herbert Lindenberger u. a.) und Einzeldarstellungen (z. B. Luis F. Helbig, Ulrike Paul, Jürgen Schröder und Bo Ullman) zu nennen, die oft einen umfangreichen bibliographischen Anhang enthalten (siehe auch die Kommentare und Erläuterungen von Josef Jansen, Lothar Bornscheuer und Gerhard Schaub).

1. Die wichtigsten Editionen der Werke Georg Büchners

Nachgelassene Schriften. Hrsg. v. Ludwig Büchner. Frankfurt/Main: J. D. Sauerländer 1850.

Sämmtliche Werke und handschriftlicher Nachlaß. Erste kritische Gesammtausgabe. Eingeleitet und herausgegeben von Karl Emil Franzos. Frankfurt/Main: J. D. Sauerländer 1879.

Gesammelte Schriften. In 2 Bänden. Herausgegeben von Paul Landau, Berlin: Paul Cassirer 1909.

Gesammelte Werke, nebst einer Auswahl seiner Briefe. Eingeleitet von Wilhelm Hausenstein. Leipzig: Insel 1916.

Sämtliche Werke und Briefe. Auf Grund des handschriftlichen Nachlasses herausgegeben von Fritz Bergemann. Leipzig: Insel 1922 (weitere Auflagen: 1926, 1940, 1949, 1952, 1956).

Werke und Briefe. Gesamtausgabe. Neue, durchgesehene Ausgabe. Herausgegeben von Fritz Bergemann. Wiesbaden: Insel-Verlag 1958.

Sämtliche Werke. Nebst Briefen und anderen Dokumenten. Einleitung von Werner Bökenkamp. Hrsg. und erläutert von Hans Jürgen Meinerts. Gütersloh: Sigbert Mohn Verlag 1963.

Sämtliche Werke und Briefe. Historisch-kritische Ausgabe mit Kommentar hrsg. v. Werner R. Lehmann. 4 Bde., Hamburg: Christian Wegner Verlag o.J. (bisher erschienen: Erster Band. Dichtungen und Übersetzungen. Mit Dokumenten zur Stoffgeschichte. Hamburg 1967; Zweiter Band. Vermischte Schriften und Briefe, Hamburg 1971).

2. Neuere textkritische Einzelausgaben, Kommentare, Erläuterungen und Dokumentationen

Woyzeck. Nach den Handschriften des Dichters hrsg. v. Georg Witkowski. Leipzig: Insel 1920.

La Mort de Danton. Publiée avec texte des sources et des corrections manuscrites de l'auteur, présentée, traduite et annotée par Richard Thieberger. Paris: Presses universitaires de France 1953.

Dantons Tod and Woyzeck. Edited with introduction and notes by Margaret Jacobs. Manchester: Manchester University Press 1954.

Woyzeck. Vollständiger Text und Paralipomena. Dokumentation. Hrsg. v. Hans Mayer. Frankfurt/M. – Berlin: Verlag Ullstein GmbH 1963 (Ullstein Bücher Nr. 3911).

Woyzeck. In: Klassische Deutsche Dichtung. Bd. 15. Bürgerliches Trauerspiel und soziales Drama mit einem Nachwort von Walter Müller-Seidel, S. 263–315. Freiburg-Basel-Wien: Herder 1964.

Ludwig Weidig. Der Hessische Landbote. Texte, Briefe, Prozeßakten. Kommentiert von Hans Magnus Enzensberger. Frankfurt/Main: Insel Verlag 1965 (sammlung insel 3).

Woyzeck. Texte und Dokumente. Kritisch hrsg. v. Egon Krause, Frankfurt/Main: Insel 1969.

Dantons Tod. Erläuterungen und Dokumente. Hrsg. v. Josef Jansen, Stuttgart: Philipp Reclam jun. 1969 (UB Nr. 8104).

Woyzeck. Kritische Lese- und Arbeitsausgabe. Hrsg. v. Lothar Bornscheuer. Stuttgart: Philipp Reclam jun. 1972 (UB Nr. 9347).

Woyzeck. Erläuterungen und Dokumente. Hrsg. v. Lothar Bornscheuer. Stuttgart: Philipp Reclam jun. 1972 (UB Nr. 8117).

Gerhard Schaub (Hg.), Georg Büchner. Friedrich Ludwig Weidig. Der Hessische Landbote. Texte, Materialien, Kommentar. München-Wien: Carl Hanser Verlag 1976 (Reihe Hanser 202).

3. Forschungsberichte, bibliographische und technische Hilfsmittel

Fritz Bergemann, Georg Büchner – Schrifttum seit 1937. In: DVJ 25 (1951), S. 112–121.

Fritz Bergemann, Entwicklung und Stand der Georg-Büchner-Forschung. Ein Nachwort zum Büchner-Gedenktag, 19. Februar 1937. In: Geistige Arbeit 4 (1937), S. 5 ff.

Nicoló di Fede, A proposito di un recente studio su Georg Büchner. In: Rivista di Studi Teatrali 7 (1953), S. 271–286.

Dietmar Goltschnigg (Hg.), Materialien. Zur Rezeptions- und Wirkungsgeschichte Georg Büchners, Kronberg Ts. 1974.

Gerhard P. Knapp, Georg Büchner. Eine kritische Einführung in die Forschung. Frankfurt/Main 1975 (FAT 2069).

Werner R. Lehmann, Prolegomena zu einer historisch-kritischen Büch-

ner-Ausgabe. In: Gratulatio. Festschrift für Christian Wegner zum
70. Geburtstag am 9. September 1963. Hamburg 1963, S. 190–225.
Werner R. Lehmann, Textkritische Noten. Prolegomena zur Hambur-
ger Büchner-Ausgabe. Hamburg 1967.
Rudolf Majut, Aufriß und Probleme der modernen Büchner-For-
schung. In: GRM 17 (1929), S. 356–372.
Hans Mayer, Fragen der Büchner-Forschung (1959–1972). In: H. M.,
Georg Büchner und seine Zeit. Frankfurt/Main 1972, S. 443–493.
Horst Oppel, Stand und Aufgaben der Büchner-Forschung. In: Eupho-
rion 49 (1955), S. 91–109.
Klaus-Dietrich Petersen, Georg Büchner-Bibliographie. In: Philobib-
lon 17 (1973), S. 89–115.
Monika Rössing-Hager, Wortindex zu Georg Büchners Dichtungen
und Übersetzungen. Berlin 1970 (Deutsche Wortindices 1).
Werner Schlick, Das Georg Büchner-Schrifttum bis 1965. Eine inter-
nationale Bibliographie, Hildesheim 1968.
Richard Thieberger, Situation de la Büchner-Forschung. In: Etudes
Germaniques 23 (1968), S. 255–260, S. 405–413.

4. Monographien, Gesamtdarstellungen, Biographisches

Jean Auger-Duvignaud, Georg Büchner dramaturge. Paris 1954 (=
Les grand dramaturges 2).
Gerhart Baumann, Georg Büchner. Die dramatische Ausdruckswelt.
Göttingen 1961.
Maurice B. Benn, The Drama of Revolt. A Critical Study of Georg
Büchner. London-New York-Melbourne 1976.
Anton Büchner, Die Familie Büchner. Georg Büchners Vorfahren, El-
tern und Geschwister. Darmstadt 1963.
Hermann Bräuning-Oktavio, Georg Büchner. Gedanken über Leben,
Werk und Tod. Bonn 1976.
Claude David, Georg Büchner (1813–1837). In: C. D., Geschichte der
deutschen Literatur zwischen Romantik und Symbolismus (= Ge-
schichte der deutschen Literatur, hrsg. v. Horst Rüdiger). Gütersloh
1966, S. 67–73.
Eugen Diem, Georg Büchners Leben und Werk, 2. Aufl. Heidelberg
1948.
Giorgio Dolfini, Il teatro di Georg Büchner. Milano 1961.
Michael Hamburger, Georg Büchner. In: M. H., Vernunft und Rebel-
lion. Aufsätze zur Gesellschaftskritik in der deutschen Literatur.
München 1969, S. 58–85.
Ronald Hauser, Georg Büchner. New York 1974.
Walter Hinck, Georg Büchner. In: Deutsche Dichter des 19. Jahrhun-
derts. Ihr Leben und Werk. Hrsg. v. Benno von Wiese. Berlin 1969,
S. 200–222.

Walter Höllerer, Georg Büchner. In: W. H., Zwischen Klassik und Moderne. Lachen und Weinen in der Dichtung einer Übergangszeit. Stuttgart 1958, S. 100–142.

Gerhard Jancke. Georg Büchner. Genese und Aktualität seines Werkes. Einführung in das Gesamtwerk. Kronberg/Ts. 1975.

Ernst Johann, Georg Büchner. In Selbstzeugnissen und Dokumenten dargestellt. Hamburg 1972.

Arthur Harold John Knight, Georg Büchner. Oxford 1951.

Erwin Kobel, Georg Büchner. Das dichterische Werk. Berlin-New York 1974.

Helmut Krapp, Der Dialog bei Georg Büchner. München 1958.

Herbert Lindenberger, Georg Büchner. Carbondale/III. 1964.

Wolfgang Martens (Hg.), Georg Büchner. Darmstadt 1965 (Aufsätze von Viëtor, Landau, Gundolf, Pongs, Lukács, Mayer, May, Mühlher, Plard, van Dam, David, Majut, Peacock, Martens, Krapp, Fink, Mautner).

Hans Mayer, Georg Büchner und seine Zeit. Wiesbaden 1946, Berlin 1947, Wiesbaden und Berlin 1960; Frankfurt/Main 1972 (suhrkamp taschenbuch 58).

Hans Oppel, Die tragische Dichtung Georg Büchners. Stuttgart 1951.

Günther Penzoldt, Georg Büchner. Velber bei Hannover 1965.

Henri Poschmann, Das künstlerische Werk Georg Büchners. In: Weimarer Beiträge 17 (1971), S. 12–49.

Karl Viëtor, Karl Georg Büchner. In: Martens (Hg.), Georg Büchner. Darmstadt 1965, S. 1–15.

Karl Viëtor, Georg Büchner. Politik, Dichtung, Wissenschaft. Bern 1949.

Carl Vogt, Aus meinem Leben. Erinnerungen und Rückblicke. Stuttgart 1896.

Max Zobel von Zabeltitz, Georg Büchner. Sein Leben und sein Schaffen. Berlin 1915 (= Bonner Forschungen. N. F. 8).

5. Literatur zu verschiedenen Problemen und Einzelaspekten von Georg Büchners Werk

Carlo Mario Abutille, Angst und Zynismus bei Georg Büchner. Bern 1969.

Herbert Anton, Büchners Dramen. Topographien der Freiheit. Paderborn 1975.

Gerda E. Bell, Traduttore-traditore? Some Remarks on Georg Büchner's Victor Hugo Translations. In: Monatshefte 63 (1971), S. 19–27.

Gerda E. Bell, Windows: A Study of a Symbol in Georg Büchner's Work. In: Germanic Review 46 (1972), S. 95–108.

Walter Benjamin, Kommentar zu Briefen aus dem bürgerlichen Jahrhundert. Georg Büchner an Karl Gutzkow, Ende Februar 1835. In:

W. B., Illuminationen. Ausgewählte Schriften, hrsg. v. Siegfried Unseld. Frankfurt/Main 1961, S. 293–296.

Maurice B. Benn, Büchner und Gautier. In: Seminar 9 (1973), S. 202–207.

Jochen Walter Bierbach, Der Anatom Georg Büchner und die Naturphilosophen, Med. Diss. Düsseldorf 1961.

Eric Albert Blackall, Büchner und Alban Berg. Some Thoughts on ›Woyzeck‹. In: German Quarterly 34 (1961), S. 431–438.

Donald Brinkmann, Georg Büchner als Philosoph. Zürich 1958.

Der Büchner-Preis. Die Reden der Preisträger 1950–1962. Eingeleitet v. Carl Zuckmayer. Heidelberg-Darmstadt 1963.

Büchner-Preis-Reden 1951–1971. Mit einem Vorwort von Ernst Johann. Stuttgart 1972 (Autoren: Benn, Kreuder, Kessel, Kaschnitz, Krolow, Kästner, Frisch, Eich, Celan, Nossack, Koeppen, Enzensberger, Bachmann, Grass, Hildesheimer, Böll, Mann, Heißenbüttel, Bernhard, Johnson).

Ludwig Büttner, Georg Büchner. Revolutionär und Pessimist. Ein Beitrag zur Geistesgeschichte des 19. Jahrhunderts. Nürnberg 1948.

Ludwig Büttner, Büchners Bild vom Menschen. Nürnberg 1967.

August Closs, Nihilism and modern German drama. Grabbe und Büchner. In: A. C., Medusa's Mirror. Studies in German Literature. London 1957, S. 147–163.

Roy Cowen, Identity and Conscience in Büchner's Works. In: Germanic Review 43 (1968), S. 258–266.

Dichter über Büchner. Hrsg. v. Werner Schlick, Frankfurt a. M. 1973.

Otto Döhner, Georg Büchners Naturauffassung, Diss. Marburg 1967.

Edmond Dune, Un poète matérialiste: Georg Büchner. In: Critique 9 (1953), S. 481–495, 601–611.

Alexander Dymschitz, Die ästhetischen Anschauungen Georg Büchners. In: Weimarer Beiträge 8 (1962), S. 108–123.

Wilhelm Emrich, Georg Büchner und die moderne Literatur. In: W. E., Polemik. Frankfurt/Main-Bonn 1968, S. 172.

Gonthier-Louis Fink, Volkslied und Verseinlage in den Dramen Büchners. In: DVJ 35 (1961), S. 558–593 (ebenso in: Martens (Hg.), Georg Büchner, Darmstadt 1965, S. 443–487).

Heinz Fischer, Acedia und Landschaft in den Dramen Georg Büchners, Diss. München 1958.

Heinz Fischer, Georg Büchner. Untersuchungen und Marginalien. Bonn 1972 (= Studien zur Germanistik, Anglistik und Komparatistik 14).

Lorenz Frieder, Gedanken bei einem unbekannten Brief Georg Büchners. In: Maske und Kothurn 10 (1964), S. 532–537.

Eva Friedrich, Georg Büchner und die Französische Revolution, Diss. Zürich 1952.

N. A. Furness, Georg Büchner's Translations of Victor Hugo. In: Modern Language Review 51 (1956), S. 49–54.

Dietmar Goltschnigg, Materialien zur Rezeptions- und Wirkungsgeschichte Georg Büchners, Kronberg/Ts. 1974.

Dietmar Goltschnigg, Rezeptions- und Wirkungsgeschichte Georg Büchners, Kronberg/Ts. 1975.

Jochen Golz, Die naturphilosophischen Anschauungen Georg Büchners. In: Wissenschaftliche Zeitschrift der Friedrich-Schiller-Univer-
sität Jena. Gesellschafts- und sprachwissenschaftliche Reihe 13 (1964),
S. 65–72.

Richard Gunkel, Georg Büchner und der Dandysmus. Utrecht 1953
(= Studia Litteraria Rheno-Traiectina 2).

Karl Guthke, Geschichte und Poetik der deutschen Tragikomödie.
Göttingen 1961 (zu Büchner, Grabbe und Hebbel S. 179–217).

Hans-Peter Herrmann, Stilstudien zur dramatischen Zeit und Sprache
Georg Büchners, Diss. Freiburg 1955.

Fritz Heyn, Die Sprache Georg Büchners, Diss. Marburg 1955.

Walter Hof, Stufen des Nihilismus. Nihilistische Strömungen in der
deutschen Literatur vom Sturm und Drang bis zur Gegenwart. In:
GRM 44 (1963), S. 397–423.

Georg Honigmann, Die sozialen und politischen Ideen im Weltbild
Georg Büchners, Diss. Gießen 1929.

Frank Hörnigk, Untersuchungen über den Zusammenhang von revo-
lutionärer Praxis, revolutionär-demokratischer Ideologiebildung
und ästhetischem Programm bei Georg Büchner, Diss. Berlin 1973
(Humboldt Universität).

Hans Robert Jauß, Das Ende der Kunstperiode. Aspekte der literarischen Revolution bei Heine, Hugo und Stendhal. In: H. R. J.,
Literaturgeschichte als Provokation, Frankfurt a. M. 1970, S. 107 bis
143.

Walter Jens, Poesie und Medizin. Gedenkrede für Georg Büchner. In:
Neue Rundschau 75 (1964), S. 266 ff.

Walter Jens, Schwermut und Revolte. Georg Büchner. In: W. J., Von
deutscher Rede. München 1969, S. 80–103.

Ursula Kaiser, Die Mechanisierung des Lebens im dichterischen Werk
Georg Büchners, Diss. Frankfurt/Main 1952.

Wolfgang Kayser, Das Groteske in Malerei und Dichtung. Hamburg
1960 (rde 107), besonders S. 70–78.

Volker Klotz, Geschlossene und offene Form im Drama. München
1960.

Erich Kühne, Über die Anthropologie Grabbes und Büchners und den
Realismus ihres Geschichtsdramas. Zur Gesellschaftsgeschichte des
Verhältnisses von Volksbewegung und Einzelpersönlichkeit in der
1. Hälfte des 19. Jahrhunderts. Habil. Schrift Berlin 1951.

Wilhelm Lenz, Untersuchungen zur Sprache und zum Weltbild Georg
Büchners, Diss. Köln 1949.

Wolf Lepenies, Melancholie und Gesellschaft. Frankfurt/Main 1969.

Heinz Lipmann, Georg Büchner und die Romantik. München 1923.

Georg Lukács, Der faschistisch verfälschte und der wirkliche Georg Büchner. In: G. L., Deutsche Realisten des 19. Jahrhunderts. Berlin 1953, S. 249–272 (ebenso in: Martens (Hg.), Georg Büchner, Darmstadt 1965, S. 197–224).

Leslie MacEwen, The Narren-Motifs in the Work of Georg Büchner. Bern 1968 (= Europäische Hochschulschriften 8).

Rudolf Majut, Georg Büchner and Some English Thinkers. In: Modern Language Review 48 (1953), S. 310–322.

Rudolf Majut, Some literary affiliations of Georg Büchner with England. In: Modern Language Review 50 (1955), S. 30–43 (deutsch in: Martens (Hg.), Georg Büchner. Darmstadt 1965, S. 334–359).

Rudolf Majut, Studien um Büchner. Untersuchungen zur problematischen Natur. Berlin 1932.

Golo Mann, Georg Büchner und die Revolution (Rede zur Verleihung des Büchner-Preises). In: Jahrbuch der Deutschen Akademie für Sprache und Dichtung. Heidelberg 1968, S. 88–103.

Hans Mayer, Georg Büchners ästhetische Anschauungen. In: H. M., Georg Büchner und seine Zeit. Frankfurt/Main 1972, S. 403–442.

Leonard McGlashan, Sinn und Form des realistischen Dramas bei Georg Büchner, Diss. Münster 1955.

Dirk Mende, Untersuchungen zu den Volksliedeinlagen in den Dramen Georg Büchners, Diss. Stuttgart 1972.

Peter Michelsen, Büchner und Wieland. In: Archiv für das Studium der neueren Sprachen und Literaturen CXVII (1960), S. 135–137.

Rodolfo E. Modern, La Naturalezza en la Obra de Georg Büchner, Santa Fe (Argentina) 1968.

Robert Mühlher, Georg Büchner und die Mythologie des Nihilismus. In: R. M., Dichtung der Krise. Wien 1951, S. 97–145 (ebenso in: Martens (Hg.), Georg Büchner. Darmstadt 1965, S. 252–288).

Walter Müller-Seidel, Natur und Naturwissenschaft im Werk Georg Büchners. In: Festschrift für Klaus Ziegler. Hrsg. v. E. Catholy und W. Hellmann. Tübingen 1968, S. 205–232.

Ulrike Paul, Vom Geschichtsdrama zur politischen Diskussion. Über die Desintegration von Individuum und Geschichte bei Georg Büchner und Peter Weiss. München 1974.

Ronald Peacock, A note on Georg Büchner's Plays. In: German Life and Letters 10 (1956/57), S. 189–197 (deutsch in: Martens (Hg.), Georg Büchner. Darmstadt 1965, S. 360–372).

Jürgen H. Petersen, Die Aufhebung der Moral im Werk Georg Büchners. In: DVJ 47 (1973), S. 245–266.

Henri Plard, La technique de Georg Büchner. In: Etudes Germaniques 15 (1960), S. 254–257.

Paul Requadt, Über Büchners Kunstanschauung. In: P. R., Bildlichkeit der Dichtung. Aufsätze zur deutschen Literatur vom 18. bis 20. Jahrhundert. München 1974.

Ralph P. Rosenberg, Georg Büchner's Early Reception in America. In: JEGP 44 (1945), S. 270 ff.

Helmut Schanze, Büchners Spätrezeption. Zum Problem des ›modernen‹ Dramas in der zweiten Hälfte des 19. Jahrhunderts. In: Helmut Kreuzer (Hg.), Gestaltungsgeschichte und Gesellschaftsgeschichte. Literatur-, kunst- und musikwissenschaftliche Studien. Stuttgart 1969, S. 338–351.

Gerhard Schaub, Georg Büchner und die Schulrhetorik. Untersuchungen und Quellen zu seinen Schülerarbeiten. Bern – Frankfurt/Main 1975.

Peter Schmid, Georg Büchner. Versuch über die tragische Existenz. Bern 1940.

Henry J. Schmidt, Satire, Caricature, and Perspectivism in the Works of Georg Büchner. The Hague – Paris 1970 (= Stanford Studies in Germanics and Slavics 8).

Egon Schwarz, Tod und Witz im Werke Georg Büchners. In: Monatshefte 46 (1954), S. 123–136.

Ursula Segebrecht-Paulus, Genuß und Leid im Werk Georg Büchners, Diss. München 1969.

Friedrich Sengle, Das deutsche Geschichtsdrama. Geschichte eines literarischen Mythos. Stuttgart 1952 (besonders S. 121–134).

J. W. Smeed, Jean Paul und Georg Büchner. In: Blätter der Jean-Paul-Gesellschaft 22 (1961), S. 29–37.

Joseph Peter Stern, A World of Suffering: Georg Büchner. In: J. P. S., Re-Interpretations. London 1964, S. 78–155.

Jean Strohl, Lorenz Oken und Georg Büchner als Naturforscher. In: Corona 5 (1935), S. 634–656.

Ingeborg Strudthoff, Die Rezeption Georg Büchners durch das deutsche Theater. Berlin 1957 (= Theater und Drama 19).

Karl Viëtor, Georg Büchner als Politiker. Bern 1950.

Cornelia Ueding, Denken Sprechen Handeln. Aufklärung und Aufklärungskritik im Werk Georg Büchners. Bern – Frankfurt/M. 1976.

L. Völker, Woyzeck und die Natur. In: Revue des Langues rivantes 32 (1966), S. 611 ff.

Heinrich Vogeley, Georg Büchner und Shakespeare, Diss. Marburg 1934.

Walter Weiss, Georg Büchner. In: W. W., Enttäuschter Pantheismus. Zur Weltgestaltung der Dichtung in der Restaurationszeit. Dornbirn 1962 (= Innsbrucker Literaturhistorische Arbeiten 3), S. 248 bis 301.

Benno von Wiese, Die Religion Büchners und Hebbels. In: Hebbel-Jahrbuch 15 (1959), S. 7–29 (ebenso in: B. v. W., Zwischen Utopie und Wirklichkeit. Studien zur deutschen Literatur. Düsseldorf 1963, S. 122–141).

Benno von Wiese, Georg Büchner. Die Tragödie des Nihilismus. In: B. v. W., Die deutsche Tragödie von Lessing bis Hebbel, 7. Aufl. Hamburg 1967, S. 513–534.
Wolfgang Wittkowski, Georg Büchner, die Philosophen und der Pietismus. Umrisse eines neuen Büchnerbildes. In: Jahrbuch des freien deutschen Hochstifts (1976), S. 352–419.
Viggo Wissing-Nielsen, Zur Datierung eines Büchner-Briefes. In: Orbis Litterarum 12 (1957), S. 104–106.
Klaus Ziegler, Das deutsche Drama der Neuzeit. In: Deutsche Philologie im Aufriß, Bd. II, Sp. 2152 ff.
Karl Heinrich Klaus Zobel, Das Bild und seine Funktion im Werk Georg Büchners, Diss. Innsbruck 1958.
Karl Heinrich Klaus Zobel, Die innere Form in Georg Büchners Dramen. Innsbruck 1959, S. 179–189 (Germanistische Abhandlungen der Universität 34).
Raimar St. Zons, Georg Büchner. Dialektik der Grenze. Bonn 1976.

6. Literatur zum »Hessischen Landboten«

Walter Haenisch, Friede den Hütten! Krieg den Palästen! Georg Büchners »Hessischer Landbote« und die »Gesellschaft der Menschenrechte«. In: Das Wort 2 (1937), S. 27–34.
Kurt Immelt, Der »Hessische Landbote« und seine Bedeutung für die revolutionäre Bewegung des Vormärz im Großherzogtum Hessen-Darmstadt. Darmstadt 1967 (=Mitteilungen des oberhessischen Geschichtsvereins N. F. 52), S. 13–77.
Volker Klotz, Agitationsvorgang und Wirkprozedur in Büchners »Hessischem Landboten«. In: Literaturwissenschaft und Geschichtsphilosophie. Festschrift für Wilhelm Emrich. Hrsg. v. Helmut Arntzen u. a. Berlin – New York 1975, S. 388–405.
Joseph G. Kresch, Georg Büchner's Reputation as an Economic Radical. In: Germanic Review 8 (1933), S. 44–51.
Leonid Mamut, »Friede den Hütten – Krieg den Palästen«. In: Staat und Recht 8 (1959), S. 200–214.
Hans-Joachim Ruckhäberle, Flugschriftenliteratur im historischen Umkreis Georg Büchners. Kronberg/Ts. 1975.
Gerhard Schaub, Statistik und Agitation. Eine neue Quelle zu Büchners »Hessischem Landboten«. In: Geist und Zeichen. Festschrift für Arthur Henkel. Heidelberg 1976 (vgl. auch Titel unter 2, S. 261).
Heinrich Schneider. Der Drucker des »Hessischen Landboten«. In: Modern Language Notes 55 (1940), S. 512 ff.

7. Literatur zu »Dantons Tod«

Anneliese Bach, Verantwortlichkeit und Fatalismus in Georg Büchners Drama »Dantons Tod«. In: Wirkendes Wort 6 (1955/56), S. 217 bis 229.

Anneliese Bach, Das dramatische Bild in Georg Büchners Tragödie »Dantons Tod«. In: Unterscheidung und Bewahrung. Festschrift für Hermann Kunisch zum 60. Geburtstag, hrsg. v. Klaus Lazarowicz und Wolfgang Kron. Berlin 1961, S. 1–11.

Lee Baxandall, »Georg Büchner's Danton's Death«. In: Tulane Drama Review 6 (1961/62), S. 136–149.

Adolf Beck, Unbekannte französische Quellen für »Dantons Tod« von Georg Büchner. In: Jahrbuch des Freien Deutschen Hochstifts 23 (1963), S. 489–538 (auch in A. B., Forschung und Deutung, Frankfurt/Main 1966, S. 346–393).

Friedrich Beißner, Kleiner Beitrag zum Büchner-Text. In: Neophilologus 44 (1960), S. 17–20.

Roy C. Cowen, Grabbe's »Napoleon«, Büchner's »Danton« and the Masses. In: Symposium 21 (1967), S. 316–323.

Roy C. Cowen, Grabbe's »Don Juan« and Büchner's »Dantons Tod«. Epicureanism and Weltschmerz. In: PMLA 82 (1967), S. 342–351.

Claude David, Danton vu par Büchner. In: Revue du Nord 36 (1954), S. 285–290 (deutsch in: Martens [Hg.], Georg Büchner. Darmstadt 1965, S. 323–333).

Walter Dietze, »Dantons Tod« – Georg Büchner und Aleksej Tolstoj. In: Weimarer Beiträge 15 (1969), S. 229–274; 620–654; 811–854.

Elisabeth Frenzel, Mussets »Lorenzaccio« – ein mögliches Vorbild für »Dantons Tod«. In: Euphorion 58 (1964), S. 59–68.

Hans Jürgen Geerdts, Georg Büchners Volksauffassung. In: Weimarer Beiträge 9 (1963), S. 642–649.

Louis Ferdinand Helbig, Das Geschichtsdrama Georg Büchners. Zitatprobleme und historische Wahrheit in »Dantons Tod«. Bern – Frankfurt/Main 1973.

Walter Höllerer, Büchner. Dantons Tod. In: Das deutsche Drama vom Barock bis zur Gegenwart. Hrsg. v. Benno von Wiese. Düsseldorf 1968, S. 65–88.

Anna Jaspers, Georg Büchners Trauerspiel »Dantons Tod«, Diss. Marburg 1918.

Fritz König, Georg Büchners »Danton«. Halle 1924 (repographischer Nachdruck Tübingen 1973).

Helmut Koopmann, »Dantons Tod« und die antike Welt. Zur Geschichtsphilosophie Georg Büchners. In: Zeitschrift für deutsche Philologie 84 (1965), S. 22–41.

Paul Landau, Dantons Tod. In: Martens (Hg.), Georg Büchner. Darmstadt 1965, S. 16–-31.

Werner R. Lehmann, Robespierre – »ein impotenter Mahomet«? Geistes- und wirkungsgeschichtliche Beglaubigung einer neuen textkritischen Lesung. In: Euphorion 57 (1963), S. 210–217.

Werner R. Lehmann, »Geht einmal euren Phrasen nach . . .«. Revolutionsideologie und Ideologiekritik bei Georg Büchner. Darmstadt 1969 (= Hessische Beiträge zur deutschen Literatur).

H. MacLean, The Moral Conflict in Georg Büchner's »Dantons Tod«. In: Journal of the Australasian Universities Modern Language Association 6 (Mai 1957), S. 25–33.

Wolfgang Martens, Zum Menschenbild Georg Büchners. »Woyzeck« und die Marionszene in »Dantons Tod«. In: Wirkendes Wort 8 (1957/58), S. 13–20 (ebenso in: Martens (Hg.), Georg Büchner. Darmstadt 1965, S. 373–385).

Wolfgang Martens, Ideologie und Verzweiflung. Religiöse Motive in Büchners Revolutionsdrama. In: Euphorion 54 (1960), S. 83–108 (ebenso in Martens (Hg.), Georg Büchner. Darmstadt 1965, S. 406 bis 442).

Thomas Mayer, Zur Revision der Quellen für »Dantons Tod« von Georg Büchner (I). In: Studi Germanici N. F. 7 (1969), S. 287 bis 336.

Thomas Mayer, Zur Revision der Quellen für »Dantons Tod« von Georg Büchner (II). In: Studi Germanici N. F. 9 (1971), S. 223 bis 233.

Joachim Mischke, Die Spaltung der Person in Georg Büchners »Dantons Tod«, Diss. Marburg 1970.

Ulrike Paul, Vom Geschichtsdrama zur politischen Diskussion. Über die Desintegration von Individuum und Geschichte bei Georg Büchner und Peter Weiss. München 1974.

Frida Pongs-Andersson, Die Tragödie Georg Büchners. Dantons Tod, Woyzeck. Marburg – Elwert 1974.

Udo Poseck, Georg Büchner: ›Dantons Tod‹. Beispiel einer Dramen-interpretation in einer Arbeitsgemeinschaft. In: Wirkendes Wort 12 (1962), S. 354–370.

Reinhard Roche, Stilus demagogicus. Beobachtungen an Robespierres Rede im Jakobinerklub. In: Wirkendes Wort 14 (1964), S. 244–254.

Jürgen Sieß, Zitat und Kontext bei Georg Büchner. Eine Studie zu den Dramen »Dantons Tod« und »Leonce und Lena«. Göppingen 1975.

Peter Szondi, »Dantons Tod«. In: P. S., Versuch über das Tragische. Frankfurt 1961, S. 103–109.

Richard Thieberger, Zur Eliminierung des Wortes »Masonet« in Büchners »Danton«. In: Neophilologus 45 (1961), S. 221–224.

Wolfram Viehweg, Georg Büchners »Dantons Tod« auf dem deutschen Theater. München 1964 (= Neue Schaubühne. Forschungen zur Theatergeschichte 1).

Karl Viëtor, Quellen von Büchners Drama »Dantons Tod«. In: Euphorion 34 (1933), S. 357–379.

Karl Viëtor, Die Tragödie des heldischen Pessimismus. Über Büchners »Dantons Tod«. In: DVJ 12 (1934), S. 173–209 (ebenso in: Martens (Hg.), Georg Büchner. Darmstadt 1965, S. 98–137).

Fritz Werner, Georg Büchners Drama »Dantons Tod« und das Problem der Revolution. In: Die Welt als Geschichte 12 (1952), S. 167 bis 176.

Leonard P. Wessell Jr., Eighteenth-Century Theodicy and the Death of God in Büchner's »Dantons Tod«. In: Seminar 8 (1972), S. 198 bis 218.

Heinz Wetzel, »Dantons Tod« und das Erwachen von Büchners sozialem Selbstverständnis. In: DVJ 3 (1976), S. 434–448.

Wolfgang Wittkowski, Georg Büchners Ärgernis. In: Jahrbuch der deutschen Schillergesellschaft 17 (1973), S. 362–383.

Takashi Yamasaki, Georg Büchners Revolutionsanschauung. Versuch über sein Drama »Dantons Tod«. In: Doitsu Bungaku-rongkô 11 (Forschungsberichte zur Germanistik) (1969), S. 19–32 (japanisch mit deutscher Zusammenfassung).

Rosemarie Zeller, Das Prinzip der Äquivalenz bei Büchner. Untersuchungen zur Komposition von »Dantons Tod« und »Leonce und Lena«. In: Sprachkunst 5 (1974), S. 211–230.

8. Literatur zu »Leonce und Lena«

Gustav Beckers, Georg Büchners »Leonce und Lena«. Ein Lustspiel der Langeweile. Heidelberg 1961.

Axel Bornkessel, Georg Büchners »Leonce und Lena« auf der deutschsprachigen Bühne. Studien zur Rezeption des Lustspiels durch das Theater, Diss. Köln 1970.

Gonthier-Louis Fink, »Léonce und Léna«. Comédie et réalisme chez Büchner. In: Etudes Germaniques 16 (1961), S. 223–234 (deutsch in: Martens (Hg.), Georg Büchner, Darmstadt 1965, S. 488–506).

Maurice Gravier, Georg Büchner et Alfred de Musset. In: Orbis Litterarum 9 (1954), S. 29–44.

Ronald Hauser, Georg Büchner's Leonce und Lena. In: Monatshefte 53 (1961), S. 338–346.

Klaus-Peter Hinze, Zusammenhänge zwischen diskrepanter Information und dramatischem Effekt. Theoretische Grundlegung des Problems und Nachweis an Georg Büchners »Leonce und Lena«. In: GRM 20 (1970), S. 205–213.

Carter Kniffler u. Hanna Schlette, Büchner. Leonce und Lena. Das literarische Drama auf der Schulbühne. Frankfurt/Main 1960.

Paul Landau, Leonce und Lena. In: Martens (Hg.), Georg Büchner. Darmstadt 1965, S. 50–71.

Hans Mayer, Prinz Leonce und Doktor Faust. In: H. M., Zur deutschen Klassik und Romantik. Pfullingen 1963, S. 306–314.

Peter Mosler, Georg Büchners »Leonce und Lena«. Langeweile als gesellschaftliche Bewußtseinsform. Bonn 1974.

Henri Plard, A propos de »Leonce und Lena«. Musset et Büchner. In: Etudes Germaniques 9 (1954), S. 26–36 (ebenso deutsch in Martens (Hg.), Georg Büchner. Darmstadt 1965, S. 289–304).

Wolfgang Rabe, Georg Büchners Lustspiel »Leonce und Lena«. Eine Monographie, Diss. Potsdam 1967.

Armin Renker, Georg Büchner und das Lustspiel der Romantik. Eine Studie über »Leonce und Lena«. Berlin 1924.

Jürgen Schröder, Georg Büchners »Leonce und Lena«. Eine verkehrte Komödie. München 1966 (= Zur Erkenntnis der Dichtung 2).

Leroy R. Shaw, Symbolism of Time in Georg Büchner's »Leonce und Lena«. In: Monatshefte 48 (1956), S. 221–230.

Jürgen Sieß, siehe unter 7 (Literatur zu »Dantons Tod«).

Günther Waldmann, Georg Büchners Lustspiel »Leonce und Lena« als realistische Selbstreductio ad absurdum des Romantisch-Idealistischen. In: Die Pädagogische Provinz 13 (1959), S. 339–349.

Lienhard Wawrzyn, Büchners »Leonce und Lena« als subversive Kunst. In: Gert Mattenklott/Klaus Scherpe (Hg.), Demokratisch-revolutionäre Literatur in Deutschland: Vormärz. Kronberg/Ts. 1974, S. 85–115.

Rosemarie Zeller, siehe unter 7 (Literatur zu »Dantons Tod«).

9. Literatur zu »Lenz«

Gerhart Baumann, Georg Büchners »Lenz«. Seine Struktur und der Reflex des Dramatischen. In: Euphorion 52 (1958), S. 153–173.

Herbert Fellmann, Georg Büchners Lenz. In: Jahrbuch der Wittheit zu Bremen 7 (1963), S. 7–124.

Dietmar Goltschnigg, Büchners »Lenz«, Hofmannsthals »Andreas« und Trakls »Traum und Umnachtung«. Eine literaturpsychologische Wirkungsanalyse. In: Sprachkunst 5 (1974), S. 231–240.

Peter Hasubeck, »Ruhe« und »Bewegung«. Versuch einer Stilanalyse von Georg Büchners »Lenz«. In: GRM 50 (1969), S. 33–59.

Hans-Peter Herrmann, »Den 20. Jänner ging Lenz durchs Gebirg«. Zur Textgestalt von Georg Büchners nachgelassener Erzählung. In: Zeitschrift für deutsche Philologie 85 (1966), S. 251–267.

Walter Hinderer, Pathos oder Passion: Die Leiddarstellung in Büchners »Lenz«. In: Festschrift für Herman Meyer. Tübingen 1976, S. 474–494.

Gerhard Irle, Büchners Lenz – eine frühe Schizophrenie. In: G. I., Der psychiatrische Roman. Stuttgart 1965, S. 73–83.

Janet K. King. Lenz viewed sane. In: Germanic Review (1974), S. 146–153.

Erna Kritsch Neuse, Büchners Lenz. Zur Struktur der Novelle. In: German Quarterly (1970), S. 199–209.

Paul Landau, Lenz. In: Martens (Hg.), Georg Büchner. Darmstadt 1965, S. 32–49.

John J. Parker, Some Reflections on Georg Büchner's »Lenz« and its Principal Source, the Oberlin Record. In: German Life and Letters (1968), S. 103–111.

Hermann Pongs, Büchners »Lenz«. In: Martens (Hg.), Georg Büchner. Darmstadt 1965, S. 138–150.

Heinz Peter Pütz, Büchners »Lenz« und seine Quelle. Bericht und Er-
zählung. In: Zeitschrift für deutsche Philologie 84 (1965), S. 1–22.
Gernot Rath, Georg Büchners »Lenz«. In: Ärztliche Praxis 2 (1950),
S. 12.
Karl Viëtor, »Lenz«. Erzählung von Georg Büchner. In: GRM 25
(1937), S. 2–15 (ebenso in: Martens (Hg.), Georg Büchner. Darm-
stadt 1965, S. 178–196).
Kurt Voss, Georg Büchners »Lenz«. Eine Untersuchung nach Gehalt
und Formgebung, Diss. Bonn 1922.
Benno von Wiese, Georg Büchner. Lenz. In: B. v. W., Die deutsche
Novelle von Goethe bis Kafka. Düsseldorf 1963, S. 104–126.

10. Literatur zu »Woyzeck«

Wilfried Buch, »Woyzeck«. Fassungen und Wandlungen. Dortmund
1970.
Lothar Bornscheuer, Neue Beurteilung der »Woyzeck«-Handschriften.
In: GRM 22 (1972), S. 113–123.
Hermann van Dam, Zu Georg Büchners »Woyzeck«. In: Akzente 1
(1954), S. 82–99 (ebenso in: Martens (Hg.), Georg Büchner. Darm-
stadt 1965, S. 305–322).
Elise Dosenheimer, Georg Büchner. »Woyzeck«. In: E. D., Das deut-
sche soziale Drama von Lessing bis Sternheim. Konstanz 1949,
Darmstadt 1967, S. 68–81.
J. Elema, Der verstümmelte Woyzeck. In: Neophilologus 49 (1965),
S. 131–156.
Holger Hamann, Zum Namen der weiblichen Hauptperson in Büch-
ners »Woyzeck«. In: Orbis Litterarum 25 (1970), S. 259 f.
Klaus Kanzog, Wozzeck, Woyzeck und kein Ende. Zur Standortbe-
stimmung der Editionsphilologie. In: DVJ 47 (1973), S. 420–442.
Kurt Krolopp, Büchner und Pfeffel. In: Acta Universitatis Carolinae.
Philologica 3 (1960), S. 3–12.
Kurt Krolopp, »Im Himmel donnern helfen«. In: Wissenschaftliche
Zeitschrift der Martin-Luther-Universität Halle-Wittenberg. Gesell-
schafts- und sprachwissenschaftliche Reihe 12 (1963), S. 1049–1050.
Luc. Lambrechts, Zur Struktur von Büchners »Woyzeck«. Mit einer
Darstellung des dramaturgischen Verhältnisses Büchner – Brecht.
1972 (= Amsterdamer Beiträge zur Germanistik 1), S. 119–148.
Paul Landau, Wozzeck. In: Martens (Hg.), Georg Büchner. Darmstadt
1965, S. 72–81.
Werner R. Lehmann, Repliken. Beiträge zu einem Streitgespräch über
den »Woyzeck«. In: Euphorion 65 (1971), S. 58–83.
Wolfgang Martens, Zur Karikatur in der Dichtung Büchners (Woy-
zecks Hauptmann). In: GRM 39 (1958), S. 64–71.

Wolfgang Martens, Der Barbier in Büchners Woyzeck (Zugleich ein Beitrag zur Motivgeschichte der Barbiersfigur). In: Zeitschrift für deutsche Philologie 59 (1960), S. 361–383.

Wolfgang Martens, siehe unter 7 (Literatur zu »Dantons Tod«).

Franz H. Mautner, Wortgewebe, Sinngefüge und »Idee« in Büchners »Woyzeck«. In: DVJ 35 (1961), S. 521–557 (ebenso in Martens [Hg.], Georg Büchner. Darmstadt 1965, S. 507–554).

Kurt May, Büchners »Woyzeck«. In: K. M., Form und Bedeutung. Interpretationen deutscher Dichtung des 18. und 19. Jahrhunderts. Stuttgart 1963, S. 263–272 (ebenso in: Martens [Hg.], Georg Büchner. Darmstadt 1965, S. 241–251).

Kurt May, Büchner. »Woyzeck«. In: Das deutsche Drama vom Barock bis zur Gegenwart. Hrsg. v. Benno von Wiese. Düsseldorf 1968, S. 89–100.

Ursula Paulus, Georg Büchners »Woyzeck«. Eine kritische Betrachtung zu der Edition Fritz Bergemanns. In: Jahrbuch der Deutschen Schillergesellschaft 8 (1964), S. 226–246.

Frida Pongs-Andersson, siehe unter 7 (Literatur zu »Dantons Tod«).

Gernoth Rath, Georg Büchners »Woyzeck« als medizinisches Zeitdokument. In: Grenzgebiete der Medizin 2 (1949), S. 469–470.

Hans-Heinrich Reuter, Georg Büchner und sein Woyzeck. In: Der Deutschunterricht 10 (1957), S. 122–139.

David G. Richards, Zur Textgestaltung von Büchners »Woyzeck«. In: Euphorion 65 (1971), S. 49–57.

David G. Richards, Georg Büchners Woyzeck. Interpretation und Textgestaltung. Bonn 1975.

Bodo Rollka, Untersuchungen zur Struktur des Raumes in Georg Büchners Drama »Woyzeck«, Diss. Berlin 1967.

Wulf Segebrecht. E. T. A. Hoffmanns Auffassung vom Richteramt und vom Dichterberuf. Mit unbekannten Zeugnissen aus Hoffmanns juristischer Tätigkeit. In: Jahrbuch der deutschen Schillergesellschaft XI (1967), S. 62–138.

Jack M. Stein, From Woyzeck zu Woyzeck: Alban Berg's Adaptation of Büchner. In: Germanic Review 46 (1972), S. 168–180.

Bo Ullman, Georg Büchner. Textkritische Probleme. In: Moderna Språk 64 (1970), S. 257–265.

Bo Ullman, Die sozialkritische Problematik im Werk Georg Büchners und ihre Entfaltung im »Woyzeck«. Mit einigen Bemerkungen zu der Oper Alban Bergs. Stockholm 1972 (= Stockholmer germanistische Forschungen).

Karl Viëtor, Woyzeck. In: Martens (Hg.), Georg Büchner. Darmstadt 1965, S. 151–177.

Hans Winkler, Georg Büchners »Woyzeck«, Diss. Greifswald 1925.

WERKREGISTER

REGISTER FÜR DIE WOYZECK-LESEAUSGABEN

Die Seitenangaben verweisen auf die Stellen des Kommentars, in denen die betreffenden Szenen der vier grundlegenden Leseausgaben entweder erläutert oder erwähnt werden.

Bergemann (S. 151–175)

Meinerts (S. 177–198)

Müller-Seidel (S. 271–290)

Lehmann (S. 409–431)

NAMENREGISTER

Vorbemerkung: nicht angeführt sind a) historische Namen wie Cäsar, Brutus, Cato von Utika, Napoleon etc.; b) zitierte Bibelstellen wie Hiob, Johannes etc.; c) historische Personen aus der Französischen Revolution wie Danton, Robespierre, Desmoulins, Saint-Just etc. Letztere sind unter den Seitenzahlen im Werkregister zu *Dantons Tod*, insbesondere auf den Seiten 47–54, 88–128 zu finden. – Herausgeber und Autoren zu GBs Werken sind erfaßt bis S. 259, d. h. ohne die Bibliographischen Hinweise a. d. Seiten 260–274.

Lukian 27
Lüning, August 24 f., 81
Luther, Martin 176

Marc, Carl Moritz 175, 187 f.
Maes, Nicolaes 167
Majut, Rudolf 11, 87, 103, 126,
132, 134, 136 f., 143, 146, 149,
151, 200
Marcuse, Ludwig 11
Martens, Wolfgang 11, 47, 70,
98, 194, 198 f., 205, 222, 224,
228, 254
Martini, Fritz 186
Marx, Karl 39 f., 46 f., 96, 114,
126
Matthisson, Friedrich von 13
Mautner, Franz H. 73, 194, 199,
210 f., 214 f., 216, 218 f., 228,
251
Mayer, Hans 28, 67, 132, 136 f.,
143, 151, 166, 181, 185, 188,
205
Mayer, Thomas 11 f., 85 f., 88,
93–96, 99–128
Medicus, F. 100
Meinerts, Hans Jürgen 8 f., 104,
113, 117, 132 f., 140, 142, 146,
148, 164 f., 168, 170, 180–184,
192, 194–259
Mercier, Louis Sébastien 49, 54,
85, 102, 106 f., 111, 127
Merck, Johann Heinrich 163
Merzdorff, Dr. 187
Metternich, Klemens Reichsgraf
39
Michelsen, Peter 87, 126
Mignet, François Auguste Marie
85, 96, 99, 101 f., 104 f., 114 f.,
124, 128
Miller, Norbert 92, 144
Minnigerode, Karl 14 f., 20, 24,
78 f.
Moest, Friedrich 84
Montaigne, Michel *Eyquem* de
32, 103 f., 125, 157

Mühlher, Robert 11, 168
Müller-Seidel, Walter 8, 90, 111,
180–184, 186, 192, 194, 196,
198, 200–259
Musset, Alfred de 59, 88, 90, 98,
105, 107, 118, 131–135, 137 f.,
139, 141 ff., 146 ff., 153 f., 156
Muston, Alexis 76, 158, 167

Nasse, Dr. 174
Neuner, Karl 14
Niebergall, Ernst Elias 98
Nietzsche, Friedrich 46
Novalis (Freiherr Friedrich *von*
Hardenberg) 207

Oberlin, Johann Friedrich 55 ff.,
80, 159–171
Oberlin (geb. Witte), Marie Sa-
lome 163, 167
Oken, Lorenz 21, 81 f., 165
Ovid 143

Paine, Thomas 111 f.
Pascal, Blaise 32, 79, 86, 94, 103,
106, 111, 119, 135 f., 155, 158,
169, 249, 254
Paulsen, Wolfgang 86, 161
Paulus, Ursula 12, 181, 186, 255,
258
Penzoldt, Günther 85, 174
Pfeffel, Gottlieb Konrad 168,
176, 200
Plard, Henri 132, 136, 138, 141,
144, 148 f., 153, 155, 158
Platen, August Graf von 142,
156
Platon 122
Plünneck, Wilhelm 173
Polheim, K. K. 131, 161
Poschmann, Henri 11, 181
Posselt, Ernst Ludwig 28, 30, 75
Prévost d'Exiles, Abbé 98
Proussinalle, M. de (= Pierre-
Joseph-Alex *Roussel*) 86, 114,
117, (118, 120, 121, 127)
Pütz, Heinz Peter 161